최신 개정법률을 반영한 조문별 **취지 · 해설 · 판례**

# 특허법
### PATENT LAW
# 해 설

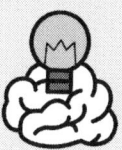

*Easy & Consice*

김민희 저

금강출판

# 조문별 『특허법해설』을 발간하면서

책을 쓰기에 앞서 어떤 책을 쓸 것인가를 결정하는 것은 참 어려운 것 같다. 물론 뛰어난 능력과 해박한 지식을 가진 역량 있는 사람은 어떤 책을 쓴다는 것이 별 문제가 되지 않겠지만, 특허업계의 '통상의 지식을 가진 자'로서의 본 저자에게는 결코 쉬운 일이 아닌 것 같다.

대학에서 기술을 전공한 저자로서는 특허청에서 심사관이라는 직분을 수행하면서 일상생활의 법률문제와 그에 대한 법률지식의 이해 및 공직인 특허청에서의 심사·심판관으로서 갖추어야할 소위 Legal mind를 쌓기 위하여 대학의 기술전공과는 전혀 다른 법학을 공부하게 되었다.

법을 공부하면서 느낀 점은 너무나 읽어야할 양이 많다는 것과 계속 접하게 되는 어려운 법률용어로 인하여 이에 대한 접근 및 이해가 결코 쉽지 않았다는 점이다. 특허 기술을 전공한 대다수 엔지니어 출신들에게는 건조한 법조문과 용어가 익숙하게 다가오지 않는 것이 현실이다.

이에 본 저자는 특허업계 실무자 및 종사자들을 위하여 기존에 「특허민법개론」과 「특허심판」을 발간한바 있다. 천학비재(淺學菲才)한 저자로서는 특허관련 실무 및 법제를 좀 더 쉬우면서 실체를 파악할 수 있도록 간결하면서도 핵심적인 사항으로 정리하여 발간하고자 하였다.

내외부로부터 위 두 책자가 도움이 되었다는 소리를 들을 땐 자평이지만 넉넉하지 않은 업무환경 속에서도 나름대로 소신을 가지면서 특허업계에 종사한 선배로서 후배들을 위하여 무언가를 했다는 요즘말로 소.확.행.의 작은 기쁨을 느끼면서도 한편으로는 부끄러움도 느낀다.

저자는 특허에 관하여 깊은 식견과 지식은 없지만 그 동안 특허심사·심판의 실무와 경험을 바탕으로 꼭 한번 특허법을 정리하고픈 생각이 들어 이 책자를 발간하게 되었다. 특허법에 대하여 이미 중간 이상의 수준에 도달한 사람에게는 감히 이 책자가 불필요하다고 말할 수 있다.

처음으로 특허법을 공부하거나 전체적으로 특허법의 각 조문별 취지와 그 설명 및 관련 판례를 쉽고 빨리 습득하고자 하는 분들에게는 두꺼운 특허법 책자를 살펴볼 필요 없이 소기의 목적을 달성할 수 있으리라 본다. 또한, 특허법 강의를 위한 소책자나 핸드북도 될 수 있다.

이 책자는 저자가 특허청에 재직하면서 특허법 제1조부터 제232조까지 꼭 한번 정리하고픈 개인적인 마음과 특허업계에 종사하는 분들이 이 책자를 조금이라도 활용하여 특허법의 조문별 취지를 이해하고 국민에게 더 다가갈 수 있는 좋은 특허법이 만들어지기를 바라면서 부끄럽게 발간하고자 한다.

김민희

# 차 례
CONTENTS

## 제1장 총 칙

제1조(목적) ·················································································· 3
제2조(정의) ·················································································· 4
제3조(미성년자 등의 행위능력) ···················································· 7
제4조(법인이 아닌 사단 등) ························································· 9
제5조(재외자의 특허관리인) ······················································· 11
제6조(대리권의 범위) ································································· 13
제7조(대리권의 증명) ································································· 16
제7조의2(행위능력 등의 흠에 대한 추인) ·································· 16
제8조(대리권의 불소멸) ····························································· 18
제9조(개별대리) ········································································· 19
제10조(대리인의 선임 또는 개임 명령 등) ································ 20
제11조(복수당사자의 대표) ························································ 22
제12조(「민사소송법」의 준용) ··················································· 23
제13조(재외자의 재판관할) ························································ 24
제14조(기간의 계산) ·································································· 25
제15조(기간의 연장 등) ····························································· 28
제16조(절차의 무효) ·································································· 30
제17조(절차의 추후보완) ··························································· 32
제18조(절차의 효력 승계) ························································· 33
제19조(절차의 속행) ·································································· 34
제20조(절차의 중단) ·································································· 35
제21조(중단된 절차의 수계) ······················································ 37
제22조(수계신청) ······································································· 39
제23조(절차의 중지) ·································································· 40
제24조(중단 또는 중지의 효과) ················································· 42
제25조(외국인의 권리능력) ······················································· 43

제26조 삭제 〈2011. 12. 2.〉
제27조 삭제 〈2001. 2. 3.〉
제28조(서류제출의 효력발생시기) ·················································· 45
제28조의2(고유번호의 기재) ······························································ 47
제28조의3(전자문서에 의한 특허에 관한 절차의 수행) ················ 49
제28조의4(전자문서 이용신고 및 전자서명) ·································· 50
제28조의5(정보통신망을 이용한 통지 등의 수행) ·························· 51

## 제2장 특허요건 및 특허출원

제29조(특허요건) ················································································· 55
제30조(공지 등이 되지 아니한 발명으로 보는 경우) ···················· 64
제31조 삭제 〈2006. 3. 3.〉
제32조(특허를 받을 수 없는 발명) ·················································· 66
제33조(특허를 받을 수 있는 자) ······················································ 68
제34조(무권리자의 특허출원과 정당한 권리자의 보호) ················ 70
제35조(무권리자의 특허와 정당한 권리자의 보호) ························ 71
제36조(선출원) ····················································································· 72
제37조(특허를 받을 수 있는 권리의 이전 등) ······························· 74
제38조(특허를 받을 수 있는 권리의 승계) ···································· 76
제39조 삭제 〈2006. 3. 3.〉
제40조 삭제 〈2006. 3. 3.〉
제41조(국방상 필요한 발명 등) ························································ 78
제42조(특허출원) ················································································· 80
제42조의2(특허출원일 등) ·································································· 83
제42조의3(외국어특허출원 등) ·························································· 85
제43조(요약서) ····················································································· 87
제44조(공동출원) ················································································· 88
제45조(하나의 특허출원의 범위) ······················································ 89
제46조(절차의 보정) ··········································································· 90
제47조(특허출원의 보정) ···································································· 92
제48조 삭제 〈2001. 2. 3.〉
제49조 삭제 〈2006. 3. 3.〉
제50조 삭제 〈1997. 4. 10.〉
제51조(보정각하) ················································································· 96

제52조(분할출원) ·················································································· 99
제53조(변경출원) ················································································ 103
제54조(조약에 의한 우선권 주장) ···················································· 107
제55조(특허출원 등을 기초로 한 우선권 주장) ···························· 110
제56조(선출원의 취하 등) ································································ 114

## 제3장 심 사

제57조(심사관에 의한 심사) ···························································· 119
제58조(전문기관의 등록 등) ···························································· 120
제58조의2(전문기관 등록의 취소 등) ············································ 121
제59조(특허출원심사의 청구) ·························································· 122
제60조(출원심사의 청구절차) ·························································· 124
제61조(우선심사) ················································································ 125
제62조(특허거절결정) ········································································ 126
제63조(거절이유통지) ········································································ 128
제63조의2(특허출원에 대한 정보제공) ·········································· 129
제63조의3(외국의 심사결과 제출명령) ·········································· 130
제64조(출원공개) ················································································ 131
제65조(출원공개의 효과) ·································································· 133
제66조(특허결정) ················································································ 135
세66조의2(직권보정 등) ···································································· 136
제66조의3(특허결정 이후 직권 재심사) ········································ 137
제67조(특허여부결정의 방식) ·························································· 138
제67조의2(재심사의 청구) ································································ 139
제67조의3(특허출원의 회복) ···························································· 141
제68조(심판규정의 심사에의 준용) ················································ 142
제69조 삭제 〈2006. 3. 3.〉
제70조 삭제 〈2006. 3. 3.〉
제71조 삭제 〈2006. 3. 3.〉
제72조 삭제 〈2006. 3. 3.〉
제73조 삭제 〈2006. 3. 3.〉
제74조 삭제 〈2006. 3. 3.〉
제75조 삭제 〈2006. 3. 3.〉
제76조 삭제 〈2006. 3. 3.〉

제77조 삭제 〈2006. 3. 3.〉
제78조(심사 또는 소송절차의 중지) ·················································· 143
제78조의2 삭제 〈2006. 3. 3.〉

## 제4장 특허료 및 특허등록 등

제79조(특허료) ································································· 147
제80조(이해관계인에 의한 특허료의 납부) ············································· 148
제81조(특허료의 추가납부 등) ···················································· 149
제81조의2(특허료의 보전) ······················································· 150
제81조의3(특허료의 추가납부 또는 보전에 의한 특허출원과 특허권의 회복 등) ··· 151
제82조(수수료) ································································· 153
제83조(특허료 또는 수수료의 감면) ·············································· 154
제84조(특허료 등의 반환) ······················································· 156
제85조(특허원부) ······························································· 158
제86조(특허증의 발급) ·························································· 159

## 제5장 특허권

제87조(특허권의 설정등록 및 등록공고) ········································· 163
제88조(특허권의 존속기간) ····················································· 164
제89조(허가등에 따른 특허권의 존속기간의 연장) ·································· 165
제90조(허가등에 따른 특허권의 존속기간의 연장등록출원) ···························· 167
제91조(허가등에 따른 특허권의 존속기간의 연장등록거절결정) ······················· 169
제92조(허가등에 따른 특허권의 존속기간의 연장등록결정 등) ······················· 170
제92조의2(등록지연에 따른 특허권의 존속기간의 연장) ······························ 171
제92조의3(등록지연에 따른 특허권의 존속기간의 연장등록출원) ······················ 173
제92조의4(등록지연에 따른 특허권의 존속기간의 연장등록거절결정) ·················· 174
제92조의5(등록지연에 따른 특허권의 존속기간의 연장등록결정 등) ··················· 175
제93조(준용규정) ······························································· 176
제94조(특허권의 효력) ·························································· 176
제95조(허가등에 따른 존속기간이 연장된 경우의 특허권의 효력) ·················· 177
제96조(특허권의 효력이 미치지 아니하는 범위) ···································· 178
제97조(특허발명의 보호범위) ···················································· 180
제98조(타인의 특허발명 등과의 관계) ············································· 181

제99조(특허권의 이전 및 공유 등) ····················································· 183
제99조의2(특허권의 이전청구) ··························································· 185
제100조(전용실시권) ·········································································· 186
제101조(특허권 및 전용실시권의 등록의 효력) ······································· 187
제102조(통상실시권) ·········································································· 189
제103조(선사용에 의한 통상실시권) ····················································· 191
제103조의2(특허권의 이전청구에 따른 이전등록 전의 실시에 의한
 통상실시권) ·················································································· 192
제104조(무효심판청구 등록 전의 실시에 의한 통상실시권) ······················· 194
제105조(디자인권의 존속기간 만료 후의 통상실시권) ······························ 196
제106조(특허권의 수용) ····································································· 197
제106조의2(정부 등에 의한 특허발명의 실시) ········································ 198
제107조(통상실시권 설정의 재정) ························································ 199
제108조(답변서의 제출) ····································································· 203
제109조(산업재산권분쟁조정위원회 및 관계 부처의 장의 의견청취) ··········· 203
제110조(재정의 방식 등) ··································································· 204
제111조(재정서등본의 송달) ······························································· 205
제111조의2(재정서의 변경) ································································ 206
제112조(대가의 공탁) ········································································ 207
제113조(재정의 실효) ········································································ 207
제114조(재정의 취소) ········································································ 208
제115조(재정에 대한 불복이유의 제한) ················································· 209
제116조 삭제 〈2011. 12. 2.〉
제117조 삭제 〈2001. 2. 3.〉
제118조(통상실시권의 등록의 효력) ····················································· 210
제119조(특허권 등의 포기의 제한) ······················································ 211
제120조(포기의 효과) ········································································ 212
제121조(질권) ··················································································· 213
제122조(질권행사로 인한 특허권의 이전에 따른 통상실시권) ···················· 214
제123조(질권의 물상대위) ·································································· 214
제124조(상속인이 없는 경우 등의 특허권 소멸) ····································· 216
제125조(특허실시보고) ······································································· 217
제125조의2(대가 및 보상금액에 대한 집행권원) ····································· 217

## 제6장 특허권자의 보호

제126조(권리침해에 대한 금지청구권 등) ················· 221
제126조의2(구체적 행위태양 제시 의무) ················· 223
제127조(침해로 보는 행위) ················· 224
제128조(손해배상청구권 등) ················· 227
제128조의2(감정사항 설명의무) ················· 232
제129조(생산방법의 추정) ················· 233
제130조(과실의 추정) ················· 234
제131조(특허권자 등의 신용회복) ················· 235
제132조(자료의 제출) ················· 237

## 제6장의2 특허취소신청

제132조의2(특허취소신청) ················· 241
제132조의3(특허취소신청절차에서의 특허의 정정) ················· 242
제132조의4(특허취소신청의 방식 등) ················· 244
제132조의5(특허취소신청서 등의 보정·각하) ················· 246
제132조의6(보정할 수 없는 특허취소신청의 각하결정) ················· 247
제132조의7(특허취소신청의 합의체 등) ················· 247
제132조의8(심리의 방식 등) ················· 248
제132조의9(참가) ················· 249
제132조의10(특허취소신청의 심리에서의 직권심리) ················· 249
제132조의11(특허취소신청의 병합 또는 분리) ················· 250
제132조의12(특허취소신청의 취하) ················· 251
제132조의13(특허취소신청에 대한 결정) ················· 252
제132조의14(특허취소신청의 결정 방식) ················· 253
제132조의15(심판규정의 특허취소신청에의 준용) ················· 254

## 제7장 심 판

제132조의16(특허심판원) ················· 257
제132조의17(특허거절결정 등에 대한 심판) ················· 258
제133조(특허의 무효심판) ················· 259
제133조의2(특허무효심판절차에서의 특허의 정정) ················· 262

제134조(특허권 존속기간의 연장등록의 무효심판) ·················· 265
제135조(권리범위 확인심판) ······································· 267
제136조(정정심판) ·················································· 271
제137조(정정의 무효심판) ········································· 277
제138조(통상실시권 허락의 심판) ································· 279
제139조(공동심판의 청구 등) ······································ 281
제139조의2(국선대리인) ············································ 283
제140조(심판청구방식) ············································· 284
제140조의2(특허거절결정에 대한 심판청구방식) ·············· 286
제141조(심판청구서 등의 각하) ··································· 287
제142조(보정할 수 없는 심판청구의 심결각하) ················ 289
제143조(심판관) ···················································· 290
제144조(심판관의 지정) ············································ 290
제145조(심판장) ···················································· 291
제146조(심판의 합의체) ············································ 292
제147조(답변서 제출 등) ··········································· 292
제148조(심판관의 제척) ············································ 294
제149조(제척신청) ·················································· 295
제150조(심판관의 기피) ············································ 296
제151조(제척 또는 기피의 소명) ································· 297
제152조(제척 또는 기피 신청에 관한 결정) ···················· 298
제153조(심판절차의 중지) ········································· 298
제153조의2(심판관의 회피) ········································ 299
제154조(심리 등) ··················································· 300
제155조(참가) ······················································· 302
제156조(참가의 신청 및 결정) ···································· 304
제157조(증거조사 및 증거보전) ··································· 305
제158조(심판의 진행) ·············································· 307
제159조(직권심리) ·················································· 308
제160조(심리·심결의 병합 또는 분리) ·························· 309
제161조(심판청구의 취하) ········································· 310
제162조(심결) ······················································· 311
제163조(일사부재리) ··············································· 313
제164조(소송과의 관계) ············································ 317

제165조(심판비용) ········································································· 318
제166조(심판비용액 또는 대가에 대한 집행권원) ······················· 320
제167조 삭제 〈1995. 1. 5.〉
제168조 삭제 〈1995. 1. 5.〉
제169조 삭제 〈1995. 1. 5.〉
제170조(심사규정의 특허거절결정에 대한 심판에의 준용) ········ 321
제171조(특허거절결정에 대한 심판의 특칙) ································· 322
제172조(심사의 효력) ····································································· 323
제173조 삭제 〈2009. 1. 30.〉
제174조 삭제 〈2009. 1. 30.〉
제175조 삭제 〈2009. 1. 30.〉
제176조(특허거절결정 등의 취소) ················································· 324
제177조 삭제 〈1995. 1. 5.〉

## 제8장 재 심

제178조(재심의 청구) ····································································· 329
제179조(제3자에 의한 재심청구) ················································· 330
제180조(재심청구의 기간) ····························································· 331
제181조(재심에 의하여 회복된 특허권의 효력 제한) ·················· 332
제182조(재심에 의하여 회복한 특허권에 대한 선사용자의 통상실시권) ······ 333
제183조(재심에 의하여 통상실시권을 상실한 원권리자의 통상실시권) ········ 334
제184조(재심에서의 심판규정 등의 준용) ··································· 335
제185조(「민사소송법」의 준용) ··················································· 335

## 제9장 소 송

제186조(심결 등에 대한 소) ························································· 339
제187조(피고적격) ··········································································· 343
제188조(소제기 통지 및 재판서 정본 송부) ······························· 344
제188조의2(기술심리관의 제척·기피·회피) ······························· 345
제189조(심결 또는 결정의 취소) ················································· 347
제190조(보상금 또는 대가에 관한 불복의 소) ··························· 348

제191조(보상금 또는 대가에 관한 소송에서의 피고) ·········· 349
제191조의2(변리사의 보수와 소송비용) ·········· 350

## 제10장 「특허협력조약」에 따른 국제출원

### 제1절 국제출원절차

제192조(국제출원을 할 수 있는 자) ·········· 353
제193조(국제출원) ·········· 354
제194조(국제출원일의 인정 등) ·········· 356
제195조(보정명령) ·········· 358
제196조(취하된 것으로 보는 국제출원 등) ·········· 359
제197조(대표자 등) ·········· 360
제198조(수수료) ·········· 361
제198조의2(국제조사 및 국제예비심사) ·········· 362

### 제2절 국제특허출원에 관한 특례

제199조(국제출원에 의한 특허출원) ·········· 364
제200조(공지 등이 되지 아니한 발명으로 보는 경우의 특례) ·········· 365
제200조의2(국제특허출원의 출원서 등) ·········· 366
제201조(국제특허출원의 국어번역문) ·········· 367
제202조(특허출원 등에 의한 우선권 주장의 특례) ·········· 372
제203조(서면의 제출) ·········· 376
제204조(국제조사보고서를 받은 후의 보정) ·········· 378
제205조(국제예비심사보고서 작성 전의 보정) ·········· 380
제206조(재외자의 특허관리인의 특례) ·········· 381
제207조(출원공개시기 및 효과의 특례) ·········· 383
제208조(보정의 특례 등) ·········· 385
제209조(변경출원시기의 제한) ·········· 387
제210조(출원심사청구시기의 제한) ·········· 388
제211조(국제조사보고서 등에 기재된 문헌의 제출명령) ·········· 389
제212조 삭제 〈2006. 3. 3.〉
제213조 삭제 〈2014. 6. 11.〉
제214조(결정에 의하여 특허출원으로 되는 국제출원) ·········· 390

## 제11장 보 칙

제215조(둘 이상의 청구항이 있는 특허 또는 특허권에 관한 특칙) ············ 395
제215조의2(둘 이상의 청구항이 있는 특허출원의 등록에 관한 특칙) ········ 396
제216조(서류의 열람 등) ············································································ 397
제217조(특허출원 등에 관한 서류 등의 반출 및 감정 등의 금지) ············ 398
제217조의2(특허문서 전자화업무의 대행) ················································ 401
제218조(서류의 송달) ················································································ 403
제219조(공시송달) ······················································································ 404
제220조(재외자에 대한 송달) ···································································· 406
제221조(특허공보) ······················································································ 407
제222조(서류의 제출 등) ············································································ 408
제223조(특허표시 및 특허출원표시) ·························································· 409
제224조(허위표시의 금지) ·········································································· 410
제224조의2(불복의 제한) ············································································ 412
제224조의3(비밀유지명령) ·········································································· 414
제224조의4(비밀유지명령의 취소) ······························································ 416
제224조의5(소송기록 열람 등의 청구 통지 등) ········································ 418

## 제12장 벌 칙

제225조(침해죄) ·························································································· 423
제226조(비밀누설죄 등) ·············································································· 424
제226조의2(전문기관 등의 임직원에 대한 공무원 의제) ·························· 425
제227조(위증죄) ·························································································· 425
제228조(허위표시의 죄) ·············································································· 426
제229조(거짓행위의 죄) ·············································································· 427
제229조의2(비밀유지명령 위반죄) ······························································ 428
제230조(양벌규정) ······················································································ 429
제231조(몰수 등) ························································································ 430
제232조(과태료) ·························································································· 431

- 특허법 개정연혁 ······················································································ 433
- 참고문헌 ···································································································· 436
- 찾아보기 ···································································································· 437

최신 개정법률을 반영한 조문별 취지·해설·판례
**특허법해설**
Easy & Consice

# 제1장 총 칙

> **제1장 총칙**
>
> **제1조 목적**
>
> 이 법은 발명을 보호·장려하고 그 이용을 도모함으로써 기술의 발전을 촉진하여 산업발전에 이바지함을 목적으로 한다.

### 취 지

특허법의 목적을 규정하는 제1조는 **특허법의 다른 조문을 해석·적용**하는데 있어 가장 **지침이 되는 규정**으로 **특허법의 입법취지를 밝힌** 것이다. 즉, 발명을 보호·장려하고 그 이용을 도모함으로써, 「기술의 발전을 촉진하여 산업발전에 이바지함」을 법의 목적으로 규정하고 있다.

### 해 설

<u>발명의 보호</u>를 위하여 특허법은 대표적으로 특허권자에게 특허된 발명을 침해한 자 등에 대하여 **민사적**으로 그 **침해의 금지 또는 예방의 청구**(제126조)와 **손해의 배상**(제128조)을 **청구**할 수 있게 하고, 더 나아가서는 **형사적**으로 **침해죄로 고소**(제225조)까지 할 수 있도록 하였다.

<u>발명의 이용을 도모</u>하기 위하여 특허라는 독점 권리를 권리자에게 허여하는 대가로서 일정 시점에 **발명의 내용을 공개하는 출원공개제도**(제64조) 및 특허된 발명을 **권리자뿐 아니라 필요시 정부 또는 이해관계인**(실시권자)에게 특허발명을 실시할 수 있도록 하였다(제106조의2, 제107조).

결국, **특허법의 목적**은 국가가 발명을 보호·장려하고 그 이용을 도모함으로써 기술발전을 촉진하는 것이며, **궁극적으로는 산업의 발전**이라는 **공공**(公共)**의 이익에 기여함**을 위한 것이다. 따라서 **산업발전을 저해하는 발명은 산업정책상 특허권을 부여하지 않거나 제한**할 수 있다.

> **제2조 정의(定義)**
>
> 제1장 총칙
>
> 이 법에서 사용하는 용어의 뜻은 다음과 같다.
> 1. "발명"이란 자연법칙을 이용한 기술적 사상의 창작으로서 고도(高度)한 것을 말한다.
> 2. "특허발명"이란 특허를 받은 발명을 말한다.
> 3. "실시"란 다음 각 목의 구분에 따른 행위를 말한다.
>    가. 물건의 발명인 경우: 그 물건을 생산·사용·양도·대여 또는 수입하거나 그 물건의 양도 또는 대여의 청약(양도 또는 대여를 위한 전시를 포함한다. 이하 같다)을 하는 행위
>    나. 방법의 발명인 경우: 그 방법을 사용하는 행위
>    다. 물건을 생산하는 방법의 발명인 경우: 나목의 행위 외에 그 방법에 의하여 생산한 물건을 사용·양도·대여 또는 수입하거나 그 물건의 양도 또는 대여의 청약을 하는 행위

### 취지

제2조는 **특허법**에서 사용되고 있는 **주요 용어**의 **정의**에 관한 것이다. 특허법에서 심사의 대상으로서 "발명"과, 심사에 따라 특허를 받은 발명을 "특허발명"으로 정의하고 있다. 또한 발명을 크게 "물건"과 "방법"발명으로 나누고, 그 「발명의 실시」를 행위별로 열거하여 정의한 것이다.

### 해 설

1. **"발명"이란 자연법칙을 이용한 기술적 사상의 창작으로서 고도한 것**(제1호)

특허법상 발명이 무엇인가(발명의 대상) 또는 발명으로 성립하기 위한 요건(발명의 성립성)를 규정한 것으로, **실용신안법상**의 **"고안"과 구별**해주는 정의적 규정이다(위 규정에 부합하지 않는 발명은 제29조 제1항 "산업상 이용할 수 있는 발명"의 본문 규정에 위배되어 거절이유의 근거가 된다).

「**자연법칙을 이용**」 이란 **자연계에 존재**하는 **과학법칙**(ex. 중력의 법칙)과 **자연현상**에 따른 **경험칙**(ex. 물의 흐름과 상태)의 **이용**을 의미한다. 예컨대, 자연법칙 자체(ex. 가속도의 법칙)이거나 자연법칙을 이용하지 않은 기법(ex. 마술, 최면) 외에 자연법칙에 반(反)하는 영구기관 등은 발명이 아니다.

「**기술적 사상의 창작**」 은 일정한 목적달성을 위한 구체적이고 실체적 수단인

기술은 아니더라도 **기술적 측면**에서 **실현가능성과 반복성 및 객관성**이 담보될 수 있는 **일정한 단계(과정)**에서의 **기술적 개념**이나 **방법**에 따라 **새로이 만들어 내는 것**을 의미한다.

<u>「고도한 것」</u>이란 **창작의 수준**이나 **정도(程度)**가 **높아야 된다**는 것으로, 특허법에서의 발명은 실용신안법에서의 **고안과 달리** 그 기술적 사상의 창작 수준이 높아야 됨을 **구별**하여 **정의**한 것이다(비교법적으로 실용신안법 제2조 제1호 "고안"이란 자연법칙을 이용한 기술적 사상의 창작을 말한다).

## 2. "**특허발명**"이란 특허를 받은 발명(제2호)

제1호("발명"이란 자연법칙을 이용한 기술적 사상의 창작으로서 고도한 것을 말한다)에 따른 발명이 특허청 심사관에 의한 **특허심사**(제57조)**를 거쳐** 거절이유가 발견되지 않으면 **특허결정**(제66조)이 이루어지고, 소정의 특허료(제79조) 납부를 통하여 **특허청에 등록된 발명**을 특허발명이라 한다.

## 3. "**실시**"(제3호)

특허법 제94조에 "특허권자는 업(業)으로서 특허발명을 <u>실시</u>할 권리를 독점한다."고 규정하고 있다. 이에 특허법은 "실시"의 개념에 대한 정의 규정을 우선 두어서 특허권자와 제3자에게 **특허권의 독점적 내용** 또는 **효력이 미치는 범위**에 대하여 **그 실시의 형태(유형)를 규정**한 것이다.

「**생산**」이란 특허발명을 이용하여 **물건을 만들어 내는 일체의 행위**(제조, 조립, 성형 등)을 의미하며 반드시 완성행위일 것을 요하지 않는다.

「**사용**」은 특허발명을 **발명의 목적**이나 **용도** 또는 **작용효과를 구현하는 행위**를 의미한다.

「**양도**」는 물건의 소유권을 타인에게 이전하는 행위이며, 유상 또는 무상을 따지지 않는다.

「**대여**」는 물건을 일정 시기를 정하여 빌려주는 행위로 이 역시 유·무상을 따지지 않는다.

「**수입**」은 **외국으로부터 물건을 반입하는 행위**를 의미한다.

「**청약**」은 일정한 내용의 계약을 성립시킬 목적으로 하는 의사표시(意思表示)를 말한다.

* '**수출**', '**소지**', '**수리·개조**'의 행위 그 자체는 법에서 규정한 "실시"의 행위에는 **포함되지는 않는다**. 그러나 수출에 이르는 과정에서 실시행위(ex. 생산)가 전제될 것이며, 소지 또한 실시행위(ex. 양도)로 이어질 가능성이 높기 때문에 침해금지청구의 대상이 될 수 있다.

수리·개조의 경우에는 그 수리·개조의 정도에 따라 판단되어야 하는데, 만약 수리·개조의 정도가 「생산」에 이를 정도가 된다면 특허법상 실시행위로 볼 수가 있다(정당한 특허제품의 **재판매**는 판매조건에 따른 계약상 위배와는 별도로 그 판매로 권리를 소진하므로 "실시"로 보지 않는다).

### 판결요지

▷ 특허법상 발명이라 함은 '자연법칙을 이용한 기술적 사상의 창작으로서 고도한 것'을 말하는 것이며(특허법 제2조 제1호), '자연법칙'이란 **자연의 영역에서 경험에 의하여 발견되는 법칙으로서 일정한 원인에 의하여 항상 일정한 확실성을 가지고 같은 결과가 반복하여 발생할 수 있는 법칙(인과율)에 따르는 것임과 동시에 제3자에 의하여도 반복하여 재현될 수 있는 것 즉, 재현 가능성 또는 반복가능성을 구비한 것**이라야 한다. 따라서 출원발명이 인간의 추리력 기타 순지능적·정신적 활동에 의하여 발견되고 안출된 법칙(수학 또는 논리학적 법칙 등), 인위적인 결정(금융보험제도, 과세제도, 유희방법 등) 또는 경제학상의 법칙에 해당하거나 이와 같은 것만을 이용하고 있는 경우에는 자연법칙을 이용하지 아니한 것이어서 특허법상의 발명에 해당하지 아니한다(특허법원 2002.1.17. 선고 2001허3453 판결).

▷ 이 사건 제1항 발명에서 필수적으로 요구하는 작업들인 <u>원목을 그 상태 등에 따라 쓰임새를 판단하여 적합한 건축부재로 선별하는 작업</u>, <u>한옥을 설계하는 작업</u>, 이력관리부재인 태그의 손상을 피하면서 원목을 건축부재로 가공하는 작업, <u>한옥을 건축하는 작업</u>은 모두 **인간의 순수한 정신활동에 근거하는 인위적 결정 내지 사실행위**이고, 또한 이 사건 제1항 발명에서 이력관리부재인 태그에 수용되는 정보가 무엇인지에 관한 구체적이고 명확한 한정이 없어 인간의 정신적 판단이 필요하므로, 이 사건 제1항 발명은 일부에 자연법칙을 이용하고 있다하더라도 전체적으로 자연법칙을 이용하고 있지 않다(특허법원 2012.8.17. 선고 2012허2258 판결).

▷ 특허법 제2조 제1호 소정의 '<u>고도한 것</u>'이라는 의미는 **당해 발명이 속하는 기술분야의 전문가에 대하여 자명한 것이 아닌 것**을 의미하는 것이나, 이는 **실용신안법의 고안과 특허법상의 발명을 구별하기 위한 것**으로 기술적 사상의 창작 중 비교적 기술의 정도가 높은 것을 발명으로, 그렇지 못한 것을 고안으로 본다는 의미에 불과하고 그 자체가 발명의 본질적 특징은 아니라고 해석된다(특허법원 2002.2.21. 선고 2001허4937 판결).

> **제1장 총칙**
>
> **제3조 미성년자 등의 행위능력**
>
> ① 미성년자·피한정후견인 또는 피성년후견인은 법정대리인에 의하지 아니하면 특허에 관한 출원·청구, 그 밖의 절차(이하 "특허에 관한 절차"라 한다)를 밟을 수 없다. 다만, 미성년자와 피한정후견인이 독립하여 법률행위를 할 수 있는 경우에는 그러하지 아니하다.
> ② 제1항의 법정대리인은 후견감독인의 동의 없이 제132조의2에 따른 특허취소신청(이하 "특허취소신청"이라 한다)이나 상대방이 청구한 심판 또는 재심에 대한 절차를 밟을 수 있다.

### 취 지

제3조는 재산적 법률행위를 행사함에 있어 일반적으로 독립하여 유효한 법률행위를 할 수 없는 민법상 **제한적 행위능력자**(미성년자·피한정후견인·피성년후견인)의 **"특허에 관한 절차"를 밟음**에 따른 그 **행위능력**의 **제한과 예외**에 관한 규정이다(종전 민법상 한정치산자와 금치산자 제도는 폐지되었다).

"행위능력"이란 법률상 단독으로 완전히 유효한 법률행위를 할 수 있는 지위 또는 자격을 말하는 것인데, 본조는 특허에 관한 절차를 밟음에 있어 **제한적 행위능력자를 보호**하고 그에 따른 **법적안정성을 도모**하기 위하여 **민법의 관련 규정**(제5조 내지 제17조) 일부를 **법에 반영**한 것이다.

### 해 설

민법('13.7월 시행)은 종래 행위무능력자 제도를 행위능력의 일부를 제한하는 제한능력자 제도로 개정하였다. 제한능력자란 의사능력이 없거나 만약 있더라도 불완전하여 단독으로 권리를 행사하거나 의무를 부담하는 데 손해를 당할 우려가 있어 행위능력의 일부를 제한한 자이다.

① 미성년자 등의 행위능력과 그 예외(제1항)

「미성년자」란 만 19세에 달하지 않는 자를 말한다. 민법 제4조(성년)에 따르면 성년의 나이는 기존 20세에서 '13.7월 1일부로 **만 19세**로 개정되었다.

「피한정후견인」은 질병, 장애, 노령, 그 밖의 사유로 인한 **정신적 제약**으로 **사무를 처리할 능력이 부족**하여 가정법원이 한정후견개시(限定後見開始)의 심판을 한 사람을 말한다(민법 제12조).

「**피성년후견인**」은 질병, 장애, 노령, 그 밖의 사유로 인한 **정신적 제약**으로 **사무를 처리할 능력이 지속적으로 결여된 사람**으로서 가정법원으로부터 성년후견개시의 심판을 받은 사람이다(민법 제9조).

「법정대리인」은 행위자인 본인의 의사가 아닌 **법률의 규정에 의하여 대리인이 된 자**를 말한다. 미성년자의 법정대리인은 우선적으로 **친권을 행사하는 부 또는 모**가 되며(민법 제911조), 친권자가 없거나 친권에 제한이 있는 경우에는 미성년후견인이 법정대리인이 된다(민법 제928조).

피한정후견인과 피성년후견인의 법정대리인은 (성년)후견인이다(민법 제929조). 성년후견제는 정신적 제약이 있어 사무처리 능력이 부족한 성년자에게 법률지원을 돕는 제도이며, 후견인은 본인, 친족, 검사 등의 청구에 의하여 법원이 선임한다(법인도 성년후견인이 될 수 있다(민법 제930조 제2항)).

원칙적으로 제한적 행위능력자는 **법정대리인**을 선임하여 **특허에 관한 절차를 밟을 수 있고** 이를 위반한 경우에는 **취소할 수 있다**. 그러나 제1항 단서에 "미성년자와 피한정후견인이 독립하여 법률행위를 할 수 있는 경우에는 그러하지 아니하다."고 하여 그 예외를 두고 있다.

"독립하여 법률행위를 할 수 있는 경우"를 민법은 **권리만을 얻거나 의무만을 면하는 행위**(제5조), **법정대리인이 범위를 정하여 처분을 허락한 재산의 처분**(제6조), **법정대리인으로부터 허락을 얻은 특정한 영업에 관한 행위**(제8조), 미성년자가 혼인에 의하여 성년자로 간주되는 경우이다(제826조의2).

② 제한적 행위능력자의 법정대리인에 의한 독자적 절차 수행(제2항)

민법에서 법정대리인인 후견인은 피후견인의 재산에 관한 법률행위에 대하여 피후견인을 대리하지만(제949조), 특정한 행위 예컨대, 영업에 관한 행위, 금전을 빌리는 행위 또는 소송행위 등은 후견감독인(후견인의 사무를 감독)이 있는 경우에 그의 동의를 받아야 한다(제950조).

그러나, 특허법은 **제한적 행위능력자의 법정대리인**이 **특허취소신청**(제132조의2)이나 **상대방이 청구한 심판** 또는 재심에 대하여는 **후견감독인의 동의 없이도 절차를 밟을 수 있도록** 하였다. 이러한 행위는 소극적 행위로서 제한적 행위능력자의 권리를 해칠 우려가 없기 때문이다.

| 제1장 총칙 | **제4조 법인이 아닌 사단 등** |
|---|---|
| | 법인이 아닌 사단 또는 재단으로서 대표자나 관리인이 정하여져 있는 경우에는 그 사단 또는 재단의 이름으로 출원심사의 청구인, 특허취소신청인, 심판의 청구인·피청구인 또는 재심의 청구인·피청구인이 될 수 있다. |

### 취 지

제4조는 민법상 권리·의무의 주체(자연인·법인)로서 권리능력 또는 법인격이 인정되지 않는 사단(社團) 또는 재단(財團)이 대표자나 관리인이 정해져 있는 경우에는 그 이름으로 출원심사의 청구인, 특허취소신청인, 심판의 청구인·피청구인 또는 재심의 청구인·피청구인이 될 수 있다는 것이다.

본조는 원칙적으로 **권리능력이 없어서 권리를 취득할 수 없는 사단**이나 **재단의 경우에도** 일정한 요건을 갖추어 **단체로서의 실체를 갖춘 경우에는**[1] 민사소송법 제52조(법인이 아닌 사단 등의 당사자능력)의 **취지처럼 심사청구 외 일정한 심판절차에 있어 절차를 수행할 절차능력을 부여**하겠다는 것이다.

### 해 설

민법과 같은 실체법은 그 법률관계를 명확히 하기위하여 주무관청의 허가를 받아 설립된 사단 또는 재단에 한하여 법인으로서 인정하고(제32조), 이렇게 허가된 법인에 대해서만 권리능력 즉, 법인격을 부여하고 있다. 그러나 **현실사회**에서는 **법인격 없는** 여러 종류의 **단체**(ex. 동창회, 장학회 등)가 존재하고 있으며, 실제로 **타인과 각종 거래활동을** 하고 있는 **실정**이다. 따라서 이에 따른 타인과의 분쟁의 소지가 필연적으로 발생할 수 있으며, 이 경우에 단지 **법인격이 없다**는 이유로 **권리능력을 부정**하기보다는 이들의 **실체를 인정**하는 것이 **현실에 부합**하다.

「**사단**」 은 **일정한 목적을 위하여 결합된 사람의 단체**이며(ex. 주식회사), 「**재단**」 은 **일정한 목적을 위하여 결합된 재산의 집단**(ex. 장학재단)이다. 정관(定款)이나 내부규약 등에 따라 사단은 업무집행기관 및 대표자가 정해져 있고, 재단은 기부된 재산의 관리인이 정해져 있는 것이 일반적이다.

본조는 민법상 권리능력이 인정되지 않는 사단 또는 재단이라도 그 대표자나 관리인이 있는 경우에 그 이름으로 당사자가 될 수 있는 민사소송법 제52조의 취지

---

[1] 정상조·박성수 공편, 특허법 주해 I (박영사, 2010), 103면.

에 따라 출원심사의 청구인, 특허취소신청인, 심판·재심의 청구인·피청구인이 될 수 있도록 인정하고 있다. 그러나 이 절차 중, 심사청구는 제3자로서 발명의 등록여부를 빨리 알아 발명의 실시에 따른 법적분쟁 및 투자여부를 신속히 결정하기 위하여 인정되나, **출원인이나 특허권자가 할 수 있는 권리인 거절결정불복심판, 적극적 권리범위확인심판 또는 정정심판에** 관해서는 **청구인으로서 절차능력은 인정되지 않는다.**

위와 같이 특허법이 특허관련 절차에서 법인이 아닌 사단 또는 재단에 제한적으로 자연인과 법인처럼 법인격을 갖춘 당사자능력 즉, 절차법적으로 당사자가 될 수 있는 능력을 인정하는 것은 **특허분쟁**에 있어 **비법인 사단 또는 재단의 권리주체성을 실질적으로 인정하기 위함**이다.

본조 소정의 절차를 하기 위해서는 정관 등에 대표자(사단)나 관리인(재단)에 관한 정함이 있어야 하고 또한, 실존하고 있어야만 한다. 법문상 "대표자 또는 관리인"이라고 표현하고 있으나, 그 명칭이 반드시 "대표자" 또는 "관리인"일 필요는 없다.[2]

| 판결요지 |

▷ 특허법에서는 특허출원의 주체가 될 수 있는 자나 당사자능력에 관한 규정을 따로 두고 있지 아니하므로, 특허권과 특허법의 성질에 비추어 민법과 민사소송법에 따라 거기에서 정하고 있는 권리능력과 당사자능력이 있는 자라야 특허출원인이나 그 심판·소송의 당사자가 될 수 있다고 할 것인바, 이 사건 출원인(항고심판청구인, 상고인)인 **경북대학교는 국립대학으로서 민사법상의 권리능력이나 당사자능력이 없음이 명백**하므로 특허출원인이나 항고심판청구인, 상고인이 될 수 없다할 것이다(대법원 1997.9.26. 선고 96후825 판결).

---

2) 정상조·박성수 공편, 앞의 책, 108면.

> **제5조 제외자의 특허관리인**
>
> ① 국내에 주소 또는 영업소가 없는 자(이하 "재외자"라 한다)는 재외자(법인의 경우에는 그 대표자)가 국내에 체류하는 경우를 제외하고는 그 재외자의 특허에 관한 대리인으로서 국내에 주소 또는 영업소가 있는 자(이하 "특허관리인"이라 한다)에 의해서만 특허에 관한 절차를 밟거나 이 법 또는 이 법에 따른 명령에 따라 행정청이 한 처분에 대하여 소(訴)를 제기할 수 있다.
> ② 특허관리인은 위임된 권한의 범위에서 특허에 관한 모든 절차 및 이 법 또는 이 법에 따른 명령에 따라 행정청이 한 처분에 관한 소송에서 본인을 대리한다.

제1장 총칙

### 취지

제5조는 **국내에 주소 또는 영업소가 없는 재외자의 특허청에 대한 절차**에 있어 **대리인 선임과 그 대리인의 대리권 범위에 관한 규정**이다. 국내에 체류하지 않는 **재외자에게 특허관리인을 강제**로 두도록 하는 것은 국내에 주소 또는 영업소를 가진 자와의 절차수행에 있어 구별을 두기 위함이다.

재외자에게 특허관리인 없이는 특허에 관한 절차를 밟거나 특허법에 의한 처분명령에 소를 제기할 수 없도록 하는 것은 **서면·속지주의에 따른 특허제도에 기인한 것**으로, 특허청이 외국에 있는 특허에 관한 절차를 밟는 당사자에 대하여 서류송달 등의 어려움과 번잡함을 피하기 위함이다.

### 해설

① 재외자의 특허에 관한 절차능력 제한과 특허관리인의 선임(강제주의)(제1항)

「**재외자**」란 법조문대로 **국내에 주소 또는 영업소가 없는 자**이므로, 내·외국인 불문하고 대한민국 국민도 국내에 주소 또는 영업소가 없는 경우에는 재외자에 해당된다. 「**재외자의 특허관리인**」은 **국내에 주소 또는 영업소를 둔 자로서 재외자에 의하여 선임된 대리인**을 의미한다.

이렇게 재외자에 대하여 국내에 체류하는 경우를 제외하고 특허관리인을 선임하여 특허에 관한 절차 등을 밟도록 강제하는 것은 특허청이 **외국에 있는 재외자에 서류송달 등의 편의와 절차를 도모**하여 외국인인 재외자의 특허에 관한 절차 및 권익 보호를 꾀하기 위한 측면도 있다.

종래 외국에 있는 재외자를 위하여 특허절차의 진행과 관련하여 **통상의 대리인이 수여받은 대리권 보다 넓은 범위에서의 "특허관리인"이란 명칭을 사용**하였으나, 2001년 상표법조약을 반영해 <u>현재 **특허관리인과 통상의 대리인의 특허절차에 관한 실질적인 대리권의 범위는 같다**고 볼 수 있다.</u>[3)]

특허관리인은 위임에 따라 선임되므로 통상의 대리인(임의대리인)이지만 특허에 관한 절차능력을 보충해준다는 면에서 법정대리인의 성격도 가지며,[4)] 만약 **특허관리인에 의하지 않고 제출된 서류** 등은 특허법 시행규칙 제11조에 의거 적합한 출원서류로 보지 아니하고 **반려**를 하고 있다.

② 특허관리인의 대리권 범위(제2항)

특허관리인은 재외자에게 위임된 권한의 범위에서 특허에 관한 모든 절차 및 이 법 또는 이 법에 따른 명령에 따라 행정청이 한 처분에 관한 소송에서 재외자 즉, 본인을 대리할 권한을 가진다.

2001년 상표법조약을 반영한 2001년 2월 3일 특허법 개정에 의하여 재외자의 특허관리인도 통상의 (위임)대리인과 같이 수여된 권한에 한하여 대리권을 행사할 수 있도록 함으로써 대리권의 범위에 있어서 재외자의 의견이 적극적으로 반영될 수 있게 되었다.[5)]

> 판결요지

▷ 특허법 제5조 제1항, 특허법 시행규칙 제11조(부적합한 서류 등의 반려) 제1항 제6호에 의하면, 재외자는 특허관리인에 의하지 아니하면 특허에 관한 절차를 밟을 수 없고, 특허청장은 재외자가 특허관리인에 의하지 아니하고 제출한 서류를 반려할 수 있다고 되어 있으나, **특허관리인 제도는 특허청이 국내에 거주하지 않는 자와 직접 절차를 수행함에 따른 번잡과 절차지연을 피함으로써 원활한 절차수행이 가능하도록 하기 위함에 그 의의가 있는 점**, 특허법 제5조 제1항에 의하면 재외자라 하더라도 국내에 체재하는 경우에는 직접 절차를 밟을 수 있는 점, 특허법 제62조(특허거절결정), 제133조(특허의 무효심판) 제1항에는 재외자가 특허관리인에 의하지 아니하고 그 절차를 밟은 경우에 이를 특허거절사유나 특허무효사유로는 하고 있지 않은 점 등에 비추어 볼 때, **특허청장은 특허관리인에 의하지 아니한 채 제출된 서류를 반려하지 아니하고 이를 수리하여 특허에 관한 절차를 진행한 이후**

---

3) 김원준, 특허법(박영사 개정2판, 2004). 61면. 특허관리인은 통상의 대리인보다 수여된 범위 내에서 포괄적으로 대리를 할 수 있다는 점에서 차이(의미)가 있다는 지적도 있다. 정상조·박성수 공편, 앞의 책, 116면.
4) 정상조·박성수 공편, 앞의 책, 112면.
5) 특허청, 조문별 특허법해설(2007), 15면.

에는 특허법 제5조 제1항에 위반된다는 이유로 제출된 서류의 절차상 하자를 주장할 수는 없다고 해석된다(대법원 2005.5.27. 선고 2003후182 판결).

> **제6조 대리권의 범위**
>
> 국내에 주소 또는 영업소가 있는 자로부터 특허에 관한 절차를 밟을 것을 위임받은 대리인은 특별히 권한을 위임받아야만 다음 각 호의 어느 하나에 해당하는 행위를 할 수 있다. 특허관리인의 경우에도 또한 같다.
> 1. 특허출원의 변경·포기·취하
> 2. 특허권의 포기
> 3. 특허권 존속기간의 연장등록출원의 취하
> 4. 신청의 취하
> 5. 청구의 취하
> 6. 제55조 제1항에 따른 우선권 주장 또는 그 취하
> 7. 제132조의17에 따른 심판청구
> 8. 복대리인의 선임

**취 지**

대리인(代理人)이 행한 법률행위의 효과는 본인에게 귀속되며, 대리인에는 법률의 규정에 따라 선임되는 법정대리인과 본인의 위임에 의한 임의대리인(任意代理人)이 있다. 임의대리인은 통상의 대리인을 뜻하며, **대리인의 대리권 범위는 본인으로부터 위임받은 내용(범위)**에 의하여 정해진다.

제6조는 특허법상 (위임)대리인이 일반적으로 특허에 관한 절차를 밟을 경우 본인을 위하여 위임받은 절차 모두를 대리할 수 있지만, **위임의 취지상 본인에게 중대한 영향을 초래할 수 있는 절차나 본인의 의사를 재확인하는 것이 타당한 절차**에 대하여 **특별수권사항으로 규정**하고 있다.[6]

민사소송법 제90조(소송대리권의 범위)에서도 소송대리인은 위임을 받은 사건에 대한 소송행위 등 일체의 소송행위를 할 수 있다고 하면서 **반소(反訴) 또는 상소(上訴)의 제기, 소의 취하** 등에 관해서는 당사자 보호를 위하여 **특별수권을 받도록 규정한 취지를 특허법**에서도 반영한 것이다.

---
6) 정상조·박성수 공편, 앞의 책, 130면.

### 해 설

#### 1. 「특허출원의 변경·포기·취하」(제1호)

"**특허출원의 변경**"은 출원인이 특허를 받고자 **출원한 발명을 특허출원의 계속 중에 실용신안법상의 고안으로서 변경하여 출원하는 것**이므로, 이는 보호받고자 하는 **출원형태의 변경**을 의미하고, 변경출원이 있으면 그 특허출원은 취하된 것으로 보기 때문에 특별수권 사항이다.

"**특허출원의 포기**"는 출원인이 **특허를 받을 수 있는 권리를 더 이상 진행시키지 않고 소멸시킨다는 취지의 의사표시**이고, "**특허출원의 취하**"는 현재 진행 중인 특허출원을 철회하여 특허출원이 없었던 것으로 하겠다는 취지의 의사표시이므로 이 역시 출원인의 특별수권 사항이다.

#### 2. 「특허권의 포기」(제2호)

"**특허권의 포기**"는 이미 **유효하게 성립되어 등록된 특허권을 장래에 향하여 소멸시키는 것**으로, 이는 특허권자 본인에 있어 권리의 존속여부를 다루는 매우 중요한 이해관계에 해당하므로 특별수권 사항에 해당한다.

#### 3. 「특허권 존속기간의 연장등록출원의 취하」(제3호)

"**특허권 존속기간의 연장등록출원의 취하**"는 의약품 관련 특허권을 실시하기 위하여 다른 법령에 따라 허가·등록 등을 위하여 소요되는 기간 동안 특허권 실시에 제한을 받으므로 이를 위한 특허권 존속기간의 연장등록출원의 취하는 연장등록출원인에 불이익이 되므로 특별수권 사항이다.

#### 4. 「신청의 취하」(제4호)

"**신청의 취하**"는 **특허에 관련된 신청절차의 진행을 철회하는 것**으로, 이에는 우선심사신청(제61조), 출원공개신청(제64조), 특허료 추가납부 등으로 인한 특허권의 회복신청(제81조의3) 등이 있다. 이 또한 출원인 또는 특허권자의 이해와 깊은 관련 있으므로 특별수권 사항이다.

#### 5. 「청구의 취하」(제5호)

"**청구의 취하**"는 신청의 취하와 마찬가지로 특허에 관한 절차의 진행 즉, 각종 청구를 취하하는 것으로, 이에는 기간연장의 청구(제15조), 보상금지급청구(제65조), 각종의 심판청구(제132조의3, 제133조, 제133조의2 등) 등이 있다(단, 특허출원의 심사청구는 취하할 수 없다(제59조 제4항)).

### 6. 「제55조 제1항에 따른 우선권 주장 또는 그 취하」 (제6호)

"제55조 제1항에 따른 우선권 주장 또는 그 취하"는 특허출원 등을 기초로 한 우선권(국내우선권 주장)과 관련된 사항으로, 선출원을 기초로 개량된 발명 등을 보호받고자 하는 국내우선권 주장은 선출원에 대하여 취하의 효과를 수반하므로(제56조 제1항) 특별수권 사항이다.

### 7. 「제132조의17에 따른 심판청구」 (제7호)

"제132조의17에 따른 심판청구"는 특허출원에 관한 절차를 위임받은 대리인이 특허거절결정 또는 특허권의 존속기간연장등록출원 거절결정을 받은 경우 그 절차수행에 대한 위임은 종료되었다고 보고, 그 이후의 불복단계인 심판청구의 대해서는 특별수권 대상으로 규정하였다.

### 8. 「복대리인의 선임」 (제8호)

"복대리인의 선임"은 본인에 의하여 선임된 **대리인이 자기의 책임하에 본인을 대리하는 다른 대리인을 선임하는 것**이어서, 결국 본인과의 신뢰관계에 의하여 선임되지 않았기 때문에 본인의 의사와 이익을 존중한다는 측면에서 복대리인의 선임은 본인의 특별수권 사항에 해당한다.

본조는 본인의 이름으로 특허에 관한 절차를 밟는 (위임)대리인에게 대리행위에 따른 본인 보호의 요청과 대리권의 범위를 명확하게 하여 신속·원활한 특허에 관한 절차를 수행하고자[7] 하는 목적에서 특허법상 일정 절차행위에 대하여 특별수권 사항으로서 규정한 것이다.

> **판결요지**
>
> ▷ 재심의 소의 절차에 있어서의 변론은 재심 전 절차의 속행이기는 하나 재심의 소는 신소의 제기라는 형식을 취하고 재심 전의 소송과는 일응 분리되어 있는 것이며, **사전 또는 사후의 특별수권이 없는 이상 재심 전의 소송의 소송대리인이 당연히 재심소송의 소송대리인이 되는 것이 아니다**(대법원 1991.3.27. 90마970 결정).

---

[7] 정상조·박성수 공편, 앞의 책, 130면.

| 제1장 총칙 | **제7조 대리권의 증명** |
|---|---|
| | 특허에 관한 절차를 밟는 자의 대리인(특허관리인을 포함한다. 이하 같다)의 대리권은 서면으로써 증명하여야 한다. |

**취 지**

　제7조는 **특허에 관한 절차를 밟는 대리인**(특허관리인과 법정대리인 포함)의 **대리권 증명방법**에 관한 규정이다. **서면**으로서 **정당한 대리권이 있음을 확인**하여 특허에 관한 절차가 제16조(절차의 무효)에 따라 무효가 되지 않게 특허에 관한 절차의 법적 안정성과 확실성을 제고하기 위함이다.

**해 설**

　정당한 대리인을 **증명**하기 위한 **서면**으로는 **특허법 시행규칙 제5조**(대리인의 선임 등)에 따른 서식인 **위임장과 대리인에 관한 신고서를 제출**하면 되며, 위임장에는 수임자 및 위임자에 관한 기재사항, 사건의 표시, 위임사항 및 위임일자, 그리고 위임자의 서명 또는 날인이 있어야 한다.

　**서면에 의한 대리권의 증명이 없는 경우** 특허청장(특허심판원장, 심판장)은 보정을 명하여야 하고(제46조 제2호, 제141조 제1항 다목), 보정명령을 받은 자가 **지정기간 내에 보정하지 아니한 경우에는 특허에 관한 절차를 무효로 할 수 있다**(제16조 제1항 본문).

| 제1장 총칙 | **제7조의2 행위능력 등의 흠에 대한 추인** |
|---|---|
| | 행위능력 또는 법정대리권이 없거나 특허에 관한 절차를 밟는 데 필요한 권한의 위임에 흠이 있는 자가 밟은 절차는 보정(補正)된 당사자나 법정대리인이 추인하면 행위를 한 때로 소급하여 그 효력이 발생한다. |

**취 지**

　제7조의2는 **행위무능력자나 무권대리인**(無權代理人)이 특허에 관하여 밟은 절차라도 본인에게 반드시 불리한 것이라 볼 수 없고, **이미 행한 절차를 무효로 하여 동일한 절차를 밟도록 하는 것이 오히려 절차의 안정과 경제에 도움이 되지 않는다는 취지에서 인정된**[8] 규정이다.

---

8) 정상조·박성수 공편, 앞의 책, 141면.

본조는 행위능력 등에 흠 또는 결함이 있어 특허에 관하여 밟은 절차가 원래 무효이지만 행위능력을 갖춘 본인이나 적법한 법정대리인이 이를 유효하다고 인정하면 무효인 것을 **유효한** 행위로 소급하여 **인정**한다는 취지다. **민사소송법상 소송능력의 흠에 대한 추인(제60조)과 같은** 취지이다.

### 해 설

원래 본인의 행위능력 또는 대리인(법정·임의)의 대리권이 존재 여부는 특허에 관한 절차를 밟기 위한 유효요건(有效要件)이어서 행위무능력자나 **무권대리인이 밟는 특허에 관한 절차는** 흠이 있는 하자행위(瑕疵行爲)로서 **원천 무효**이다.

「행위능력이 없다」란 법률상 단독으로 완전히 유효한 법률행위를 할 수 있는 지위 또는 자격이 없다는 것이고, 「**법정대리권이 없거나 특허에 관한 절차를 밟는데 필요한 권한의 위임에 흠이 있는 자**」란 특허에 관한 절차를 밟는데 있어 **적법한 대리권이 없는 무권대리인**을 뜻한다.

"**무권대리인**"에는 본인으로부터 대리권을 수여받지 못한 자뿐만 아니라, 널리 무자격 법정대리인, 특별수권 사항에 대하여 특별수권을 받지 못한 대리인, 대리권을 증명하지 못한 자, 적법한 대표권이 없는 법인이나 비법인단체의 대표자 등을 포함한다.9)

「**보정된 당사자**」에는 **제한적 행위능력자**(미성년자·피한정후견인·피성년후견인)가 독립하여 유효하게 법률행위를 할 수 있는 상태의 당사자이며, 여기서 「**법정대리인**」은 법률의 규정에 따라 선임된 대리인을 의미하나, 당사자의 위임에 따라 대리권을 갖춘 (위임)대리인도 해당한다고 해석한다.10)

「**추인(追認)**」은 일반적으로 어떤 행위가 있는 뒤에 그 행위에 동의한다는 의미지만, 본조에서 추인은 **당초 무효인 행위를 소급하여 유효한 행위로 전환시킬 것을 인정**한다는 것으로, **민법**에서 불완전한 법률행위(취소할 수 있는 행위)를 확정적으로 유효하게 하는 **추인(제15조)과는 다르다.**

### 판결요지

▷ **적법한 대표자 자격이 없는 비법인 사단의 대표자가 한 소송행위**는 후에 대표자 자격을 **적법하게 취득한 대표자가 그 소송행위를 추인하면 행위시에 소급하여 효력**을 갖게 되고, 이러한 추인은 상고심에서도 할 수 있다(대법원 1997.3.14. 선고 96다25227 판결).

---

9) 정상조·박성수 공편, 앞의 책, 142면.
10) 정상조·박성수 공편, 앞의 책, 143면.

▷ **미성년자가 직접 변호인을 선임하여 제1심의 소송수행**을 하게 하였으나 **제2심에 이르러서는 미성년자의 친권자인 법정대리인이 소송대리인을 선임하여** 소송행위를 하면서 아무런 **이의를 제기한 바 없이 제1심의 소송결과를 진술한 경우**에는 **무권대리에 의한 소송행위를 묵시적으로 추인**된 것으로 보아야 한다(대법원 1980. 4. 22. 선고 80다308 판결).

---

**제1장 총칙**

### 제8조 대리권의 불소멸

특허에 관한 절차를 밟는 자의 위임을 받은 대리인의 대리권은 다음 각 호의 어느 하나에 해당하는 사유가 있어도 소멸하지 아니한다.
1. 본인의 사망이나 행위능력의 상실
2. 본인인 법인의 합병에 의한 소멸
3. 본인인 수탁자(受託者)의 신탁임무 종료
4. 법정대리인의 사망이나 행위능력의 상실
5. 법정대리인의 대리권 소멸이나 변경

---

**│ 취 지 │**

제8조는 **민법상 본인의 사망인 경우 대리인의 대리권이 소멸하는 것**(제127조)에 대한 **특칙으로 본인이 사망한 경우 등에도 특허절차의 연속성을 위하여 대리인의 대리권을 소멸시키지 않겠다는 취지**이다. 민사소송법상 당사자의 사망에도 소송대리권이 소멸하지 않는 것(제95조)과 같다.

**│ 해 설 │**

민법상 통상의 대리권은 본인과 대리인 간의 신뢰관계를 기반으로 유지되므로 만약 본인이 사망하는 경우에는 그 연결고리가 끊어지므로 이에 따른 대리인의 대리권은 소멸한다. 그러나 **특허에 관한 절차는 연속성이 더 요구되므로 그 절차의 승계인에게 이익이 보장될 수 있다.**

특허법의 대리권은 서면에 의하여 명확히 증명되고(제7조), 본인의 이익에 반할 우려가 있는 행위에 대하여 특별수권을 받도록 규정되어 있고(제6조), **특허절차의 속성상 신속성과 안정성을 보다 요구하므로 본조는 민법과 달리 일정 범위 내에서 대리권 불소멸 사유를 규정한 것이다.**

일반적으로 「**법인의 합병**」은 **법인의 청산**(淸算: 해산(解散)에 의하여 모든 법률관계를 종료시키는 것)을 거치지 않고 그 일체의 권리의무를 포괄적으로 다른 법인에 이전하는 것을 말하며, 「수탁자의 신탁임무」란 신탁(信託)에 따라 재산을 관리·처분하는 수탁자의 계약상 임무이다.

> **제1장 총칙**
> **제9조 개별대리**
> 특허에 관한 절차를 밟는 자의 대리인이 2인 이상이면 특허청장 또는 특허심판원장에 대하여 각각의 대리인이 본인을 대리한다.

### 취 지

제9조는 특허에 관한 절차를 밟는 자의 **대리인이 2인 이상이면 대리인 각자가 본인을 대리**한다는 "**개별대리**"원칙을 규정하는 것이다. 이는 특허절차 또는 심판절차의 지연 및 상대방의 불편을 방지하기 위함이고, 민사소송법상 소송의 개별대리의 원칙(제93조 제1항)과 동일한 취지이다.

### 해 설

특허에 관한 절차에 있어 복수의 대리인이 존재하는 경우에 복수의 대리인 공동으로만 대리권을 행사할 수 있게 한다면 이는 대리인 간의 의견 불일치로 인하여 특허청에 대한 절차의 진행이 지연될 뿐만 아니라 상대방에게도 불필요한 번거로움을 초래할 수 있다.

본조 역시 **특허에 관한 절차의 안정성과 신속성을 위하여 대리인이 2인 이상일 경우 개별대리의 원칙을 규정**한 것이다. 따라서 특허청은 2인 중 어느 한 대리인과의 절차행위를 하더라도 그 행위는 유효한 것이고, 또한 대리인 각자가 개별적으로 특허청에 한 행위도 유효한 것이다.

여러 대리인의 행위가 서로 모순되는 경우, 시기가 같으면 석명(釋明)을 명하고, 그 시기가 다른 것은 앞의 행위가 철회 가능한 것이면 뒤의 행위에 의해 철회된 것으로 보고, 앞의 행위가 청구의 포기나 취하 같이 철회할 수 없는 것이면 뒤의 행위는 효력이 없다고 본다.[11]

---

11) 정상조·박성수 공편, 앞의 책, 153면.

> ### 제10조 대리인의 선임 또는 개임 명령 등
>
> ① 특허청장 또는 제145조제1항에 따라 지정된 심판장(이하 "심판장"이라 한다)은 특허에 관한 절차를 밟는 자가 그 절차를 원활히 수행할 수 없거나 구술심리(口述審理)에서 진술할 능력이 없다고 인정되는 등 그 절차를 밟는 데 적당하지 아니하다고 인정되면 대리인을 선임하여 그 절차를 밟을 것을 명할 수 있다.
> ② 특허청장 또는 심판장은 특허에 관한 절차를 밟는 자의 대리인이 그 절차를 원활히 수행할 수 없거나 구술심리에서 진술할 능력이 없다고 인정되는 등 그 절차를 밟는 데 적당하지 아니하다고 인정되면 그 대리인을 바꾸어 선임할 것을 명할 수 있다.
> ③ 특허청장 또는 심판장은 제1항 및 제2항의 경우에 변리사로 하여금 대리하게 할 것을 명할 수 있다.
> ④ 특허청장 또는 심판장은 제1항 또는 제2항에 따라 대리인을 선임하거나 대리인을 바꾸어 선임할 것을 명령한 경우에는 제1항에 따른 특허에 관한 절차를 밟는 자 또는 제2항에 따른 대리인이 그 전에 특허청장 또는 특허심판원장에 대하여 한 특허에 관한 절차의 전부 또는 일부를 무효로 할 수 있다.

**제1장 총칙**

### 취 지

제10조는 특허에 관한 절차나 구술심리에서 그 **절차수행**이나 **진술능력에 문제가 있어** 절차진행에 어려움이 있는 경우 절차를 밟는 자에게 대리인 선임을 명할 수 있고, **그 대리인도 적당하지 않은 때에는 대리인 개임**(改任)**을 명할 수 있게 하여 특허절차의 원활한 수행**을 도모하기 위함이다.

특허법은 특허에 관한 절차에 있어 원칙적으로 대리인의 선임을 강제하거나 대리인에 의할 경우에도 대리인의 자격을 정하고 있지 아니하므로 본인 또는 이 분야 전문가인 변리사가 아닌 대리인에 의하여 수행될 수도 있어 특허절차 등이 원활히 진행되지 못하는 경우가 종종 있다.

본조는 특허청장 또는 심판장에게 특허절차 또는 구술심리에서 절차를 진행하기가 적당하지 않을 때 대리인을 선임 또는 개임을 명할 수 있으며, 그 경우 **대리인을 변리사로 대리하게 할 수 있고**, 그 대리인 선임 또는 개임 전의 절차에 대하여 **전부(일부)를 무효로 할 수 있다**는 것이다.

> 해 설

① 특허에 관한 절차 등을 원활히 수행할 수 없는 경우 대리인 선임 명령(제1항)

대리인 선임 명령을 할 수 있는 사유는 법문대로 "특허에 관한 절차를 밟는 자가 그 절차를 원활히 수행할 수 없거나 구술심리에서 진술할 능력이 없다고 인정되는 등 그 절차를 밟는 데 적당하지 아니하다고 인정되는 경우"이다. **절차수행에 따른 본인의 이익을 중시한 측면이다.**

② 대리인 선임에도 특허에 관한 절차 등을 원활히 수행할 수 없는 경우 대리인 개임 명령(제2항)

**제1항에서의 대리인이 선임되었음에도** "특허에 관한 절차를 밟는 자의 대리인이 그 절차를 원활히 수행할 수 없거나 구술심리에서 진술할 능력이 없다고 인정되는 등 **그 절차를 밟는 데 적당하지 아니하다고 인정**"되면 그럼에도 불구하고 **대리인의 개임을 명할 수 있다.**

제1항 및 제2항에서 "특허에 관한 절차 등을 원활히 수행할 수 없는 경우"란 절차를 밟는데 있어 능력의 경미한 부족이나 부적격이 아니라 **그 절차를 수행하는데 있어 본인(당사자)의 이익을 심히 해칠 정도로 현저한 능력의 부족이나 부적격에 이르는 정도일 것이다.**

③ 제1항 및 제2항에 따른 대리인으로서 변리사 선임 명령(제3항)

본조의 제1항 및 제2항에 따라 **특허에 관한 절차를 원활히 수행하기 위한 대리인으로서** 특허에 관한 절차를 업으로 하는 **변리사**(변리사법 제2조)를 대리인으로 선임 또는 개임을 명할 수 있다. 이는 변리사로 하여금 절차의 원활한 진행을 통하여 본인 이익 보호에 충실하기 위함이다.

④ 특허절차 등을 원활히 수행할 수 없는 자 또는 그 대리인이 행한 이전 절차의 무효화(제4항)

특허청장 또는 심판장은 제1항 또는 제2항에 따라 대리인의 선임 또는 개임을 명한 경우에 **그 이전 특허에 관한 절차를 밟는 자 또는 그 대리인이 행한 절차의 전부 또는 일부를 무효**로 할 수 있다는 것이다. 이러한 **무효처분은 특허청장 또는 심판장의 재량행위**[12]로 인정된다.

---

[12] 정상조·박성수 공편, 앞의 책, 158면.

> **제1장 총칙**
>
> **제11조 복수당사자의 대표**
> ① 2인 이상이 특허에 관한 절차를 밟을 때에는 다음 각 호의 어느 하나에 해당하는 사항을 제외하고는 각자가 모두를 대표한다. 다만, 대표자를 선정하여 특허청장 또는 특허심판원장에게 신고하면 그 대표자만이 모두를 대표할 수 있다.
> 1. 특허출원의 변경·포기·취하
> 2. 특허권 존속기간의 연장등록출원의 취하
> 3. 신청의 취하
> 4. 청구의 취하
> 5. 제55조제1항에 따른 우선권 주장 또는 그 취하
> 6. 제132조의17에 따른 심판청구
> ② 제1항 단서에 따라 대표자를 선정하여 신고하는 경우에는 대표자로 선임된 사실을 서면으로 증명하여야 한다.

### 취 지

제11조는 2인 이상의 당사자가 특허에 관한 절차를 밟을 경우 그 절차수행의 간소화·명확화를 위하여 **원칙적으로 각자는 당사자 모두를 대표**하나, 당사자 모두에게 불이익이 될 것 같은 특허출원의 포기·취하 같은 **특정 절차 등은 당사자 모두가 공동으로 절차를 밟게 하는 규정**이다.

다만, 2인 이상의 당사자가 **대표자를 선정하여 이를 서면으로 신고한 때에는 대표자만이 당사자 모두를 대표**할 수 있다는 것이며, 이는 제9조의 특허에 관한 절차를 밟는 자의 대리인이 2인 이상일 경우 각 대리인이 본인을 대리하는 것과 같은 취지로 **신속한 특허절차를 도모**하기 위함이다.

### 해 설

① 특허에 관한 절차에 있어 2인 이상 당사자의 각자 모두의 대표 원칙과 그 예외 (제1항)

2인 이상이 특허에 관한 절차를 밟는 때에는 **특허출원의 변경·포기·취하, 특허권 존속기간의 연장등록출원의 취하, 신청 또는 청구의 취하, 국내 우선권 주장 또는 그 취하, 특허거절결정불복심판청구**(특허권 존속기간의 연장등록거절결정불복심판 포함)를 <u>제외</u>하고는 각자가 모두를 대표한다. 다만, 대표자를 선정하여 특허청에 신고하면 그 대표자만이 모두를 대표할 수 있다. 여기서 "2인 이상이 특허에 관한 절

차를 밟는 때"란 2인 이상이 공동으로 특허출원 또는 심판청구를 하고 그 출원 또는 심판에 관계된 절차를 밟는 때를 의미한다.13)

1인에 대한 절차행위가 당사자 모두에 대하여 효력이 발생하는 것과 같이, 특허청이 1인에 대하여 한 절차수행 역시 당사자 모두에게 효력이 발생하는 것으로 해석한다. 위 각호 외의 사항은 나머지 당사자에게 불이익을 가져올 수 있으므로 당사자 모두가 절차를 밟아야 한다.

② 복수당사자의 대표 선임 및 신고에 따른 증명(제2항)

특허에 관한 절차를 밟는 때의 복수당사자의 대표는 **당사자들 가운데에서 선정**되므로 대리권 수여에 따른 대리인은 아니다. 복수당사자의 대표자가 선정되면 그 대표자만이 특허절차 등을 수행할 수 있는 권한을 가지므로, **대표자로 선임된 사실은 서면**으로서 **증명**되어야 한다.

> 판결요지

▷ 특허법 제11조 제1항에 의하면, "2인 이상이 특허에 관한 절차를 밟는 때에는 같은 항 각 1에 해당하는 사유를 제외하고는 각자가 전원을 대표한다. 다만, 대표자를 선정하여 특허청 또는 특허심판원에 신고한 때에는 그러하지 아니하다."고 규정되어 있으므로, **공동출원인이 대표자를 선정하여 특허청에 신고하지 아니한 이상 거절결정등본의 송달도 공동출원인 중 1인에 대하여만 하면 전원에 대하여도 동일한 효과가 발생**한다고 할 것이다(대법원 2005.5.27. 선고 2003후 182 판결).

---

**제1장 총칙**

**제12조 「민사소송법」의 준용**

대리인에 관하여는 이 법에 특별한 규정이 있는 경우를 제외하고는 「민사소송법」 제1편 제2장 제4절을 준용한다.

> 취지

제12조는 **특허법에서 대리인에 관하여 특별한 규정을 둔 경우를 제외하고는 민사소송법 제1편 제2장 제4절(소송대리인) 규정을 준용**하도록 규정하고 있다. 특허법은 출원, 심사, 심판 및 소송에 따른 제반 절차가 대리인에 의하여 진행되므로 대리인 관련 법적용의 원칙을 규정한 것이다.

---

13) 특허청, 앞의 특허법해설 책, 27면. 특허출원이나 심판청구 그 자체는 해당하지 않는다.

> 해 설

특허법은 대리인과 관련한 법조항으로 **제6조(대리권의 범위)**, **제7조(대리권의 증명)**, **제7조의2(행위능력 등의 흠에 대한 추인)**, **제8조(대리권의 불소멸)**, **제9조(개별대리)**, **제10조(대리인의 선임 또는 개임 명령 등)**를 두고 있다. 따라서 대리인에 관하여는 이 규정들이 **우선 적용**된다.

**민사소송법** 제1편(총칙) 제2장(당사자) **제4절(소송대리인)**은 총 11개 조문으로 제87조(소송대리인의 자격), 제88조(소송대리인의 자격의 예외), 제89조(소송대리권의 증명), 제90조(소송대리권의 범위), 제91조(소송대리권의 제한), 제92조(법률에 의한 소송대리인의 권한), 제93조(개별대리의 원칙), 제94조(당사자의 경정권), 제95조(소송대리권이 소멸되지 아니하는 경우), 제96조(소송대리권이 소멸되지 아니하는 경우), 제97조(법정대리인에 관한 규정의 준용)에 관한 것이다. 이 조항들은 특허법에 특별한 규정이 없기 때문에 **대리인에 관하여 특허에 관한 제반절차를 밟는데 준용**됨은 당연하다.

---

**제1장 총칙**

### 제13조 재외자의 재판관할

재외자의 특허권 또는 특허에 관한 권리에 관하여 특허관리인이 있으면 그 특허관리인의 주소 또는 영업소를, 특허관리인이 없으면 특허청 소재지를 「민사소송법」 제11조에 따른 재산이 있는 곳으로 본다.

---

> 취 지

제13조는 특허권 또는 특허에 관한 권리를 가지는 **재외자에 대하여 소송을 제기하는 경우, 그 소송사건을 처리할 관할법원**에 관한 규정이다. 재외자의 **특허관리인이 있으면 그 특허관리인의 주소** 또는 **영업소**, 특허관리인이 없으면 특허청 소재지를 재판관할로 한다는 취지이다.

> 해 설

소송을 법원에 제기하기 위해선 그 소송사건을 처리할 권한이 있는 관할법원에 소송을 제기하여야 된다. 이러한 **재판관할**(재판적)은 원칙적으로 **피고의 주소나 거소**에 의하여 정해지지만(민사소송법 제3조) 소송사건의 내용에 따라 결정되어지기도 한다(민사소송법 제7조 내지 제24조).

재외자란 국내에 주소 또는 영업소가 없는 자로서 일반적으로 특허관리인에 의해서만 특허에 관한 절차나 소송을 제기할 수 있다(제5조). 한편, 재외자를 상대로 특허에 관한 소송을 제기할 때 국내에서의 재외자를 관할하는 소재지 또는 관할법원을 어디로 할지가 문제가 된다.

민사소송법 제11조는 "대한민국에 주소가 없는 사람 또는 주소를 알 수 없는 사람에 대하여 재산권에 관한 소를 제기하는 경우에는 청구의 목적 또는 담보의 목적이나 압류할 수 있는 피고의 재산이 있는 곳의 법원에 제기할 수 있다."는 피고 소재지의 특별재판적을 두고 있다.

특허권은 발명한 기술을 서면으로 제출한 출원서로서 심사를 거쳐 특허청구범위로 권리가 확정되는 것이고, 그 권리의 실체는 특허청에 출원된 서류 및 등록원부 등을 통하여 알 수 있기 때문에 권리의 속성상 부동산·동산처럼 그 재산권의 실체나 소재지를 파악하기가 어려운 실정이다.

특허법은 재외자의 특허권 또는 특허에 관한 권리에 관하여는 **민사소송법 제11조의 규정에 대한 특칙**으로 특허관리인이 있으면 그 특허관리인의 주소 또는 영업소를, 특허관리인이 없으면 **특허청 소재지를 재산이 있는 곳으로 본다는 특별한 재판관할**을 **규정**한 것이다.

---

**제1장 총칙**

### 제14조 기간의 계산

이 법 또는 이 법에 따른 명령에서 정한 기간의 계산은 다음 각 호에 따른다.
1. 기간의 첫날은 계산에 넣지 아니한다. 다만, 그 기간이 오전 0시부터 시작하는 경우에는 계산에 넣는다.
2. 기간을 월 또는 연(年)으로 정한 경우에는 역(曆)에 따라 계산한다.
3. 월 또는 연의 처음부터 기간을 기산(起算)하지 아니하는 경우에는 마지막의 월 또는 연에서 그 기산일에 해당하는 날의 전날로 기간이 만료한다. 다만, 월 또는 연으로 정한 경우에 마지막 월에 해당하는 날이 없으면 그 월의 마지막 날로 기간이 만료한다.
4. 특허에 관한 절차에서 기간의 마지막 날이 공휴일(「근로자의 날 제정에 관한 법률」에 따른 근로자의 날 및 토요일을 포함한다)에 해당하면 기간은 그 다음 날로 만료한다.

---

취 지

제14조는 **특허법 또는 특허법에 따른 명령**과 관련된 기간의 계산에 관한 규정으

로 민법의 기간에 관한 규정의 특칙이다. 민법의 기간에 대한 규정(제155조 내지 제161조)은 일반적으로 사법관계나 공법관계에 공통적으로 적용되나, 본조는 민법의 기간 규정에 우선하여 적용된다.

### 해 설

**특허법은 권리의 발생·변경·소멸 등과 관련하여 특허에 관한 절차 규정들이 다수**이고, 그 절차의 진행은 일정한 기간 내에 하여야 유효한 것이므로 "기간"은 특허법상 매우 중요한 의미를 갖는다. 여기서 「기간」은 일정 시점에서 일정 시점까지 계속된 시간을 의미한다.[14]

**본조에 따른 기간의 계산은 민법의 기간 계산에 대한 규정의 특칙이지만 그 내용은 민법의 관련 내용을 기본**으로 하고 있다. 다만, 민법은 기간의 기산점을 시, 분, 초까지 규정하고 있지만 **특허법은 기간의 기산점 및 기간의 계산을 일(日) 단위로 하고 있다는 것**에 차이가 있다.

### 1. 초일(첫날) 불산입의 원칙(제1호)

본조 제1호는 기간의 계산에 있어 초일은 산입하지 않는다는 원칙이다. 이는 **특허법이 기간의 계산 단위를 일(日)로 정하고 있는 것에 근거한 것**으로, 일 단위 이하인 시, 분, 초로 특허에 관한 절차의 기간 계산(기산 및 만료 시점)에 따른 판단의 어려움과 곤란성을 반영한 것이다.

초일 불산입의 예로서는 2017년 12월 12일 특허청으로부터 보정통지서를 송달받았는데 30일의 보정기간이 지정되었다면 보정할 서류의 제출 기간 계산은 12월 12일이 기산일이 아니라 12월 13일이 기산일이 되어 2018년 1월 11일이 만료일이 되는 것이다.

그리고, 제1호의 단서는 "그 **기간이 오전 영시부터 시작하는 때에는 그러하지 아니하다**"고 규정하고 있는데, 이는 초일이 전일(全日)인 경우에는 온전한 하루로 계산한다는 취지에서 초일 불산입에 대한 예외를 인정한 것이다.

### 2. 역(曆)에 의한 기간의 계산(제2호)

특허절차에 있어 기간을 "월 또는 년으로 정한 경우"는 역에 의하여 계산한다는 뜻이다. "역"은 천문학적 주기에 따라 시간 단위를 측정하는 것으로, 흔히 태양력에 따라 정해진다. 따라서 **기간을 월 또는 년으로 정한 경우는 태양력의 주기(달력)에 따라 일률적으로 기간이 계산**된다.

---

[14] 반면에 「기일」은 어느 특정 시점 또는 날짜를 말한다.

## 3. 기간의 만료일(제3호)

월 또는 년의 처음부터(1일 또는 1월 1일) 기간을 기산하지 아니하는 때에는 최후의 월 또는 년에서 그 기산일에 해당하는 날의 전일(前日)이 기간의 만료일이 되며, 최종 월에 해당일이 없는 경우에는 그 월의 말일로 기간이 만료된다.

예컨대, 2017년 11월 29일에 출원이 있고 그에 따른 보정서류 제출기간을 출원일로부터 3월이라면, 기간의 기산일은 초일 불산입 원칙에 따라 11월 30일이 되고, 만료일은 원래 기산일 전일인 2018년 2월 29일이 되나, 2월에 29일이 없으므로 2월의 말일인 28일이 그 만료일이 된다.

## 4. 기간의 만료일에 대한 특례(제4호)

특허에 관한 절차에 있어 **기간의 말일이 공휴일**(근로자의 날 및 토요일 포함)**인 경우 기간은 그 다음 날로 만료**한다. **절차에 관한 기간에만 해당**되므로 특허권의 존속기간과 같은 실체적 기간에는 적용되지 않는다. 이는 특허에 관한 절차를 밟는 자의 편의를 고려한 특례 규정이다.

> **판결요지**

▷ 구 특허법(1990.1.13. 법률 제4207호로 개정되기 전의 것) 제16조 제1호, 제4호에 의하면 이 법에 의한 **기간을 계산함에 있어 기간의 초일은 산입하지 아니하고, 특허에 관한 출원청구 기타의 절차에 관한 기간의 말일이 공휴일에 해당될 때에는 그 익일을 기간의 말일로 한다**고 규정하고 있는 바, 1990년 역에 의하면 원심이 명세서 보정기간이 만료되었다고 인정한 1990.1.27.은 설날 연휴이고, 1.28.은 일요일로서 공휴일에 해당함이 명백하므로 위 보정기간은 그 다음날인 1.29.에 만료된다고 할 것이고, 따라서 출원인의 1990.1.29.자 보정서는 적법한 기간 내에 제출되었다고 할 것이다(대법원 1991.2.8. 선고 90후1680 판결).

▷ 구 특허법(2006.3.3. 법률 제7871호로 개정되기 전의 것) 제14조 제4호는 "특허에 관한 절차에 있어서 기간의 말일이 공휴일(「근로자의 날 제정에 관한 법률」에 의한 근로자의 날을 포함한다)에 해당하는 때에는 기간은 그 다음날로 만료 한다"고 규정하고 있다. 구 특허법 제3조 제1항에 의하면 **'특허에 관한 절차'란 '특허에 관한 출원·청구 기타의 절차'**를 말하는데, ① 구 특허법 제5조 제1항, 제2항에서 '특허에 관한 절차'와 '특허법 또는 특허법에 의한 명령에 의하여 행정청이 한 처분에 대한 소의 제기'를 구별하여 규정하고 있는 점, ② '특허에 관한 절차'와 관련된 구 특허법의 제반 규정이 특허청이나 특허심판원에서의 절차에 관한 사항만을 정하고 있는 점, ③ 구 특허법 제15조에서 '특허에 관한 절차'에 관한 기간의 연장 등을 일반적으로 규정하고 있음에도, 구 특허법 제186조에서 '심결에 대한 소'의 제소기간과 그에 대하여 부가기간을 정할 수 있음을 별도로 규정하고 있는 점 등에 비추어

보면, 여기에는 '심결에 대한 소'에 관한 절차는 포함되지 아니한다고 할 것이다. 따라서 '심결에 대한 소'의 제소기간 계산에는 구 특허법 제14조 제4호가 적용되지 아니하고, 그에 관하여 특허법이나 행정소송법에서 별도로 규정하고 있는 바도 없으므로, 결국 행정소송법 제8조에 의하여 준용되는 민사소송법 제170조에 따라 "기간의 말일이 토요일 또는 공휴일에 해당한 때에는 기간은 그 익일로 만료 한다"고 규정한 민법 제161조가 적용된다고 할 것이다. 그리고 구 실용신안법(2006.3.3. 법률 제7872호로 전부 개정되기 전의 것)은 구 특허법의 위 규정들을 모두 준용하고 있으므로, 위와 같은 법리는 실용신안에 관하여도 마찬가지로 적용된다고 할 것이다. 기록에 의하면, 원고는 2013.4.1. 이 사건 심결등본을 송달받고, 그때부터 31일이 되는 날인 2013.5.2. 원심법원에 이 사건 소장을 제출하였음을 알 수 있다. 그런데 구 실용신안법 제56조에 의하여 실용신안에 관한 소송에 준용되는 구 특허법 제186조 제3항에서 '심결에 대한 소'는 심결의 등본을 송달받은 날부터 30일 이내에 제기하여야 한다고 규정하고 있고, 「근로자의 날 제정에 관한 법률」에서 정한 '근로자의 날'은 민법 제161조 소정의 '토요일 또는 공휴일'에 해당하지 아니하므로, 2013.4.1.부터 30일이 되는 날인 2013.5.1.(이 날은 수요일이다)이 '근로자의 날'이기는 하지만, 이 사건 심결의 취소를 구하는 이 사건 소는 그 제소기간이 2013.5.1.에 만료한다고 할 것이다(대법원 2014.2.13. 선고 2013후1573 판결).

---

**제1장 총칙**

**제15조 기간의 연장 등**

① 특허청장은 청구에 따라 또는 직권으로 제132조의17에 따른 심판의 청구기간을 30일 이내에서 한 차례만 연장할 수 있다. 다만, 도서·벽지 등 교통이 불편한 지역에 있는 자의 경우에는 산업통상자원부령으로 정하는 바에 따라 그 횟수 및 기간을 추가로 연장할 수 있다.
② 특허청장·특허심판원장·심판장 또는 제57조 제1항에 따른 심사관(이하 "심사관"이라 한다)은 이 법에 따라 특허에 관한 절차를 밟을 기간을 정한 경우에는 청구에 따라 그 기간을 단축 또는 연장하거나 직권으로 그 기간을 연장할 수 있다. 이 경우 특허청장 등은 그 절차의 이해관계인의 이익이 부당하게 침해되지 아니하도록 단축 또는 연장 여부를 결정하여야 한다.
③ 심판장은 이 법에 따라 특허에 관한 절차를 밟을 기일을 정한 경우에는 청구에 따라 또는 직권으로 그 기일을 변경할 수 있다.

**취지**

제15조는 기간의 연장, 지정기간의 단축 및 기일의 변경에 관한 규정이다. 특허

에 관한 절차는 특정 기간 내 또는 특정 기일에 이루어 져야 하지만 **절차를 밟는 자의 특수한 지역 상황이나 이익 등을 고려**하여 기간을 연장 또는 단축하거나 기일을 변경할 수 있도록 한 규정이다.

> 해 설

① 법정기간의 연장(제1항)

제1항은 법정기간의 연장에 관한 규정으로, "법정기간"은 특허법 또는 특허법에 의한 명령에서 정해진 기간이다. 이러한 법정기간에는 제132조의17에 따른 **특허거절결정 불복심판의 청구기간**과 **특허권의 존속기간의 연장등록결정에 대한 불복심판의 청구기간**이 있다.

특허청장은 당사자의 청구나 또는 직권에 의하여 30일 이내에서 한 차례만 연장할 수 있다. 다만, **도서·벽지 등 교통이 불편한 지역에 있는 자의 경우에는 산업통상자원부령으로 정하는 바에 따라 그 횟수 및 기간을 추가로 연장**할 수 있다.[15]

조문에 "특허청장은 청구에 따라" 법정기간을 연장할 수 있도록 규정하고 있지만, 연장여부는 특허청장의 권한에 속하며, 당사자의 청구는 단지 직권의 발동을 촉구하는데 그치고, 지정기간과 달리 당사자의 청구에 의하여 법정기간의 경우에는 기간 단축을 할 수 없다.[16]

② 지정기간의 단축 또는 연장(제2항)

제2항은 지정기간의 단축 또는 연장에 관한 규정으로, "지정기간"은 **특허청장·특허심판원장·심판장 또는 심사관이 특허법에 따라 특허에 관한 절차를 밟을 기간을 지정한 경우**이다. 지정기간은 당사자의 청구에 의하여 단축 또는 연장될 수 있으며, 직권에 의해서도 연장될 수 있다.

지정기간의 단축은 신속한 절차 진행을 원하는 당사자의 편의를 위하여 기간 경과 시까지 절차의 진행을 기다려야 하는 불편함을 해소하기 위하여 마련된 것이기 때문에 직권에 의한 단축은 인정하지 않고 당사자의 청구에 의해서만 지정기간 단축을 인정하고 있다.

**지정기간의 대표적인 예**는 특허법 **제46조(절차의 보정)**에 따라 특허청장 또는 특허심판원장이 특허에 관한 절차에 대하여 기간을 정하여 보정을 명하는 경우의 지정기간 또는 제63조(거절이유통지)에 의하여 심사관이 기간을 지정하는 의견서 제출 기간 등이 해당한다.

---

15) 특허법 시행규칙 제16조(기간의 지정) 제4항에 따라 특허청장이 추가로 연장할 수 있는 횟수는 1회로 하고, 그 기간은 30일 이내로 한다.
16) 특허청, 앞의 특허법해설 책, 35면.

법정기간의 경우와 달리 기간의 단축 또는 연장사유에 제한이 없으며, 그 대상이 되는 기간에도 제한이 없다. **다만, 단축 또는 연장 여부를 결정함에 있어 특허청장 등은 해당 절차 이해관계인의 이익이 부당하게 침해되지 않도록 하여야 한다.**

③ 기일의 변경(제3항)

기일은 특허에 관한 절차행위를 하는 특정한 시점 또는 날짜를 의미한다. 심판장이 지정하는 대표적인 기일은 구술심리 기일이 있다. 기일 변경은 **당사자의 청구 또는 직권에 의하여 할 수 있으나**, 이는 **심판장의 권한**에 속하며, 당사자의 청구는 단지 직권 발동을 촉구할 뿐이다.

---

**제16조 절차의 무효**

① 특허청장 또는 특허심판원장은 제46조에 따른 보정명령을 받은 자가 지정된 기간에 그 보정을 하지 아니하면 특허에 관한 절차를 무효로 할 수 있다. 다만, 제82조제2항에 따른 심사청구료를 내지 아니하여 보정명령을 받은 자가 지정된 기간에 그 심사청구료를 내지 아니하면 특허출원서에 첨부한 명세서에 관한 보정을 무효로 할 수 있다.

② 특허청장 또는 특허심판원장은 제1항에 따라 특허에 관한 절차가 무효로 된 경우로서 지정된 기간을 지키지 못한 것이 보정명령을 받은 자가 책임질 수 없는 사유에 의한 것으로 인정될 때에는 그 사유가 소멸한 날부터 2개월 이내에 보정명령을 받은 자의 청구에 따라 그 무효처분을 취소할 수 있다. 다만, 지정된 기간의 만료일부터 1년이 지났을 때에는 그러하지 아니하다.

③ 특허청장 또는 특허심판원장은 제1항 본문·단서에 따른 무효처분 또는 제2항 본문에 따른 무효처분의 취소처분을 할 때에는 그 보정명령을 받은 자에게 처분통지서를 송달하여야 한다.

*제1장 총칙*

---

**취지**

제16조는 특허청장 또는 특허심판원장으로부터 **절차의 보정명령을 받은 자가 지정된 기간에 보정을 하지 않으면 특허에 관한 절차를 무효**로 할 수 있도록 하되, 다만, 보정명령을 받은 자의 **책임질 수 없는 사유로 인정**되는 경우에는 그 **무효처분을 취소**할 수 있도록 한 것이다.

특허법이 정하는 규정이나 특허법에 따른 명령에 정하는 방식에 위배되어 특허청장 등으로부터 제46조(절차의 보정)에 따라 보정명령을 받고도 지정기간 내에 흠결을 치유하지 못하면 그에 대한 제재로 절차의 무효처분을 내림으로써 **특허에 관한 절차를 원활히 진행하기 위함**이다.

> 해 설

① 절차의 무효(제1항)

제1항은 제46조에 따른 보정명령을 받은 자가 지정기간 내에 보정을 하지 않으면 특허청장 또는 특허심판원장은 그 특허에 관한 절차를 무효로 할 수 있다는 것이다. **무효처분은 특허청장 등이 특허에 관한 절차의 당사자를 상대로 그 절차의 효력을 소멸시키는 행정처분**이다.[17]

무효처분과 관련하여 "무효로 할 수 있다"고 규정하여 특허청장 등에게 재량이 있음을 밝히고 있다. 따라서 기간 경과 후 곧바로 무효로 할 것인지 또는 다시 보정명령을 할 것인지 여부는 **특허청장 등의 재량**에 속하지만 **그 재량권은 합리적이고 공평하게 행사**되어야 한다.[18]

**무효처분의 효력 범위는 보정명령의 대상이 된 절차에 한한다.** 청구서에 대하여 보정명령을 하고 흠결이 치유되지 않은 경우의 무효처분은 청구서 전체가 절차무효가 되나, 보정서 등 중간서류에 흠결이 있어 보정명령을 하고 이를 무효처분한 경우는 해당 절차만이 무효로 된다.

그리고 제82조 제2항의 수수료 규정에 따라 특허출원인이 아닌 타인이 심사청구한 후에 명세서의 보정에 따른 청구항의 증가로 증액된 심사청구료를 보정명령에도 불구하고 지정기간 내에 납부하지 못한 경우는 특허출원서에 첨부한 명세서에 관한 보정을 무효로 할 수 있다.

② 무효처분의 취소(제2항)

제2항은 보정기간이 경과하여 그 **절차가 무효가 된 경우라도 본인이 책임질 수 없는 사유에 의한 것이라 인정되면 그 사유가 소멸한 날로부터 2개월 이내에 무효처분의 취소를 청구**할 수 있도록 한 규정이다. 본인의 책임질 수 없는 사유에 따른 절차의 무효처분 구제를 위한 규정이다.

"**책임질 수 없는 사유**"란 일반인이 보통의 주의를 다하여도 피할 수 없는 사유로

---

17) 정상수·박성수 공편, 앞의 책, 198면. 이는 보정할 수 없는 사항에 대하여 행하여지는 "반려"(특허법 시행규칙 제11조(부적합한 출원서류 등의 반려))와 구별되는 개념이기도 하다.
18) 특허청, 앞의 특허법해설 책, 38면.

서 천재·지변 기타 불가피한 사유가 해당됨은 물론이며, 실무적으로 무효처분의 서류를 당사자가 아닌 자에게 송달 한 경우가 포함된다 할 것이다.[19]

비록 본인의 책임질 수 없는 사유가 인정되어 그 사유가 소멸한 날로부터 2개월 이내에 무효처분의 취소를 구할 수는 있지만 그 청구는 보정기간이 만료된 날부터 1년이 경과해서는 아니 된다. 이러한 제한은 무효로 된 절차를 추후 보완하는 것을 무한정 인정할 수 없기 때문이다.

### ③ 무효처분 또는 무효처분의 취소처분에 대한 통지서 송달(제3항)

특허청장 또는 특허심판원장의 무효처분 또는 무효처분의 취소처분은 **특허에 관한 절차의 당사자를 상대방으로 하는 행정처분**이며, **권리 득실에 중요한 영향**을 미치므로 그 절차를 밟는 자에게 고지함으로써 효력이 발생한다. 따라서 그 절차를 밟는 자에게 **처분통지서**가 **송달**되어야 한다.

---

**제1장 총칙**

**제17조 절차의 추후보완**

특허에 관한 절차를 밟은 자가 책임질 수 없는 사유로 다음 각 호의 어느 하나에 해당하는 기간을 지키지 못한 경우에는 그 사유가 소멸한 날부터 2개월 이내에 지키지 못한 절차를 추후 보완할 수 있다. 다만, 그 기간의 만료일부터 1년이 지났을 때에는 그러하지 아니하다.
1. 제132조의17에 따른 심판의 청구기간
2. 제180조 제1항에 따른 재심의 청구기간

---

**취 지**

제17조는 **특허에 관한 절차를 밟은 자가 책임질 수 없는 사유**로 특허거절결정 또는 특허권의 존속기간의 연장등록거절결정에 대한 불복심판의 청구기간, 특허취소결정 또는 확정된 심결에 대한 재심의 **청구기간을 준수할 할 수 없었던 경우에 구제**(추후보완)[20]에 관한 규정이다

"<u>추후보완</u>"은 심판에 있어 절차의 신속한 진행을 위하여 심판청구의 기간을 단기간(30일)으로 하고, 당사자가 귀책사유 없이 청구기간을 경과하였음에도 심결의 확

---

19) 특허청, 특허·실용신안 심사기준(2017), 1408면. 그러나, 공시송달 사실을 몰랐다는 이유는 특별한 사유가 없는 한 책임질 수 없는 사유에 포함하지 않는다.
20) "추후보완"이란 기간을 지나서 절차를 밟았지만 기간에 절차를 밟은 것으로 간주해 주는 것을 말한다. 임병웅, 이지 특허법(한빛지적소유권센터, 2017), 131면.

정·소권의 상실 등 치명적인 불이익을 입게 되므로 **형평의 이념**에 따라 **당사자를 보호하기 위하여 반영**된 것이다.

> 해 설

본조에 따라 추후보안이 허용되는 대상은 제132조17에 의한 특허거절결정에 대한 불복심판청구와 특허권의 존속기간의 연장등록거절결정에 대한 불복심판청구 및 제180조 제1항의 특허취소결정 또는 확정된 심결에 대한 재심청구에 한한다.

추후보완의 사유는 특허에 관한 절차를 밟는 자가 책임질 수 없는 사유로 인하여 위 청구기간을 지킬 수 없었던 경우이며, **추후보완을 할 수 있는 기간은 그 사유가 소멸한 날부터 2개월 이내**이지만 그 청구기간의 만료일부터 1년이 지났을 때에는 추후보완을 할 수 없다.

추후보완 사유의 존재는 위 해당 심판청구에 대하여 절차를 밟는 자가 입증을 하여야 한다. 추후보완의 사유가 이유가 없을 때에는 추후보완을 한 심판청구는 심판청구 기간이 지난 부적법한 것으로써 그 흠결을 보정할 수 없는 것에 해당되어 심결로써 이를 각하할 수 있다(제142조).[21]

---

**제1장 총칙**

### 제18조 절차의 효력 승계

특허권 또는 특허에 관한 권리에 관하여 밟은 절차의 효력은 그 특허권 또는 특허에 관한 권리의 승계인에게 미친다.

> 취 지

제18조는 **특허에 관해 이미 밟은 절차의 효력**은 특허권 또는 특허를 받을 수 있는 **권리의 승계(承繼)에 의하여 상실되지 않는다는 원칙**을 규정한 것으로, 승계가 있는 경우 승계인에 대하여 절차를 처음부터 다시 밟을 필요가 없으며 이미 행한 절차는 그대로 유효하다는 취지이다.

> 해 설

권리관계에 변동이 있을 경우에 그때마다 동일한 절차를 반복하는 업무처리상의 불편을 피하려는 **행정상의 편의와 절차의 신속한 진행을 도모하기 위하여 규정**된

---

21) 정상조·박성수 공편, 앞의 책, 207면.

것이다.[22] 특허에 관하여 이미 행하여진 절차는 그대로 유효하기 때문에 승계인은 그 후속절차를 진행하면 된다.

여기서 「특허권」은 특허발명을 업으로서 실시할 권리와 제3자의 부당한 실시를 금지시킬 수 있는 특허청에 등록된 특허권이며, 「특허에 관한 권리」는 특허를 받을 수 있는 권리, 특허권에 기인한 전용실시권, 통상실시권, 질권(質權) 등 특허에 관한 제반 권리를 의미한다.

"승계"에는 상속이나 합병처럼 법률상의 권리의무가 일체로 이전하는 일반승계가 있고, 특정의 권리가 개별적으로 이전되는 특정승계가 있는데 여기서는 **승계의 종류에 상관없이 적법하게 이루어진 승계라면 절차의 효력을 승계**한 것으로 본다.

---

**제1장 총칙**

**제19조 절차의 속행**

특허청장 또는 심판장은 특허에 관한 절차가 특허청 또는 특허심판원에 계속(係屬) 중일 때 특허권 또는 특허에 관한 권리가 이전되면 그 특허권 또는 특허에 관한 권리의 승계인에 대하여 그 절차를 속행(續行)하게 할 수 있다.

---

**취 지**

제19조는 특허청 또는 특허심판원에 **특허에 관한 절차가 계속 중**에 특허권 또는 특허에 관한 권리의 이전이 있는 때에는 그 **승계인에 대하여 절차를 속행할 수 있음을 규정**한 것으로, 제18조와 같이 권리변동이 있을 때마다 **동일한 절차를 반복해야 하는 불편을 최소화**하기 위한 것이다.[23]

**해 설**

특허에 관한 절차가 특허청 또는 특허심판원에 계속 중에 특허권 등 권리의 승계가 있는 경우에는 **특허청장 또는 심판장은 그 재량으로 특허에 관한 후속 절차를 적법한 승계인으로 하여금 수행할 수 있음을 규정**한 것이다.

특허청 또는 특허심판원에 계속 중인 그 절차를 구(舊)권리자(피승계인)에게 수행

---

22) 특허청, 앞의 특허법해설 책, 45면.
23) 제18조(절차의 효력 승계)는 승계 전에 밟은 절차의 효력에 관한 규정임에 반하여, 제19조(절차의 속행)는 승계 후의 절차 진행에 관한 규정이라는 점에서 구별되기도 한다.

하게 할 것인지 또는 권리의 승계인(신(新)권리자)에게 수행시킬 것이지 여부는 **해당 사건의 절차상황 등에 비추어 특허청장 또는 심판장의 재량으로 결정**을 할 수 있다는 것이 실무적인 통설적 입장이다.

예컨대, 심판의 계속 중에 특허권자가 사망하여 상속인이 이를 승계한 경우에 사망한 원특허권자를 상대로 청구한 무효심판은 상속인을 실질적인 피청구인으로 하여 절차를 속행할 수 있다. 이 경우 절차승계에 대한 그 취지를 당사자에게 서면으로 통지하여야 한다(특허법 시행규칙 제18조).

> **제20조 절차의 중단**
>
> 특허에 관한 절차가 다음 각 호의 어느 하나에 해당하는 경우에는 특허청 또는 특허심판원에 계속 중인 절차는 중단된다. 다만, 절차를 밟을 것을 위임받은 대리인이 있는 경우에는 그러하지 아니하다.
> 1. 당사자가 사망한 경우
> 2. 당사자인 법인이 합병에 따라 소멸한 경우
> 3. 당사자가 절차를 밟을 능력을 상실한 경우
> 4. 당사자의 법정대리인이 사망하거나 그 대리권을 상실한 경우
> 5. 당사자의 신탁에 의한 수탁자의 임무가 끝난 경우
> 6. 제11조 제1항 각 호 외의 부분 단서에 따른 대표자가 사망하거나 그 자격을 상실한 경우
> 7. 파산관재인 등 일정한 자격에 따라 자기 이름으로 남을 위하여 당사자가 된 자가 그 자격을 잃거나 사망한 경우

제1장 총칙

### 취 지

제20조는 특허에 관한 절차의 계속 중에 **당사자의 사망 등 불가피한 일정 사유로 인하여 절차를 정상적으로 수행할 수 없는 사유가 발생**했을 경우에, 그 당사자를 보호하기 위하여 새로운 절차의 수행자가 나타나 그 절차를 수행할 수 있을 때까지 **절차의 진행을 정지시키는 규정**이다.

### 해 설

본조는 절차의 중단사유로서 제1호 내지 제7호에 개별적으로 법령에 규정하고 있다. 즉, 절차의 중단은 본조 각호의 법정사유에 의하여 당연히 발생하는 것으로

새로운 절차의 수행자가 나타나 절차를 수행할 수 있을 때까지 법률상 당연히 절차의 진행이 중단된다. 그러나, 각호의 중단사유가 발생하더라도 **당사자에게 절차를 밟을 것을 위임받은 대리인이 있는 경우는 절차가 중단되지 않는다.** 이는 **특허권의 공권적 성질**에 기인한 것으로 당사자 등이 사망하더라도 **당사자가 선임한 대리인의 대리권이 소멸하지 않도록 하여 수계자의 이익을 보호**하고자 함이다.

## 1. 당사자가 사망한 경우(제1호)[24]

절차의 계속 중에 당사자가 사망한 경우에는 절차의 결과가 사망한 당사자에 대하여 법적 효력을 발생하는 것은 무의미할 것이므로 사망자의 **상속인·상속재산관리인 등 새로운 당사자가 될 자의 절차 관여의 기회를 보장**하기 위하여 이들이 절차를 수계(受繼)하기 전까지는 중단된다.

## 2. 당사자인 법인이 합병에 따라 소멸한 경우(제2호)

당사자인 법인이 다른 법인과의 합병에 의하여 소멸된 때에는 절차는 중단된다. 이 경우 특허에 관한 절차를 수계할 수 있는 자는 **신설합병**의 경우에는 **새로 설립된 법인**이며, **흡수합병**의 경우에는 **존속법인**이다.

## 3. 당사자가 절차를 밟을 능력을 상실한 경우(제3호)

당사자가 피한정후견인 또는 피성년후견인이 되는 것과 같이 특허에 관한 절차를 밟을 능력을 상실하는 경우에는 **특허에 관한 절차를 밟을 능력을 회복한 당사자 또는 법정대리인이 절차를 수계하기 전까지 중단된다.**

## 4. 당사자의 법정대리인이 사망하거나 그 대리권을 상실한 경우(제4호)

당사자의 법정대리인이 사망하거나 그 법정대리권을 상실한 경우에는 절차가 중단되는데, 여기서 법정대리권이 상실되는 경우는 법정대리인이 절차를 수행할 행위능력이 없게 되거나 친권(親權)을 상실하여 법정대리인의 자격을 상실한 경우 등이 될 것이다.

## 5. 당사자의 신탁에 의한 수탁자의 임무가 끝난 경우(제5호)

"**신탁**(信託)"이란 위탁자(신탁설정자)와 수탁자(신탁인수자) 간의 **특별한 신임관계를 기초로 위탁자의 특정재산을 수탁자에게 이전·처분시켜 수탁자가 일정한 자(수익자)의 이익 등을 위하여 그 재산권을 관리·처분하는 법률관계**로 수탁자의 이러한 **임무가 끝난 경우**는 절차가 중단된다.

---

[24] 이하 각호의 사유에 대한 설명부분은 정상조·박성수 공편, 앞의 책, 235 내지 237면 참조.

6. **제11조 제1항 각 호 외의 부분 단서에 따른 대표자가 사망하거나 그 자격을 상실**(제6호)

   2인 이상이 특허에 관한 절차를 밟는 때에 특허청장 또는 특허심판원장에게 대표자를 선정하여 신고한 때에는 대표자만이 절차를 수행할 수 있으므로 그 대표자가 사망하거나 그 자격을 상실한 경우는 절차가 중단된다.

7. **파산관재인 등 일정한 자격에 따라 자기 이름으로 남을 위하여 당사자가 된 자가 그 자격을 잃거나 사망한 경우**(제7호)

   권리자의 절차수행권이 박탈된 채 **제3자가 자기 명의로 그 권리자를 위하여 특허에 관한 절차의 당사자로 된 경우**에 그 제3자가 **그 자격을 상실하거나 사망한 경우**에도 특허에 관한 절차가 중단된다. 예컨대, 파산관재인, 유언집행자 등이 절차를 수행할 자격을 잃거나 사망한 경우이다.

---

**제21조 중단된 절차의 수계**

제20조에 따라 특허청 또는 특허심판원에 계속 중인 절차가 중단된 경우에는 다음 각 호의 구분에 따른 자가 그 절차를 수계(受繼)하여야 한다.
1. 제20조 제1호의 경우: 사망한 당사자의 상속인·상속재산관리인 또는 법률에 따라 절차를 속행할 자. 다만, 상속인은 상속을 포기할 수 있을 때까지 그 절차를 수계하지 못한다.
2. 제20조 제2호의 경우: 합병에 따라 설립되거나 합병 후 존속하는 법인
3. 제20조 제3호 및 제4호의 경우: 절차를 밟을 능력을 회복한 당사자 또는 법정대리인이 된 자
4. 제20조 제5호의 경우: 새로운 수탁자
5. 제20조 제6호의 경우: 새로운 대표자 또는 각 당사자
6. 제20조 제7호의 경우: 같은 자격을 가진 자

---

**취 지**

제21조는 제20조(절차의 중단)에 규정된 사유로 인하여 특허청 또는 특허심판원에 계속 중인 특허에 관한 절차가 중단되었을 때, 각 절차의 중단사유에 따른 **새로운 적법한 절차진행자** 즉, 적법 수계자(受繼者)에 대하여 규정한 것이다.

> 해 설

### 1. 당사자가 사망한 경우(제1호)

당사자가 사망한 경우는 **사망한 당사자의 상속인·상속재산관리인** 또는 법률에 따라 절차를 속행할 자가 그 절차를 수계한다. 다만, 상속인은 상속을 포기할 수 있을 때까지 그 절차를 수계 하지 못한다. 상속인이 누구인지는 민법의 규정(제1000조 내지 제1003조)에 의하여 정해진다.

다만, 민법 제1019조 제1항은 "상속인은 상속개시가 있음을 안 날로부터 3개월 이내에 상속을 포기할 수 있다."고 규정하므로, 본조 제1호 단서는 이 기간 내에는 절차를 수계할 수 없다고 규정하고 있다. 이 기간 내에 상속을 포기하면 그에 따라 수계자격도 상실되기 때문이다.

### 2. 당사자인 법인이 합병에 따라 소멸한 경우(제2호)

당사자인 법인이 다른 법인과의 합병에 의하여 소멸되어 절차가 중단된 때에는 신설합병의 경우는 새로 설립된 법인, 흡수합병의 경우는 존속법인이 특허에 관한 절차의 적법한 수계자가 된다.

### 3. 당사자가 절차를 밟을 능력을 상실한 경우 및 그 법정대리인이 사망하거나 그 대리권을 상실한 경우(제3호)

당사자가 피한정후견인 등과 같이 특허에 관한 절차를 밟을 능력을 상실하는 경우는 그 절차를 밟을 능력을 회복한 당사자가 절차를 수계하고, 당사자의 법정대리인이 사망하거나 그 법정대리권을 상실함으로써 중단된 절차는 새로이 선임된 법정대리인에 의하여 절차가 수계된다.

### 4. 당사자의 신탁에 의한 수탁자의 임무가 끝난 경우(제4호)

위탁자와 수탁자 간의 특별한 신임관계를 기초로 위탁자의 특정재산을 수탁자에게 이전·처분시켜 수탁자가 일정한 자(수익자)의 이익 등을 위하여 그 재산권을 관리·처분하는 신탁관계는 수탁자의 임무가 종료됨으로써 절차가 중단되지만 새로운 수탁자에 의하여 절차를 수계한다.

### 5. 제11조 제1항 각 호 외의 부분 단서에 따른 대표자가 사망하거나 그 자격을 상실 (제5호)

2인 이상이 특허에 관한 절차를 밟으면서 대표자를 선정해 그 대표자에 의하여 절차를 진행하는 경우 대표자가 사망하거나 그 자격을 상실하여 절차가 중단된 경우는 당사자들이 새로운 대표자를 선정하여 신고한 경우는 그 새로운 대표자가, 그

렇지 않은 경우는 각 당사자가 절차를 수계한다.

### 6. 파산관재인 등 일정한 자격에 따라 자기 이름으로 남을 위하여 당사자가 된 자가 그 자격을 잃거나 사망한 경우(제6호)

파산관재인, 유언집행자 등이 수행하던 절차에 관하여 그 수행할 자력을 잃거나 사망함으로써 절차가 중단된 경우는 새로이 선임된 파산관재인, 유언집행자 등 같은 자격을 가진 자에 의하여 그 절차가 수계된다.

---

**제1장 총칙**

### 제22조 수계신청

① 제20조에 따라 중단된 절차에 관한 수계신청은 제21조 각 호의 어느 하나에 해당하는 자가 할 수 있다. 이 경우 그 상대방은 특허청장 또는 제143조에 따른 심판관(이하 "심판관"이라 한다)에게 제21조 각 호의 어느 하나에 해당하는 자에 대하여 수계신청 할 것을 명하도록 요청할 수 있다.
② 특허청장 또는 심판장은 제20조에 따라 중단된 절차에 관한 수계신청이 있으면 그 사실을 상대방에게 알려야 한다.
③ 특허청장 또는 심판관은 제20조에 따라 중단된 절차에 관한 수계신청에 대하여 직권으로 조사하여 이유 없다고 인정하면 결정으로 기각하여야 한다.
④ 특허청장 또는 심판관은 결정 또는 심결의 등본을 송달한 후에 중단된 절차에 관한 수계신청에 대해서는 수계하게 할 것인지를 결정하여야 한다.
⑤ 특허청장 또는 심판관은 제21조 각 호의 어느 하나에 해당하는 자가 중단된 절차를 수계하지 아니하면 직권으로 기간을 정하여 수계를 명하여야 한다.
⑥ 제5항에 따른 기간에 수계가 없는 경우에는 그 기간이 끝나는 날의 다음 날에 수계가 있는 것으로 본다.
⑦ 특허청장 또는 심판장은 제6항에 따라 수계가 있는 것으로 본 경우에는 그 사실을 당사자에게 알려야 한다.

---

**취 지**

제22조는 특허청 또는 특허심판원에 계속 중인 절차가 당사자 사망 등(제20조)의 사유에 의하여 중단된 경우 그 **중단에 대한 해소절차로서 수계자의 수계신청**과 그 **절차의 상대방**도 조속한 수계절차를 위하여 **특허청장**에게 수계자로 하여금 **수계신청을 하도록 요청**할 수 있는 규정이다.

> 해 설

특허에 관한 절차의 **수계신청**은 제21조에 따른 적법한 수계자가 하는 것이 원칙이지만, 그 절차의 **중단사유가 발생한 당사자의 상대방도** 수계신청을 할 수 있다(제1항). 중단된 절차를 방치할 경우 **절차가 불필요한 지연과 법률관계의 불안정을 가져올 수 있다는 점에서** 인정되었다.

수계신청이 있으면 특허청장 또는 심판관은 그 사실을 상대방에게 알려야 하고(제2항), 수계신청을 직권으로 조사하여 이유 없다고 인정하면 결정으로 기각하여야 하며(제3항), 이유 있다고 인정한 때에는 별도의 결정 없이 그대로 절차를 진행하면 된다.

다만, 결정 또는 심결의 등본을 송달한 후에 중단된 절차에 관한 수계신청에 대해서는 수계하게 할 것인지를 결정하여야 하는데(제4항), 송달한 후의 수계가 실익이 없는 경우도 있을 수 있지만, 이 경우에도 수계가 이유 있는 경우에는 명확히 수계에 관한 결정을 하여야 한다.[25]

제21조에 의한 수계자가 중단된 절차를 수계하지 아니하면 직권으로 기간을 정하여 수계를 명하여야 하고(제5항), 그 기간에 수계가 없는 경우에는 그 기간이 끝나는 날의 다음 날에 수계가 있는 것으로 보며(제6항), 특허청장 또는 심판장은 그 사실을 당사자에게 알려야 한다(제7항).

---

**제1장 총칙**

**제23조 절차의 중지**

① 특허청장 또는 심판관이 천재지변이나 그 밖의 불가피한 사유로 그 직무를 수행할 수 없을 때에는 특허청 또는 특허심판원에 계속 중인 절차는 그 사유가 없어질 때까지 중지된다.
② 당사자에게 일정하지 아니한 기간 동안 특허청 또는 특허심판원에 계속 중인 절차를 속행할 수 없는 장애사유가 생긴 경우에는 특허청장 또는 심판관은 결정으로 장애사유가 해소될 때까지 그 절차의 중지를 명할 수 있다.
③ 특허청장 또는 심판관은 제2항에 따른 결정을 취소할 수 있다.
④ 제1항 또는 제2항에 따른 중지나 제3항에 따른 취소를 하였을 때에는 특허청장 또는 심판장은 그 사실을 각각 당사자에게 알려야 한다.

> 취 지

제23조는 **특허청장 또는 심판관**이 **천재·지변 기타 불가피한 사유로 그 직무를**

---

[25] 정상조·박성수 공편, 앞의 책, 243면.

수행할 수 없을 때나 **당사자에게** 계속하여 **절차를 수행할 수 없는 장애사유가 발생한 경우에는 법률상 또는 결정으로 특허에 관한 절차의 진행을 중지**한다는 규정이다.

절차의 중단은 법정의 사유가 있으면 당연히 발생하여 중단사유로 인한 절차를 수계할 자의 **수계절차가 이루어지나**, 절차의 중지는 법률상 또는 결정에 의하여 절차가 정지되고, 그 절차중지로 인하여 **절차를 다시 속행할 자의 수계가 이루어지지 않는다는** 점에서 차이가 있다.

> 해 설

① 당연 중지사유(제1항)

천재·지변 기타 불가피한 사유로 인하여 **특허청장 또는 심판관이 그 직무를 수행할 수 없는 직무집행 불능상태일 때**에는 절차중지의 결정이 필요 없이 절차중지의 사유가 소멸될 때까지 당연히 그 **절차가 중지**된다.

② 결정 중지사유 및 취소(제2항 및 제3항)

당사자가 일정하지 아니한 기간 동안 특허청 또는 특허심판원에 계속 중인 **절차를 속행할 수 없는 장애사유가 생긴 경우**에는 그 장애사유가 해소될 때까지 당사자 보호를 위하여 그 절차의 중지를 결정으로 명할 수 있고(제2항), 그에 따른 **절차의 중지 결정은 취소할 수 있다**(제3항).

여기서 "<u>절차를 속행할 수 없는 장애상태</u>"란 전쟁, 폭동, 지진 기타의 사유로 통신 또는 교통이 끊어져 일정기간 회복될 전망이 보이지 않는 경우나 당사자의 급작스런 질환이나 사고로 인하여 특허청 또는 특허심판원에 정상적으로 절차를 밟을 수 없는 경우 등이 해당한다고 할 수 있다.

③ 당사자에 대한 통지(제4항)

특허청장 등이 천재·지변 등으로 직무를 정상적으로 수행할 수 없거나(당연중지), 당사자에게 절차를 수행할 수 없는 장애사유가 발생한 경우(결정중지) 및 그 결정중지에 따른 취소가 있는 경우에는 특허청장 또는 심판관은 **그 사실의 중요성에 비추어 당사자에게 통지**하여야 한다.

| 제1장 총칙 | **제24조 중단 또는 중지의 효과** |
|---|---|
| | 특허에 관한 절차가 중단되거나 중지된 경우에는 그 기간의 진행은 정지되고, 그 절차의 수계통지를 하거나 그 절차를 속행하였을 때부터 다시 모든 기간이 진행된다. |

### 취지

제24조는 특허에 관한 절차의 중단(제20조) 또는 중지(제23조)에 관한 효과를 규정한 것이다. 특허에 관한 절차에서 **절차의 중단과 중지**에 관한 사항은 절차를 밟는 **당사자**와 그 **상대방**, 절차의 수계인 및 **특허청**(특허심판원)에게 **특허절차에 관한 중요한 법률효과를 수반**한다.

### 해설

특허에 관한 **절차가 중단 또는 중지되면** 절차의 진행이 정지되고 절차의 수계통지를 하거나 **절차를 속행할 때부터 다시 기간이 진행**된다. 여기에서 그 기간은 절차의 중단 또는 중지된 잔여기간이 아니라 **정지(중단·중지)되기 전에 진행된 기간까지 포함한 전체기간**을 의미한다.

특허에 관한 절차가 중단 또는 중단되는 동안에 당사자나 특허청 등은 원칙적으로 절차를 진행할 수 없으므로 절차의 중단 또는 중지되는 기간에 행하여진 절차행위는 원칙적으로 무효이지만 그 절차의 상대방이 이에 대하여 아무런 이의를 제기하지 않을 경우는 유효하게 된다.[26]

---

26) 정상조·박성수 공편, 앞의 책, 249면.

> **제25조 외국인의 권리능력**
>
> 재외자 중 외국인은 다음 각 호의 어느 하나에 해당하는 경우를 제외하고는 특허권 또는 특허에 관한 권리를 누릴 수 없다.
> 1. 그 외국인이 속하는 국가에서 대한민국 국민에 대하여 그 국가의 국민과 같은 조건으로 특허권 또는 특허에 관한 권리를 인정하는 경우
> 2. 대한민국이 그 외국인에 대하여 특허권 또는 특허에 관한 권리를 인정하는 경우에는 그 외국인이 속하는 국가에서 대한민국 국민에 대하여 그 국가의 국민과 같은 조건으로 특허권 또는 특허에 관한 권리를 인정하는 경우
> 3. 조약 또는 이에 준하는 것(이하 "조약"이라 한다)에 따라 특허권 또는 특허에 관한 권리가 인정되는 경우

### 취지

제25조는 특허법에서의 외국인의 권리능력에 관한 것이다. 산업재산권에 관한 파리조약과 무역관련 지식재산권협정(WTO/TRIPs)은 **내외국인 평등주의**를 **기본**으로 하고 있다. 이러한 **국제조약**의 추세에 따라 특허법은 원칙적으로 외국인의 권리능력에 대하여 **상호주의**를 취하고 있다.[27]

### 해설

「재외자」란 **국내에 주소 또는 영업소가 없는** 자이고, "외국인"은 대한민국의 국적을 가지지 않은 자이다. 국내에 주소 또는 영업소가 없는 자로서 대한민국의 국적을 가지지 않은 자는 원칙적으로 권리능력이 없어 특허권 또는 특허에 관한 권리를 누릴 수가 없다.

하지만, 본조는 재외자로서 외국인은 특허권 등을 누릴 있는 권리능력이 없음에도 불구하고 **국가 간의 상호주의**나 **조약**에 의하여 **대한민국 국민의 권리능력이 인정되는 범위 내**에서 **외국인의 특허권** 또는 특허에 관한 **권리를 인정**하는 규정이다.

#### 1. 평등주의에 의하여 권리능력이 인정되는 경우(제1호)

외국인이 속하는 국가에서 우리나라 국민에 대하여 그 국가의 국민과 같은 조건으로 특허권 또는 특허에 관한 권리를 인정하는 경우는 그 외국인에 대하여 권리

---

[27] 특허법은 상호주의 원칙에 입각하여 우리나라 국민이 그 나라에서 내국민대우를 받는 범위 내에서 해당국의 국민에게도 특허제도를 개방하려고 하는 것이 본조의 취지이다. 정상조·박성수 공편, 앞의 책, 251면.

능력을 인정한다. 즉, **우리나라 국민에 대하여 평등주의를 취하는 국가의 국민에 대해서는 권리능력**을 인정하는 것이다.

### 2. 상호주의에 의하여 권리능력이 인정되는 경우(제2호)

상호주의에 따라 **외국인이 속한 국가가 우리나라에서 그 국가 국민의 권리가 인정되는 것을 조건**으로 우리나라 국민에게 권리를 인정하는 것이다. 우리나라 법령이 외국인을 동등하게 보호하고 있는 경우에 한하여 외국 법령이 우리나라 국민에 대하여 동일한 조건으로 보호하는 것이다.

### 3. 조약에 의하여 권리가 인정되는 경우(제3호)

조약은 국가 간의 합의 또는 약속이기 때문에 당사국을 구속하는 효력이 있다. 따라서 제3호는 조약에 의하여 특허권 또는 특허에 관한 권리가 인정되는 경우는 외국인의 권리능력이 인정된다는 것이다. 특허법과 관련된 조약의 대표적인 것은 산업재산권 보호를 위한 **파리조약**이다.

| 제1장 총칙 | 제26조 조약의 효력 삭제 〈2011.12.2.〉 |
|---|---|
| | 제27조 발명장려 보조금 교부 삭제 〈2001.2.3.〉 |

> **제28조 서류제출의 효력발생시기**
>
> ① 이 법 또는 이 법에 따른 명령에 따라 특허청장 또는 특허심판원장에게 제출하는 출원서, 청구서, 그 밖의 서류(물건을 포함한다. 이하 이 조에서 같다)는 특허청장 또는 특허심판원장에게 도달한 날부터 제출의 효력이 발생한다.
> ② 제1항의 출원서, 청구서, 그 밖의 서류를 우편으로 특허청장 또는 특허심판원장에게 제출하는 경우에는 다음 각 호의 구분에 따른 날에 특허청장 또는 특허심판원장에게 도달한 것으로 본다. 다만, 특허권 및 특허에 관한 권리의 등록신청서류와 「특허협력조약」 제2조(vii)에 따른 국제출원(이하 "국제출원"이라 한다)에 관한 서류를 우편으로 제출하는 경우에는 그 서류가 특허청장 또는 특허심판원장에게 도달한 날부터 효력이 발생한다.
> 1. 우편물의 통신일부인(通信日附印)에 표시된 날이 분명한 경우: 표시된 날
> 2. 우편물의 통신일부인에 표시된 날이 분명하지 아니한 경우: 우체국에 제출한 날을 우편물 수령증에 의하여 증명한 날
> ③ 삭제 〈1998.9.23.〉
> ④ 제1항 및 제2항에서 규정한 사항 외에 우편물의 지연, 우편물의 망실(亡失) 및 우편업무의 중단으로 인한 서류제출에 필요한 사항은 산업통상자원부령으로 정한다.

### 취 지

제28조는 특허청 등에 제출하는 **출원서, 청구서, 그 밖의 서류 및 물건에 대한 효력발생시기**를 규정하고 있다. **원칙은 도달주의로 하되**(제1항), **일정한 경우에 발신주의**를 적용하며(제2항), 기타 우편 사고로 인한 서류제출에 필요한 사항은 특허법 시행규칙에서 정하고 있다(제4항).

### 해 설

① 서류제출의 도달주의 원칙(제1항)

법률행위의 의사표시 효력발생시기에 관하여 민법 제111조 제1항은 "상대방이 있는 의사표시는 상대방에게 도달한 때에 그 효력이 생긴다."라고 규정하고 있다. 본조 제1항 역시 특허청 또는 특허심판원에 제출된 서류 등의 효력발생시기를 **민법과 같이 "도달주의"를 채택**하고 있다.

② 서류제출의 발신주의(도달주의 예외)(제2항 본문)

특허법은 서류제출에 관하여 도달주의가 원칙이나 이에 따른 특허청(특허심판원)과 출원인(청구인) 간의 물리적 거리차이로 인하여 발생하는 불합리적 요소를 감안해서 우체국을 통하여 **우편물로서 출원서 등을 제출한 경우는 도달주의의 예외로서 발신주의 채택**하고 있다.

만약 서류제출의 시기를 특허청 등에 도달한 시기로만 본다면 출원인 등이 특허청에 직접 제출함으로써 발생되는 시간·비용을 일방적으로 부담하는 불편함이 있고, 가령 똑같은 날에 서류를 발송했더라도 배송에 따른 사정 등으로 도달시기가 달라질 수 있기 때문이다.

따라서 출원서류 등을 우편으로 특허청 등에 제출한 경우에는 우편물의 통신일부인(通信日附印)에 표시된 날이 분명한 경우는 표시된 날, 그 표시된 날이 분명하지 아니한 경우는 우체국에 제출한 날을 우편물 수령증에 의하여 증명한 날에 특허청 등에 도달한 것으로 본다.

③ 서류제출의 발신주의 예외(도달주의 예외의 예외)(제2항 단서)

본조 제2항 단서는 우편을 통한 발신주의의 예외 즉, 다시 도달주의가 채택됨을 규정하고 있다. 서류가 **특허권 및 특허에 관한 권리의 등록신청서류**와 **특허협력조약(PCT)에 의한 국제출원에 관한 서류는 이를 우편으로 제출하는 경우에는 도달주의 원칙이 적용**된다.

이는 등록신청서류는 권리변동을 수반할 수 있기 때문에 등록의 순위를 명확히 하기 위한 것이고, 특허협력조약에 의한 국제출원의 경우에는 기본적 요건이 충족되어 있음을 확인하는 것을 조건으로 그 수리일을 국제출원일로 인정하도록 규정(PCT 제11조)되어 있기 때문이다.[28]

④ 우편물의 지연 등(제4항)

국제출원으로서 제출기간이 정해져 있는 것을 등기우편에 의하여 제출하는 경우 우편의 지연으로 당해서류가 제출기간 내에 도달되지 아니하는 때에는 출원인은 당해서류를 제출기간의 만료일 5일 이전에 우편으로 발송하였다는 사실을 증명하는 증거를 특허청장에게 제출할 수 있다.

증거의 제출은 출원인이 서류의 도달지연을 알게 된 날 또는 상당한 주의를 하

---

[28] 그러나 이는 국제출원일 부여와 관계되는 국제출원서 또는 보완에 관한 서류 등에 한정되며, 국제출원일 부여 이후에 국내법령에 따라 제출되는 서류를 우편으로 제출하는 경우에는 발신주의가 적용된다. 특허청, 앞의 특허법해설 책, 66면.

였다면 알 수 있었던 날부터 1월 이내, 당해서류의 제출기간 만료일부터 6월 이내에 제출하여야 하며, 제출된 증거가 인정되면 당해서류는 제출기간 내에 제출된 것으로 본다(특허법 시행규칙 제86조 및 제87조).

> **제28조의2 고유번호의 기재**
> ① 특허에 관한 절차를 밟는 자 중 산업통상자원부령으로 정하는 자는 특허청장 또는 특허심판원장에게 자신의 고유번호의 부여를 신청하여야 한다.
> ② 특허청장 또는 특허심판원장은 제1항에 따른 신청을 받으면 신청인에게 고유번호를 부여하고, 그 사실을 알려야 한다.
> ③ 특허청장 또는 특허심판원장은 특허에 관한 절차를 밟는 자가 제1항에 따라 고유번호를 신청하지 아니하면 그에게 직권으로 고유번호를 부여하고, 그 사실을 알려야 한다.
> ④ 제2항 또는 제3항에 따라 고유번호를 부여받은 자가 특허에 관한 절차를 밟는 경우에는 산업통상자원부령으로 정하는 서류에 자신의 고유번호를 적어야 한다. 이 경우 이 법 또는 이 법에 따른 명령에도 불구하고 그 서류에 주소(법인인 경우에는 영업소의 소재지를 말한다)를 적지 아니할 수 있다.
> ⑤ 특허에 관한 절차를 밟는 자의 대리인에 관하여는 제1항부터 제4항까지의 규정을 준용한다.
> ⑥ 고유번호의 부여 신청, 고유번호의 부여 및 통지, 그 밖에 고유번호에 관하여 필요한 사항은 산업통상자원부령으로 정한다.

### 취 지

제28조의2는 종래의 서면출원제도가 **특허넷 전자시스템에 의한 전자출원제도로 전환**되면서 출원인 및 대리인 각각에게 고유번호를 부여하여 이들에 관한 인적 정보나 그 변경 사항 등을 효율적으로 관리하기 위하여 1998년 9월 특허법 개정에 따라 신설된 **전자출원 관련 규정**이다(제28조의5까지).

특허청은 **출원인 등에게 고유번호를 부여**하여 관련 사항을 **전산처리**함으로써 각종 통지서 발송 시 출원인 등의 인적 사항 및 그 변동사항을 일괄적으로 처리할 수 있고, 출원인 등은 고유번호로 특허 관련 제반 절차를 수행할 수 있어 **절차의 효율성과 신속성**을 꾀할 수 있다.

> 해 설

### ① 산업통상자원부령으로 정하는 자의 고유번호 신청의무(제1항)

"산업통상자원부령으로 정하는 자"란 **출원인**, 특허를 받을 수 있는 권리의 승계인, **심사청구인**, 정정청구인, 우선심사신청인, 특허출원에 대한 정보제공인, 재심사청구인, **심판청구인·심판피청구인** 및 심판참가인, **특허권자** 등을 말한다(특허법 시행규칙 제9조(특허고객번호의 부여등)).

산업통상자원부령으로 정하는 자는 특허청 또는 특허심판원에 자신의 고유번호의 부여를 신청하여야한다(**고유번호 신청강제주의**). 다만 이미 신청이나 직권에 의해 고유번호를 부여받은 경우는 신청할 필요가 없다. 특허고객번호 신청은 특허로(www.patent.go.kr)에서 가능하다.

### ② 신청 또는 직권에 의한 고유번호의 부여와 그 통지(제2항 및 제3항)

특허청장 또는 특허심판원장은 고유번호의 신청이 있는 경우는 신청인에게 고유번호를 부여하고 이를 통지하여야 하며(제2항), 신청이 없는 경우는 직권으로 신청인에게 고유번호를 부여하고 그 사실을 통지한다(제3항).

### ③ 고유번호의 기재와 대리인에 준용(제4항 및 제5항)

고유번호를 부여받은 자는 특허에 관한 절차를 밟을 경우에 법령으로 정한 서류에 고유번호를 기재하여야 하며, 이 경우 그 서류에 주소(법인인 경우에는 영업소의 소재지)를 적지 않을 수 있다. 고유번호 부여 및 기재에 관한 것은 절차를 밟는 자의 대리인에도 이를 준용한다(제6항).

### ④ 기타 고유번호에 관하여 필요한 사항(제6항)

고유번호의 신청 및 그 밖에 고유번호에 관하여 필요한 사항은 산업통상자원부령으로 정한다. 특허고객번호를 부여받은 자가 성명·주소·서명·인감·전화번호 등을 변경 또는 경정하려면 특허고객번호 정보변경(경정)신고서를 특허청장에게 제출하여야 한다(특허법 시행규칙 제9조 제3항).

> **제28조의3 전자문서에 의한 특허에 관한 절차의 수행**
>
> ① 특허에 관한 절차를 밟는 자는 이 법에 따라 특허청장 또는 특허심판원장에게 제출하는 특허출원서, 그 밖의 서류를 산업통상자원부령으로 정하는 방식에 따라 전자문서화 하고, 이를 정보통신망을 이용하여 제출하거나 이동식 저장장치 등 전자적 기록매체에 수록하여 제출할 수 있다.
> ② 제1항에 따라 제출된 전자문서는 이 법에 따라 제출된 서류와 같은 효력을 가진다.
> ③ 제1항에 따라 정보통신망을 이용하여 제출된 전자문서는 그 문서의 제출인이 정보통신망을 통하여 접수번호를 확인할 수 있는 때에 특허청 또는 특허심판원에서 사용하는 접수용 전산정보처리조직의 파일에 기록된 내용으로 접수된 것으로 본다.
> ④ 제1항에 따라 전자문서로 제출할 수 있는 서류의 종류·제출방법, 그 밖에 전자문서에 의한 서류의 제출에 필요한 사항은 산업통상자원부령으로 정한다.

### 취 지

제28조의3은 전자출원제도의 법적근거가 되는 규정으로, **특허출원서 및 그 밖의 서류를 전자문서화 하여 정보통신망을 이용해 제출**하거나 **전자기록 매체에 수록해 제출**할 수 있게 하고, 이러한 전자문서의 제출에 따른 서류로서의 효력 및 그 제출의 효력발생 시기와 내용에 관한 규정이다.

### 해 설

① 전자문서로 제출할 수 있는 서류(제1항)

특허법 시행규칙 제9조의2(전자문서로 제출할 수 있는 서류)에 따라 전자문서첨부서류 등 물건제출서, 정정발급신청서, 전자화내용 정정신청서 및 비밀분류기준에 해당하는 국방관련 특허출원 등을 **제외한 서류**는 전자문서로 제출할 수 있다고 규정하고 있다.

② 제출된 전자문서의 효력(제2항)

특허청장 또는 특허심판원장에게 특허출원서 및 기타 서류 등을 전자문서화 하여 정보통신망을 이용해 제출하거나 저장장치 등 전자적 기록매체를 통하여 제출된 전자문서는 **서면으로 제출된 서류와 동일한 효력**을 가진다.

③ 전자문서 제출의 효력발생시기 및 내용의 확정(제3항)

특허에 관한 서류를 전자문서화 하여 정보통신망을 이용해 제출하는 경우 그 제출된 전자문서는 **제출인이 정보통신망을 통하여 접수번호를 확인할 수 있는 때**에 특허청 또는 특허심판원에서 사용하는 접수용 전산정보처리조직의 파일에 기록된 내용으로 **접수된 것**으로 본다.

④ 기타 전자문서에 의한 서류의 제출에 필요한 사항(제4항)

전자문서로 제출할 수 있는 서류의 종류·제출방법, 그 밖에 전자문서에 의한 서류의 제출에 필요한 사항은 산업통상자원부령으로 정한다. 이에 대한 구체적인 규정은 **특허법 시행규칙 제9조의2(전자문서로 제출할 수 있는 서류) 내지 제9조의8(전자문서에 의한 통지대상서류)**에 있다.

---

**제1장 총칙**

**제28조의4 전자문서 이용신고 및 전자서명**

① 전자문서로 특허에 관한 절차를 밟으려는 자는 미리 특허청장 또는 특허심판원장에게 전자문서 이용신고를 하여야 하며, 특허청장 또는 특허심판원장에게 제출하는 전자문서에 제출인을 알아볼 수 있도록 전자서명을 하여야 한다.
② 제28조의3에 따라 제출된 전자문서는 제1항에 따른 전자서명을 한 자가 제출한 것으로 본다.
③ 제1항에 따른 전자문서 이용신고 절차, 전자서명 방법 등에 관하여 필요한 사항은 산업통상자원부령으로 정한다.

---

**취 지**

제28조의4는 전자문서로 특허에 관한 절차를 밟고자 하는 자의 **전자문서 제출에 관한 사전 이용 요건과 전자서명에 따른 전자문서 제출자를 정당한 작성명의자로 본다**는 규정이다. 이외에 기타 전자문서 이용 등에 관하여 필요한 사항을 산업통상자원부령으로 정한다고 규정하고 있다.

**해 설**

전자문서에 의하여 특허에 관한 절차를 밟고자 하는 자는 반드시 사전에 특허청장 또는 특허심판원장에게 **전자문서 이용신고**를 하여야 하며, 제출인을 알아볼 수 있도록 전자문서에 전자서명을 하여야 한다. 전자서명이 되어 제출된 전자문서는 전자서명을 한 자가 제출한 것으로 본다.

이는 전자문서가 육안으로 식별할 수 없는 파일로 되어 있고 정보통신망을 통하여 제출되므로 **전자서명을 확인하여 진정한 전자문서 제출인을 식별**하기 위함이다. 여기서 전자서명은 공인인증서 방식에 의하여 이루어지고, 전자문서가 전자서명인에 따라 작성되었음을 증명하는 것이다.

---

**제1장 총칙**

**제28조의5 정보통신망을 이용한 통지 등의 수행**

① 특허청장·특허심판원장·심판장·심판관 또는 심사관은 제28조의4 제1항에 따라 전자문서 이용신고를 한 자에게 서류의 통지 및 송달(이하 "통지 등"이라 한다)을 하려는 경우에는 정보통신망을 이용하여 통지 등을 할 수 있다.
② 제1항에 따라 정보통신망을 이용하여 한 서류의 통지 등은 서면으로 한 것과 같은 효력을 가진다.
③ 제1항에 따른 서류의 통지 등은 그 통지 등을 받을 자가 자신이 사용하는 전산정보처리조직을 통하여 그 서류를 확인한 때에 특허청 또는 특허심판원에서 사용하는 발송용 전산정보처리조직의 파일에 기록된 내용으로 도달한 것으로 본다.
④ 제1항에 따라 정보통신망을 이용하여 하는 통지 등의 종류·방법 등에 관하여 필요한 사항은 산업통상자원부령으로 정한다.

---

**취지**

제28조의5는 출원인 등이 특허청에 대하여 전자문서로 절차를 수행할 수 있도록 한 제28조의3(전자문서에 의한 특허에 관한 절차의 수행)에 대응하는 규정으로, **특허청도** 전자문서 이용신고를 한 자에게 **정보통신망을 이용**하여 통지 등을 할 수 있게 규정하여 **온라인을 통한 전자문서 전송**을 규정하였다.

**해설**

**특허청장**·특허심판원장·심판장·심판관 또는 심사관은 특허청에 **전자문서 이용신고를 한 자에게 서류의 통지 및 송달 등을 정보통신망을 이용하여 통지** 등을 할 수 있고, 이는 **서면으로 통지한 것과 같은 효력**을 가진다.

정보통신망을 이용한 서류의 통지 등은 그 통지 등을 받을 자가 자신이 사용하는 전산정보처리조직(컴퓨터)을 통하여 그 서류를 확인한 때에 특허청 또는 특허심판원에서 사용하는 발송용 **전산정보처리조직의 파일에 기록된 내용으로 도달**한 것으로 본다.

최신 개정법률을 반영한 조문별 취지·해설·판례
**특허법해설**
Easy & Consice

# 제2장 특허요건 및 특허출원

### 제29조 특허요건

① 산업상 이용할 수 있는 발명으로서 다음 각 호의 어느 하나에 해당하는 것을 제외하고는 그 발명에 대하여 특허를 받을 수 있다.
1. 특허출원 전에 국내 또는 국외에서 공지(公知)되었거나 공연(公然)히 실시된 발명
2. 특허출원 전에 국내 또는 국외에서 반포된 간행물에 게재되었거나 전기통신회선을 통하여 공중(公衆)이 이용할 수 있는 발명

② 특허출원 전에 그 발명이 속하는 기술분야에서 통상의 지식을 가진 사람이 제1항 각 호의 어느 하나에 해당하는 발명에 의하여 쉽게 발명할 수 있으면 그 발명에 대해서는 제1항에도 불구하고 특허를 받을 수 없다.

③ 특허출원한 발명이 다음 각 호의 요건을 모두 갖춘 다른 특허출원의 출원서에 최초로 첨부된 명세서 또는 도면에 기재된 발명과 동일한 경우에 그 발명은 제1항에도 불구하고 특허를 받을 수 없다. 다만, 그 특허출원의 발명자와 다른 특허출원의 발명자가 같거나 그 특허출원을 출원한 때의 출원인과 다른 특허출원의 출원인이 같은 경우에는 그러하지 아니하다.
1. 그 특허출원일 전에 출원된 특허출원일 것
2. 그 특허출원 후 제64조에 따라 출원공개되거나 제87조제3항에 따라 등록공고된 특허출원일 것

④ 특허출원한 발명이 다음 각 호의 요건을 모두 갖춘 실용신안등록출원의 출원서에 최초로 첨부된 명세서 또는 도면에 기재된 고안(考案)과 동일한 경우에 그 발명은 제1항에도 불구하고 특허를 받을 수 없다. 다만, 그 특허출원의 발명자와 실용신안등록출원의 고안자가 같거나 그 특허출원을 출원한 때의 출원인과 실용신안등록출원의 출원인이 같은 경우에는 그러하지 아니하다.
1. 그 특허출원일 전에 출원된 실용신안등록출원일 것
2. 그 특허출원 후 「실용신안법」 제15조에 따라 준용되는 이 법 제64조에 따라 출원 공개되거나 「실용신안법」 제21조 제3항에 따라 등록공고된 실용신안등록출원일 것

⑤ 제3항을 적용할 때 다른 특허출원이 제199조 제2항에 따른 국제특허출원(제214조 제4항에 따라 특허출원으로 보는 국제출원을 포함한다)인 경우 제3항 본문 중 "출원서에 최초로 첨부된 명세서 또는 도면"은 "국제출원일까지 제출한 발명의 설명, 청구범위 또는 도면"으로, 같은 항

제2호 중 "출원공개"는 "출원공개 또는 「특허협력조약」 제21조에 따라 국제공개"로 본다.
⑥ 제4항을 적용할 때 실용신안등록출원이 「실용신안법」 제34조 제2항에 따른 국제실용신안등록출원(같은 법 제40조 제4항에 따라 실용신안등록출원으로 보는 국제출원을 포함한다)인 경우 제4항 본문 중 "출원서에 최초로 첨부된 명세서 또는 도면"은 "국제출원일까지 제출한 고안의 설명, 청구범위 또는 도면"으로, 같은 항 제2호 중 "출원공개"는 "출원공개 또는 「특허협력조약」 제21조에 따라 국제공개"로 본다.
⑦ 제3항 또는 제4항을 적용할 때 제201조 제4항에 따라 취하한 것으로 보는 국제특허출원 또는 「실용신안법」 제35조 제4항에 따라 취하한 것으로 보는 국제실용신안등록출원은 다른 특허출원 또는 실용신안등록출원으로 보지 아니한다.

### 취지

제29조는 제2조 제1호 "발명"의 정의(定義)에 따라 출원된 발명이 최종적으로 "특허발명"이 되기 위하여 갖추어야할 실질적 특허요건에 관하여 규정하고 있다. 본조는 **특허법의 핵심**이자 **특허실무에 있어 가장 중요한 발명의 신규성**(新規性)과 **진보성**(進步性)에 관한 특허요건을 규정하고 있다.

본조는 특허요건으로서 실체적 판단인 발명의 **신규성과 진보성 요건 외에도 발명의 산업상 이용가능성 및 확대된 선출원**(先出願)**에 관해서도 규정**하고 있다. 특허청 심사에서는 특허를 부여받기 위한 특허요건이며, 심판에서는 등록된 특허의 무효사유가 되는 중요한 법조문이다.

### 해설

① 발명의 산업상 이용가능성(제1항 본문)

**「산업상 이용가능성」** 이란 **발명이 산업에 이용 될 수 있어야 한다는 것**이다. 특허법의 목적은 궁극적으로 발명이 기술의 발전을 촉진하여 산업발전에 이바지함을 목적으로 한다는 점에서, 발명은 기본적으로 산업상 이용가능성이 있어야 한다. **특허요건으로서는 소극적인 요건**이다.

여기서 "산업"은 공업, 농업 및 상업 등을 포함한 최광의로 해석되어지고, 산업상 이용가능성이 있는지의 여부는 그 발명 자체로서 판단하면 되며, 발명이 현재 당장 이용될 필요는 없고 장래에 이용가능성이 있다면 충분하다. 또한 발명의 시장성이나 경제성을 요구하지도 않는다.

【판결요지】 자연법칙을 이용하지 않은 것을 특허출원하였을 때에는 특허법 제29조 제1항 본문의 '산업상 이용할 수 있는 발명'의 요건을 충족하지 못함을 이유로 특허법 제62조에 의하여 그 특허출원이 거절된다(대법원 1998.9.4.선고 98후744 판결).

② 발명의 신규성(제1항 각 호)

특허는 새로운 발명을 공개하는 대가로 독점권을 얻는 것이므로 **발명은 기본적으로 종래기술에 비하여 새로워야 한다.** 제1항 각 호는 신규성 상실사유로서 발명이 출원 전 ㉠ 공지(公知), ㉡ 공연실시(公然實施), ㉢ 간행물 게재 ㉣ 전기회선통신에 의한 공개를 규정하고 있다.

**신규성 판단**은 해당 발명의 청구항에 기재된 발명이 제1항 각 호에 해당하는지 여부를 판단하는 것이고, 판단의 **기준시점은 특허출원시**(特許出願時)가 된다. 따라서 동일한 발명이 같은 날에 1시간 먼저 공지되었다면 당해 발명은 **시각주의**(時刻主義) 의하여 신규성을 상실한다.

【판결요지】 발명의 동일성을 판단함에 있어서는 두 발명의 기술적 구성이 동일한가 여부에 의하여 판단하되 발명의 효과도 참작하여야 할 것인바, 기술적 구성에 차이가 있더라도 그 차이가 과제해결을 위한 구체적 수단에 있어서 주지관용기술의 부가, 삭제, 변경 등으로 새로운 효과의 발생이 없는 정도의 미세한 차이에 불과하다면 두 발명은 서로 동일하다고 보아야 할 것이다(대법원 2003.2.26. 선고 2001후1624 판결).

【판결요지】 특허발명이 신규성을 상실하였다고 하기 위해서는 그 **특허발명과 선행발명을 1대 1로 비교**하여 선행발명에 그 특허발명의 모든 구성이 나와 있어야 하고 그 특허발명의 구성이 2개 이상의 선행발명에 일부씩이 나와 있어서는 아니 된다(특허법원 2005.5.20. 선고 2004허5160 판결).

㉠ 출원전 공지된 발명(제1항 제1호 전문)

「**공지**」란 발명이 비밀상태를 벗어나 불특정인(不特定人)에게 알려진 상태로 놓인 것을 의미한다. 여기서 불특정인은 다수일 필요는 없으며 비밀유지 의무가 없는 자이지만, 만일 그 비밀유지 의무를 위반하여 발명이 공개가 되었을 경우에는 그 때부터 발명은 공지된 것이다.[29]

㉡ 출원전 공연히 실시(제1항 제1호 후문)

「**공연히 실시**」란 비밀상태를 벗어나 불특정인이 알 수 있게 발명이 이용(실시)된 것을 의미한다. 비밀상태가 아니면서 발명이 한명이라도 알 수 있는 상태에서 실시가 되었다면 공연히 실시된 것으로, 이를 실무적으로는 공지(公知)에 대응하여 공용(公用)이라고 부르기도 한다.

---

29) 정상조·박성수 공편, 앞의 책, 319면.

【판결요지】 '공지되었다'고 함은 반드시 불특정 다수인에게 인식되었을 필요는 없다하더라도 적어도 불특정 다수인이 인식할 수 있는 상태에 놓인 것을 의미하고, '공연히 실시되었다'고 함은 발명의 내용이 비밀유지약정 등의 제한이 없는 상태에서 양도 등의 방법으로 사용되어 불특정 다수인이 인식할 수 있는 상태에 놓인 것을 의미한다(대법원 2005.2.18. 선고 2003후2218 판결).

ⓒ 출원전 반포된 간행물에 게재(제1항 제2호 전문)

「반포」란 간행물이 불특정 다수인에게 열람할 수 있는 상태로 배포됨을 의미한다. 열람 가능한 상태면 족하고 현실적으로 열람한 사실은 필요치 않다. 「간행물」은 반포에 의하여 공개됨을 목적으로 인쇄, 기타 기계·화학적 방법으로 복제된 문서·사진 등 정보전달매체를 뜻한다.

「게재」란 간행물에 기재된 내용이 통상의 기술자가 이해할 수 있을 정도로 기재되어 있는 것을 의미하지만, 구체적인 작용효과까지 기재되어 있을 필요는 없고 발명들 간의 구성을 대비·판단할 수 있는 정도의 기재면 충분하다고 할 것이다.

【판결요지】 '반포된 간행물'이란 불특정 다수의 일반 공중이 그 기재내용을 인식할 수 있는 상태에 있는 간행물을 말한다. 발명의 내용이 계약상 또는 상관습상 비밀유지의무를 부담하는 특정인에게 배포된 기술이전 교육용 자료에 게재된 사실만으로는 공지된 것이라 할 수 없다(특허법원 2010.6.11. 선고 2009허9693 판결).

【판결요지】 카탈로그는 제작되었으면 배부, 반포되는 것이 사회통념이라 하겠으며 제작한 카탈로그를 배부, 반포하지 아니하고 사장하고 있다는 것은 경험칙상 수긍할 수 없는 것이어서 카탈로그의 배부 범위, 비치장소 등에 관하여 구체적인 증거가 없다고 하더라도 그 카탈로그의 반포, 배부되었음을 부인할 수는 없는 것이다(대법원 1985.12.24. 선고 85후47 판결, 1992.2.14. 선고 91후1410 판결).

【판결요지】 일반적으로는 논문이 일단 논문심사에 통과된 이후에 인쇄 등의 방법으로 복제된 다음 공공도서관 또는 대학도서관 등에 입고되거나 주위의 불특정 다수인에게 배포됨으로써 비로소 일반 공중이 그 기재내용을 인식할 수 있는 반포된 상태에 놓이게 되거나 그 내용이 공지되는 것이라고 봄이 경험칙에 비추어 상당하다(대법원 1996.6.14. 선고 95후19 판결).

ⓔ 출원전 전기통신회선에 의한 공개(제1항 제2호 후문)

「전기회선통신」이란 인터넷을 포함한 각종의 유·무선통신과 광, 물리, 전자기적 방법에 의하여 문자, 문서, 음향 또는 동영상 등의 각종 데이터를 송수신할 수 있는 통신수단이다. 인터넷상에서 발명이 공개적으로 공지, 공용실시 또는 전자매체 등에 게재되었다면 신규성이 상실된다.

③ 발명의 진보성(제2항)

㉠ 진보성 규정의 취지

출원된 발명이 우선적으로 제1항 각 호에 해당되어 신규성이 상실되면 그 자체로서 특허를 받을 수 없다. 그러나 **출원된 발명이 신규성 상실의 범주에 속하지 않지만 그 개선된 기술적 정도나 차이가 특허법으로서 보호해 줄 가치가 있다면** 특허로서 인정하는 것이 바람직하다.

진보성은 특허법이 기술발전을 촉진·개선시키는 발명에 대하여 종래기술과 비교해 일정수준의 기술적 진보가 있다고 판단되면 특허요건을 충족하는 것으로 보며, 그 기술적 진보가 일정수준 이하라면 특허요건을 충족하지 못하여 발명의 진보성을 상실하는 것으로 보는 것이다.

진보성은 **특허청의 심사·심판 및 법원의 침해실무에서 가장 쟁점이 되는 중요하고 어려운 실체적 특허요건**의 판단기준으로, 이에 관한 다양한 기준과 이론 및 판례가 나오고 있다. 현실적으로 진보성에 관한 특허청의 심사·심판기준은 특허법원 및 대법원 판례의 영향을 받고 있다.

㉡ **통상의 기술자**(그 발명이 속하는 기술분야에서 통상의 지식을 가진 자)

「그 발명이 속하는 기술분야에서 통상의 지식을 가진 자」를 실무에서는 "당업자" 또는 "통상의 기술자"(이하 "통상의 기술자"라 한다)로 약칭하고 있는데, **특허청 심사기준**에 따른 「**통상의 기술자**」란 "출원전의 해당 기술분야의 기술상식을 보유하고 있고, 출원발명의 **과제와 관련되는 출원전의 기술수준에 있는 모든 것을 입수하여 자신의 지식으로 할 수 있는** 자로서, 실험, 분석, 제조 등을 포함하는 연구 또는 개발을 위하여 통상의 수단을 이용할 수 있으며, 공지의 재료 중에서 적합한 재료를 선택하거나 수치범위를 최적화(最適化)하거나 균등물(均等物)로 치환하는 등 **통상의 창작능력을 발휘할 수 있는** 특허법상의 **상상의 인물**이다."라고 특허법원 판례(2008허8150)를 인용하여 기재하고 있다.[30] 미국은 통상의 기술자를 **Mr. Phosita**(Person having ordinary skill in the art)라 하여 통상의 창조적인 생각을 하는 사람으로 정의를 하기도 한다.

【판결요지】 "그 발명이 속하는 기술분야"란 출원발명이 이용되는 산업분야로서 그 범위를 정함에 있어서는 발명의 목적, 기술적 구성, 작용효과의 면을 종합하여 객관적으로 **판단**하여야 한다(대법원 1992.5.12. 선고 91후1298 판결).

---

30) 특허청, 앞의 심사기준, 3302면.

ⓒ 쉽게 발명할 수 있을 것

통상의 기술자가 특허출원전 공지 또는 공연실시 등이 된 발명(들)으로부터 **교시(敎示, Teaching), 제안(提案, Suggestion), 동기(動機, Motivation) 또는 기술상식(技術常識)** 등에 의하여 통상의 창작능력을 발휘하여 해당 발명을 **용이하게 생각**해 낼 수 있는지 여부이다.

즉, 통상의 기술자가 제29조 제1항 각 호에 해당하는 발명 또는 기술에 의거 해당 발명을 용이하게 발명할 수 있다면 해당 발명은 진보성을 갖추지 못한 출원(특허)발명이 되어 거절 또는 특허무효가 되고, 용이하게 발명할 수 없다면 진보성을 갖춘 출원(특허)발명이 된다.

**【판결요지】** 선행기술에 의하여 용이하게 발명할 수 있는 것인지에 좇아 발명의 진보성 유무를 판단함에 있어서는, 적어도 **선행기술의 범위와 내용, 진보성 판단의 대상이 된 발명과 선행기술의 차이 및 통상의 기술자의 기술수준**에 대하여 증거 등 기록에 나타난 자료에 기하여 파악한 다음, 이를 기초로 하여 통상의 기술자가 특허출원 당시의 기술수준에 비추어 진보성 판단의 대상이 된 발명이 선행기술과 차이가 있음에도 그러한 차이를 극복하고 선행기술로부터 그 발명을 용이하게 발명할 수 있는지를 살펴보아야 하는 것이다. 이 경우 진보성 판단의 대상이 된 발명의 명세서에 개시되어 있는 기술을 알고 있음을 전제로 하여 사후적으로 통상의 기술자가 그 발명을 용이하게 발명할 수 있는지를 판단하여서는 아니된다(대법원 2009.11.12. 선고 2007후3660 판결).

**【판결요지】** 여러 선행기술문헌을 인용하여 특허발명의 진보성을 판단함에 있어서는 그 인용되는 기술을 조합 또는 결합하면 당해 특허발명에 이를 수 있다는 암시, 동기 등이 선행기술문헌에 제시되어 있거나 그렇지 않더라도 당해 특허발명의 출원 당시의 기술수준, 기술상식, 해당 기술분야의 기본적 과제, 발전경향, 해당 업계의 요구 등에 비추어 보아 통상의 기술자가 용이하게 그와 같은 결합에 이를 수 있다고 인정할 수 있는 경우에는 당해 특허발명의 **진보성은 부정**된다고 할 것이다(대법원 2009.10.29. 선고 2009후1644 판결)

**【판결요지】** 진보성 유무를 가늠하는 창작의 난이의 정도는 그 기술구성의 차이와 작용효과를 고려하여 판단하여야 하는 것이므로, **출원된 기술의 구성이 선행기술과 차이가 있을 뿐 아니라 그 작용효과에 있어서 선행기술에 비하여 현저하게 향상·진보된 것**인 때에는, 기술의 진보발전을 도모하는 특허제도의 목적에 비추어 출원발명의 **진보성을 인정**하여야 한다(대법원 1997.11.28. 선고 96후1972 판결).

ⓔ 진보성 판단

발명의 진보성 판단은 **해당 발명이 우선적으로 신규성이 있다는 전제하에서 이루어지는 것**으로 발명의 신규성 판단과 진보성 판단은 그 법적요건(특허요건)을 달리하므로 원칙적으로 구분된다. 또한, 진보성 **판단의 시기적 기준은 신규성과 마찬가지로 역시 특허출원시**가 된다.

【판결요지】 특허발명의 진보성은 신규성이 있음을 전제로 하는 것으로서, 어느 발명이 공지기술에 비추어 새로운 것인가의 **신규성의 문제**와 그것이 공지기술로부터 용이하게 생각해 낼 수 있는 것인가의 **진보성의 문제는 구별**되어야 하고, 따라서 발명의 진보성을 판단하기 위해서는 먼저 그 발명의 신규성의 판단이 선행되는 것이 순서라고 할 것이나, **발명의 신규성과 진보성은 서로 유기적인 관계에 있는 것으로서 구체적인 사례에서는 그 한계나 영역을 명확하게 구분하기 어려운 경우가 많을 것**인바, 여기에서 발명이 공지공용의 것이라 함은 공지공용의 기술과 동일한 경우에 한정할 필요는 없고, 어느 발명이 선행의 공지공용의 기술로부터 이루어진 것이라고 하여도 이것이 공지공용의 기술에 근사한 것이 명백하여 특별히 새로운 기술이라고 볼 수 없는 경우에는 진보성에 앞서 그 신규성 자체를 부정할 수 있을 것이다(대법원 1992.6.2. 선고 91마540 결정).

④ 확대된 선출원(제3항 및 제4항)

㉠ 제도적 취지

**특허법**은 하나의 발명에 대하여 복수의 출원이 있는 경우에 먼저 출원(선출원)한 자에게 특허를 부여하는 소위 선출원주의(先出願主義) 또는 **선원주의(先願主義)**를 채택하고 있다(제36조). 선출원제도는 선출원과 후출원의 동일성 여부를 청구범위에 기재된 발명만을 근거로 판단하게 된다.[31]

선출원된 발명의 최초 명세서 또는 도면에 기재된 발명은 청구범위와 같이 출원공개 또는 등록공고 제도를 통하여 공개되는데, 선출원이 출원공개 또는 등록공고되기 전에 출원된 **후출원의 발명(청구범위)이 선출원의 최초 명세서 또는 도면에 기재된 발명과 동일한 경우**까지 특허를 부여한다면 **새로운 발명을 공개하는 대가로 특허를 부여하는 특허제도의 취지에 부합하지 않다**.

결국, 선원주의에 따른 **선출원과 후출원 간의 특허요건 판단기준(청구범위)을 선출원의 최초 명세서 또는 도면까지 확장**하겠다는 것이 확대된 선출원의 취지이다.

【판결요지】 특허법 제29조 제3항(확대된 선원) 규정의 취지는 특허법 제36조 소정의 선원주의가 특허청구의 범위에 기재된 발명만을 기준으로 선·후원의 동일성 여부를 판단하므로, 선원의 특허청구범위에는 기재되지 아니하였으나 발명의 상세한 설명이나 도면에는 기재된 기술내용에 대하여 아무런 발명적 기여도 없는 제3자가 후출원으로 특허를 받을 수 있는 경우가 생길 수 있어 그러한 부분을 누구나 자유롭게 실시할 수 있는 공공의 영역으로 두려는 선원자의 의사에 반하여 부당하고, 출원공개기간이 길어짐으로써 발명적 업적이 없는 자가 특허를 받게 되는 불공평이 초래될 우려도 있으므로, **선원의 범위를 확대하여**

---

31) 소위 선원주의는 1개의 발명에 대하여 1개의 특허만을 부여하는 1발명 1특허원칙인데, 본 조항은 선·후원 간의 특허요건을 확대하여 후출원을 배제시킨다는 점에서 "확대된 선원"이라고도 한다.

선원이 출원공개 또는 출원공고된 경우 최초 명세서 및 도면에 기재된 발명내용 전부에 비추어 동일성이 있다고 판단되면 특허를 받을 수 없도록 한 것이며, 어떠한 발명이 특허법 제29조 제3항에 해당하는지를 판단하기 위해서는 그 전제로서 선원의 존재와 그 선원이 출원공개 또는 출원공고될 것이 요구되고, 그 경우 대비되는 발명은 후에 보정되었는지에 관계없이 선원의 최초 명세서 및 도면에 기재된 발명이다(특허법원 1999.5.28. 선고 98허7110 판결).

### ⓛ 요건

#### ⓐ 해당 특허출원일 전에 출원된 선출원(특허출원 또는 실용신안등록출원)일 것

확대된 선출원이 적용되기 위해서는 해당 특허출원(후출원)일 전에 다른 특허·실용신안등록출원(선출원)이 출원되어 있어야 한다. 따라서 **선출원과 후출원이 동일한 날짜의 출원인 경우에는 본 규정은 적용되지 않으며, 제36조(선출원)가 적용**될 여지가 있다.

#### ⓑ 해당 특허출원 후 출원공개 또는 등록공고 된 선출원일 것

해당 특허출원 후 선출원(특허출원 또는 실용신안등록출원)이 출원공개 또는 등록공고가 되어있어야 한다. "해당 특허출원 후"이기 때문에 해당 특허출원의 출원일과 선출원(특허출원 또는 실용신안등록출원)의 출원일이 동일한 경우도 본 규정이 적용된다.

즉, 해당 특허출원의 출원시점이 선출원에 비하여 빠른 경우는 확대된 선원이 적용되고, 해당 특허출원이 선출원에 비하여 출원시점이 늦은 경우는 신규성이 적용될 것이다. 그리고 선출원은 출원공개 또는 등록공고가 되어 있어 공중(公衆)이 이용할 수 있는 상태에 있어야 한다.

선출원이 일단 출원공개 또는 등록공고 된 후에는 그 선출원의 특허여부 결정, 무효, 취하 또는 포기 등이 있더라도 선출원으로서의 지위는 그대로 유지되기 때문에 본 규정의 확대된 선원을 여전히 적용할 수 있다.

#### ⓒ 해당 특허출원의 청구항에 기재된 발명이 선출원의 최초로 첨부된 명세서 또는 도면에 기재된 발명 또는 고안과 동일할 것

"선출원의 최초로 첨부된 명세서 또는 도면"은 선출원을 출원할 때 처음으로 첨부한 명세서 또는 도면을 의미하는 것이기 때문에 선출원이 보정에 의하여 관련 내용이 삭제되었다 하더라도 최초 명세서 또는 도면에 기재되어 있었던 것이라면 본 규정의 확대된 선원을 적용할 수 있다.

ⓓ 적용의 예외 : 해당 특허출원의 발명자와 선출원의 발명자가 동일하거나, 해당 특허출원을 출원한 때의 출원인과 선출원의 출원인이 동일한 경우

해당 특허출원의 발명자와 선출원(특허출원 또는 실용신안등록출원)의 발명자가 동일한 경우에는 확대된 선출원을 적용할 수 없는데, 이는 먼저 발명한 자에게 특허를 부여하는 선발명주의적 요소를 가미한 것으로 선원주의(先願主義)에서 발명자가 동일한 경우는 이를 배제한다는 것이다.

또한, 해당 특허출원을 출원한 때의 출원인과 선출원의 출원인이 동일한 경우 역시 확대된 선원을 적용할 수 없는데, 이는 최초 출원서의 명세서 또는 도면에 기재된 발명을 보호하기 위한 출원인의 이익을 고려한 취지이다.

ⓔ 확대된 선원에서의 발명의 동일성 판단

발명의 동일성 판단은 후출원된 청구범위에 기재된 발명과 선출원된 다른 출원의 최초 명세서 또는 도면에 기재된 발명을 대비하여 각각의 발명을 이루는 구성요소가 동일한지 여부에 따라서 판단한다. 대응 구성요소가 동일하면 확대된 선원의 요건을 충족하지 못하는 것이다.

【판결요지】 확대된 선출원에 관한 구 특허법(2006.3.3. 법률 제7871호로 개정되기 전의 것) 제29조 제3항에서 규정하는 발명의 동일성은 발명의 진보성과는 구별되는 것으로서 두 발명의 기술적 구성이 동일한가 여부에 의하되 발명의 효과도 참작하여 판단할 것인데, 기술적 구성에 차이가 있더라도 그 차이가 과제해결을 위한 구체적 수단에서 주지·관용기술의 부가·삭제·변경 등에 지나지 아니하여 새로운 효과가 발생하지 않는 정도의 미세한 차이에 불과하다면 두 발명은 서로 실질적으로 동일하다고 할 것이나, 두 발명의 기술적 구성의 차이가 위와 같은 정도를 벗어난다면 설사 그 차이가 해당 발명이 속하는 기술분야에서 통상의 지식을 가진 사람이 쉽게 도출할 수 있는 범위 내라고 하더라도 두 발명을 동일하다고 할 수 없다(대법원 2011.4.28. 선고 2010후2179 판결).

⑤ 확대된 선출원의 국제출원에의 적용(제5항 내지 제7항)

국제출원은 특허협력조약에 따라 **대한민국을 지정국으로 하여 국제출원일이 인정되는 출원**이므로 이를 확대된 선원에 적용하기 위해서는 국제출원서에 첨부된 명세서 서식 및 기재에 대응되도록 적용될 필요가 있다.

즉, 선출원이 국제특허출원 또는 국제실용신안등록출원인 경우에는 "출원서에 최초로 첨부된 명세서 또는 도면"은 "**국제출원일까지 제출한 발명(고안)의 설명, 청구범위 또는 도면**"으로, "출원공개"는 "**출원공개 또는 조약에 따른 국제공개**"로 보아 **확대된 선원을 적용**한다(제5항 및 제6항).

다만, 국제특허출원(국제실용신안등록출원)에서 출원인이 국내서면제출기간에 발명

(고안)의 설명 및 청구범위의 국어번역문을 제출하지 아니한 경우는 그 국제출원은 취하된 것으로 보기 때문에(제201조 제4항), 이 경우 선출원으로서 확대된 선원의 지위는 갖지 못한다(제7항).

---

### 제30조 공지 등이 되지 아니한 발명으로 보는 경우

① 특허를 받을 수 있는 권리를 가진 자의 발명이 다음 각 호의 어느 하나에 해당하게 된 경우 그 날부터 12개월 이내에 특허출원을 하면 그 특허출원된 발명에 대하여 제29조 제1항 또는 제2항을 적용할 때에는 그 발명은 같은 조 제1항 각 호의 어느 하나에 해당하지 아니한 것으로 본다.
1. 특허를 받을 수 있는 권리를 가진 자에 의하여 그 발명이 제29조제1항 각 호의 어느 하나에 해당하게 된 경우. 다만, 조약 또는 법률에 따라 국내 또는 국외에서 출원공개 되거나 등록공고 된 경우는 제외한다.
2. 특허를 받을 수 있는 권리를 가진 자의 의사에 반하여 그 발명이 제29조 제1항 각 호의 어느 하나에 해당하게 된 경우

② 제1항 제1호를 적용받으려는 자는 특허출원서에 그 취지를 적어 출원하여야 하고, 이를 증명할 수 있는 서류를 산업통상자원부령으로 정하는 방법에 따라 특허출원일부터 30일 이내에 특허청장에게 제출하여야 한다.

③ 제2항에도 불구하고 산업통상자원부령으로 정하는 보완수수료를 납부한 경우에는 다음 각 호의 어느 하나에 해당하는 기간에 제1항 제1호를 적용받으려는 취지를 적은 서류 또는 이를 증명할 수 있는 서류를 제출할 수 있다.
1. 제47조 제1항에 따라 보정할 수 있는 기간
2. 제66조에 따른 특허결정 또는 제176조 제1항에 따른 특허거절결정 취소심결 (특허등록을 결정한 심결에 한정하되, 재심심결을 포함한다)의 등본을 송달받은 날부터 3개월 이내의 기간. 다만, 제79조에 따른 설정등록을 받으려는 날이 3개월보다 짧은 경우에는 그 날까지의 기간

**제2장 특허요건 및 특허출원**

---

### 취 지

제30조는 소위 **발명의 공지예외**(公知例外) **적용에 관한 조항**으로 특허를 받을 수 있는 권리를 가진 자의 발명이 특허출원 전에 이미 공지가 되었다 하더라도 그 공

지가 자기의 의사(意思)에 기인하던 기인하지 않던 일정한 경우에는 공지가 되지 않은 발명으로 보겠다는 취지의 규정이다.

발명이 출원 전에 이미 공지 등이 된 경우는 신규성 상실로 특허를 받을 수 없는 것이 원칙이지만, 이 원칙을 일률적으로 적용하면 **신기술을 조기에 공개한 선의(善意)의 발명자에게 너무 가혹하고 산업발전에도 이롭지 않다는 측면**에서 일정한 경우에 공지예외 적용을 인정하였다.

> 해 설

① 공지예외 적용요건 및 효과(제1항)

ⓐ 해당 특허출원 전 발명이 공지되었을 것

특허를 받을 수 있는 권리를 가진 자(발명자나 그 적법한 승계인)에 의해서나 특허를 받을 수 있는 권리를 가진 자의 의사에 반하여 출원하고자 한 발명이 제29조 제1항(신규성 결격사유) 각 호에 따라서 출원 전에 공지 등이 되어 있는 경우이다.

"특허를 받을 수 있는 권리를 가진 자의 의사에 반하여"란 해당 발명을 스스로 공개할 의사가 없음에도 불구하고 다른 사람에 의하여 사기, 공갈, 협박 또는 실수 등으로 발명이 공지 등이 된 경우를 의미한다.

ⓑ 최초 공지일로부터 12개월 이내에 특허출원을 할 것

이러한 공지예외를 적용받기 위해서는 발명이 최초로 공지 등이 된 날로부터 12개월 이내에 특허출원을 하여야 한다. 특허를 받을 수 있는 권리를 가진 자의 **의사에 기한 공지든 의사에 반한 공지된 상관없다**. 이는 **공지된 날로부터 12개월의 공지유예 혜택기간을 준 것과 같다**.

ⓒ 공지예외 적용의 효과

해당 출원발명이 공지예외 규정에 부합하여 공지예외를 적용받는다면 **그 출원 자체는 공지 등이 되지 않은 발명**으로 보기 때문에 결국, 제29조 제1항 각 호의 발명에 해당되지 않으므로 이에 따른 신규성 또는 진보성의 선행기술(자료)나 공지된 기술로 채택할 수 없다.

② 공지예외 적용 절차 및 증명(제2항)

공지예외 규정을 적용받으려는 자는 **특허출원서에 그 취지를 적어 출원**하여야 하고, 이를 증명할 수 있는 서류를 산업통상자원부령으로 정하는 방법에 따라 **특허출원일로부터 30일 이내에 특허청장에게 제출**하여야만 한다.

해당 출원 전에 여러 번의 공지가 있는 경우에 각각의 공지예외 규정을 적용받

기 위해서는 최초의 공지일로부터 12개월 이내에 출원서에 그 취지를 적고 증명서류를 제출하는 것이 원칙이나, 최초의 공지와 밀접불가분의 관계[32]에 있는 공지인 경우는 증명서류 제출을 생략할 수 있다.

③ 공지예외 적용 절차의 특칙(제3항)

공지예외 규정을 적용받으려는 자는 본조 제2항에도 불구하고 산업통상자원부령으로 정하는 **보완수수료를 납부한 경우**에는 제47조(특허출원의 보정) 제1항 **거절이유통지 등에 따라 보정할 수 있는 기간**, 또는 제66조에 특허결정 등의 등본을 송달받은 날로부터 3개월 이내의 기간 등에 **공지예외를 적용받으려는 취지를 적은 서류 또는 이를 증명할 수 있는 서류를 제출**할 수 있다.

이러한 특칙을 둔 것은 2015년 7월 개정되어 시행된 본조의 공지예외 규정에 대하여 출원인 이해와 인식의 부족으로 이를 적용받지 못하는 것을 구제하기 위하여 보완한 것이다.

| 제2장 | 제31조 식물발명특허 삭제 〈2006.3.3.〉 |
|---|---|

| 제2장 특허요건 및 특허출원 | 제32조 특허를 받을 수 없는 발명<br><br>공공의 질서 또는 선량한 풍속에 어긋나거나 공중의 위생을 해칠 우려가 있는 발명에 대해서는 제29조 제1항에도 불구하고 특허를 받을 수 없다 |
|---|---|

취 지

제32조는 출원된 발명이 비록 제29조의 특허요건(산업상 이용가능성 있는 발명으로서 신규하고 진보성 있는 발명)을 충족한다고 하더라도 **국가의 법질서나 사회의 풍속에 어긋나는 등 공익적인 측면에서의 특허를 부여하는 것이 적당하지 않다면 이를 허용하지 않겠다는 취지**의 규정이다.

---

32) 예컨대, ⓐ 2일 이상 소요되는 시험, ⓑ 시험과 시험당일 배포된 설명서, ⓒ 간행물의 초판과 중판, ⓓ 원고집과 그 원고의 학회발표, ⓔ 학회발표와 그 강연집 등이다. 특허청, 앞의 심사기준, 3232면.

본조를 특허실무에서 소위 "불(不)특허발명" 조항이라고도 하며, 여기에는 성기구(性器具)나 마약관련 발명 등이 해당된다. 본조의 불특허발명 대상의 판단요건인 공서양속이나 공중위생에 관한 기준은 **시대상황에 따라 그 기준이 달라질 수밖에 없어 그 적용의 탄력성에 주의할 필요**가 있다.

### 해 설

① 공서양속(公序良俗)에 어긋난 발명

"**공공의 질서**"는 국가사회의 일반적 이익을 의미하고, "**선량한 풍속**"은 사회의 일반적·도덕적 관념을 가리키는 것으로, 이는 해당 발명이 본래 공서양속을 해칠 목적을 가진 경우와 더불어 해당 발명의 공개 또는 사용이 공서양속에 반하는 경우도 포함한다고 해석한다.[33]

② 공중위생(公衆衛生)을 해칠 우려 있는 발명

공중위생을 해칠 우려가 있는 발명 역시 공서양속에 어긋난 발명의 경우에 준하여 판단한다. 의약품과 관련해 발명 본래의 유익한 목적은 달성되었지만 그 결과 **공중의 위생을 해칠 우려가 있는 경우에는** 그 해악적인 측면 등을 고려하여 **종합적으로 판단하려는 것이 최근 해석기준**이다.

### 판결요지

1. 특허법 제32조의 **선량한 풍속은 불확정 개념**으로, ---(중략)---, 성기구 등 **성 관련 발명이 기술의 발전을 촉진할 수 있고 관련 산업발전에 이바지할 수 있다면**, 성기구 등 성 관련 발명에 대하여 특허등록을 허용하더라도 위와 같은 **특허법의 입법취지에 반한다고 단정하기 어려운바**, 그렇다면 선량한 풍속을 문란하게 할 염려가 없어야 한다는 취지의 특허법 제32조를 다른 법령과 달리 해석해야 할 특별한 사정으로 보기 보다는 **성 관련 발명에서 특허법에 의한 보호를 할 것인지의 한계를 정하는 소극적 의미로 작용한다고 보는 것이 합리적인 해석**이라고 할 것인 점, ---(중략)---, 남용의 우려가 있다거나 청소년을 보호해야 한다는 등을 이유로 <u>발명의 실시를 제한할 필요성이 있는 경우에는 시대의 변화에 따라 탄력적으로 개별 법령을 제·개정함으로써 충분히 그와 같은 필요에 효율적으로 대처할 수 있을 것으로 보이는 점</u> 등에 비추어 보면, 특허발명의 대상인 물건이 노골적으로 사람의 특정 성적 부위 등을 적나라하게 표현 또는 묘사하는 음란한 물건에 해당하거나, 발명의 실시가 공연한 음란행위를 필연적으로 수반할

---

[33] 그러나 해당 발명의 본래 목적 이외에 부당하게 사용한 결과 공서양속을 해칠 염려가 있는 경우까지를 말하는 것은 아니라고 보고 있다. 특허청, 앞의 특허법해설 책, 91면.

것이 예상되거나, 이에 준할 정도로 성적 도의 관념에 반하는 발명의 경우에만 특허법 제32조에 의하여 특허출원을 한 때에 특허를 받을 수 없다고 보아야 할 것이다(특허법원 2014. 12. 4. 선고 2014허4555 판결).

### 제33조 특허를 받을 수 있는 자

① 발명을 한 사람 또는 그 승계인은 이 법에서 정하는 바에 따라 특허를 받을 수 있는 권리를 가진다. 다만, 특허청 직원 및 특허심판원 직원은 상속이나 유증(遺贈)의 경우를 제외하고는 재직 중 특허를 받을 수 없다.
② 2명 이상이 공동으로 발명한 경우에는 특허를 받을 수 있는 권리를 공유한다.

### 취 지

제33조는 발명을 보호·장려하고 그 이용을 도모하려는 **특허법의 목적에 비추어 발명을 실질적으로 한 사람 또는 그 승계인에 한하여 특허를 받을 수 권리를 부여**한다는 취지이다. 다만, **특허부여 과정에서 불공정성의 여지를 배제**하기 위하여 재직 중 **특허청 직원에게는 특허취득을 제한**한다.

### 해 설

① 발명을 한 자 또는 그 승계인(특허청 직원의 예외적 인정)(제1항)

발명 그 자체는 **법률행위가 아닌 사실행위이므로 자연인**(自然人), 즉 사람만이 발명자가 될 수 있고, 미성년자 또는 제한적 행위능력자(피한정후견인 또는 피성년후견인)도 발명을 할 수 있다. 따라서 발명을 한 자는 특허를 받을 수 있는 권리를 원천적으로 취득한다.

발명을 한 자로부터 그 권리를 적법하게 승계한 자 역시 특허를 받을 수 권리를 가진다. 승계에는 상속, 합병 등에 의하여 특허 받을 권리를 일괄적으로 이전 받는 일반승계와 계약으로 특정의 권리를 개별적으로 이전 받는 특별승계가 있는데 **적법한 승계**이면 어떤 승계이든 상관없다.

한편, 특허청 직원 등에게 상속이나 유증(遺贈: 유언에 의한 증여)의 경우를 제외하고는 재직 중 특허를 받을 수 없다고 규정하고 있다. **특허청 직원 등도 발명을 할 수 있는 자연인이므로 특허를 받을 수 있는 권리는 있지만, 재직 중에 공정성을 이유로 특허를 받을 수 없다**는 것이다.

특허청 직원 등에서 상속이나 유증의 경우까지 특허권 부여를 금지한다면 관련 당사들에게 너무 가혹하기 때문에 이를 허용한 것이고, "재직 중"으로 한정한 것은 특허취득 및 무효의 과정에 특허청 직원 등이 관여함으로써 불공정한 업무수행의 여지나 폐해를 배제하기 위함이다.

② 공동발명시 특허 받을 수 있는 권리의 공유(제2항)

2인 이상이 공동으로 발명을 한 때에는 특허를 받을 수 있는 권리는 공유(共有)한다. 여기서 "**권리를 공유**"한다는 것은 권리를 공동발명자가 지분에 의하여 공동으로 소유하는 것을 의미한다. 이 경우에는 공유자 전원이 특허출원을 하여야만 한다(제44조).

**공동발명**이란 2인 이상이 **발명의 완성을 위하여 실질적으로 기여·협력**하여 **완성한 발명**을 말하고, 기술적 사상의 창작에 관여하지 않은 단순한 관리자, 보조자, 후원자는 공동발명자가 아니다.[34] **공동발명자를 누락한 출원은 등록 거절이유 및 특허 무효사유**가 된다.

> **판결요지**

▷ 발명자가 아닌 사람으로서 특허를 받을 수 있는 권리의 승계인이 아닌 사람(무권리자)이 발명자가 한 발명의 구성을 일부 변경함으로써 그 기술적 구성이 발명자의 발명과 상이하게 되었더라도, 변경이 그 기술분야에서 통상의 지식을 가진 사람이 보통으로 채용하는 정도의 기술적 구성의 부가·삭제·변경에 지나지 않고 그로 인하여 발명의 작용효과에 특별한 차이를 일으키지 않는 등 **기술적 사상의 창작에 실질적으로 기여하지 않은 경우에 그 특허발명은 무권리자의 특허출원에 해당하여 등록이 무효**이다(대법원 2011.9.29. 선고 2009후2463 판결).

▷ 특허를 받을 수 있는 자는 진실한 발명자 또는 그 승계인에 한하는바(제33조 제1항), 법인이 발명자가 될 수 있는지 여부에 관하여 "특허법 제2조 제1호에서는 '발명이라 함은 자연법칙을 이용한 기술적 사상의 창작으로서 고도한 것을 말한다'고 정의하고 있고, 같은 법 제39조 제1, 2항에서는 종업원 등의 직무발명에 관하여 규정함에 있어서 종업원 등을 발명자로 보면서 사용자 등을 발명자로 인정하지 않고 있는바, 위와 같은 발명의 정의와 직무발명에 관한 규정 취지에 비추어 볼 때, **특허법 제33조 제1항에서 규정하고 있는 '발명을 한 자'는 창작행위에 현실로 가담한 자연인만을 가리킨다고 할 것이다**"(특허법원 2003.7.11. 선고 2002허4811 판결).

▷ **공동발명자가 되기 위해서는 발명의 완성을 위하여 실질적으로 상호 협력하는 관계가 있어야 하므로**, 단순히 발명에 대한 기본적인 과제와 아이디어만을 제공하

---

34) 정상조·박성수 공편, 앞의 책, 452면.

였거나, 연구자를 일반적으로 관리하였거나, 연구자의 지시로 데이터의 정리와 실험만을 하였거나, 자금·설비 등을 제공하여 발명의 완성을 후원·위탁하였을 뿐인 정도 등에 그치지 않고, **발명의 기술적 과제를 해결하기 위한 구체적인 착상을 새롭게 제시·부가·보완하거나, 실험 등을 통하여 새로운 착상을 구체화하거나, 발명의 목적 및 효과를 달성하기 위한 구체적인 수단과 방법의 제공 또는 구체적인 조언·지도를 통하여 발명을 가능하게 한 경우 등과 같이 기술적사상의 창작행위에 실질적으로 기여하기에 이르러야 공동발명자에 해당**한다(특허법원 2013.4.11. 선고 2012허9556 판결).

> **제2장 특허요건 및 특허출원**
>
> **제34조 무권리자의 특허출원과 정당한 권리자의 보호**
>
> 발명자가 아닌 자로서 특허를 받을 수 있는 권리의 승계인이 아닌 자(이하 "무권리자"라 한다)가 한 특허출원이 제33조 제1항 본문에 따른 특허를 받을 수 있는 권리를 가지지 아니한 사유로 제62조 제2호에 해당하여 특허를 받지 못하게 된 경우에는 그 무권리자의 특허출원 후에 한 정당한 권리자의 특허출원은 무권리자가 특허출원한 때에 특허출원한 것으로 본다. 다만, 무권리자가 특허를 받지 못하게 된 날부터 30일이 지난 후에 정당한 권리자가 특허출원을 한 경우에는 그러하지 아니하다.

### 취지

제34조는 발명을 실제로 한 발명자 또는 그 발명자로부터 특허를 받을 수 있는 권리를 정당하게 승계 받은 자인 **"정당한 권리자"를 무권리자**(無權利者)**로부터 보호**하기 위한 규정이다. **일정 요건시 정당한 권리자의 출원을 무권리자의 출원일로 소급하여 정당한 권리자를 보호하는 것이다.**

### 해설

본조는 특허출원이 무권리자의 출원이라는 이유로 거절이 되는 경우에는 정당한 권리자가 무권리자의 출원 후에 한 특허출원은 무권리자의 특허출원시로 소급하여 정당한 권리자의 출원을 보호하는 것이다. 이는 **무권리자의 특허출원이 등록되기 전까지란** 점에서 제35조와 대비된다.

다만, **정당한 권리자의 특허출원을 무권리자가 특허를 받지 못하게 된 날로부터 30일 이내로 제한**한 점은 무권리자의 특허출원이 정당한 권리자의 출원이 아니라는 사실 및 이에 대한 입증이 정당한 권리자를 통해서 이루어짐으로 이에 따른 **권리관계를 조속히 확정하기 위함**이다.

> [판결요지]

▷ **무권리자의 특허출원이 문제된 경우**, 특히 이 사건과 같이 이 사건 특허발명이 모인대상발명의 기술적 사상을 그대로 도용한 것인지 여부가 쟁점으로 되는 경우에는, 무효심판청구인은 적어도 모인대상발명의 주요 기술 또는 주요 기술사상이 이 사건 특허발명의 필수 구성이나 그에 대응되는 구성과 실질적으로 동일하다는 점에 대하여 입증할 책임을 부담하고, 이에 대하여 **특허권자는 자신이 정당한 발명자인지 여부 또는 정당한 승계인인지 여부에 대하여 입증책임을 부담**한다고 할 것이다(특허법원 2014.1.10. 선고 2013허3401 판결).

### 제35조 무권리자의 특허와 정당한 권리자의 보호

제33조 제1항 본문에 따른 특허를 받을 수 있는 권리를 가지지 아니한 사유로 제133조 제1항 제2호에 해당하여 특허를 무효로 한다는 심결이 확정된 경우에는 그 무권리자의 특허출원 후에 한 정당한 권리자의 특허출원은 무효로 된 그 특허의 출원 시에 특허출원한 것으로 본다. 다만, 심결이 확정된 날부터 30일이 지난 후에 정당한 권리자가 특허출원을 한 경우에는 그러하지 아니하다.

> [취지]

제35조 역시 **정당한 권리자를 보호하기 위한 규정**으로, 무권리자의 출원이 특허로 등록된 이후에 무권리자에 의한 출원임을 이유로 특허가 무효심결이 이루어진 경우는 정당한 권리자의 특허출원을 등록무효가 된 그 특허출원의 출원시로 소급하여 정당한 권리자를 보호한다는 취지이다.

즉, 정당한 권리자를 보호하기 위하여 무권리자의 출원이 등록되기 전에는 제34조(무권리자의 특허출원과 정당한 권리자의 보호)를 적용하고, **특허가 등록된 이후**에는 본조를 적용하여 정당한 권리자의 특허출원을 무권리자가 특허출원한 출원일로 소급하여 정당한 권리자를 보호하겠다는 것이다.

> [해설]

본조는 특허등록이 무권리자의 출원이라는 이유로 무효가 되는 경우에는 정당한 권리자가 무권리자의 출원 후에 한 특허출원은 무권리자의 특허출원시로 소급하여 정당한 권리자의 출원을 보호하는 것이다. 이는 **무권리자의 출원이 특허등록된 이후 절차**라는 점에서 제34조와 대비된다.

다만, **정당한 권리자의 특허출원을 무권리자의 특허가 무효심결이 확정된 날로부터 30일 이내로 시기를 제한**한 점은 정당한 권리자로 하여금 자신의 발명에 대한 주의·관리와 책임을 촉구하면서 이미 등록된 특허권의 불완전한 **권리관계를 시급히 확정하기 위함**이다.

---

**제2장 특허요건 및 특허출원**

### 제36조 선출원

① 동일한 발명에 대하여 다른 날에 둘 이상의 특허출원이 있는 경우에는 먼저 특허출원한 자만이 그 발명에 대하여 특허를 받을 수 있다.
② 동일한 발명에 대하여 같은 날에 둘 이상의 특허출원이 있는 경우에는 특허출원인 간에 협의하여 정한 하나의 특허출원인만이 그 발명에 대하여 특허를 받을 수 있다. 다만, 협의가 성립하지 아니하거나 협의를 할 수 없는 경우에는 어느 특허출원인도 그 발명에 대하여 특허를 받을 수 없다.
③ 특허출원된 발명과 실용신안등록출원된 고안이 동일한 경우 그 특허출원과 실용신안등록출원이 다른 날에 출원된 것이면 제1항을 준용하고, 그 특허출원과 실용신안등록출원이 같은 날에 출원된 것이면 제2항을 준용한다.
④ 특허출원 또는 실용신안등록출원이 다음 각 호의 어느 하나에 해당하는 경우 그 특허출원 또는 실용신안등록출원은 제1항부터 제3항까지의 규정을 적용할 때에는 처음부터 없었던 것으로 본다. 다만, 제2항 단서(제3항에 따라 준용되는 경우를 포함한다)에 해당하여 그 특허출원 또는 실용신안등록출원에 대하여 거절결정이나 거절한다는 취지의 심결이 확정된 경우에는 그러하지 아니하다.
1. 포기, 무효 또는 취하된 경우
2. 거절결정이나 거절한다는 취지의 심결이 확정된 경우
⑤ 발명자 또는 고안자가 아닌 자로서 특허를 받을 수 있는 권리 또는 실용신안등록을 받을 수 있는 권리의 승계인이 아닌 자가 한 특허출원 또는 실용신안등록출원은 제1항부터 제3항까지의 규정을 적용할 때에는 처음부터 없었던 것으로 본다.
⑥ 특허청장은 제2항의 경우에 특허출원인에게 기간을 정하여 협의의 결과를 신고할 것을 명하고, 그 기간에 신고가 없으면 제2항에 따른 협의는 성립되지 아니한 것으로 본다.

---

**취 지**

제36조는 **선출원주의(先出願主義)**에 의한 1발명 1특허의 원칙을 규정한 것으로,

동일한 하나의 발명에 대하여 복수의 출원이 있는 경우는 먼저 출원한 사람에게 특허를 준다는 선출원의 취지와 1(출원)**발명에는 1(특허)권리만을 부여하겠다는 중복특허 배제의 원칙**을 같이 규정한 것이다.

**선출원주의**는 선발명주의가 진정 먼저 발명한 자를 보호할 수 있는 측면은 있지만 누가 먼저 발명했는지에 대한 증명·결정이 어렵고, 지연출원으로 인한 기술공개가 늦어진다는 점에 비하여 **출원의 선·후결정 판단이 쉽고 발명의 조기공개와 확산에 유리한 점에서 채택**되고 있는 제도이다.

> 해 설

① **동일한 발명에 대하여 다른 날 둘 이상의 특허출원이 있는 경우**(제1항)

동일한 하나의 발명에 대하여 다른 날 둘 이상의 특허출원이 있는 경우에는 먼저 특허출원을 한 자만이 그 발명에 대해서 특허를 받을 수 있다. **동일한 발명인지 여부는 선·후 특허출원의 청구범위에 기재된 발명을 근거로 판단**한다. 이 점이 **확대된 선원**(명세서 또는 도면)**과 차이점**이다.[35]

② **동일한 발명에 대하여 같은 날 둘 이상의 특허출원이 있는 경우**(제2항)

동일한 발명에 대하여 같은 날에 둘 이상의 특허출원이 있는 경우에는 출원인 간 **협의하여 정한 하나의 특허출원인만이 그 발명에 대하여 특허를 받을 수 있다.** 다만, 협의가 성립하지 않거나 협의를 할 수 없는 경우에는 어느 특허출원인도 그 발명에 대하여 특허를 받을 수 없다.

③ **특허출원된 발명과 실용신안등록출원된 고안이 동일한 경우**(제3항)

특허출원된 발명과 실용신안등록출원된 고안이 동일한 경우는 그 **특허출원과 실용신안등록출원이 다른 날에 출원된 것이면 먼저 출원한 자만이** 그 특허 또는 등록고안을 취득할 수 있고, 같은 날에 출원된 것이면 본조 제2항을 준용해서 협의처리 하거나 모두를 거절한다.

④ **선출원의 지위가 없는 경우 및 그 예외**(제4항 및 제5항)

다음과 같이 ㉠ **특허출원 또는 실용신안등록출원이 포기, 무효 또는 취하**된 경우, ㉡ **거절결정이나 거절한다는 취지의 심결이 확정**된 경우는 본조 제1항 내지 제3항을 적용할 때는 처음부터 그 해당 출원은 없었던 것으로 보기 때문에 선출원의 지위가 없다(제4항).

---

[35] 확대된 선원(제29조 제3항)과 달리 동일권리 중복배제의 원칙에 따라 본조는 발명자 또는 출원인이 동일한 경우에도 적용한다.

또한, ⓒ 발명자 또는 고안자가 아닌 자로서 특허를 받을 수 있는 권리 또는 실용신안등록을 받을 수 있는 권리의 승계인이 아닌 자가 출원한 경우 역시 본조 제1항 내지 제3항을 적용할 때는 처음부터 그 해당 출원은 없었던 것으로 보기 때문에 선출원의 지위는 없다(제5항).

다만, 본조 제2항 단서의 **협의 불성립** 등으로 거절결정이나 거절한다는 취지의 심결이 확정된 경우는 그 일방 또는 제3자에 의한 동일 발명의 **재출원**(再出願) 방지를 위하여 선출원의 지위를 유지하도록 하였다.36)

⑤ 동일한 발명에 대하여 같은 날 둘 이상의 특허출원이 있는 경우 협의 및 효과 (제6항)

특허청장은 동일한 발명에 대하여 같은 날 둘 이상의 특허출원이 있는 경우에는 특허출원인에게 기간을 정하여 협의의 결과를 신고할 것을 명하고, 그 기간에 신고가 없으면 협의는 성립되지 않은 것으로 본다.

> [판결요지]

▷ 구 특허법(2001. 2. 3. 법률 제6411호로 개정되기 전의 것) **제36조를 적용하기 위한 전제로서 두 발명이 서로 동일한 발명인지 여부는 대비되는 두 발명의 실체를 파악하여 따져보아야 할 것이지 표현양식에 따른 차이에 따라 판단할 것은 아니므로, 대비되는 두 발명이 각각 물건의 발명과 방법의 발명으로 서로 발명의 범주가 다르다고 하여 곧바로 동일한 발명이 아니라고 단정할 수 없다**(대법원 2007. 1. 12. 선고 2005후3017 판결).

---

| 제2장 특허요건 및 특허출원 | 제37조 특허를 받을 수 있는 권리의 이전 등 |
|---|---|
| | ① 특허를 받을 수 있는 권리는 이전할 수 있다.<br>② 특허를 받을 수 있는 권리는 질권의 목적으로 할 수 없다.<br>③ 특허를 받을 수 있는 권리가 공유인 경우에는 각 공유자는 다른 공유자 모두의 동의를 받아야만 그 지분을 양도할 수 있다. |

> [취 지]

제37조는 **특허를 받을 수 있는 권리의 이전** 등에 관하여 규정한 것이다. 일반적으로 특허를 받을 수 있는 권리는 **발명을 완성한 시점부터 특허권으로 설정등록되**

---

36) 특허청, 앞의 특허법해설 책, 103면.

기 전까지 인정되는 **재산권적 성격의 권리**라 할 수 있다. 본조는 이러한 성격의 권리에 대한 **재산권적 처분**을 규정하고 있다.

> 해 설

① 특허를 받을 수 있는 권리의 이전(제1항)

특허를 받을 수 있는 권리는 **재산권적 성질을 갖고 있기 때문에** 그 권리를 이전할 수 있다. 이 **권리의 이전은 당사자의 합의로서 그 효과가 발생**한다. 비록 특허를 받을 수 있는 권리 그 자체는 확정 등록된 특허로서의 권리는 아니지만 그에 준하여 권리의 이전을 인정하는 것이다.

② 특허를 받을 수 있는 권리의 질권[37] 설정 불가(제2항)

특허를 받을 수 있는 권리는 그 재산권적 성질에 기인해 이전(移轉) 또는 양도(讓渡)할 수 있기 때문에 그 **권리의 이전은 인정**하지만, 재산권의 채권·채무에 따른 **담보계약**(擔保契約)에서 채권자의 담보 목적물로 **질권설정 또는 질권의 목적으로 할 수는 없다**고 규정한 것이다.

특허를 받을 수 있는 권리는 ㉠ **불확정적 권리**이므로 이를 담보물로 제공하면 **선의**(善意)의 제3자에게 예측치 못한 손해를 입힐 우려가 있고, ㉡ **확정권리에 비하여 그 가치가 저평가**되어 담보물이 자본가 등에게 쉽게 이용될 우려가 있으며, ㉢ 질권으로 설정되면 채무불이행시 권리의 강제이전이 있게 되어 권리가 훼손되므로 그 권리의 성질상 허용되지 않고, ㉣ 질권의 목적물인 **담보의 실행은 경매 등의 방법에 의하여 처분**되므로 이 경우 **발명의 내용이 일반에 공개되어 그 가치가 감소**되기 때문에 질권의 대상(목적물)이 될 수 없다는 것이다.[38]

③ 특허를 받을 수 있는 권리가 공유인 경우 그 권리의 양도(제3항)

공유(共有)는 여러 사람이 지분에 따라 공동으로 소유하는 형식으로 공유자는 각자의 지분에 해당하는 권리에 대하여 소유권을 행사할 수 있다(민법 제263조). 반면, 특허법은 특허를 받을 수 있는 권리의 공유에 대해서는 각 공유자가 자기 지분을 자유로이 처분할 수 없게 규정하였다.

특허를 받을 수 있는 권리의 공유는 **일반 재산권에 대한 소유의 공유보다** 그 관계가 깊고, 특정 공유자와 경쟁관계에 있는 제3자에게 지분이 양도되면 그 **지분 양수자의 자본과 기술력에 따라** 다른 공유자의 이해관계에 큰 영향을 미칠 수 있어 지분의 처분에 **제한**을 두고 있다.

---

37) 「질권(質權)」은 민법상의 담보물권(擔保物權)의 하나로 채권자가 그 채권의 담보로 채무자 또는 제3자로부터 받은 물건 또는 재산권을 채무변제가 있을 때까지 유치(留置: 맡아서 보관)할 수 있고 변제가 없을 때에는 그 담보 목적물의 가액에서 우선 변제받을 수 있는 권리이다.
38) 임병웅, 앞의 책, 289면.

> **판결요지**

▷ 특허권을 공유하는 경우에 각 공유자는 다른 공유자의 동의를 얻지 아니하면 그 지분을 양도하거나 그 지분을 목적으로 하는 질권을 설정할 수 없고, 그 특허권에 대하여 전용실시권을 설정하거나 통상실시권을 허락할 수 없는 등 **특허권의 공유관계는 합유**(수인이 조합체로서 물건을 소유하는 형태로 합유자의 지분을 자유로이 처분하지 못한다)**에 준하는 성질**을 가진다(대법원 1999. 3. 26. 선고 97다41295 판결).

---

**제2장 특허요건 및 특허출원**

### 제38조 특허를 받을 수 있는 권리의 승계

① 특허출원 전에 이루어진 특허를 받을 수 있는 권리의 승계는 그 승계인이 특허출원을 하여야 제3자에게 대항할 수 있다.
② 동일한 자로부터 동일한 특허를 받을 수 있는 권리를 승계한 자가 둘 이상인 경우 그 승계한 권리에 대하여 같은 날에 둘 이상의 특허출원이 있으면 특허출원인 간에 협의하여 정한 자에게만 승계의 효력이 발생한다.
③ 동일한 자로부터 동일한 발명 및 고안에 대한 특허를 받을 수 있는 권리 및 실용신안등록을 받을 수 있는 권리를 승계한 자가 둘 이상인 경우 그 승계한 권리에 대하여 같은 날에 특허출원 및 실용신안등록출원이 있으면 특허출원인 및 실용신안등록출원인 간에 협의하여 정한 자에게만 승계의 효력이 발생한다.
④ 특허출원 후에는 특허를 받을 수 있는 권리의 승계는 상속, 그 밖의 일반승계의 경우를 제외하고는 특허출원인 변경신고를 하여야만 그 효력이 발생한다.
⑤ 특허를 받을 수 있는 권리의 상속, 그 밖의 일반승계가 있는 경우에는 승계인은 지체 없이 그 취지를 특허청장에게 신고하여야 한다.
⑥ 동일한 자로부터 동일한 특허를 받을 수 있는 권리를 승계한 자가 둘 이상인 경우 그 승계한 권리에 대하여 같은 날에 둘 이상의 특허출원인변경신고가 있으면 신고를 한 자 간에 협의하여 정한 자에게만 신고의 효력이 발생한다.
⑦ 제2항·제3항 또는 제6항의 경우에는 제36조 제6항을 준용한다.

---

> **취 지**

제38조는 **특허를 받을 수 있는 권리의 승계**에 관한 것으로, 특허권의 승계(이전)는 등록이 효력발생 요건이지만(제101조), 특허를 받을 수 있는 권리의 승계 효력은

이를 **특허출원 전의 승계**와 **특허출원 후의 승계**로 나누어 그 승계의 효력 및 요건을 규정하고 있다.

> 해 설

① 출원 전 승계의 효력발생요건(제1항)

**특허출원** 전에 이루어진 특허를 받을 수 있는 권리의 **승계**는 그 승계인이 **특허출원을 하여야** 제3자에게 대항할 수 있다. 특허를 받을 수 있는 권리는 당사자 간 합의만으로 이전될 수 있고, 이에 별다른 공시(公示) 수단이 없으므로 특허출원을 하여야만 제3자에게 주장할 수 있다.

② 동일한 자로부터 승계한 둘 이상의 출원(제2항 및 제3항)

동일한 자로부터 승계한 동일한 특허를 받을 수 있는 권리에 대하여 같은 날 둘 이상의 특허출원이 있으면 **특허출원인 간에 협의에 의하여 정한 자의 특허출원만이 승계의 효력을 갖는다**고 규정한 것이고(제2항), 이는 특허와 실용신안등록출원 간에도 동일하게 적용된다(제3항).

③ 출원 후 승계의 효력발생요건 및 예외(제4항 및 제5항)

**특허출원** 후에 특허를 받을 수 있는 권리의 **승계가 있는 경우에는 특허출원인 변경신고를 효력발생요건**으로 하지만, 상속이나 그 밖의 일반승계의 경우는 특허출원인 변경신고를 효력발생요건으로 하지 않는다는 것이다.

이는 **상속이나 그 밖의 일반승계**의 경우에도 특허출원인 변경신고를 효력발생요건으로 하면 그 승계사유의 발생에서 신고까지의 사이에 권리자가 존재하지 않는 문제가 발생하기 때문이다(제6항). 다만, 이 경우는 승계인이 **지체 없이 그 취지를 특허청장에게 신고**하여야 한다(제7항).

④ 같은 날 둘 이상의 특허출원인 변경신고 및 협의 명령(제6항 및 제7항)

특허출원 후에 특허를 받을 수 있는 권리가 **이중으로 양도되어 둘 이상의 특허출원인 변경신고가 있는 때**에는 신고인 간에 협의에 의하여 정한 자만이 신고의 **효력이 발생**한다(제6항). 협의에 관한 절차 및 협의 신고가 없는 경우는 선출원주의 원칙(제36조 제6항)을 준용하여 적용한다.

| 제2장 특허요건 및 특허출원 | 제39조 직무발명 삭제 〈2006.3.3.〉 |
| --- | --- |
| | 제40조 직무발명에 대한 보상 삭제 〈2006.3.3.〉 |

### 제41조 국방상 필요한 발명 등

① 정부는 국방상 필요한 경우 외국에 특허출원하는 것을 금지하거나 발명자·출원인 및 대리인에게 그 특허출원의 발명을 비밀로 취급하도록 명할 수 있다. 다만, 정부의 허가를 받은 경우에는 외국에 특허출원을 할 수 있다.
② 정부는 특허출원된 발명이 국방상 필요한 경우에는 특허를 하지 아니할 수 있으며, 전시·사변 또는 이에 준하는 비상시에 국방상 필요한 경우에는 특허를 받을 수 있는 권리를 수용할 수 있다.
③ 제1항에 따른 외국에의 특허출원 금지 또는 비밀취급에 따른 손실에 대해서는 정부는 정당한 보상금을 지급하여야 한다.
④ 제2항에 따라 특허하지 아니하거나 수용한 경우에는 정부는 정당한 보상금을 지급하여야 한다.
⑤ 제1항에 따른 외국에의 특허출원 금지 또는 비밀취급명령을 위반한 경우에는 그 발명에 대하여 특허를 받을 수 있는 권리를 포기한 것으로 본다.
⑥ 제1항에 따른 외국에의 특허출원 금지 또는 비밀취급명령을 위반한 경우에는 외국에의 특허출원 금지 또는 비밀취급에 따른 손실보상금의 청구권을 포기한 것으로 본다.
⑦ 제1항에 따른 외국에의 특허출원 금지 및 비밀취급의 절차, 제2항부터 제4항까지의 규정에 따른 수용, 보상금 지급의 절차, 그 밖에 필요한 사항은 대통령령으로 정한다

### 취지

제41조는 **국방상 필요한 발명에 대하여 외국에 특허출원을 금지하거나 비밀로 취급하도록** 명령할 수 있고, 특허를 부여하기 않거나 비상시 특허를 받을 수 있는 권리를 수용할 수 있다는 것을 밝히면서, 이러한 경우 **정부는 정당한 보상금을 지급하여야 한다는 것을** 규정하고 있다.

국방상 필요한 발명을 특허요건이 충족한다는 이유만으로 특정인에게 독점권을 준다면 사익추구에 따른 발명의 실시로 **공공의 복리와 충돌**할 수 있고, 국가기밀로 분류된 발명이 제한 없이 공개되어 노출됨으로써 **국가안보에 지대한 영향**을 줄 수 있어 이를 **제한**하기 위함이다.

> [해 설]

### ① 외국에의 출원금지나 비밀취급명령 및 그 허가(제1항)

정부는 국방상 필요한 경우 외국에 특허출원하는 것을 금지하거나 그 특허출원의 발명을 비밀로 취급하도록 명할 수 있다. 이는 국방에 필요한 기술이 **외국에 출원되어 노출되거나 유출되는 것을 방지**하기 위한 것이다. 다만, 정부의 허가를 받은 경우에는 외국에 특허출원을 할 수 있다.

### ② 특허의 불허 및 비상시 특허 받을 수 있는 권리의 수용(제2항)

정부는 국방상 필요한 경우에는 특허출원된 발명에 특허를 부여하지 않을 수 있으며, 전시·사변과 같은 비상시에 국방상 필요한 경우에는 특허를 받을 수 있는 권리를 수용할 수 있다. 이는 **전시·사변과 같은 비상시에 국방상 필요**한 경우 **특허권을 수용**하는 제106조의 취지와 동일하다.

### ③ 정당한 보상금 지급(제3항 및 제4항)

제1항에 따른 외국에의 특허출원 금지 또는 비밀취급에 따른 손실에 대해서 정부는 정당한 보상금을 지급하여야 하며(제3항), 제2항에 따라 특허하지 아니하거나 수용한 경우 역시 정부는 정당한 보상금을 지급하여야 한다(제4항)는 규정이다.

### ④ 외국에의 출원금지 또는 비밀취급명령을 위반 효과(제5항 및 제6항)

제1항에 따른 외국에의 출원금지 또는 비밀취급명령을 위반한 경우의 결과로서 그 발명에 대해서는 특허를 받을 수 있는 권리를 포기한 것으로 보고(제5항), 외국에의 출원금지 또는 비밀취급에 따른 손실보상금의 청구권을 포기한 것으로 본다(제6항)는 규정이다.

### ⑤ 수용, 보상금 지급의 절차 규정의 위임(제7항)

국방상 필요한 경우에 외국에의 출원금지 또는 비밀취급의 절차 및 수용, 보상금 지급의 절차 및 그 밖의 필요한 사항은 대통령령으로 위임한다는 규정으로, 이에 대해서는 특허법 시행령 제3장 국방관련 특허출원의 비밀취급 등(제11조 내지 제16조)에서 구체적으로 규정하고 있다.

> **제42조 특허출원**
>
> ① 특허를 받으려는 자는 다음 각 호의 사항을 적은 특허출원서를 특허청장에게 제출하여야 한다.
> 1. 특허출원인의 성명 및 주소(법인인 경우에는 그 명칭 및 영업소의 소재지)
> 2. 특허출원인의 대리인이 있는 경우에는 그 대리인의 성명 및 주소나 영업소의 소재지[대리인이 특허법인·특허법인(유한)인 경우에는 그 명칭, 사무소의 소재지 및 지정된 변리사의 성명]
> 3. 발명의 명칭
> 4. 발명자의 성명 및 주소
> ② 제1항에 따른 특허출원서에는 발명의 설명·청구범위를 적은 명세서와 필요한 도면 및 요약서를 첨부하여야 한다.
> ③ 제2항에 따른 발명의 설명은 다음 각 호의 요건을 모두 충족하여야 한다.
> 1. 그 발명이 속하는 기술분야에서 통상의 지식을 가진 사람이 그 발명을 쉽게 실시할 수 있도록 명확하고 상세하게 적을 것
> 2. 그 발명의 배경이 되는 기술을 적을 것
> ④ 제2항에 따른 청구범위에는 보호받으려는 사항을 적은 항(이하 "청구항"이라 한다)이 하나 이상 있어야 하며, 그 청구항은 다음 각 호의 요건을 모두 충족하여야 한다.
> 1. 발명의 설명에 의하여 뒷받침될 것
> 2. 발명이 명확하고 간결하게 적혀 있을 것
> ⑤ 삭제 〈2014.6.11.〉
> ⑥ 제2항에 따른 청구범위에는 보호받으려는 사항을 명확히 할 수 있도록 발명을 특정하는 데 필요하다고 인정되는 구조·방법·기능·물질 또는 이들의 결합관계 등을 적어야 한다.
> ⑦ 삭제 〈2014.6.11.〉
> ⑧ 제2항에 따른 청구범위의 기재방법에 관하여 필요한 사항은 대통령령으로 정한다.
> ⑨ 제2항에 따른 발명의 설명, 도면 및 요약서의 기재방법 등에 관하여 필요한 사항은 산업통상자원부령으로 정한다.

### 취지

제42조는 **특허를 받기 위하여 필요한 출원서, 발명의 설명, 청구범위를 적은 명세서와 필요한 도면 및 요약서 등의 기재**에 관하여 규정하고 있다. 특허를 받기 위

해서는 특허법에서 정한 서식에 맞게 기재를 하여 우선 특허청에 특허출원을 한후, 심사절차 등을 거쳐 특허 여부가 결정된다.

즉, 발명자 또는 그 승계인은 특허를 취득하기 위한 첫 절차로서 특허출원서 및 명세서와 필요한 도면을 작성해 특허청에 제출해야만 비로써 특허를 받기위한 절차를 진행할 수가 있다. 또한 **발명의 공시와 심사 및 권리를 명확히 하기 위하여** 서면으로 발명에 관한 절차를 밟게 하고 있다.

### 해 설

① 특허출원서 제출(제1항)

특허출원은 서면으로 진행되기 때문에 특허를 받고자 하는 자는 특허출원서를 명세서 등의 첨부서류와 함께 특허청장에게 제출하여야 한다. **「특허출원서」는 특허를 받을 수 있는 권리를 가진 자가 그 기초사항을 기재해 특허청에 대하여 특허받고자 하는 의사를 표시한 서면**이다.

출원서의 기초사항은 ㉠ 특허출원인의 성명 및 주소, ㉡ 특허출원인의 대리인이 있는 경우에는 그 대리인의 성명 및 주소나 영업소의 소재지, ㉢ 발명의 명칭, ㉣ 발명자의 성명 및 주소이며, 서면은 종이를 포함해 전자적 기록매체를 이용한 전자출원 형태의 서면 모두를 포함한다.

**출원서가 불명확하거나 기재가 미비한 경우** 이를 치유할 수 있는 소명의 기회를 주되, 소명이 부적합하거나 소명되지 않으면 **출원서를 반려**하고(특허법 시행규칙 제11조), 특허출원의 방식이 법규정에 위배되어 **보정이 명해졌으나 이를 보정하지 않으면 무효처분** 한다(제16조 절차의 무효).

출원서가 적법하게 제출되면 해당 출원에 대한 특허출원번호 및 특허출원일자를 기재한 출원번호 통지서가 특허출원인에게 통지된다(특허법 시행규칙 제24조). 출원번호는 사람에 비하면 주민등록번호, 출원일자는 발명이 출원된 날(특허요건 판단기준일)로 사람의 출생일에 비할 수 있다.

② **명세서**(발명의 설명·청구범위)**와 필요한 도면 및 요약서 첨부**(제2항)

명세서(明細書)는 발명의 기술적 내용(발명의 설명) 및 그 권리(청구범위)를 상세하고 명확하게 적은 서면으로 특허법의 목적에 맞게 **신기술을 공개하는 기술문헌으로서의 역할과 특허범위와 자유기술 영역을 구별해주는 권리서(權利書)로서 역할**을 하는 아주 중요한 문서이다.

이에 따라 본조는 발명의 설명 기재와 청구범위의 기재에 대하여 법조항을 달리하여 규정하고 있다. 한편, 「필요한 도면」은 발명의 내용을 파악하는데 도움을 주는 명세서 서면(보조수단)이고, 「요약서」는 출원된 발명의 정보를 효율적으로 활용하기 위하여 첨부된 발명의 요약이다.

### ③ 발명의 설명 기재요건 및 방법(제3항 및 제9항)

발명의 기재는 ㉠ 그 **발명이 속하는 기술분야에서 통상의 지식을 가진 사람**(그 기술분야의 평균적 기술자)이 그 **발명을 쉽게 실시할 수 있도록 명확하고 상세하게** 적어야 하고, ㉡ 그 **발명의 배경이 되는 기술**(발명의 이해나 심사에 도움이 되는 종래 기술)을 기재하여야 한다(제3항).

발명의 설명에는 ㉠ 발명의 명칭, ㉡ 기술분야, ㉢ 발명의 배경이 되는 기술, ㉣ 발명의 내용(해결하고자 하는 과제, 과제 해결 수단, 발명의 효과), ㉤ 도면의 간단한 설명, ㉥ 발명의 실시를 위한 구체적인 내용(실시예) 등이 기재되어야 한다(제4항 및 특허법 시행규칙 제21조 제3항 및 제4항).

【판결요지】 '통상의 기술자가 용이하게 실시할 수 있을 정도'라 함은 그 발명이 속하는 **기술분야**에서 보통 정도의 기술적 이해력을 가진 자, **평균적 기술자가 당해 발명을 명세서 기재에 의하여 출원시의 기술수준으로 보아 특수한 지식을 부가하지 않고서도 정확하게 이해할 수 있고 동시에 재현할 수 있는 정도**를 뜻한다(대법원 2006. 6. 27. 선고 2004후387 판결).

### ④ 청구범위의 기재요건 및 방법(제4항, 제6항 및 제8항)

특허권리는 청구범위에 의하여 정해지므로 청구범위의 기재는 특허명세서에 있어 가장 중요하고도 핵심적인 부분이다. 청구범위는 보호받고자 하는 사항을 하나 이상의 청구항으로 기재하되, **발명의 설명에 의하여 뒷받침되고, 발명이 명확하고 간결하도록 기재되어야 한다**(제4항).

청구범위는 보호받으려는 사항을 명확히 할 수 있도록 발명을 특정하는데 필요하다고 인정되는 구조·방법·기능·물질 또는 이들의 결합관계 등을 적어야 하며(제6항), 청구범위의 기재방법(하나 이상의 청구항에 대한 기재)에 관한 필요한 사항은 대통령령으로 정한다고 규정하고 있다(제8항).

청구범위의 청구항을 기재할 때에는 독립청구항(독립항)을 기재하여야 하며, 그 독립항을 한정하거나 부가하여 구체화하는 종속청구항(종속항)을 기재할 수 있다. 이 경우 필요한 때에는 그 종속항을 한정하거나 부가하여 구체화하는 다른 종속항을 기재할 수 있다.[39]

【판결요지】 특허법 제42조 제4항은 특허청구범위에는 보호를 받고자 하는 사항을 기재한 청구항이 1 또는 2 이상 있어야 하며 그 청구항은 다음 각 호에 해당하여야 함을 규

---

39) 이외에 청구항은 발명의 성질에 따라 적정한 수로 기재하여야 하며, 다른 청구항을 인용하는 청구항은 인용되는 항의 번호를 적어야 한다. 또한, 2이상의 항을 인용하는 청구항은 인용되는 항의 번호를 택일적으로 기재하여야 한다는 등의 상세 규정이 있다(특허법 시행령 제5조 청구범위의 기재방법 참조).

정하고 있는데 그 뜻은 다음과 같이 해석하여야 할 것이다. 먼저, 같은 항 제1호는 '**특허청구범위가 상세한 설명에 의하여 뒷받침될 것**'을 요구하고 있는바, 그 의미는 **청구항은 특허출원 당시의 기술 수준을 기준으로 하여 그 발명과 관련된 기술분야에서 통상의 지식을 가진 자의 입장에서 볼 때 그 특허청구범위와 발명의 상세한 설명의 각 내용이 일치하여 그 명세서만으로 특허청구범위에 속한 기술구성이나 그 결합 및 작용효과를 일목요연하게 이해할 수 있어야 한다는 것이다.** 다음으로, 같은 항 제2호는 '**발명이 명확하고 간결하게 기재될 것**'을 요구하고 있는바, 그 취지는 특허법 제97조가 특허발명의 보호범위는 특허청구범위에 기재된 사항에 의하여 정하여진다고 규정하고 있음에 비추어 청구항에는 명확한 기재만이 허용되는 것으로서 **발명의 구성을 불명료하게 표현하는 용어는 원칙적으로 허용되지 아니하며**, 나아가 특허청구범위의 해석은 명세서를 참조하여 이루어지는 것임에 비추어 특허청구범위에는 발명의 상세한 설명에서 정의하고 있는 용어의 정의와 다른 의미로 용어를 사용하는 등 결과적으로 청구범위를 불명료하게 만드는 것도 허용되지 않는다는 것이다(대법원 2006.11.24. 선고 2003후2072 판결).

【판결요지】 특허출원서에 첨부된 명세서에 기재된 '발명의 상세한 설명'에 기재하지 아니한 사항을 특허청구범위에 기재하여 특허를 받게 되면 공개하지 아니한 발명에 대하여 특허권이 부여되는 부당한 결과가 되므로, ----(중략)----, **출원시의 기술상식에 비추어 보더라도 발명의 상세한 설명에 개시된 내용을 특허청구범위에 기재된 발명의 범위까지 확장 내지 일반화할 수 없는 경우에는 그 특허청구범위는 발명의 상세한 설명에 의하여 뒷받침된다고 볼 수 없다.**

## 제42조의2 특허출원일 등

제2장 특허요건 및 특허출원

① 특허출원일은 명세서 및 필요한 도면을 첨부한 특허출원서가 특허청장에게 도달한 날로 한다. 이 경우 명세서에 청구범위는 적지 아니할 수 있으나, 발명의 설명은 적어야 한다.
② 특허출원인은 제1항 후단에 따라 특허출원서에 최초로 첨부한 명세서에 청구범위를 적지 아니한 경우에는 제64조 제1항 각 호의 구분에 따른 날부터 1년 2개월이 되는 날까지 명세서에 청구범위를 적는 보정을 하여야 한다. 다만, 본문에 따른 기한 이전에 제60조 제3항에 따른 출원심사 청구의 취지를 통지받은 경우에는 그 통지를 받은 날부터 3개월이 되는 날 또는 제64조 제1항 각 호의 구분에 따른 날부터 1년 2개월이 되는 날 중 빠른 날까지 보정을 하여야 한다.
③ 특허출원인이 제2항에 따른 보정을 하지 아니한 경우에는 제2항에 따른 기한이 되는 날의 다음 날에 해당 특허출원을 취하한 것으로 본다.

취 지

제42조의2는 **선출원주의에서 특허출원일 인정과 그 청구범위 제출의 유예**를 규

정한 것이다. 즉, 특허출원일은 명세서 및 필요한 도면을 첨부한 출원서가 특허청에 도달한 날로 하되, 출원인에게 **신속한 특허출원과 전략적 권리설정**을 위하여 명세서의 **청구범위 제출을 유예**한다는 취지이다.[40]

특허권은 청구범위의 기재에 의하여 확정되기 때문에 특허출원시 발명의 (상세한) 설명 외에 청구범위 작성은 출원인에게 엄청난 부담이 된다. 따라서 출원인으로 하여금 특허출원시 청구범위 작성의 부담을 덜어 출원의 신속을 꾀하면서, 청구범위 작성의 전략적 활용기회를 주기 위함이다.

### 해 설

#### ① 특허출원일 설정 및 청구범위 제출의 유예(제1항)

출원인이 제출한 명세서에 청구범위의 기재가 없어도 **발명의 설명이 기재된 명세서를 출원서와 함께 제출한 경우는 그 날을 출원일로 인정**한다. 특허출원 명세서의 기재와 출원일의 관계를 규정한 것으로, **출원시 명세서의 청구범위는 추후 제출되어도 출원일은 우선 인정**된다.

#### ② 청구범위 제출의 유예기간에 따른 청구범위 기재의 보정(제2항 및 제3항)

특허출원서에 첨부된 명세서에 **청구범위의 기재가 없는 경우**는 출원일(최선일)로부터 **출원공개의 시기를 감안해 1년 2개월 내에 청구범위를 기재하는 보정을 하여야 한다**. 다만 1년 2개월 이전에 제3자의 심사청구가 있는 경우는 청구범위를 적는 보정기간은 단축 될 수 있다(제2항).

이 경우는 심사청구의 취지를 통지받은 날부터 3개월이 되는 날 또는 출원일로부터 1년 2개월이 되는 날 중 빠른 날까지 명세서에 청구범위를 적는 보정을 하여야 한다. 이는 출원공개 전이라도 심사청구가 있으면 심사관은 심사청구 순서에 따라 심사를 진행해야 하기 때문이다.

출원인이 청구범위를 기재하지 않고 특허출원한 경우 출원일로부터 1년 2개월 또는 제3자의 심사청구의 취지를 통지받은 날부터 3개월이 되는 날 중 빠른 날까지 **명세서에 청구범위를 적는 보정을 하지 않으면 그 기한이 되는 날의 다음 날에 해당 출원은 취하**한 것으로 본다(제3항).

---

[40] 본조는 각국 특허제도의 통일화를 목표로 하는 PLT(Patent Law Treaty)를 반영하여 특허출원일 인정요건의 완화라는 취지에서 특허법 제42조3과 함께 2014년 특허법 일부 개정시 신설된 조문이다.

### 제42조의3 외국어특허출원 등

① 특허출원인이 명세서 및 도면(도면 중 설명부분에 한정한다. 이하 제2항 및 제5항에서 같다)을 국어가 아닌 산업통상자원부령으로 정하는 언어로 적겠다는 취지를 특허출원을 할 때 특허출원서에 적은 경우에는 그 언어로 적을 수 있다.

② 특허출원인이 특허출원서에 최초로 첨부한 명세서 및 도면을 제1항에 따른 언어로 적은 특허출원(이하 "외국어특허출원"이라 한다)을 한 경우에는 제64조 제1항 각 호의 구분에 따른 날부터 1년 2개월이 되는 날까지 그 명세서 및 도면의 국어번역문을 산업통상자원부령으로 정하는 방법에 따라 제출하여야 한다. 다만, 본문에 따른 기한 이전에 제60조 제3항에 따른 출원심사 청구의 취지를 통지받은 경우에는 그 통지를 받은 날부터 3개월이 되는 날 또는 제64조제1항 각 호의 구분에 따른 날부터 1년 2개월이 되는 날 중 빠른 날까지 제출하여야 한다.

③ 제2항에 따라 국어번역문을 제출한 특허출원인은 제2항에 따른 기한 이전에 그 국어번역문을 갈음하여 새로운 국어번역문을 제출할 수 있다. 다만, 다음 각 호의 어느 하나에 해당하는 경우에는 그러하지 아니하다.
1. 명세서 또는 도면을 보정(제5항에 따라 보정한 것으로 보는 경우는 제외한다)한 경우
2. 특허출원인이 출원심사의 청구를 한 경우

④ 특허출원인이 제2항에 따른 명세서의 국어번역문을 제출하지 아니한 경우에는 제2항에 따른 기한이 되는 날의 다음 날에 해당 특허출원을 취하한 것으로 본다.

⑤ 특허출원인이 제2항에 따른 국어번역문 또는 제3항 본문에 따른 새로운 국어번역문을 제출한 경우에는 외국어특허출원의 특허출원서에 최초로 첨부한 명세서 및 도면을 그 국어번역문에 따라 보정한 것으로 본다. 다만, 제3항 본문에 따라 새로운 국어번역문을 제출한 경우에는 마지막 국어번역문(이하 이 조 및 제47조 제2항 후단에서 "최종 국어번역문"이라 한다) 전에 제출한 국어번역문에 따라 보정한 것으로 보는 모든 보정은 처음부터 없었던 것으로 본다.

⑥ 특허출원인은 제47조 제1항에 따라 보정을 할 수 있는 기간에 최종 국어번역문의 잘못된 번역을 산업통상자원부령으로 정하는 방법에 따라 정정할 수 있다. 이 경우 정정된 국어번역문에 관하여는 제5항을 적용하지 아니한다.

⑦ 제6항 전단에 따라 제47조 제1항 제1호 또는 제2호에 따른 기간에 정정을 하는 경우에는 마지막 정정 전에 한 모든 정정은 처음부터 없었던 것으로 본다.

| 취 지 |

제42조의3은 제42조의2와 연계되어 **특허제도의 국제적인 추세**(PLT)를 반영해 선출원주의에서 **출원일 선점(先占)**을 보다 쉽게 하기 위하여 명세서의 언어요건을 완화한 규정이다. 종래 국어주의에 의한 국문 출원을 2014년 개정법에 의하여 **명세서의 언어 범위를 외국어(영어)까지 확대**하였다.

미국과 유럽 특허청(모든 언어) 및 일본 특허청(일어, 영어)은 외국어 출원이 가능했지만, 종래 우리나라는 국어출원만 가능하였다. 본조의 신설로 국제적 추세 및 상호주의에 따라 **외국어(영어) 출원**이 가능해져 국내도 영어 논문을 기초로 빠른 특허 출원일을 확보할 수 있게 된 것이다.[41]

| 해 설 |

① **외국어(영어)특허출원의 허용**(언어요건 완화)(제1항)

출원시 명세서 등의 기재를 국어가 아닌 외국어(영어)로 기재하겠다는 취지를 적은 경우에는 외국어특허출원을 인정한다. 국제적인 추세 및 영어논문 증가 등을 반영하여 명세서의 언어요건을 완화하였다. **현재는 영어만 가능하나 상호주의에 의하여 명세서의 언어 종류를 확대할 예정**이다.

② **국어번역문의 제출 의무 및 기한**(제2항 및 제3항)

외국어특허출원은 인정하나 그 **출원의 실체심사를 위해서 출원일**(최선일)**로부터 1년 2개월 내에 국어번역문이 제출되어야 한다**(제2항). 심사의 대상은 국어번역문이기 때문이다. 국어번역문의 제출 기한은 외국어특허출원에 대하여 제3자 심사청구가 있는 경우 단축될 수 있다(제3항).

외국어특허출원의 국어번역문은 특허심사의 대상이 되는 최초 명세서로서의 지위를 가지는데 **국어번역문 제출 기한 전에 그 국어번역문을 갈음**(대체)**하여 새로운 국어번역물을 제출할 수 있다.** 다만, 국어번역문이 제출되기 전에 명세서 등의 보정이나 심사청구는 할 수 없다(제3항).

③ **국어번역문의 제출에 따른 효과**(제4항 및 제5항)

외국어특허출원에 따른 **국어번역문을 기한 내에 제출하지 않으면** 실질적으로 특

---

[41] 외국어특허출원은 출원인이 빠른 출원일을 선점할 수 있도록 국어 외에 외국어로도 명세서 또는 도면을 적어 출원할 수 있도록 한 것이다. 다만, 외국어로 적은 명세서 등은 출원일 인정을 위하여 허용하는 것일 뿐, 심사의 대상은 국어로 된 명세서이므로 심사청구, 출원공개, 분할출원 및 변경출원 등을 위해서는 일정 기간 이내에 반드시 외국어명세서 등에 대한 국어번역문을 제출하여야 한다. 특허청, 앞의 심사기준, 5502면.

허심사의 대상인 국어(한국어)로서 기재된 출원 명세서 자체가 존재하지 않는 결과가 되기 때문에 그 제출 **기한의 다음 날에 해당 외국어 특허출원은 취하한 것으로 본다**(제4항).

출원인이 외국어특허출원에 대한 국어번역문 또는 새로운 국어번역문을 기한 내에 제출한 경우는 **외국어특허출원의 특허출원서에 최초로 첨부한 명세서 및 도면을 그 국어번역문에 따라 보정한 것으로 본다**(제5항 본문). 따라서 심사관은 국어번역문을 기초로 심사를 진행하게 된다.

외국어특허출원의 국어번역문 제출 기한 내에 새로운 국어번역문이 제출된 경우에는 그 이전에 제출된 국어번역문에 의한 보정은 모두 없었던 것으로 한다(제5항 단서). 즉, 새로운 국어번역문에 의하여 그 전에 제출된 국어번역문이 갈음되는 보정으로 되기 때문이다.

④ 국어번역문 정정 및 효과(제6항 및 제7항)

명세서 등을 **보정할 수 있는 기간 내에 최종 국어번역문의 잘못된 번역이 있는 경우는 정정(訂正)을 할 수 있다.** 다만, 이는 새로운 국어번역문의 제출에 따른 명세서의 보정이 아니라 **국어번역문만의 정정(오역 정정서와 그 설명서 첨부)**이므로 보정의 효과를 갖지 못한다(제6항).

잘못된 번역(오역)의 정정이 심사관의 최초 또는 최후거절이유통지에 따른 의견서 제출기간에 이루어진 경우에는 마지막 정정 전에 한 모든 정정은 처음부터 없었던 것으로 본다. 즉, 이 경우 최후 정정 전에 이루어진 모든 정정은 최후 정정으로 모두 취하간주 된다(제7항).

---

**제2장 특허요건 및 특허출원**

### 제43조 요약서

제42조 제2항에 따른 요약서는 기술정보로서의 용도로 사용하여야 하며, 특허발명의 보호범위를 정하는 데에는 사용할 수 없다.

---

**취 지**

제43조는 특허출원시 **출원서에 첨부**하도록 한 **요약서의 용도**에 관한 규정이다. 기술의 발달로 특허출원 건수의 증가, 발명기술 내용의 고도화 및 융·복합화에 따

라 명세서의 두께가 두꺼워짐으로써 **특허기술정보**를 **신속**하고 **효율**적으로 **검색 및 이용**하기 위하여 **요약서 제도**가 **도입**되었다.

> **해 설**

요약서는 출원인이 발명한 내용을 간단히 요약한 기술정보로서, **제3자가 요약서를 보아도 발명의 기본적 구성 및 내용을 용이하게 파악할 수 있도록 한 것**이다. 요약서는 기술정보로서의 용도로 사용되기 때문에 **특허발명의 보호범위를 확정하거나 해석하는데 사용될 수는 없다.**

---

**제2장 특허요건 및 특허출원**

### 제44조 공동출원

특허를 받을 수 있는 권리가 공유인 경우에는 공유자 모두가 공동으로 특허출원을 하여야 한다.

---

> **취 지**

제44조는 2인 이상이 공동으로 발명하여 특허를 받을 수 있는 권리가 공유로 된 때에는 공유자 전원이 공동으로 특허출원을 하여야 한다는 것이다. **공동으로 발명한 경우 특허를 받을 수 권리가 당연히 공유되기 때문에 특허출원 역시 이와 연계하여 공동출원을 하도록 규정**하였다.

> **해 설**

제33조(특허를 받을 수 있는 자) 제2항의 "2명 이상이 공동으로 발명한 경우에는 특허를 받을 수 있는 권리를 공유한다"는 규정을 특허출원과 연계한 것으로, 공동발명자나 그 발명에 대한 권리의 일부 이전으로 특허를 받을 수 있는 권리가 공유인 경우는 **필요적**으로 **공동출원**을 하여야 한다.

**공동출원에 대한 규정을 위반하여 특허를 출원한 경우**는 특허법 제62조(특허거절결정) 제1호의 **거절결정**의 **이유**가 되고, 설령 특허등록이 된다하여도 제133조(특허의 무효심판) 제2호에 따라 특허를 받을 수 있는 권리를 가지지 못하므로 **특허무효**의 **사유**가 된다.

> **제2장 특허요건 및 특허출원**
>
> **제45조 하나의 특허출원의 범위**
>
> ① 특허출원은 하나의 발명마다 하나의 특허출원으로 한다. 다만, 하나의 총괄적 발명의 개념을 형성하는 일 군(群)의 발명에 대하여 하나의 특허출원으로 할 수 있다.
> ② 제1항 단서에 따라 일 군의 발명에 대하여 하나의 특허출원으로 할 수 있는 요건은 대통령령으로 정한다.

### 취지

제45조는 특허출원은 1발명 1출원이 원칙이나, **발명 간에 기술적으로 상호 밀접한 관련성이 있는 경우는 한 개의 특허출원의 범위**로 할 수 있게 함으로써, 출원인은 출원비용 절감과 관리측면에 유리하고, 특허청은 관련 발명의 검색 효율성을 높여 심사부담의 완화를 꾀할 수 있게 하였다.

### 해설

「하나의 총괄적 발명의 개념을 형성하는 일 군의 발명」이란 "㉠ 청구된 발명 간에 기술적 상호관련성이 있고, ㉡ 청구된 발명들이 동일하거나 상응하는 기술적 특징을 가지면서 그 기술적 특징은 발명 전체로 보아 선행기술에 비하여 개선된 것"이라고 규정하고 있다(특허법 시행령 제6조).

실무에서 1특허출원의 요건 판단을 **"발명의 단일성"** 판단이라고 하며, "기술적 특징이 선행기술에 비하여 개선된 것"이란 기술적 특징이 선행기술에 비하여 신규성·진보성을 갖출 것을 의미한다. 발명의 단일성 여부는 독립항을 기준으로 판단하되, 발명의 카테고리 동일 여부는 상관없다.

**본조의 위반은 발명의 실체적 특허요건에 하자가 있는 것은 아니고, 단지 1특허출원의 범위에 관한 절차형식적 흠이므로**, 출원발명에 대한 **심사관의 거절이유는 해당되나**(제62조 제4호), 제3자의 특허출원에 대한 정보제공사유(제63조의2)나 **특허무효사유**(제133조 제1항)**에 해당하지는 않는다.**

### 판결요지

▷ 원래 특허법은 일발명일출원주의(一發明一出願主義)를 채택하고 있으나 기술적으로 관련된 몇 가지 발명을 각 독립항으로 하여 한꺼번에 출원할 수 있도록 하는 것이 바람직한 면도 있기 때문에, **서로 기술적으로 밀접한 관계를 가지는 발명들에**

대하여 그들을 하나의 출원으로 출원할 수 있도록 하므로써 출원인, 제3자 및 특허청의 편의를 도모하고자 하는 것이 특허법 제45조 규정의 취지이다. 그러므로 위 규정을 해석함에 있어서는 출원료나 특허 관리면에서의 유리함 때문에 서로 관련성이 없는 복수의 발명을 하나의 출원서에 다수 포함시키고자 하는 출원인과 이것을 허용할 경우 타인의 권리에 대한 감시나 선행기술 자료로서의 이용 또는 심사에 대한 부담 때문에 불이익을 받게 되는 제3자 및 특허청과의 사이에 균형을 도모함이 필요하다. 이러한 관점에서 보면 "하나의 총괄적 발명의 개념을 형성하는 1군의 발명"에 해당하는가 여부는 각 청구항에 기재된 발명들 사이에 하나 또는 둘 이상의 동일하거나 또는 대응하는 특별한 기술적인 특징들이 관련된 기술관계가 존재하는가(즉 기술적으로 밀접한 관계가 존재하는가)에 달려있고, 특별한 기술적인 특징이란 각 발명에서 전체적으로 보아 선행기술과 구별되는 개량부분을 말한다 할 것이다(특허법원 1999.1.14. 선고 98허5145 판결).

---

**제46조 절차의 보정**

특허청장 또는 특허심판원장은 특허에 관한 절차가 다음 각 호의 어느 하나에 해당하는 경우에는 기간을 정하여 보정을 명하여야 한다. 이 경우 보정명령을 받은 자는 그 기간에 그 보정명령에 대한 의견서를 특허청장 또는 특허심판원장에게 제출할 수 있다.
1. 제3조 제1항 또는 제6조를 위반한 경우
2. 이 법 또는 이 법에 따른 명령으로 정하는 방식을 위반한 경우
3. 제82조에 따라 내야 할 수수료를 내지 아니한 경우

---

**취 지**

제46조는 **특허에 관한 절차를 밟는 경우에 특허법의 규정을 위반하거나 특허법에서 정한 방식에 위반한 경우에** 이에 대하여 **보정하고 소명할 수 있는 기회를 주는 근거규정**이다. 특허청장 또는 특허심판원장은 이에 따라 특허에 관한 절차에 흠결이 있다면 **기간을 정하여 보정을 명**한다.

**해 설**

① 보정명령

보정명령은 특허청장(특허심판원장)이 그 권한으로서 **절차의 방식에 흠결 또는 불**

비한 사유가 있는 경우, 특허에 관한 절차를 밟는 자에게 **기간을 정하여** 내려진다. 특허에 관한 **절차의 흠결을 치유**하여 원활한 절차진행을 도모함으로써 절차를 밟는 자의 불이익을 방지하기 위함이다.

② 보정명령 대상

보정명령의 대상은 각 호의 ㉠ **미성년자 등의 행위능력 없는 자가 특허에 관한 절차를 밟거나**(제3조 제1항) 또는 대리인이 **위임받은 대리권의 범위를 벗어난 경우**(제6조), ㉡ **법 또는 법령이 정하는 방식에 위반**한 경우,[42] ㉢ 수수료 규정(제82조)에 따라 **수수료를 내지 않은 경우**이다.

③ 보정명령 위반의 효과

특허에 관한 절차를 밟는 자가 특허청장 또는 특허심판원장으로부터 적법한 절차의 보정명령을 받고도 **지정기간 내에 그 절차의 보정을 하지 않으면 특허에 관한 그 절차를 무효**로 할 수 있고(제16조 제1항), 무효로 된 경우는 그 절차는 처음부터 없었던 것으로 된다.

---

[42] 「법 또는 법령이 정하는 방식에 위반한 경우」란 특허에 관한 절차의 형식이 법 또는 법령에서 정해져 있는 경우에 그 형식대로 서면을 작성하지 않거나 그 기재가 불비한 상태로 제출되는 경우를 말하며, 절차의 보정에 관한 흠결의 여부 심사는 주로 "방식심사"의 일환으로서 실무에서 행하여지고 있다.

### 제47조 특허출원의 보정

① 특허출원인은 제66조에 따른 특허결정의 등본을 송달하기 전까지 특허출원서에 첨부한 명세서 또는 도면을 보정할 수 있다. 다만, 제63조 제1항에 따른 거절이유통지(이하 "거절이유통지"라 한다)를 받은 후에는 다음 각 호의 구분에 따른 기간(제3호의 경우에는 그 때)에만 보정할 수 있다.
1. 거절이유통지(거절이유통지에 대한 보정에 따라 발생한 거절이유에 대한 거절이유통지는 제외한다)를 최초로 받거나 제2호의 거절이유통지가 아닌 거절이유통지를 받은 경우: 해당 거절이유통지에 따른 의견서 제출기간
2. 거절이유통지(제66조의3 제2항에 따른 통지를 한 경우에는 그 통지 전의 거절이유통지는 제외한다)에 대한 보정에 따라 발생한 거절이유에 대하여 거절이유통지를 받은 경우: 해당 거절이유통지에 따른 의견서 제출기간
3. 제67조의2에 따른 재심사를 청구하는 경우: 청구할 때

② 제1항에 따른 명세서 또는 도면의 보정은 특허출원서에 최초로 첨부한 명세서 또는 도면에 기재된 사항의 범위에서 하여야 한다. 이 경우, 외국어특허출원에 대한 보정은 최종 국어번역문(제42조의3 제6항 전단에 따른 정정이 있는 경우에는 정정된 국어번역문을 말한다) 또는 특허출원서에 최초로 첨부한 도면(도면 중 설명부분은 제외한다)에 기재된 사항의 범위에서도 하여야 한다.

③ 제1항 제2호 및 제3호에 따른 보정 중 청구범위에 대한 보정은 다음 각 호의 어느 하나에 해당하는 경우에만 할 수 있다.
1. 청구항을 한정 또는 삭제하거나 청구항에 부가하여 청구범위를 감축하는 경우
2. 잘못 기재된 사항을 정정하는 경우
3. 분명하지 아니하게 기재된 사항을 명확하게 하는 경우
4. 제2항에 따른 범위를 벗어난 보정에 대하여 그 보정 전 청구범위로 되돌아가거나 되돌아가면서 청구범위를 제1호부터 제3호까지의 규정에 따라 보정하는 경우

④ 제1항 제1호 또는 제2호에 따른 기간에 보정을 하는 경우에는 각각의 보정절차에서 마지막 보정 전에 한 모든 보정은 취하된 것으로 본다.

⑤ 외국어특허출원인 경우에는 제1항 본문에도 불구하고 제42조의3 제2항에 따라 국어번역문을 제출한 경우에만 명세서 또는 도면을 보정할 수 있다.

> **취 지**

제47조는 출원인이 특허출원서와 함께 제출한 명세서 또는 도면을 **특허결정이 되기 전까지 보정(補正)할 수 있는 시기와 범위 및 그 제한**에 대한 규정으로, **제46조**를 절차의 보정에 관한 방식보정이라 하면, **제47조**는 명세서 또는 도면의 **실체보정**에 관한 것으로 실체심사에서 중요한 부분이다.

선출원주의 하에서 특허출원인은 출원일을 선점하고 그에 따른 권리를 부여받기 위하여 당초 명세서 또는 도면에 기재되었어야할 사항을 보완하거나 심사관의 거절이유를 해소하기 위하여 명세서 또는 도면을 보정할 필요가 있다. **일정 요건을 충족한 보정**은 인정하되 그 제한을 규정한 것이다.

> **해 설**

① 보정시기(제1항)

㉠ 특허결정의 등본 송달 전(제1항 본문)

출원인은 원칙적으로 심사관이 특허결정의 등본을 송달(발송)하기 전까지 명세서 또는 도면을 보정할 수 있다. 이를 **출원인 스스로 보정**한다하여 "**자진보정**"이라 한다. 다만, 심사관의 심사가 착수되기 전까지는 보정이 자유롭지만 **심사착수 이후는 심사의 원활한 진행을 위하여 보정이 제한**된다.

㉡ 거절이유 통지에 따른 의견서 제출기간(제1항 단서 각 호)

ⓐ 최초거절이유 통지에 따른 의견서 제출기간(제1항 단서 제1호)

「**최초거절이유 통지**」란 출원인이 심사관으로부터 **출원발명에 대한 거절이유 통지를 최초로 받은 거절이유 통지**로서, 다만, 최초거절이유 통지에 따라 출원인이 명세서 또는 도면을 보정하였으나 그 보정으로 인하여 새롭게 발생한 거절이유를 심사관이 통지하는 소위 「**최후거절이유 통지**」는 제외한다.

최초거절이유 통지에는 출원발명에 원래 거절이유가 존재하였지만 심사관이 이를 간과하여 최초거절이유에서 통지하지 못하고 다시 이에 대하여 출원발명의 거절이유를 통지를 하는 경우 및 최후거절이유로서 통지되지 않은 거절이유의 통지 모두를 포함하는 것으로 해석하고 있다.

ⓑ 최후거절이유 통지에 따른 의견서 제출기간(제1항 단서 제2호)

**최후거절이유 통지**는 최초거절이유 통지에 따라 **보정으로 인하여 새롭게 발생한 거절이유의 통지**이므로, 문자 그대로 심사관이 출원인에게 최후로 통지하는 거절이유가 된다. 출원인에게 보정에 대한 주의를 촉구하고 보정의 제한을 두어 해당 심사의 유효성을 확보하여 심사를 촉진하기 위함이다.

ⓒ 거절결정에 따른 재심사 청구시(제1항 단서 제3호)

재심사는 **거절결정불복심판을 청구하지 않고 보정을 통하여 심사관으로 하여금 다시 심사를 받도록** 하는 절차로서, 출원인은 심사관으로부터 특허거절결정 등본을 송달받은 날로부터 30일 이내에 그 출원 명세서 또는 도면을 보정하여 해당 특허출원에 대하여 재심사를 청구할 수 있다(제67조의2).

② 보정범위(제2항 및 제3항)

㉠ 자진보정 또는 최초거절이유 통지에 따른 보정(제2항)

출원인의 자진보정 또는 최초거절이유 통지에 따른 명세서 또는 도면의 보정은 **특허출원서에 최초로 첨부한 명세서 또는 도면의 범위에서만 가능**하다. 이를 "**신규사항 추가금지**"라고도 한다. 즉, 이때의 보정은 최초로 첨부한 명세서 또는 도면의 기재범위를 벗어나서는 안 된다.

**외국어특허출원**의 경우는 그 국어번역문이 외국어특허출원의 출원서에 최초로 첨부한 명세서 및 도면을 그 국어번역문에 따라 보정한 것으로 되기 때문에(제42조의3 제5항), 외국어특허출원의 보정은 국어번역문 또는 **최종 국어번역문에 기재된 사항의 범위에서 보정**을 하여야 한다.

보정에 있어 신규사항 추가금지는 출원후에 신규한 사항이 출원시로 소급됨으로써 출원인이 당초 의도했던 발명의 범위를 넘어 후출원인이 발명한 범위와 저촉할 수 있어 **출원인 간의 이익 균형**을 맞추고, 심사관에게는 **신규사항 추가에 따른 재심사의 부담을 덜기 위한 것**이다.

㉡ 최후거절이유 통지 및 재심사 청구시에 따른 보정(제3항)

최후거절이유 통지 및 재심사 청구시의 보정은 출원서에 최초로 첨부한 명세서 또는 도면의 범위에서 "**신규사항 추가금지**"라는 보정범위의 제한 외에 그 청구범위에 대한 보정을 더욱 제한하고 있다. 즉, ⓐ **청구항을 한정 또는 삭제하거나 청구항에 부가하여 청구범위를 감축하는 경우**,43) ⓑ **잘못 기재된 사항을 정정하는 경우**, ⓒ **분명치 않게 기재된 사항을 명확하게 하는 경우**, ⓓ 신규사항 추가금지를 벗어난 보정에 대하여 그 보정전 청구범위로 되돌아가거나44) 되돌아가면서 청구범

---

43) 원칙적으로 청구항을 신설하는 경우는 항 정리에 따른 불가피한 경우를 제외하고는 특허법 제47조 제3항의 요건을 만족하지 못한다.
44) 당초 청구범위로 돌아가는 보정은 신규사항이 삭제되므로 그 자체는 청구범위의 확장이 되어 보정요건을 위배하여 보정이 각하되어야 하나 이는 출원인에게 너무 가혹하므로 이 경우의 보정은 인정하는 것이다.

위를 ⓐ 내지 ⓒ에 따라 보정하는 경우 중 어느 하나에 해당하는 경우만 할 수 있다.

③ 최초 또는 최후거절이유 통지에 따른 보정에 있어 마지막 보정전 보정의 효과 (제4항)

최초거절이유 또는 최후거절이유 통지에 따른 의견서 제출기간에 보정을 하는 경우는 각각의 보정절차에서 **마지막 보정 전에 한 모든 보정은 취하된 것으로 본다**. 이는 절차적 요건을 준수한 보정서 중에서 최후의 것만을 심사하여 보정의 적합성을 판단한다는 것이다.

④ 외국어특허출원 보정의 제한(제5항)

외국어특허출원에 대한 **심사대상은 발명의 실체파악 등을 위하여 국어번역문이** 되므로 국어번역문이 제출되기 전까지는 명세서 등을 보정할 수 없다. 즉, 출원인은 국어번역문을 외국어명세서와 같은 내용으로 제출한 것이기 때문에 **국어번역문은 신규사항 위배 판단기준이** 된다.

> **판결요지**

▷ **최초 명세서 및 도면에 기재된 사항**이란 최초 명세서 및 도면에 명시적으로 기재되어 있는 사항이거나 또는 명시적인 기재가 없더라도 통상의 기술자라면 출원시의 기술상식에 비추어 보아 보정된 사항이 최초 명세서 및 도면에 기재되어 있는 것과 마찬가지라고 이해할 수 있는 사항이어야 한다. 또한, 보정된 사항이 주지 관용기술이더라도 그것이 통상의 기술자가 최초 명세서 및 도면에 기재되어 있는 것과 마찬가지라고 이해할 수 있는 사항이 아니라면, 이를 추가하는 보정은 **최초 명세서 및 도면에 기재된 사항의 범위를 벗어난 것이어서 허용될 수 없다**(특허법원 2009.9.18. 선고 2009허115 판결).

| 제2장 특허요건 및 특허출원 | |
|---|---|
| | 제48조 요지변경 삭제 〈2001.2.3.〉 |
| | 제49조 이중출원의 보정에 관한 취급 등 삭제 〈2006.3.3.〉 |
| | 제50조 출원공고결정후의 보정 삭제 〈1997.4.10.〉 |

### 제2장 특허요건 및 특허출원

> **제51조 보정각하**
> 
> ① 심사관은 제47조 제1항 제2호 및 제3호에 따른 보정이 같은 조 제2항 또는 제3항을 위반하거나 그 보정(같은 조 제3항 제1호 및 제4호에 따른 보정 중 청구항을 삭제하는 보정은 제외한다)에 따라 새로운 거절이유가 발생한 것으로 인정하면 결정으로 그 보정을 각하하여야 한다. 다만, 다음 각 호의 어느 하나에 해당하는 보정인 경우에는 그러하지 아니하다.
> 1. 제66조의2에 따른 직권보정을 하는 경우: 그 직권보정 전에 한 보정
> 2. 제66조의3에 따른 직권 재심사를 하는 경우: 취소된 특허결정 전에 한 보정
> 3. 제67조의2에 따른 재심사의 청구가 있는 경우: 그 청구 전에 한 보정
> ② 제1항에 따른 각하결정은 서면으로 하여야 하며, 그 이유를 붙여야 한다.
> ③ 제1항에 따른 각하결정에 대해서는 불복할 수 없다. 다만, 제132조의17에 따른 특허거절결정에 대한 심판에서 그 각하결정(제66조의3에 따른 직권 재심사를 하는 경우 취소된 특허결정 전에 한 각하결정과 제67조의2에 따른 재심사의 청구가 있는 경우 그 청구 전에 한 각하결정은 제외한다)에 대하여 다투는 경우에는 그러하지 아니하다.

### 취 지

제51조는 특허출원인에게 권리취득을 위하여 발명의 내용을 보정할 수 있는 기회를 주지만 그 보정이 **특허법 제47조(특허출원의 보정)의 일정 요건을 벗어난 보정**을 하는 경우에 제3자의 이익과 심사의 유효성을 고려하여 심사관이 직권으로 그 보정을 거절할 수 있는 취지를 규정하였다.

### 해 설

① 보정각하의 요건 및 그 예외(제1항)

본조는 최후거절이유 통지나 재심사 청구시의 **보정이 신규사항 추가금지 또는 청구범위의 보정범위 제한을 위반하거나 그 보정에 의하여 새로운 거절이유가 발생된 것으로 인정되는 경우**에 심사관이 그 보정을 부적합한 것으로 보아 거절하는 **행정처분**인 **보정각하**(補正却下)의 규정이다.

보정의 제한요건 외에 「그 보정에 의하여 새로운 거절이유가 발생한 경우」는

명세서 등의 보정에 따른 **보정서의 제출로 인하여 당초에 없었던 거절이유가 발생한 것**을 말한다. 예컨대, 보정으로 인하여 청구범위의 기재불비 사항 또는 진보성의 거절이유가 새롭게 발생한 경우이다(제1항 본문).

다만, 심사관이 직권 보정을 하는 경우(제66조의2), 직권 재심사를 하는 경우(제66조의3) 및 재심사의 청구가 있는 경우(제67조의2)는 그 전에 한 보정이 보정각하의 대상이었음에도 불구하고 심사과정에서 간과되었다면 이 보정사항은 보정각하 판단대상에서 제외한다(제1항 단서).

이는 보정이 인정됨을 전제로 특허결정을 받았거나(직권 보정 및 직권 재심사) 보정이 인정되었음을 전제하고 재심사를 청구한 출원인의 절차이익 또는 신뢰이익을 보호하기 위하여 그 보정각하의 예외를 둔 것이다.45)

【판결요지】 특허법 제51조 제1항이 위와 같이 보정에 따라 새로운 거절이유가 발생한 것으로 인정되면 그 보정을 각하하도록 하면서도 '청구항을 삭제하는 보정'의 경우를 그 대상에서 제외하고 있는 취지는, 보정에 따라 새로운 거절이유가 발생한 경우에는 그 보정을 각하함으로써 새로운 거절이유에 대한 거절이유통지와 또 다른 보정이 반복되는 것을 배제하여 심사절차의 신속한 진행을 도모하되, **'청구항을 삭제하는 보정'**의 경우에는 **청구항을 한정·부가하는 보정 등 다른 경우와 달리 그로 인하여 새로운 거절이유가 발생하더라도 위와 같은 보정의 반복에 의하여 심사관의 새로운 심사에 따른 업무량 가중 및 심사절차의 지연의 문제가 생기지 아니하므로 그에 대하여 거절이유를 통지하여 보정의 기회를 다시 부여함으로써 출원인을 보호**하려는 데 있다(대법원 2014. 7. 10. 선고 2013후2101 판결).

【판결요지】 2009. 1. 30. 법률 제9381호로 개정된 특허법 부칙 제3조와 그 개정 전의 구 특허법 제174조에 의하여 구 특허법 제173조의 심사전치절차에서의 심사에 준용되는 특허법 제51조 제1항에 의하면, 심사관은 심사전치보정에 따라 새로운 거절이유가 발생한 것으로 인정하면 결정으로 그 보정을 각하하여야 한다. 위 규정에서 **'새로운 거절이유가 발생한 것'**이란 해당 보정으로 인하여 이전에 없던 거절이유가 새롭게 발생한 경우를 의미하는 것으로서, 이러한 경우에 그 보정을 각하하도록 한 취지는 이미 거절이유가 출원인에게 통지되어 그에 대한 의견제출 및 보정의 기회가 충분히 부여되었음에도 **그 보정으로 인하여 거절이유가 새롭게 발생하여 그에 대한 거절이유통지와 또 다른 보정이 반복되는 것을 배제함으로써 심사절차의 신속한 진행을 도모하는 데에 있다**고 할 것이다. 이러한 취지에 비추어 보면, 심사관이 '발명이 명확하고 간결하게 기재되지 아니하여 특허법 제42조 제4항 제2호의 **명세서 기재요건을 구비하지 못한 기재불비가 있다**'는 거절이유를 통지함에 따라 이를 해소하기 위한 보정이 이루어졌는데, 그 보정 이후 발명에 대한 심사 결과 신규성이나 진보성 부정의 거절이유가 발견된다고 하더라도, 그러한 거절이유는 보정으로 청구항이 신설되거나 실질적으로 신설에 준하는 정도로 변경됨에 따라 비로소 발생한 경우와 같은 **특별한 사정이 없는 한 보정으로 인하여 새롭게 발생한 것이라고 할 수 없으므로**, 심사관

---

45) 임병웅, 앞의 책, 445면.

으로서는 **그 보정에 대한 각하결정을 하여서는 아니 되고**, 위와 같은 신규성이나 진보성 부정의 거절이유를 출원인에게 통지하여 의견제출 및 보정의 기회를 부여하여야 한다(대법원 2014.7.10. 선고 2012후3121 판결).

② 보정각하의 절차 및 불복 여부(제2항 및 제3항)

보정각하 결정시 출원인은 그 이유를 명확히 인지할 필요가 있기 때문에 심사관은 **보정각하의 이유를 붙여 서면으로 하여야 하며**(제2항), **보정각하의 결정**에 대해서는 심사처리의 신속성을 위하여 **단독으로 불복할 수 없고 거절결정불복심판 청구시 보정각하 결정을 다툴 수 있다**(제3항).

다만, 직권 재심사시 취소된 특허결정 전에 한 각하결정과 재심사 청구시 그 청구 전에 한 각하결정은 거절결정불복심판에서 다툴 수 없는데(제3항 괄호), 이는 직권 재심사 또는 재심사 청구가 있었다면 그 각각의 절차에서 보정각하 결정에 대하여 이미 다툴 수 있는 기회를 주었기 때문이다.

### 제52조 분할출원

① 특허출원인은 둘 이상의 발명을 하나의 특허출원으로 한 경우에는 그 특허출원의 출원서에 최초로 첨부된 명세서 또는 도면에 기재된 사항의 범위에서 다음 각 호의 어느 하나에 해당하는 기간에 그 일부를 하나 이상의 특허출원으로 분할할 수 있다. 다만, 그 특허출원이 외국어특허출원인 경우에는 그 특허출원에 대한 제42조의3 제2항에 따른 국어번역문이 제출된 경우에만 분할할 수 있다.
1. 제47조 제1항에 따라 보정을 할 수 있는 기간
2. 특허거절결정등본을 송달받은 날부터 30일(제15조 제1항에 따라 제132조의17에 따른 기간이 연장된 경우 그 연장된 기간을 말한다) 이내의 기간
3. 제66조에 따른 특허결정 또는 제176조 제1항에 따른 특허거절결정 취소심결(특허등록을 결정한 심결에 한정하되, 재심심결을 포함한다)의 등본을 송달받은 날부터 3개월 이내의 기간. 다만, 제79조에 따른 설정등록을 받으려는 날이 3개월 보다 짧은 경우에는 그 날까지의 기간

② 제1항에 따라 분할된 특허출원(이하 "분할출원"이라 한다)이 있는 경우 그 분할출원은 특허출원한 때에 출원한 것으로 본다. 다만, 그 분할출원에 대하여 다음 각 호의 규정을 적용할 경우에는 해당 분할출원을 한 때에 출원한 것으로 본다.
1. 분할출원이 제29조제3항에 따른 다른 특허출원 또는 「실용신안법」 제4조 제4항에 따른 특허출원에 해당하여 이 법 제29조제3항 또는 「실용신안법」 제4조 제4항을 적용하는 경우
2. 제30조 제2항을 적용하는 경우
3. 제54조 제3항을 적용하는 경우
4. 제55조 제2항을 적용하는 경우

③ 제1항에 따라 분할출원을 하려는 자는 분할출원을 할 때에 특허출원서에 그 취지 및 분할의 기초가 된 특허출원의 표시를 하여야 한다.

④ 분할출원의 경우에 제54조에 따른 우선권을 주장하는 자는 같은 조 제4항에 따른 서류를 같은 조 제5항에 따른 기간이 지난 후에도 분할출원을 한 날부터 3개월 이내에 특허청장에게 제출할 수 있다.

⑤ 분할출원이 외국어특허출원인 경우에는 특허출원인은 제42조의3 제2항에 따른 국어번역문 또는 같은 조 제3항 본문에 따른 새로운 국어번역문을 같은 조 제2항에 따른 기한이 지난 후에도 분할출원을 한 날부터 30일이 되는 날까지는 제출할 수 있다. 다만, 제42조의3 제3항 각 호의

> 어느 하나에 해당하는 경우에는 새로운 국어번역문을 제출할 수 없다.
> ⑥ 특허출원서에 최초로 첨부한 명세서에 청구범위를 적지 아니한 분할출원에 관하여는 제42조의2 제2항에 따른 기한이 지난 후에도 분할출원을 한 날부터 30일이 되는 날까지는 명세서에 청구범위를 적는 보정을 할 수 있다.

### 취 지

제52조는 **하나의 출원에 2이상의 발명이 포함된 경우** 출원인으로 하여금 일정한 기간 내에 자진해 그 출원을 분할하도록 하거나 심사관으로부터 1발명 1출원의 원칙(제45조)에 위배되어 거절이유를 통지받았을 때에 이를 구제받기 위한 목적으로 **특허출원의 분할**에 관하여 규정하고 있다.

출원인은 거절이유 없는 등록가능한 청구항을 당초 **특허출원**(원출원)**에서 분리**하여 독립된 분할출원으로서 **등록**을 받거나, 분할출원으로서 **거절이유가 있는 청구항의 청구범위를 원출원의 범위 내에서 재작성**하여 **등록결정**을 유도할 수 있다는 점에서 분할출원을 **전략적으로 이용**하고 있다.

### 해 설

① 분할출원의 요건(제1항)

㉠ 주체적 요건

**분할출원을 할 수 있는 자는 원출원의 특허출원인**이다. 즉, 분할출원시 분할출원인은 원출원의 특허출원인 또는 그 승계인과 동일하여야 한다. **공동출원인 경우에는 분할출원과 원출원의 특허출원인 전부가 동일**하여야 한다. 분할출원시 출원인이 동일하면 되지 분할이후는 상관없다.

㉡ 객관적 요건

분할출원이 인정되려면 **기본적으로 원출원이 출원계속 중**에 있어야 한다. 분할출원시 원출원이 취하, 포기, 무효되거나 거절결정이 확정되어 있으면 분할출원을 할 수 없다.[46] 그리고 원출원의 최초 명세서 또는 도면에 2 이상의 발명이 포함되어 있을 것을 요한다(원출원의 요건).

---

46) 원출원이 취하 또는 포기 등으로 절차가 종료하는 날에 분할출원된 경우에는 그 분할출원은 원출원이 특허청에 계속 중일 때 출원된 것으로 취급한다. 특허청, 앞의 심사기준, 6104면.

분할출원의 **명세서 또는 도면에 기재된 발명은 원출원의 출원서에 첨부된 최초 명세서 또는 도면에 기재된 사항의 범위 이내**이어야 한다. 원출원의 최초 명세서 또는 도면에 기재된 사항 이내면 분할출원의 대상이 되며, 그 후 보정에 의하여 명세서 또는 도면에 삭제되어도 상관없다.

ⓒ 시기적 요건

분할출원은 다음의 어느 하나에 해당하는 기간에 할 수 있다. ⓐ **특허결정의 등본을 송달하기 전까지 다만, 거절이유통지 후에는 거절이유에 따라 보정을 할 수 있는 기간**(제1호), ⓑ **특허거절결정등본을 송달받은 날부터 30일**(기간의 연장 규정에 의해 거절결정불복심판을 청구할 수 있는 기간이 연장된 경우 그 연장된 기간)(제2호), ⓒ **특허결정** 또는 특허거절결정 취소심결(특허등록을 결정한 심결에 한정하되, 재심심결을 포함)의 **등본을 송달받은 날부터 3개월 이내의 기간**. 다만, 특허료 납부에 따른 특허권의 설정등록을 받으려는 날이 3개월보다 짧은 경우에는 그 날까지의 기간이다.

그러나, **원출원이 외국어특허출원인 경우는** 심사관의 실체심사와 일반 공중에 대한 **정보제공**을 위하여 외국어로 적은 명세서에 대하여 **국어번역문을 제출한 후에만** 분할출원을 할 수 있다(제1항 단서).

② 분할출원의 효과 및 예외(제2항)

적법하게 출원된 분할출원은 **원출원을 한 때에 출원한 것으로 본다**(제2항 본문). 다만, 분할출원하면서 새로운 사항이 분할출원의 명세서 등에 기재되는 경우 그 기재된 사항이 원출원일로 소급되어 **확대된 선원의 지위**(제29조 제3항)를 갖는 것은 불합리하므로 이 경우에는 분할출원을 한 때에 출원한 것으로 본다. 또한 분할출원이 **공지예외적용주장**(제30조 제2항), **조약우선권주장**(제54조 제3항) 및 **국내우선권주장**(제55조 제2항)의 절차를 밟게 되는 경우 **원출원의 출원일로 소급된다면 해당 절차를 현실적으로 밟을 수 없기 때문에 분할출원을 한 때에 출원한 것으로 본다.**

③ 분할출원의 절차(제3항 내지 제6항)

분할출원을 하려는 자는 **그 취지 및 분할의 기초가 된 특허출원의 표시를 한 분할출원서와 명세서 등을 제출**하여야 한다(제3항). 다만, 분할출원을 이용하는 출원인의 편의성을 위하여 다음과 같은 제출서류의 특례를 인정하고 있다.

분할출원이 조약우선권주장을 수반하여 우선권주장을 할 때 증명서류는 우선권 관련 증명서류의 제출기한인 최우선일로부터 1년 4개월이 지난 후에도 분할출원을 한 날로부터 3개월 이내에 제출하면 된다(제4항).

또한, 분할출원이 외국어특허출원인 경우에는 국어번역문을 제출할 수 있는 기한인 출원일로부터 1년 2개월이 지난 후에도 분할출원을 한 날로부터 30일이 되는 날까지는 제출하면 되며(제5항), 특허출원서에 최초로 첨부한 명세서에 청구범위를 적지 아니한 분할출원에 관해서는 청구범위제출 유예기한인 출원일로부터 1년 2개월이 지난 후에도 분할출원을 한 날로부터 30일 되는 날까지 명세서에 청구범위를 적는 보정을 할 수 있도록 함으로써(제6항), **분할출원을 이용하는 출원인의 편의를 위하여 현실적인 최소한의 기간을 추가로 보장**하고자 하였다.

### 판결요지

▷ 분할출원된 발명의 특허청구범위는 원출원의 명세서 또는 도면에 기재된 발명과 실질적으로 동일하여야 하고, 여기서 원출원 명세서 또는 도면에 기재된 발명이라 함은 **원출원 명세서 또는 도면에 명시적으로 기재된 발명뿐만 아니라, 원출원 명세서 또는 도면에는 명시적으로 기재되지 않은 사항이라도 이 기술분야에서 통상의 지식을 가진 자가 원출원 명세서의 다른 기재나 최초출원 당시의 기술상식에 비추어 일의적이고 명확하게 인식할 수 있는 사항도 포함**될 수 있지만, 원출원 명세서에 화합물이 상위개념으로서의 일반 화학식으로 기재되어 있는 발명 중 일부를 하위개념으로 새롭게 정의하여 분할출원하는 경우에 있어서, 이는 선택발명의 영역에 있는 것을 분할출원하는 것으로서 이러한 분할출원을 인정한다면 원출원에 기초한 다른 제3자의 선택발명을 극히 제한하게 되고, 원출원 발명 당시에 개시되지 않았던 사항에 대해 사후에 분할출원에 의해 그 기술적 의의를 인정해 주게 되어 '특허출원은 1발명을 1특허출원으로 한다'는 규정에 의해 특허를 받을 수 없게 되는 발명들을 따로 분할하여 별도로 분할출원할 수 있도록 함과 동시에 이들 발명의 특허출원시점을 당초의 원출원의 출원시점으로 소급시켜준다는 분할출원 제도의 취지에 어긋나게 되므로, 분할출원으로서의 하위개념 발명이 원출원 명세서에 기재된 상위개념 발명에 개념적으로 포함된다는 점만으로는 분할출원된 발명이 원출원 명세서에 기재된 사항이라고 할 수는 없고, **원출원 명세서 전체의 기재와 최초 출원 당시의 기술상식을 종합적으로 고려하여 분할출원된 발명이 원출원 명세서에 기재된 것인지 또는 기재된 것과 동일하게 볼 수 있는 것인지 여부를 실질적으로 판단**해야 한다(특허법원 2012.1.13. 선고 2011허4110 판결).

### 제53조 변경출원

① 실용신안등록출원인은 그 실용신안등록출원의 출원서에 최초로 첨부된 명세서 또는 도면에 기재된 사항의 범위에서 그 실용신안등록출원을 특허출원으로 변경할 수 있다. 다만, 다음 각 호의 어느 하나에 해당하는 경우에는 그러하지 아니하다.

1. 그 실용신안등록출원에 관하여 최초의 거절결정등본을 송달받은 날부터 30일(「실용신안법」 제3조에 따라 준용되는 이 법 제15조 제1항에 따라 제132조의17에 따른 기간이 연장된 경우에는 그 연장된 기간을 말한다)이 지난 경우
2. 그 실용신안등록출원이 「실용신안법」 제8조의3 제2항에 따른 외국어실용신안등록출원인 경우로서 변경하여 출원할 때 같은 항에 따른 국어번역문이 제출되지 아니한 경우

② 제1항에 따라 변경된 특허출원(이하 "변경출원"이라 한다)이 있는 경우에 그 변경출원은 실용신안등록출원을 한 때에 특허출원한 것으로 본다. 다만, 그 변경출원이 다음 각 호의 어느 하나에 해당하는 경우에는 그러하지 아니하다.

1. 제29조 제3항에 따른 다른 특허출원 또는 「실용신안법」 제4조 제4항에 따른 특허출원에 해당하여 이 법 제29조 제3항 또는 「실용신안법」 제4조 제4항을 적용하는 경우
2. 제30조 제2항을 적용하는 경우
3. 제54조 제3항을 적용하는 경우
4. 제55조 제2항을 적용하는 경우

③ 제1항에 따라 변경출원을 하려는 자는 변경출원을 할 때 특허출원서에 그 취지 및 변경출원의 기초가 된 실용신안등록출원의 표시를 하여야 한다.

④ 변경출원이 있는 경우에는 그 실용신안등록출원은 취하된 것으로 본다.

⑤ 삭제 〈2014.6.11.〉

⑥ 변경출원의 경우에 제54조에 따른 우선권을 주장하는 자는 같은 조 제4항에 따른 서류를 같은 조 제5항에 따른 기간이 지난 후에도 변경출원을 한 날부터 3개월 이내에 특허청장에게 제출할 수 있다.

⑦ 특허출원인은 변경출원이 외국어특허출원인 경우에는 제42조의3 제2항에 따른 국어번역문 또는 같은 조 제3항 본문에 따른 새로운 국어번역문을 같은 조 제2항에 따른 기한이 지난 후에도 변경출원을 한 날부

> 터 30일이 되는 날까지는 제출할 수 있다. 다만, 제42조의3 제3항 각 호의 어느 하나에 해당하는 경우에는 새로운 국어번역문을 제출할 수 없다.
> ⑧ 특허출원인은 특허출원서에 최초로 첨부한 명세서에 청구범위를 적지 아니한 변경출원의 경우 제42조의2 제2항에 따른 기한이 지난 후에도 변경출원을 한 날부터 30일이 되는 날까지 명세서에 청구범위를 적는 보정을 할 수 있다

### 취지

제53조는 출원인이 **선출원주의** 하에서 출원일 확보를 위하여 출원을 서두르거나 특허와 실용신안 제도의 이해 부족 및 보호대상물의 판단 곤란성 등으로 **출원형식을 잘못 선택한 경우에 출원인에게 보다 유리한 출원형식으로 바꿀 수 있는 변경출원 제도의 요건 및 효력**에 관한 규정이다.

변경출원은 출원인 입장에서는 출원계속 중 일정한 요건 하에서 출원의 형식을 바꿔 권리를 전략적으로 취득할 수 있다는 장점은 있으나, **변경출원이 인정되면 출원일이 소급되고 권리의 존속기간 및 그 내용에도 변동이 생길 수 있어서** 제3자와의 관계를 고려하여 일정 제한을 두고 있다.

### 해설

① 변경출원의 요건(제1항)

㉠ 주체적 요건

변경출원을 할 수 있는 자는 **원출원의 실용신안등록출원인**이다. 즉, 변경출원시 변경출원인은 원출원의 출원인 또는 그 승계인과 동일하여야 한다. **공동출원인 경우에는 변경출원과 원출원의 출원인 전부는 동일**하여야 한다. 변경출원시 출원인이 동일하면 되지 분할이후는 상관없다.

㉡ 객관적 요건

변경출원이 인정되려면 **기본적으로 원출원이 출원계속 중**에 있어야 한다. 변경출원시 원출원이 취하, 포기, 무효되거나 거절결정이 확정되어 있으면 변경출원을 할 수 없다(원출원의 요건).[47] 원출원의 절차가 종료된 것에 대하여 변경출원을 인정하면 **절차의 안정성**을 해치기 때문이다.

---

[47] 원출원이 취하 또는 포기 등으로 절차가 종료하는 날에 변경출원된 경우에는 그 변경출원은 원출원이 특허청에 계속 중일 때 출원된 것으로 취급한다. 특허청, 앞의 심사기준, 6203면.

변경출원의 **명세서 또는 도면에 기재된 발명은 원출원의 출원서에 첨부된 최초 명세서 또는 도면에 기재된 사항의 범위 이내**이어야 한다. 원출원의 최초 명세서 또는 도면에 기재된 사항이내면 변경출원의 대상이 되며, 그 후 보정에 의하여 명세서 또는 도면에 삭제되어도 상관없다.

ⓒ 시기적 요건

변경출원은 원출원인 실용신안등록출원에 관하여 **최초의 거절결정등본을 송달받은 날부터 30일**(기간의 연장 규정에 의하여 거절결정불복심판을 청구할 수 있는 기간이 연장된 경우 그 연장된 기간)이 **지난 후에는 변경출원을 할 수 없다**. 변경출원을 **원출원의 거절결정에 대한 일환으로 기회**를 주기 위함이다.

다만, **원출원이 외국어실용신안등록출원인 경우는 심사관의 실체심사와 일반 공중에 대한 정보제공을 위하여 외국어로 적은 명세서에 대한 국어번역문을 제출한 후에만 변경출원**을 할 수 있다(제1항 제2호).

② 변경출원의 효과 및 예외(제2항 및 제4항)

적법하게 출원된 변경출원은 **원출원을 한 때에 출원한 것으로 본다**(제2항 본문). 다만, 변경출원하면서 새로운 사항이 변경출원의 명세서 등에 기재되는 경우 그 기재된 사항이 원출원일로 소급되어 **확대된 선원의 지위**(제29조 제3항)를 갖는 것은 불합리하므로 이 경우에는 변경출원을 한 때에 출원한 것으로 본다. 또한 변경출원이 **공지예외적용주장**(제30조 제2항), **조약우선권주장**(제54조 제3항) 및 **국내우선권주장**(제55조 제2항)의 절차를 밟게 되는 경우 **원출원의 출원일로 소급된다면 해당 절차를 현실적으로 밟을 수 없기 때문에 변경출원을 한 때에 출원한 것으로 본다.**

또한, 변경출원은 분할출원과 달리 변경출원이 인정되면 원출원인 실용신안등록출원은 취하된 것으로 본다(제4항). 이는 출원의 형식(특허 또는 실용신안등록)만 다를 뿐 발명의 내용이 동일하기 때문에 중복권리의 부여를 배제하기 위함이다.

③ 변경출원의 절차(제3항, 제6항 내지 제8항)

변경출원을 하려는 자는 그 **취지 및 변경의 기초가 된 실용신안등록출원의 표시를 한 변경출원서와 명세서 등을 제출**하여야 한다(제3항). 다만, 변경출원을 이용하는 출원인의 편의성을 위하여 다음과 같은 제출서류의 특례를 인정하고 있다.

변경출원이 조약우선권주장을 수반하여 우선권주장을 할 때 증명서류는 우선권 관련 증명서류의 제출기한인 최우선일로부터 1년 4개월이 지난 후에도 변경출원을 한 날로부터 3개월 이내에 제출하면 된다(제6항).

또한, 변경출원이 외국어특허출원인 경우에는 국어번역문을 제출할 수 있는 기한인 출원일로부터 1년 2개월이 지난 후에도 변경출원을 한 날로부터 30일이 되는 날까지는 제출하면 되며(제7항), 특허출원서에 최초로 첨부한 명세서에 청구범위를 적지 아니한 변경출원에 관해서는 청구범위제출 유예기한인 출원일로부터 1년 2개월이 지난 후에도 변경출원을 한 날로부터 30일 되는 날까지 명세서에 청구범위를 적는 보정을 할 수 있도록 하여(제8항) 변경출원을 이용하는 **출원인의 편의**를 위하여 **현실적인 최소한의 기간을 분할출원처럼 추가로 보장**하기 위함이다.

| 판결요지 |

▷ 변경출원제도는 당초의 실용신안등록출원 또는 의장등록출원을 그 출원 이후 일정한 기간 내에 특허출원으로 그 출원형식을 변경할 수 있도록 허용함과 동시에 변경출원이 있는 경우에는 특허출원시점을 당초의 실용신안등록출원 또는 의장등록출원을 한 때로 소급시켜 주는 것이므로, 변경된 특허출원의 특허청구범위는 원출원의 실용신안등록출원 또는 의장등록출원의 명세서 또는 도면에 기재된 발명 내지 고안과 실질적으로 동일하여야 하고, **원출원의 실용신안등록출원 또는 의장등록출원의 명세서 또는 도면에 기재된 발명 내지 고안에 속하지 않는 구성을 새로 추가하는 변경출원은 부적법**한 것으로서 허용되지 않는다(특허법원 2014.1.10. 선고 2013허3401 판결).

### 제54조 조약에 의한 우선권 주장

① 조약에 따라 다음 각 호의 어느 하나에 해당하는 경우에는 제29조 및 제36조를 적용할 때에 그 당사국에 출원한 날을 대한민국에 특허출원한 날로 본다.
1. 대한민국 국민에게 특허출원에 대한 우선권을 인정하는 당사국의 국민이 그 당사국 또는 다른 당사국에 특허출원한 후 동일한 발명을 대한민국에 특허출원하여 우선권을 주장하는 경우
2. 대한민국 국민에게 특허출원에 대한 우선권을 인정하는 당사국에 대한민국 국민이 특허출원한 후 동일한 발명을 대한민국에 특허출원하여 우선권을 주장하는 경우

② 제1항에 따라 우선권을 주장하려는 자는 우선권 주장의 기초가 되는 최초의 출원일부터 1년 이내에 특허출원을 하지 아니하면 우선권을 주장할 수 없다.

③ 제1항에 따라 우선권을 주장하려는 자는 특허출원을 할 때 특허출원서에 그 취지, 최초로 출원한 국가명 및 출원의 연월일을 적어야 한다.

④ 제3항에 따라 우선권을 주장한 자는 제1호의 서류 또는 제2호의 서면을 특허청장에게 제출하여야 한다. 다만, 제2호의 서면은 산업통상자원부령으로 정하는 국가의 경우만 해당한다.
1. 최초로 출원한 국가의 정부가 인증하는 서류로서 특허출원의 연월일을 적은 서면, 발명의 명세서 및 도면의 등본
2. 최초로 출원한 국가의 특허출원의 출원번호 및 그 밖에 출원을 확인할 수 있는 정보 등 산업통상자원부령으로 정하는 사항을 적은 서면

⑤ 제4항에 따른 서류 또는 서면은 다음 각 호에 해당하는 날 중 최우선일(最優先日)부터 1년 4개월 이내에 제출하여야 한다.
1. 조약 당사국에 최초로 출원한 출원일
2. 그 특허출원이 제55조 제1항에 따른 우선권 주장을 수반하는 경우에는 그 우선권 주장의 기초가 되는 출원의 출원일
3. 그 특허출원이 제3항에 따른 다른 우선권 주장을 수반하는 경우에는 그 우선권 주장의 기초가 되는 출원의 출원일

⑥ 제3항에 따라 우선권을 주장한 자가 제5항의 기간에 제4항에 따른 서류를 제출하지 아니한 경우에는 그 우선권 주장은 효력을 상실한다.

⑦ 제1항에 따라 우선권 주장을 한 자 중 제2항의 요건을 갖춘 자는 제5항에 따른 최우선일부터 1년 4개월 이내에 해당 우선권 주장을 보정하거나 추가할 수 있다.

> 취 지

제54조는 **조약에 의한 우선권**(Priority) 주장을 한 때에는 제29조(특허요건) 및 제36조(선출원)를 적용함에 있어 **조약 당사국에 출원한 날을 대한민국에 출원한 날로 인정**하는 조약우선권 제도를 규정한 것이다. 동일한 발명에 대하여 **진정한 선출원인의 지위를 우선적으로 보장**하기 위함이다.

우선권 제도는 **국가를 달리하여 최선출원**(最先出願)**의 출원일을 인정**하는 "조약우선권"과 국내출원간 최선출원의 출원일을 인정하는 "국내우선권"이 있다. 조약우선권이 **조약 당사국간 발명을 국제적으로 보호하기 위한 수단**이라면, 국내우선권은 국내출원인의 발명을 보호하기 절차적 수단이다.

> 해 설

① 우선권 주장의 요건(제1항)

㉠ 주체적 요건

우선권 주장을 할 수 있는 자는 대한민국 국민에게 특허출원에 대한 우선권을 인정하는 **조약**48) **당사국의 국민과 조약우선권을 인정하는 당사국에 특허출원을 한 대한민국 국민**이다. **우선권 주장의 출원인**은 **선출원**(우선권 주장의 기초가 되는 출원)**의 출원인과 동일**하여야 한다.

㉡ 객관적 요건

우선권 주장을 인정받기 위해서는 **조약 당사국 또는 다른 당사국에 특허출원**(제1국 선출원)**을 한 후 동일발명을 대한민국에 특허출원**(제2국 후출원)하여 우선권을 주장하여야 한다. 여기서 선출원은 출원의 형식을 따지지 않으며 당사국에서 출원일(출원번호)을 인정받는 정규의 (특허)출원을 의미한다.

**우선권 주장을 하는 특허출원**(제2국 후출원)은 우선권 주장의 기초가 되는 특허출원인 제1국 선출원과 발명의 내용이 실질적으로 동일하여야 하고, **제1국 선출원의 출원서에 첨부된 최초 명세서 또는 도면에 기재된 사항의 범위 이내이어야 한다**.

㉢ 시기적 요건(제2항)

우선권을 주장하기 위해서는 우선권 주장의 기초가 되는 **최초출원**(제1국 선출원)**의 출원일부터 1년 이내에 특허출원**을 하여야 한다. 여기서 1년의 기간은 우선권을 주장하는 출원인과 제3자와의 이익을 고려한 기간이다.

---

48) 여기서 「조약」이란 산업재산권 보호를 위한 파리조약, 다자간 국제조약 및 양자 간 조약 등을 통하여 대한민국 국민에게 특허출원에 대한 우선권 주장을 인정하는 것이면 모두 포함되는 것으로 해석한다. 특허청, 앞의 특허법해설 책, 150면.

② 우선권 주장의 절차(제3항 내지 제5항)

우선권을 주장하려는 자는 특허출원을 할 때 **특허출원서에 그 취지, 최초로 출원한 국가명 및 출원의 연월일을 적어야 한다**(제3항). 그리고 우선권 주장 관련 **증명서류를** 제출하면 된다(제4항). 우선권 증명서류는 최우선일로부터 **1년 4개월 이내에 제출**하면 된다(제5항).

③ 우선권 주장의 효과(제1항 및 제6항)

우선권 주장이 적합하면 제1국 선출원에 기재된 발명과 동일한 발명에 대해서는 **제1국 선출원의 출원일로 소급**된다(제1항). 만약 우선권을 주장한 자가 적법한 기간 내에 우선권 주장서류를 제출하지 아니한 경우는 그 우선권 주장은 효력을 상실한다(제6항).

④ 우선권 주장의 보정(제7항)

조약우선권을 주장한 자가 우선권 주장의 기초가 되는 최초의 출원일로부터 1년 이내에 특허출원을 하였다면 최우선일로부터 **1년 4개월 이내에 우선권 주장을 보정하거나 추가할 수 있다**(제7항). 우선권 주장이 취하 또는 무효가 된 경우는 우선권 주장을 보정하거나 추가할 수 없다.

> 판결요지

▷ 특허법 제54조의 우선권 주장을 수반한 후출원 발명 중 출원일의 소급 효과가 인정되는 것은 선출원의 명세서 또는 도면에 기재되어 있는 발명에 한한다. 즉, **선출의 명세서와 도면에 기재된 발명과 동일하다고 인정되는 발명에 대하여는 우선권이 인정**되어 선출원의 출원일에 출원한 것으로 보고, 요지가 변경되었거나 신규 사항이 추가된 경우에는 우선권이 인정되지 아니한다(특허법원 2009.7.1. 선고 2008허7706 판결).

### 제55조 특허출원 등을 기초로 한 우선권 주장

① 특허를 받으려는 자는 자신이 특허나 실용신안등록을 받을 수 있는 권리를 가진 특허출원 또는 실용신안등록출원으로 먼저 한 출원(이하 "선출원"이라 한다)의 출원서에 최초로 첨부된 명세서 또는 도면에 기재된 발명을 기초로 그 특허출원한 발명에 관하여 우선권을 주장할 수 있다. 다만, 다음 각 호의 어느 하나에 해당하는 경우에는 그러하지 아니하다.
1. 그 특허출원이 선출원의 출원일부터 1년이 지난 후에 출원된 경우
2. 선출원이 제52조 제2항(「실용신안법」 제11조에 따라 준용되는 경우를 포함한다)에 따른 분할출원이나 제53조 제2항 또는 「실용신안법」 제10조 제2항에 따른 변경 출원인 경우
3. 그 특허출원을 할 때에 선출원이 포기·무효 또는 취하된 경우
4. 그 특허출원을 할 때에 선출원이 특허 여부의 결정, 실용신안등록 여부의 결정 또는 거절한다는 취지의 심결이 확정된 경우

② 제1항에 따른 우선권을 주장하려는 자는 특허출원을 할 때 특허출원서에 그 취지와 선출원의 표시를 하여야 한다.

③ 제1항에 따른 우선권 주장을 수반하는 특허출원된 발명 중 해당 우선권 주장의 기초가 된 선출원의 출원서에 최초로 첨부된 명세서 또는 도면에 기재된 발명과 같은 발명에 관하여 제29조 제1항·제2항, 같은 조 제3항 본문, 같은 조 제4항 본문, 제30조 제1항, 제36조 제1항부터 제3항까지, 제96조 제1항 제3호, 제98조, 제103조, 제105조 제1항·제2항, 제129조 및 제136조 제5항(제132조의3 제3항 또는 제133조의2 제4항에 따라 준용되는 경우를 포함한다), 「실용신안법」 제7조 제3항·제4항 및 제25조, 「디자인보호법」 제95조 및 제103조 제3항을 적용할 때에는 그 특허출원은 그 선출원을 한 때에 특허출원한 것으로 본다.

④ 제1항에 따른 우선권 주장을 수반하는 특허출원의 출원서에 최초로 첨부된 명세서 또는 도면에 기재된 발명 중 해당 우선권 주장의 기초가 된 선출원의 출원서에 최초로 첨부된 명세서 또는 도면에 기재된 발명과 같은 발명은 그 특허출원이 출원공개 되거나 특허가 등록공고 되었을 때에 해당 우선권 주장의 기초가 된 선출원에 관하여 출원공개가 된 것으로 보고 제29조 제3항 본문, 같은 조 제4항 본문 또는 「실용신안법」 제4조 제3항 본문·제4항 본문을 적용한다.

⑤ 선출원이 다음 각 호의 어느 하나에 해당하면 그 선출원의 출원서에 최초로 첨부된 명세서 또는 도면에 기재된 발명 중 그 선출원에 관하여 우선권 주장의 기초가 된 출원의 출원서에 최초로 첨부된 명세서 또는 도

> 면에 기재된 발명에 대해서는 제3항과 제4항을 적용하지 아니한다.
> 1. 선출원이 제1항에 따른 우선권 주장을 수반하는 출원인 경우
> 2. 선출원이 「공업소유권의 보호를 위한 파리 협약」 제4조D(1)에 따른 우선권 주장을 수반하는 출원인 경우
> ⑥ 제4항을 적용할 때 선출원이 다음 각 호의 어느 하나에 해당하더라도 제29조 제7항을 적용하지 아니한다.
> 1. 선출원이 제201조제4항에 따라 취하한 것으로 보는 국제특허출원인 경우
> 2. 선출원이 「실용신안법」 제35조 제4항에 따라 취하한 것으로 보는 국제실용신안등록출원인 경우
> ⑦ 제1항에 따른 요건을 갖추어 우선권 주장을 한 자는 선출원일(선출원이 둘 이상인 경우에는 최선출원일을 말한다)부터 1년 4개월 이내에 그 우선권 주장을 보정하거나 추가할 수 있다.

### 취 지

제55조는 외국출원에 대하여 인정해주는 **조약우선권처럼 국내출원**의 특허출원 등(선출원)을 기초로 **선출원된 발명을 보다 구체화**하거나 **개량·추가**하는 **발명**을 한 경우에 이들 발명을 **보호**하고자 마련한 제도로 **내·외국인간 출원인 형평성**을 고려하여 "**국내우선권 주장**" 제도를 규정한 것이다.

선출원을 구체화 또는 개량·추가하는 발명에 대하여 통상의 출원절차로 출원할 경우(후출원)에는 자신의 선출원 발명과 실질적으로 동일하다는 이유로 거절되거나 선출원의 명세서 등을 보정하여 개선된 발명을 추가하는 경우는 신규사항 추가를 이유로 거절결정이 될 수 있었다.

이와 같은 불합리를 제거하고 기술개발의 성과물인 발명이 빠짐없이 보호될 수 있도록 하기위하여 **선출원에 기재된 발명과 동일한 발명은 선출원일에, 새롭게 추가된 발명은 국내우선권 주장출원(후출원)의 출원일에 출원한 것으로 인정**해 주는 국내우선권 주장제도를 마련하였다.[49]

### 해 설

① 국내우선권 주장의 요건(제1항)

㉠ 주체적 요건

국내우선권 주장을 할 수 있는 자(후출원인)는 **선출원의 출원인 또는 그 승계인**과

---
[49] 특허청, 앞의 심사기준, 6403면.

동일하여야 한다. 즉, 선출원인과 후출원인은 후출원의 출원시점에서 동일하여야 한다. 공동출원인 경우에는 선출원인과 후출원인은 모두 동일하여야 한다는 것은 당연하다(제1항 본문).

ⓒ 객관적 요건

**선출원**이 출원일 소급되어 이에 따른 우선권 주장기간을 실질적으로 연장하는 효과를 가진 **분할 또는 변경출원**(제2호), 선출원이 이미 절차가 완료되어 법적 안정성을 해칠 수 있어 **포기·무효 또는 취하되어 출원계속 중이 아닌 경우**(제3호), 또는 선출원이 **특허 또는 실용신안등록여부의 결정 또는 거절한다는 취지의 심결이 확정**되어 기존 행정절차의 안정성이 요구되는 경우(제4호)에는 **국내우선권 주장을 할 수 없다**(선출원의 요건). 또한, **후출원**은 선출원의 출원서에 **첨부된 최초 명세서 또는 도면에 기재된 발명을 기초**(범위 이내)로 하여야 한다(후출원의 요건).

ⓒ 시기적 요건(제1항 제1호)

국내우선권을 주장하기 위해서는 후출원은 선출원의 **출원일부터 1년 이내에 특허출원**을 하여야 한다. 조약우선권과 마찬가지로 1년의 기간은 국내우선권을 주장하는 출원인과 제3자와의 이익을 고려한 기간이다.

② 국내우선권 주장의 절차(제2항)

국내우선권을 주장하려는 자는 특허출원(후출원)을 할 때 특허출원서에 그 취지 및 선출원의 표시를 하여야 한다. 국내우선권 주장의 우선권 주장 증명서류는 선출원의 출원서가 되기 때문에 따로 우선권 증명서류를 제출할 필요는 없다.

③ 국내우선권 주장의 효과(제3항 내지 제6항)

㉠ 판단시점의 소급효 인정(제3항)

국내우선권을 주장하는 출원(후출원)에 관한 발명 중 해당 우선권 주장의 기초가 된 선출원의 최초 명세서 또는 도면에 기재되어 있는 발명과 동일한 발명에 대해서는 다음의 규정을 적용함에 있어서는 해당 후출원은 선출원시에 출원된 것으로 본다.

즉, **특허요건인 신규성과 진보성(제29조 제1항 및 제2항), 확대된 선출원의 지위(제3항 및 제4항 본문)**, 공지예외의 주장(제30조 제1항), 선출원(제36조 제1항 내지 제3항), 특허권의 효력이 미치지 않는 범위(제96조 제1항 제3호), 타인의 특허발명 등과의 이용·저촉 관계(제98조), 선사용에 의한 통상실시권(제103조), 디자인권 존속기간 만료후의 통상실시권(제105조 제1항 및 제2항), 생산방법의 추정(제129조) 및 정정심판의 독립특허요건(제136조 제5항)을 적용함에 있어서는 국내우선권 주장 출원은 선출원의 출원일로 소급된다.

ⓒ **후출원의 출원공개에 따른 선출원의 확대된 선원의 지위(제4항 및 제6항)**

국내우선권 주장출원(후출원)의 출원서에 최초로 첨부된 명세서 또는 도면에 기재된 발명 중 선출원의 출원서에 최초로 첨부된 명세서 또는 도면에 기재된 발명은 후출원이 출원공개되거나 등록공고된 때에 **그 선출원이 출원공개된 것으로 보고 확대된 선출원의 규정을 적용**한다(제4항).

그리고, 선출원이 국내서면제출기간에 발명(고안)의 설명 및 청구범위의 국어번역문을 제출하지 않아 취하된 것으로 보는 국제특허출원 또는 국제실용신안등록출원(제201조 제4항)이라도 본조 제4항에 따른 확대된 선출원의 지위를 인정한다(제6항).

ⓒ **소급효 인정의 예외(제5항)**

**선출원이 국내우선권 주장 또는 파리조약에 의한 우선권 주장을 수반하는 경우** 그 주장의 기초가 된 출원에 기재되어 있는 발명에 대하여 후출원에서 이중으로 우선권을 인정하는 것은 실질적으로 우선권 기간을 연장해 주는 것이 되므로 그 발명에 대해서는 우선권을 인정하지 않는다.

④ **국내우선권 주장의 보정(제7항)**

국내우선권 주장의 요건을 갖추어 국내우선권을 주장한 자는 선출원일(선출원이 둘 이상인 경우에는 최선출원일을 말한다)부터 1년 4개월 이내에 그 우선권 주장을 보정하거나 추가할 수 있다. 우선권 주장이 취하 또는 무효가 된 경우는 국내우선권 주장을 보정하거나 추가할 수 없다.

> ### 제56조 선출원의 취하 등
>
> ① 제55조 제1항에 따른 우선권 주장의 기초가 된 선출원은 그 출원일부터 1년 3개월이 지난 때에 취하된 것으로 본다. 다만, 그 선출원이 다음 각 호의 어느 하나에 해당하는 경우에는 그러하지 아니하다.
> 1. 포기, 무효 또는 취하된 경우
> 2. 특허 여부의 결정, 실용신안등록 여부의 결정 또는 거절한다는 취지의 심결이 확정된 경우
> 3. 해당 선출원을 기초로 한 우선권 주장이 취하된 경우
>
> ② 제55조 제1항에 따른 우선권 주장을 수반하는 특허출원의 출원인은 선출원의 출원일부터 1년 3개월이 지난 후에는 그 우선권 주장을 취하할 수 없다.
>
> ③ 제55조 제1항에 따른 우선권 주장을 수반하는 특허출원이 선출원의 출원일부터 1년 3개월 이내에 취하된 때에는 그 우선권 주장도 동시에 취하된 것으로 본다.

### 취 지

제56조는 제55조의 **국내우선권 주장과 관련된 조문**으로, 국내우선권 주장의 기초가 되는 선출원과 우선권 주장을 수반하는 후출원의 발명 내용이 서로 상당부분 중복이 발생하기 때문에 두 개의 출원에 대한 중복심사와 중복공개를 회피하고자 일정기간 후 선출원의 취하를 규정한 것이다.

### 해 설

① 선출원의 1년 3개월 후 취하 간주(제1항)

국내우선권 주장의 기초가 된 **선출원은 출원공개 시기(출원 후 1년 6개월)**를 감안하여 1년 3개월이 경과하면 취하된 것으로 본다(제1항 본문). 다만, 선출원이 ⓐ 포기, 무효 또는 취하된 경우나 ⓑ 특허 여부의 결정, 실용신안등록 여부의 결정 또는 거절한다는 취지의 심결이 확정된 경우는 취하 간주할 대상이 없거나 취하의 실익이 없어 **취하로 간주하지 않고**, ⓒ 해당 선출원을 기초로 한 우선권 주장을 취하한 경우는 후출원이 선출원의 출원일을 소급할 필요가 없기 때문에 선출원은 취하 간주의 예외 대상이 된다(제1항 단서 각호).

② 국내우선권 주장의 취하 시기 및 취하 효과(제2항 및 제3항)

국내우선권을 주장하는 출원인은 선출원의 출원일로부터 1년 3개월이 지난 후에

는 그 우선권 주장을 취하할 수 없고(제2항), 국내우선권 주장을 수반하는 특허출원(후출원)이 1년 3개월 이내에 취하된 때에는 그에 수반되는 국내우선권 주장도 동시에 취하된 것으로 본다(제3항).

최신 개정법률을 반영한 조문별 취지·해설·판례

**특허법해설**
Easy & Consice

# 제3장 심 사

## 제3장 심사

### 제57조 심사관에 의한 심사
① 특허청장은 심사관에게 특허출원을 심사하게 한다.
② 심사관의 자격에 관하여 필요한 사항은 대통령령으로 정한다.

### 취 지

제57조는 특허출원된 발명에 대하여 **법령에서 정한 일정한 자격을 갖춘 심사관(審査官)에 의하여 실체적 심사를 한다**는 심사주의(審査主義)를 규정한 것이다. 즉, 특허심사의 주체를 심사관으로 정하고 심사관은 출원발명이 실체적으로 특허법이 정한 특허요건을 구비했는지를 심사하도록 하였다.

### 해 설

① 심사관에 의한 특허심사(제1항)

<u>특허심사</u>는 출원된 발명을 심사할 수 있는 지위에 있는 자 즉. 심사관이 **특허법에서 정한 특허요건에 따라 그 내용을 심리·판단**하는 행위를 의미한다. 여기에는 **특허결정, 특허거절결정**, 특허취소신청의 심사, 거절결정불복심판에서 취소환송된 특허출원의 심사 등이 해당된다.

② 심사관의 자격(제2항)

심사관의 자격은 **대통령령에 따라 특허청 또는 그 소속기관의 공무원 중**에서, **5급 이상 또는 고위공무원단에 속하는 일반직 공무원, 공무원 임용령**에 따른 일정 자격기준에 해당하는 **전문임기제 공무원, 또는 6급 일반직 공무원으로서 앞의 전문임기제 공무원의 자격을 갖춘 자**이다.[50]

---

50) 각각의 해당 공무원은 특허청 소속 국제지식재산연수원에서 소정의 심사관 연수과정을 수료한 자로 특허청장이 임명한다.

> **제58조 전문기관의 등록 등**
>
> ① 특허청장은 출원인이 특허출원할 때 필요하거나 특허출원을 심사(국제출원에 대한 국제조사 및 국제예비심사를 포함한다)할 때에 필요하다고 인정하면 제2항에 따른 전문기관에 미생물의 기탁·분양, 선행기술의 조사, 특허분류의 부여, 그 밖에 대통령령으로 정하는 업무를 의뢰할 수 있다.
> ② 제1항에 따라 특허청장이 의뢰하는 업무를 수행하려는 자는 특허청장에게 전문기관의 등록을 하여야 한다.
> ③ 특허청장은 특허출원의 심사에 필요하다고 인정하는 경우에는 관계 행정기관, 해당 기술분야의 전문기관 또는 특허에 관한 지식과 경험이 풍부한 사람에게 협조를 요청하거나 의견을 들을 수 있다. 이 경우 특허청장은 예산의 범위에서 수당 또는 비용을 지급할 수 있다.
> ④ 제2항에 따른 전문기관의 등록기준, 선행기술의 조사 또는 특허분류의 부여 등의 의뢰에 필요한 사항은 대통령령으로 정한다.

### 취지

제58조는 **심사처리를 촉진하고 심사의 질을 높이기 위하여** 특허청장이 필요하다고 인정할 때에는 **전문기관에 선행기술의 조사나 특허분류의 부여 등을 의뢰할 수 있도록** 한 근거 규정이다. 또한 전문기관 등에 심사에 도움이 될 수 있는 의견을 받아 심사처리에 활용할 수 있도록 하였다.

### 해설

특허청장은 출원인이 특허출원할 때 필요하거나 특허출원을 심사할 때에 필요하다고 인정하면 **특허청에 등록된 전문기관에 미생물의 기탁·분양, 선행기술의 조사, 특허분류의 부여** 등의 **업무를 의뢰**할 수 있다(제1항 및 제2항).

또한, 특허청장은 **심사에 필요하다고 인정하는 경우**에 해당 기술분야의 **전문기관** 또는 특허에 관한 **지식과 경험이 풍부한 사람에게 협조를 요청하거나 의견을 들을 수 있고**(제3항), 전문기관의 등록기준, 선행기술의 조사 및 특허분류 등에 관한 사항은 대통령령으로 정하고 있다(제4항).[51]

---

51) 특허법 시행령 제8조의2에 따르면 전문기관의 등록기준은 전문기관의 업무를 수행하기 위하여 ① 필요한 문헌 및 장비를 확보할 것, ② 전담인력 및 조직을 확보할 것, ③ 임직원 중 다른 기관의 임직원을 겸하지 않을 것, ④ 업무 시설 및 장비에 대한 보안체계를 갖출 것 등을 요구하고 있다.

> **제58조의2 전문기관 등록의 취소 등**
>
> ① 특허청장은 제58조 제2항에 따른 전문기관이 제1호에 해당하는 경우에는 전문기관의 등록을 취소하여야 하며, 제2호 또는 제3호에 해당하는 경우에는 그 등록을 취소하거나 6개월 이내의 기간을 정하여 업무의 전부 또는 일부의 정지를 명할 수 있다.
> 1. 거짓이나 그 밖의 부정한 방법으로 등록을 한 경우
> 2. 제58조 제4항에 따른 등록기준에 맞지 아니하게 된 경우
> 3. 전문기관의 임직원이 특허출원 중인 발명(국제출원 중인 발명을 포함한다)에 관하여 직무상 알게 된 비밀을 누설하거나 도용한 경우
> ② 특허청장은 제1항에 따라 전문기관의 등록을 취소하거나 업무정지를 명하려면 청문을 하여야 한다.
> ③ 제1항에 따른 처분의 세부 기준과 절차 등에 관하여 필요한 사항은 산업통상자원부령으로 정한다.

### 취 지

제58조의2는 특허청으로부터 선행기술의 조사를 의뢰받아 업무를 수행하는 전문기관에 대하여 일정한 요건에 위배되는 경우에 그 **전문기관의 등록취소와 업무정지 등의 제재**를 규정한 것이다. 특허청에 등록된 **전문기관**으로서의 업무를 수행하는데 있어 **공정성과 전문성을 담보**하기 위함이다.

### 해 설

특허청장은 **전문기관이 거짓이나 그 밖의 부정한 방법으로 등록을 한 경우는 전문기관의 등록을 취소**해야 하며, 전문기관이 등록기준에 맞지 않거나 전문기관의 임직원이 특허출원 중인 발명에 관하여 직무상 알게 된 비밀을 누설하거나 도용한 경우는 그 등록을 취소하거나 6개월 이내의 기간을 정하여 업무의 전부 또는 일부의 정지를 명할 수 있다(제1항).

한편, 특허청장은 전문기관의 등록을 취소하거나 업무정지를 명하려면 청문을 하여야 한다(제2항). 기존 **전문기관 지정제를 등록제로 변경**한 것은 소수 기관의 **독점에 따른 서비스의 질 향상을 도모**하기 위함이다.

> ### 제59조 특허출원심사의 청구
>
> ① 특허출원에 대하여 심사청구가 있을 때에만 이를 심사한다.
> ② 누구든지 특허출원에 대하여 특허출원일부터 3년 이내에 특허청장에게 출원심사의 청구를 할 수 있다. 다만, 특허출원인은 다음 각 호의 어느 하나에 해당하는 경우에는 출원심사의 청구를 할 수 없다.
> 1. 명세서에 청구범위를 적지 아니한 경우
> 2. 제42조의3 제2항에 따른 국어번역문을 제출하지 아니한 경우(외국어특허출원의 경우로 한정한다)
>
> ③ 제34조 및 제35조에 따른 정당한 권리자의 특허출원, 분할출원 또는 변경출원에 관하여는 제2항에 따른 기간이 지난 후에도 정당한 권리자가 특허출원을 한 날, 분할출원을 한 날 또는 변경출원을 한 날부터 각각 30일 이내에 출원심사의 청구를 할 수 있다.
> ④ 출원심사의 청구는 취하할 수 없다.
> ⑤ 제2항 또는 제3항에 따라 출원심사의 청구를 할 수 있는 기간에 출원심사의 청구가 없으면 그 특허출원은 취하한 것으로 본다.

제3장 심사

### 취지

제59조는 "**심사청구제도**"로 특허출원의 심사적체를 해소하기 위한 방안으로 도입된 것이다. **출원과 심사를 분리**해 등록이 필요치 않는 방어출원과는 달리 심사청구를 하여 특허등록을 받기위한 심사청구제도를 운영함으로써 **심사를 촉진하고 심사의 질 향상을 꾀할 수 있어 채택**되었다.

### 해설

① **심사청구된 출원의 심사**(제1항)

심사청구(審查請求)는 출원인이 **특허청장에게 출원된 발명에 대하여 심사관으로 하여금 심사를 해 줄 것을 청구**하는 일종의 **의사표시**이다. 특허출원된 발명의 실체적 특허요건에 관한 심사는 심사청구가 있음을 전제로 **심사청구의 순위에 따라 심사관이 심사**를 하게 된다.

② **심사청구인 및 심사청구기간**(제2항)

심사청구는 「**누구든지**」 할 수 있다. 출원된 발명의 출원인 외에 제3자에게 심사청구를 인정하는 것은 출원인이 심사청구를 하지 않을 경우, 출원발명과 관련된 제3자가 출원발명이 특허등록 되기까지 그 출원발명을 실시하지 못하는 경우가 발생할 수 있다는 것을 고려한 것이다.

**심사청구기간**은 「**특허출원일로부터 3년 이내**」이다. 기존에 5년에서 3년으로 한 것은 심사청구기간의 장기화에 따른 출원발명의 권리화 여부를 조기에 확정하기 위함이다. 「특허출원일」은 특허출원이 이루어진 특허출원일, 분할 또는 변경출원인 경우 원출원의 특허출원일이다.[52]

다만, **명세서에 청구범위를 적지 않았거나 외국어특허출원으로서 국어번역문을 제출하지 않은 경우**는 실체심사의 대상인 청구범위가 확정되지 않았으므로 이에 따른 **심사청구**를 **제한**하고 있다(제2항 단서 및 각 호).

③ **심사청구기간의 예외**(제3항)

정당한 권리자의 특허출원, 분할출원 또는 변경출원은 무권리자의 특허출원일 또는 각 원출원일로부터 3년의 심사청구기간이 지난 후라도 정당한 권리자가 특허출원을 한 날, 분할출원 또는 변경출원을 한 날로부터 각각 30일 이내에 출원심사의 **청구를 할 수 있는 예외**를 두었다.

정당한 권리자 특허출원의 소급효로 인하여 무권리자 출원일로부터 3년의 심사청구기간이 지났다 하여 정당한 권리자의 심사청구를 인정할 수 없는 것이나 원출원의 심사청구기간 3년이 지났다하여 분할출원 또는 변경출원의 심사청구를 인정하지 않는 것은 **불합리**하기 때문이다.

④ **심사청구의 취하 금지**(제4항)

심사청구는 취하할 수 없다. 취하를 인정하게 되면 특허청은 심사청구절차 이후에 진행된 심사절차 및 그 효과가 무의미하게 되어 그 심사청구 전·후 절차가 복잡해지고, 출원인도 특허결정여부 확정 전까지 심사청구의 취하보다는 특허출원 자체의 취하가 가능하기 때문이다.

⑤ **특허출원의 취하 간주**(제5항)

출원발명의 **심사청구를 할 수 있는 기간에 심사청구가 없으면** 그 특허출원에 대하여 출원인은 더 이상 특허를 받으려고 하는 의사가 없는 것으로 인식하고 그 **출원을 취하한 것으로 본다**. 특허출원의 취하로 선출원의 지위는 없어지지만 공개여부에 따라 선행기술의 지위를 갖는다.

---

52) 우선권 주장을 수반하는 특허출원은 그 실제의 출원일, 국제특허출원인 경우에는 국제출원일이다.

> **제60조 출원심사의 청구절차**
>
> ① 출원심사의 청구를 하려는 자는 다음 각 호의 사항을 적은 출원심사 청구서를 특허청장에게 제출하여야 한다.
> 1. 청구인의 성명 및 주소(법인인 경우에는 그 명칭 및 영업소의 소재지)
> 2. 출원심사의 청구대상이 되는 특허출원의 표시
> ② 특허청장은 출원공개 전에 출원심사의 청구가 있으면 출원공개 시에, 출원공개 후에 출원심사의 청구가 있으면 지체 없이 그 취지를 특허공보에 게재하여야 한다.
> ③ 특허청장은 특허출원인이 아닌 자로부터 출원심사의 청구가 있으면 그 취지를 특허출원인에게 알려야 한다.

### 취지

제60조는 제59조의 **특허출원심사의 청구에 대한 절차**를 규정한 것으로, 출원심사청구서의 기재방식, 특허청장이 출원심사의 청구가 있었다는 취지를 특허공보에 게재하는 시기 및 출원인이 아닌 제3자에 의하여 출원심사의 청구가 있는 때에 그 취지를 출원인에게 통지하는 것을 규정하고 있다.

### 해설

#### ① 출원심사청구서 제출 및 출원심사청구의 공보게재(제1항 및 제2항)

출원심사청구서에는 청구인의 성명 및 주소와 출원심사의 청구대상이 되는 특허출원의 표시를 기재하여야 한다(제1항). 특허청장은 출원공개 전에 출원심사의 청구가 있으면 출원공개 시에, 출원공개 후에 출원심사의 청구가 있으면 지체 없이 그 취지를 특허공보에 게재하여야 한다(제2항).

#### ② 제3자의 심사청구시 출원인에게 통지(제3항)

제3자로부터 출원심사의 청구가 있으면 그 취지를 특허출원인에게 알려야 한다. 이는 특허받을 수 있는 권리를 가진 출원인으로 하여금 심사청구가 있었다는 사실을 알지 못한 채 심사가 진행되는 것을 방지하고, 출원인이 보정 등에 적절한 대응을 취할 수 있도록 하기 위함이다.

> **제61조 우선심사**
>
> 특허청장은 다음 각 호의 어느 하나에 해당하는 특허출원에 대해서는 심사관에게 다른 특허출원에 우선하여 심사하게 할 수 있다.
> 1. 제64조에 따른 출원공개 후 특허출원인이 아닌 자가 업(業)으로서 특허출원된 발명을 실시하고 있다고 인정되는 경우
> 2. 대통령령으로 정하는 특허출원으로서 긴급하게 처리할 필요가 있다고 인정되는 경우

### 취 지

제61조는 출원발명의 심사를 심사청구의 순서에 따라 심사하는 것이 원칙이지만 이럴 경우 **출원인의 이익보호가 미흡**하거나 **공공의 이익에 따라 긴급히 처리**해야 할 사유가 있는 경우에는 **우선적으로 심사**를 하여 **조기에 권리화**가 가능하도록 한 "우선심사제도"를 규정한 것이다.

### 해 설

우선심사 사유는 크게 ① **출원공개 후 제3자의 무단실시가 있는 경우** 및 ② **대통령령으로 정하는 특허출원으로서 긴급하게 처리할 필요가 있다고 인정되는 경우**이다. 제3자의 무단실시는 우선적으로 심사를 해서 권리여부를 조기에 확정시킴으로써 출원인의 권리보호를 위한 것이다.

특허법 시행령 제8조에 따른 우선심사의 대상으로는 ⓐ **방위산업분야의 특허출원**, ⓑ **녹색기술**(온실가스 감축기술 등) 또는 **수출촉진에 직접 관련된 특허출원**, ⓒ **외국특허청과 우선심사하기로 합의한 특허출원** ⓓ **4차 산업혁명 관련분야**(인공지능, 사물인터넷 등) **특허출원** 등이다.

> **제62조 특허거절결정**
>
> 심사관은 특허출원이 다음 각 호의 어느 하나의 거절이유(이하 "거절이유"라 한다)에 해당하는 경우에는 특허거절결정을 하여야 한다.
> 1. 제25조·제29조·제32조·제36조 제1항부터 제3항까지 또는 제44조에 따라 특허를 받을 수 없는 경우
> 2. 제33조 제1항 본문에 따른 특허를 받을 수 있는 권리를 가지지 아니하거나 같은 항 단서에 따라 특허를 받을 수 없는 경우
> 3. 조약을 위반한 경우
> 4. 제42조 제3항·제4항·제8항 또는 제45조에 따른 요건을 갖추지 아니한 경우
> 5. 제47조 제2항에 따른 범위를 벗어난 보정인 경우
> 6. 제52조 제1항에 따른 범위를 벗어난 분할출원인 경우
> 7. 제53조 제1항에 따른 범위를 벗어난 변경출원인 경우

**제3장 심사**

### 취 지

제62조는 출원발명에 심사청구가 있어 심사관이 **실체심사를 하는 경우 특허여부를 결정**하도록 되어 있는데 이러한 **심사주의에 따른 거절결정의 이유(거절이유)**를 **제한적으로 열거**하여 규정하고 있다. 따라서 심사관은 본조의 각 호에 해당하지 않는 이유로 특허출원을 거절결정 할 수 없다.

### 해 설

① 제1호 거절이유(제25조·제29조·제32조·제36조제1항부터 제3항, 제44조)

**외국인**으로서 특허출원에 관한 **권리능력**이 없는 경우(제25조), 산업상 이용가능성, 신규성, 진보성, 확대된 선원 등 **특허요건**에 위반하는 경우(제29조), **공서양속**에 반하는 특허발명(제32조), **선출원주의** 위반(제36조 제1항 내지 제3항), 및 **공동출원** 위반(제44조)이다.

② 제2호 내지 제4호(제33조 제1항, 조약, 제42조 제3항, 제4항 및 제8항, 제45조)

**무권리자**에 의한 **출원** 또는 **특허청 직원** 등이 **재직 중** 상속 또는 유증의 경우를 제외하고 특허를 받은 경우(제33조 제1항), 특허에 관한 **조약**을 위반한 경우, **명세서 기재요건**을 위반한 경우(제42조 제3항, 제4항 및 제8항), 및 **1특허출원의 범위**를 위반한 경우(제45조)이다.

③ 제5호 내지 제7호(제47조 제2항, 제52조 제1항, 제53조 제1항)

특허출원의 **보정의 범위**를 벗어난 경우(제47조 제2항), **분할출원 또는 변경출원시 원출원의 출원서에 최초로 첨부된 명세서 또는 도면에 기재된 사항의 범위를 벗어난 경우**(제52조 제1항 및 제53조 제1항)는 **특허거절 결정**을 할 수 있다.

판결요지

▷ 거절이유가 통지되어 **의견제출의 기회가 부여되었던 청구항 중 하나라도 거절이유가 해소되지 않으면 그 출원발명의 출원이 전부 거절되어야 할 것**인데, 앞서 본 바와 같이 거절이유가 통지된 이 사건 제1항 발명의 진보성이 여전히 부정되어 그 거절이유가 해소되지 아니한 이상 이 사건 출원발명은 그 출원이 전부 거절될 수밖에 없으므로, 특허청 심사관이 거절이유통지 후 보정에 의하여 신설된 청구항 제22항 내지 제30항, 제33항 내지 제39항, 제41항에 대하여 다시 거절이유를 통지하여 의견제출의 기회를 부여하지 않고 이 사건 제1항 발명의 진보성이 부정된다는 이유로 이 사건 거절결정을 하였다고 하더라도 위법하다고 할 수 없다(대법원 2011.10.13. 선고 2009후4322 판결).

▷ 구 특허법(2007.1.3. 법률 제8197호로 개정되기 전의 것) 제63조 본문에 의하면, 심사관은 제62조의 규정에 의하여 특허거절결정을 하고자 할 때에는 그 특허출원인에게 거절이유를 통지하고 기간을 정하여 의견서를 제출할 수 있는 기회를 주어야 한다고 규정되어 있으므로, 심사관이 특허출원인에게 거절이유를 통지하여 의견서를 제출할 수 있는 기회를 주지 않고 특허거절결정을 하는 것은 구 특허법 제63조 본문에 위반되어 위법한 것이 원칙이다. 그러나 **특허거절결정의 이유 중에 심사관이 통지하지 아니한 거절이유가 일부 포함되어 있다 하더라도, 특허거절결정에 대한 심판청구를 기각하는 심결이유가 심사관이 통지하지 아니한 거절이유를 들어 특허거절결정을 유지하는 경우가 아니라면, 그와 같은 사유만으로 심결을 위법하다고는 할 수 없다**(대법원 2009.12.10. 선고 2007후3820 판결).

> **제63조 거절이유통지**
>
> ① 심사관은 다음 각 호의 어느 하나에 해당하는 경우 특허출원인에게 거절이유를 통지하고, 기간을 정하여 의견서를 제출할 수 있는 기회를 주어야 한다. 다만, 제51조 제1항에 따라 각하결정을 하려는 경우에는 그러하지 아니하다.
> 1. 제62조에 따라 특허거절결정을 하려는 경우
> 2. 제66조의3 제1항에 따른 직권 재심사를 하여 취소된 특허결정 전에 이미 통지한 거절이유로 특허거절결정을 하려는 경우
> ② 심사관은 청구범위에 둘 이상의 청구항이 있는 특허출원에 대하여 제1항 본문에 따라 거절이유를 통지할 때에는 그 통지서에 거절되는 청구항을 명확히 밝히고, 그 청구항에 관한 거절이유를 구체적으로 적어야 한다.

제3장 심사

### 취 지

제63조는 심사관이 출원발명을 심사하여 **제62조에 해당하는 거절이유가 있더라도 바로 거절결정을 하는 것이 아니라 출원인에게 거절이유통지에 대한 항변의 기회를 부여해** 명세서 보정을 통하여 거절이유를 해소할 수 있도록 함으로써 **거절결정에 대한 객관성·공정성을 높이기 위한** 것이다.

### 해 설

① 거절이유통지(제1항)

심사관은 심사결과 출원발명이 거절이유(제62조)에 해당하면 출원인에게 **거절이유를 통지하고 기간을 정하여 의견서 제출의 기회를 주어야** 한다. 또한 직권 재심사(제66조의3 제1항)를 해서 취소된 특허결정 전에 이미 통지한 거절이유로 거절결정을 하려는 경우도 마찬가지이다. 직권 재심사에 따른 특허결정 전에 이미 통지한 거절이유를 근거로 곧바로 거절결정 하는 것은 출원인에게 너무 가혹하기 때문이다. 다만, 보정각하 결정(제51조 제1항)은 심사의 신속한 처리를 위하여 의견서 제출의 기회를 주고 있지 않다(제1항 단서).

② 청구항별 거절이유 통지(제2항)

심사관은 출원발명이 2 이상의 청구항으로 되어 있을 경우는 **거절이유가 있는 청구항을 명시하고 각 청구항별로 구체적으로 거절이유를 기재하여** 출원인에게 통

지하여야 한다. 이는 하나의 청구항이라도 거절이유가 있는 경우, 심사관은 그 출원 전체에 대하여 거절결정을 할 수 있기 때문이다.

|판결요지|

▷ 거절사정에 대한 심판청구를 기각하는 심결 이유는 적어도 그 주된 취지에 있어서 거절이유통지서의 기재 이유와 부합하여야 하고, **거절사정에 대한 심판에서 그 거절사정의 이유와 다른 거절이유를 발견한 경우에는 거절이유의 통지를 하여 특허출원인에게 새로운 거절이유에 대한 의견서 제출의 기회를 주어야** 하지만, 거절사정에서와 다른 별개의 새로운 이유로 심결을 한 것이 아니고, 거절사정에서의 거절이유와 실질적으로 동일한 사유로 심결을 하는 경우에는 특허출원인에게 그 거절이유를 통지하여 그에 대한 의견서제출의 기회를 주어야 하는 것은 아니다(대법원 2003.12.26. 선고 2001후2702 판결).

---

**제3장 심사**

**제63조의2 특허출원에 대한 정보제공**

특허출원에 관하여 누구든지 그 특허출원이 거절이유에 해당하여 특허될 수 없다는 취지의 정보를 증거와 함께 특허청장에게 제공할 수 있다. 다만, 제42조 제3항 제2호, 같은 조 제8항 및 제45조에 따른 요건을 갖추지 아니한 경우에는 그러하지 아니하다.

|취 지|

제63조의2는 특허출원에 대한 **정보제공제도**로, 특허 받을 수 없는 발명이 특허등록이 되는 것을 방지하기 위하여 그 출원발명이 특허가 될 수 없는 이유를 알고 있는 자로 하여금 관련 정보를 특허청에 제공할 수 있도록 함으로써 **심사의 품질과 정확성을 제고**하기 위하여 마련된 규정이다.

|해 설|

특허출원에 대한 정보를 제공할 수 있는 사람은 「**누구든지**」 할 수 있다. 특허심사에 일반인도 참여하게 함으로써 심사의 정확성과 품질을 높이기 위함이다. 다만, 출원이 계속 중이어야 정보제공의 실익이 있기 때문에 무효, 취하, 포기 또는 거절결정이 확정된 출원은 그 대상이 될 수 없다.

정보제공의 이유는 **해당 출원이 제62조의 거절이유에 해당되어 특허가 될 수 없**

다는 경우이며 다만, 배경기술의 기재(제42조 제3항 제2호), 청구범위 기재방법(제42조 제8항) 및 1특허출원의 범위(제45조)는 발명의 실체적 특허요건 보다는 기재형식적 측면이어서 정보제공의 대상에서 제외하였다.

## 제3장 심사

### 제63조의3 외국의 심사결과 제출명령

심사관은 제54조에 따른 우선권 주장을 수반한 특허출원의 심사에 필요한 경우에는 기간을 정하여 그 우선권 주장의 기초가 되는 출원을 한 국가의 심사결과에 대한 자료(그 심사결과가 없는 경우에는 그 취지를 적은 의견서를 말한다)를 산업통상자원부령으로 정하는 방법에 따라 제출할 것을 특허출원인에게 명할 수 있다.

### 취지

제63조의3은 **외국의 심사결과 제출명령제도**에 관한 규정으로 동일한 기술을 복수의 국가에 교차하여 출원하는 발명이 급증함에 따라 **주요국 특허청 간 심사결과의 상호 활용 필요성이 증대함**에 따라 **외국의 심사결과가 있는 경우 이를 참조해 심사의 효율성을 도모**하기 위하여 마련된 규정이다.

### 해설

심사관은 조약우선권 관련 특허출원(제54조)의 심사시 필요한 경우 기간을 정하여 그 우선권 주장의 기초가 되는 출원(제1국 출원)을 한 국가의 심사결과에 대한 자료를 제출할 것을 출원인에게 명할 수 있다. 심사관이 제1국 출원의 심사결과를 참조해 심사의 효율성을 도모하기 위함이다.

### 제64조 출원공개

① 특허청장은 다음 각 호의 구분에 따른 날부터 1년 6개월이 지난 후 또는 그 전이라도 특허출원인이 신청한 경우에는 산업통상자원부령으로 정하는 바에 따라 그 특허출원에 관하여 특허공보에 게재하여 출원공개를 하여야 한다.
1. 제54조 제1항에 따른 우선권 주장을 수반하는 특허출원의 경우: 그 우선권 주장의 기초가 된 출원일
2. 제55조 제1항에 따른 우선권 주장을 수반하는 특허출원의 경우: 선출원의 출원일
3. 제54조 제1항 또는 제55조 제1항에 따른 둘 이상의 우선권 주장을 수반하는 특허출원의 경우: 해당 우선권 주장의 기초가 된 출원일 중 최우선일
4. 제1호부터 제3호까지의 어느 하나에 해당하지 아니하는 특허출원의 경우: 그 특허출원일

② 제1항에도 불구하고 다음 각 호의 어느 하나에 해당하는 경우에는 출원공개를 하지 아니한다.
1. 명세서에 청구범위를 적지 아니한 경우
2. 제42조의3 제2항에 따른 국어번역문을 제출하지 아니한 경우(외국어특허출원의 경우로 한정한다)
3. 제87조 제3항에 따라 등록공고를 한 특허의 경우

③ 제41조 제1항에 따라 비밀취급된 특허출원의 발명에 대해서는 그 발명의 비밀취급이 해제될 때까지 그 특허출원의 출원공개를 보류하여야 하며, 그 발명의 비밀취급이 해제된 경우에는 지체 없이 제1항에 따라 출원공개를 하여야 한다. 다만, 그 특허출원이 설정등록된 경우에는 출원공개를 하지 아니한다.

④ 제1항의 출원공개에 관하여 출원인의 성명·주소 및 출원번호 등 특허공보에 게재할 사항은 대통령령으로 정한다.

**취 지**

제64조는 **특허출원 후 일정기간이 경과하거나 출원인의 신청**이 있는 경우 특허출원의 심사유무에 관계없이 **출원내용을 일반 공중에게 공개**함으로써 출원발명에 대한 **중복연구 또는 중복투자를 방지**하고 공개된 **출원발명의 기술을 제3자가 이용**할 수 있도록 한 **출원공개**에 관한 규정이다.

> 해 설

① 출원공개의 시기(제1항).

출원공개는 특허출원일로부터 1년 6개월이 지난 후 또는 그 이전이라도 출원인의 신청이 있으면 된다. 「특허출원일」은 조약우선권 주장을 수반하는 특허출원(제54조 제1항)은 그 우선권 주장의 기초가 된 출원일, 국내우선권 주장을 수반하는 특허출원(제55조 제1항)은 선출원의 출원일, 둘 이상의 우선권 주장을 수반하는 특허출원은 우선권 주장의 기초가 된 출원일 중 최우선일(제54조 제1항 및 제55조 제1항), 분할 또는 변경출원인 경우는 원출원의 출원일, 무권리자에 대한 정당한 권리자의 출원의 경우는 무권리자의 출원일이 특허출원일이 된다.

② 출원공개의 대상(제2항 및 제3항)

출원공개시 특허청에 출원이 계속 중인 출원을 공개하는 것이 원칙이나, 명세서에 **청구범위를 적지 않았거나 외국어특허출원으로서 국어번역문을 제출하지 않은 경우**는 발명의 내용이 미확정이거나 관련 보정서나 번역문을 제출하지 않으면 출원이 취하간주 되므로 **출원공개 하지 않는다.**

또한, 출원공개 전에 등록공보가 발행되어 등록공보가 출원공개의 기능을 하게 된 경우(제2항)나 **국방상 필요한 발명으로서 비밀취급이 필요한 경우**는 그 발명의 **비밀취급이 해제될 때까지 출원공개를 보류**하여야 하며, 비밀취급이 해제된 경우는 지체 없이 출원공개를 하여야 한다(제3항).

③ 출원공개의 방법(제4항)

출원공개는 **특허공개공보에 게재되는 방법**으로 이루어지는데 여기에는 출원번호, 출원인, **출원공개번호 및 공개연월일**, 분류기호 등의 서지적 사항과 발명의 명칭, 특허청구범위, 도면, 심사청구 여부, 우선권 주장에 관한 사항 등이 게재된다(특허법 시행령 제19조 특허공보 참조).

> **제65조 출원공개의 효과**
>
> ① 특허출원인은 출원공개가 있은 후 그 특허출원된 발명을 업으로서 실시한 자에게 특허출원된 발명임을 서면으로 경고할 수 있다.
> ② 특허출원인은 제1항에 따른 경고를 받거나 제64조에 따라 출원공개된 발명임을 알고 그 특허출원된 발명을 업으로 실시한 자에게 그 경고를 받거나 출원공개된 발명임을 알았을 때부터 특허권의 설정등록을 할 때까지의 기간 동안 그 특허발명의 실시에 대하여 합리적으로 받을 수 있는 금액에 상당하는 보상금의 지급을 청구할 수 있다.
> ③ 제2항에 따른 청구권은 그 특허출원된 발명에 대한 특허권이 설정등록된 후에만 행사할 수 있다.
> ④ 제2항에 따른 청구권의 행사는 특허권의 행사에 영향을 미치지 아니한다.
> ⑤ 제2항에 따른 청구권을 행사하는 경우에는 제127조·제129조·제132조 및 「민법」 제760조·제766조를 준용한다. 이 경우 「민법」 제766조 제1항 중 "피해자나 그 법정대리인이 그 손해 및 가해자를 안 날"은 "해당 특허권의 설정등록일"로 본다.
> ⑥ 제64조에 따른 출원공개 후 다음 각 호의 어느 하나에 해당하는 경우에는 제2항에 따른 청구권은 처음부터 발생하지 아니한 것으로 본다.
> 1. 특허출원이 포기·무효 또는 취하된 경우
> 2. 특허출원에 대하여 제62조에 따른 특허거절결정이 확정된 경우
> 3. 제132조의13 제1항에 따른 특허취소결정이 확정된 경우
> 4. 제133조에 따른 특허를 무효로 한다는 심결(같은 조 제1항 제4호에 따른 경우는 제외한다)이 확정된 경우

### 취 지

제65조는 제64조의 출원공개제도에 따른 효과에 관한 것으로 **제3자가 공개된 출원발명을 업으로 실시하는 경우에 출원인의 이익을 사전에 보호하는** 측면에서 출원공개된 이후부터 설정등록시까지 발명의 출원공개에 따른 특허출원인의 이익을 보전하기 위한 **보상금지급청구권**을 규정한 것이다.

### 해 설

① 발명을 실시한 자에 대한 서면경고 및 보상금지급청구권 발생(제1항 및 제2항)

출원인은 발명의 출원공개가 있는 후 **제3자가 업으로서 실시**하면 출원된 발명임

을 서면으로 경고하고(사실의 통지), 경고를 받거나 공개된 발명임을 알았을 때부터 설정등록시까지 그 특허발명의 실시에 대하여 **합리적**[53]**으로 받을 수 있는 금액에 상당하는 보상금 지급을 청구**할 수 있다.

### ② 보상금지급청구권의 행사 및 특허권과의 관계(제3항 및 제4항)

보상금청구권을 특허권리로서 등록되기 전 미확정 상태에서 행사토록 하면 제3자의 이익을 부당하게 해칠 수 있어 특허권 설정등록이 있는 후에 이를 행사할 수 있도록 하였으며(제3항), 출원발명이 특허권으로서 설정등록이 된 후 권리를 행사하는 특허권과는 그 태생적 성격이 다르다.

출원인은 **출원발명이 공개된 후 권리로서 설정등록시까지 경과적 보호수단으로** 출원발명의 **보상금지급청구권을 행사**할 수 있고, **특허권으로 설정등록된 후에는 특허권자로서 권리행사** 즉, 특허발명에 대한 침해금지(예방)청구권 및 손해배상청구권 등을 독립적으로 행사할 수 있다(제4항).

### ③ 보상금지급청구권을 행사하는 경우에 준용규정(제5항)

보상금지급청구권을 행사하는 경우에는 침해로 보는 행위(제127조), 생산방법의 추정(제129조), 자료의 제출(제132조) 및 민법 공동불법행위자의 책임(제760조), 손해배상청구권의 소멸시효(제766조) 규정을 준용한다. 이 경우 민법 제766조 제1항의 「피해자나 그 법정대리인이 그 손해 및 가해자를 안 날」은 「해당 특허권의 설정등록일」로 보고 있는데 이는 민법상 보상금지급청구권의 소멸시효 기산점을 특허법상 실제로 보상금지급청구권을 행사할 수 있는 시기인 해당 특허권의 「설정등록일」을 기준으로 하도록 규정한 것이다.[54]

---

53) 특허출원된 발명이나 특허권 등의 침해자에게 청구할 수 있는 실시료 배상금액을 **"통상적으로"** 받을 수 있는 금액에서 **"합리적으로"** 받을 수 있는 금액으로 변경하였다. 이는 "통상실시료"가 특허발명 매출액 대비 2~5%에 불과하여 외국에 비하여 낮고, 판례 역시 "통상적으로 받을 수 있는 금액"을 결정함에 있어 "여러가지 사정을 모두 고려하여 객관적, 합리적인 금액으로 결정하여야 한다"고 판시하고 있어(대법원 2006.4.27. 선고 2003다15006 판결), 실시료 배상액 결정시 개별적인 특수한 사정을 모두 고려하여 금액을 결정하는 취지에 부합되게 문구를 수정한 것이다. 제128조(손해배상청구권 등) 제4항 및 제207조(출원공개시기 및 효과의 특례) 제4항에서의 "합리적"도 같은 취지이다. 국회 산업통상자원중소벤처기업위원회, 특허법 일부개정법률안 산업통상자원특허소위원회 심사자료, 2018.11, 49면.

54) 임병웅, 앞의 책, 603면. 민법 제766조(손해배상청구권의 소멸시효) ① 불법행위로 인한 손해배상청구권은 피해자나 그 법정대리인이 그 손해 및 가해자를 안 날로부터 3년간 이를 행사하지 아니하면 시효로 인하여 소멸한다.

④ 보상금지급청구권의 소멸(제6항)

출원공개 후 ⓐ 특허출원이 포기·무효 또는 취하된 경우, ⓑ 특허거절결정 또는 특허취소결정이 확정된 경우, ⓒ 무효심판에서 특허를 무효로 한다는 심결(후발적 무효사유 제외)이 확정된 경우와 같이 **특허권이 설정등록이 되지 않은 경우** 등은 보상금지급청구권은 소멸한다.

> **제3장 심사**
>
> **제66조 특허결정**
> 심사관은 특허출원에6 대하여 거절이유를 발견할 수 없으면 특허결정을 하여야 한다.

### 취 지

제66조는 **심사관이** 특허출원된 발명을 심사한 결과 **제62조의 특허거절결정의 이유를 발견하지 못한 경우에는 특허결정**을 하도록 한 규정이다. 특허결정은 심사관이 **특허출원에 대하여 특허한다는 뜻의 의사표시**이자 **행정처분**이다. 특허결정이 있는 후에 설정등록을 하면 특허권이 발생한다.

### 해 설

심사관이 특허결정을 하여야 할 경우는 심사결과 거절이유를 발견하지 못한 경우이거나 거절이유가 있다 하더라도 출원인이 명세서 또는 도면의 보정 등을 통하여 거절이유가 해소된 경우이다. 특허결정은 특허결정의 등본이 송달된 때 확정되며, **특허결정에 대한 불복청구는 허용되지 않는다.**

> **제66조의2 직권보정 등**
>
> ① 심사관은 제66조에 따른 특허결정을 할 때에 특허출원서에 첨부된 명세서, 도면 또는 요약서에 적힌 사항이 명백히 잘못된 경우에는 직권으로 보정(이하 "직권보정"이라 한다)할 수 있다.
> ② 제1항에 따라 심사관이 직권보정을 하려면 제67조 제2항에 따른 특허결정의 등본 송달과 함께 그 직권보정 사항을 특허출원인에게 알려야 한다.
> ③ 특허출원인은 직권보정 사항의 전부 또는 일부를 받아들일 수 없으면 제79조 제1항에 따라 특허료를 낼 때까지 그 직권보정 사항에 대한 의견서를 특허청장에게 제출하여야 한다.
> ④ 특허출원인이 제3항에 따라 의견서를 제출한 경우 해당 직권보정 사항의 전부 또는 일부는 처음부터 없었던 것으로 본다. 이 경우 그 특허결정도 함께 취소된 것으로 본다. 다만, 특허출원서에 첨부된 요약서에 관한 직권보정 사항의 전부 또는 일부만 처음부터 없었던 것으로 보는 경우에는 그러하지 아니하다.
> ⑤ 삭제 〈2016.2.29.〉

**제3장 심사**

### 취지

제66조의2는 심사관에 의한 직권보정에 관한 것으로, **심사관이 특허결정을 할 때에 명세서 등에 적힌 사항이 명백히 잘못된 경우 불필요한 거절이유통지로 인한 심사절차의 지연을 방지하기 위하여 심사관이 직권으로 보정할 수** 규정이다. 출원인에 의한 명세서 등 보정제도의 보충적 성격을 가진다.

### 해설

① 직권보정 요건(제1항)

심사관이 직권으로 보정하기 위해서는 **명세서, 도면 또는 요약서에 적힌 사항**이 **「명백히 잘못된 경우」** 가 있어야 한다. 여기서 「명백히 잘못된 경우」란 **통상의 기술자가 그 기재가 잘못되었다는 사실을 쉽게 인식할 수 있고, 명세서 등의 기재, 의견서 및 출원 당시의 기술상식을 참작하여 출원인의 당초 의도를 명백히 알 수 있어서 해당 보정이 어떻게 이루어질 것인지 쉽게 예측할 수 있는 사항을 의미한다.**[55] 예컨대, 맞춤법상의 단순한 오자, 탈자 또는 도면부호의 불일치, 출원인의 당초 의도를 명확히 알 수 있는 기재불비 등이 그 대상이 된다.

---

55) 특허청, 앞의 심사기준, 8202면.

② 직권보정 사항의 통지 및 출원인의 의견서 제출(제2항 및 제3항)

심사관이 직권보정을 하려면 특허결정의 등본 송달과 함께 그 직권보정 사항을 받아들일지에 대하여 출원인이 판단을 할 수 있도록 알려야 하고(제2항), 출원인은 직권보정 사항의 전부 또는 일부를 받아들일 수 없으면 특허료를 낼 때까지 그 직권보정 사항에 대한 의견서를 제출하여야 한다(제3항).

③ 직권보정의 효과(제4항)

출원인이 의견서를 제출한 경우 해당 직권보정 사항의 전부 또는 일부는 처음부터 없었던 것으로 본다. 이 경우 그 특허결정도 함께 취소된 것으로 본다. 다만, 출원서에 첨부된 요약서에 관한 사항은 원래 거절이유에 속하지 않으므로 특허결정이 취소된 것으로 볼 수 없다.

> **제66조의3 특허결정 이후 직권 재심사**
> ① 심사관은 특허결정된 특허출원에 관하여 명백한 거절이유를 발견한 경우에는 직권으로 특허결정을 취소하고, 그 특허출원을 다시 심사(이하 "직권 재심사"라 한다)할 수 있다. 다만, 다음 각 호의 어느 하나에 해당하는 경우에는 그러하지 아니하다.
> 1. 거절이유가 제42조 제3항 제2호, 같은 조 제8항 및 제45조에 따른 요건에 관한 것인 경우
> 2. 그 특허결정에 따라 특허권이 설정등록된 경우
> 3. 그 특허출원이 취하되거나 포기된 경우
> ② 제1항에 따라 심사관이 직권 재심사를 하려면 특허결정을 취소한다는 사실을 특허출원인에게 통지하여야 한다.
> ③ 특허출원인이 제2항에 따른 통지를 받기 전에 그 특허출원이 제1항 제2호 또는 제3호에 해당하게 된 경우에는 특허결정의 취소는 처음부터 없었던 것으로 본다.

**취 지**

제66조의3은 심사관이 **특허결정된 출원에 대하여 명백한 거절이유를 발견한 경우 직권으로 특허결정을 취소하고 다시 심사하는 「직권 재심사」** 에 관한 것으로, 심사관이 특허결정을 했을지라도 사후 거절이유를 자체 발견한 경우나 제3자의 정보제공으로 거절이유를 발견한 경우 이용되고 있다.

**해 설**

① **직권 재심사 요건(제1항)**

심사관이 직권으로 재심사하기 위해서는 **특허결정된 출원이** 발명의 설명란에 배경기술의 기재(제42조 제3항 제2호), 청구범위의 다항제 기재방법(제42조 제8항) 및 1 특허출원의 범위(제45조) 위반을 제외한 **명백한 거절이유를 발견한 경우**이어야 한다.

「명백한 거절이유」란 무효로 될 가능성의 정도로는 부족하고, 무효로 될 것이 명백한 거절이유이며, 특허권이 이미 설정등록 되어 직권 재심사가 권리의 안정성을 해치거나 출원이 취하 또는 포기되어 출원절차가 종료됨으로써 심사할 대상이 없다면 직권 재심사를 할 수 없다.

② **직권 재심사 통지 및 효과(제2항 및 제3항)**

심사관이 직권 재심사를 하려면 특허결정을 취소한다는 사실을 출원인에게 통지한다(제2항). 한편, 출원인이 특허결정을 취소한다는 사실을 통지 받기 전 그 출원이 특허결정으로 특허권이 설정등록된 경우나 취하 또는 포기된 경우는 특허결정의 취소는 처음부터 없었던 것으로 본다(제3항).

---

**제3장 심사**

**제67조 특허여부결정의 방식**

① 특허결정 및 특허거절결정(이하 "특허여부결정"이라 한다)은 서면으로 하여야 하며, 그 이유를 붙여야 한다.
② 특허청장은 특허여부결정이 있는 경우에는 그 결정의 등본을 특허출원인에게 송달하여야 한다.

**취 지**

제67조는 특허출원에 대한 심사결과 **특허성 적격 여부를 심사관이 최종적으로 판단**하여 **출원인에게 통보하는 방식과 절차**를 규정하고 있다. 즉, 심사관의 심사에 의한 특허출원의 최종처분인 특허여부결정(행정처분)은 공정성과 객관성이 담보되어야 함으로 이에 관한 규정을 둔 것이다.

> 해 설

심사관은 특허결정 및 특허거절결정(**특허여부결정**)을 할 때는 **서면으로 그 이유를 기재**하여야 하고(제1항), 그 특허여부결정의 등본을 출원인에게 송달하여야 한다(제2항). 특허거절결정에 대해서는 특허심판원에 불복하여 심판을 청구할 수 있으나 특허결정은 불복을 할 수 없다.

---

**제3장 심사**

### 제67조의2 재심사의 청구

① 특허출원인은 그 특허출원에 관하여 특허거절결정등본을 송달받은 날부터 30일(제15조 제1항에 따라 제132조의17에 따른 기간이 연장된 경우 그 연장된 기간을 말한다) 이내에 그 특허출원의 명세서 또는 도면을 보정하여 해당 특허출원에 관한 재심사(이하 "재심사"라 한다)를 청구할 수 있다. 다만, 재심사를 청구할 때에 이미 재심사에 따른 특허거절결정이 있거나 제132조의17에 따른 심판청구가 있는 경우에는 그러하지 아니하다.
② 특허출원인은 제1항에 따른 재심사의 청구와 함께 의견서를 제출할 수 있다.
③ 제1항에 따라 재심사가 청구된 경우 그 특허출원에 대하여 종전에 이루어진 특허거절결정은 취소된 것으로 본다. 다만, 재심사의 청구절차가 제16조 제1항에 따라 무효로 된 경우에는 그러하지 아니하다.
④ 제1항에 따른 재심사의 청구는 취하할 수 없다.

---

> 취 지

제67조의2는 심사관이 특허거절결정한 출원에 대하여 특허심판원에 **거절결정의 불복심판을** 청구하지 않고 거절결정등본을 송달받은 일정 기간 내에 **명세서 또는 도면을 보정**하여 **심사관에게 재심사를 청구**하는 경우 심사관은 보정된 출원을 다시 심사하는 **재심사 청구제도**를 규정한 것이다.

출원인은 재심사 청구제도를 이용함으로써 **심판청구를 하지 않고 거절이유가 없는 특허등록 가능한 청구항으로 명세서 등을 보정**하여 **심사관으로부터 특허결정을 이끌어 낼 수 있어** 특허취득을 위한 절차가 간소화 되어 **기존의 심판청구에 따른 비용 및 시간을 절약**할 수 있다.

> 해 설

① 재심사 청구의 요건(제1항)

출원인은 거절결정등본을 송달받은 날부터 30일 이내에 명세서 등을 보정하여야 재심사를 청구할 수 있다. 다만, 절차반복에 따른 심사지연 방지를 위하여 **이미 재심사에 따른 거절결정이 있거나 출원인의 선택에 따른 거절결정불복심판청구가 있는 경우에는 재심사를 청구 할 수 없다.**

② 재심사 청구의 절차(제2항)

재심사를 청구하려는 자 즉, 출원인은 **재심사 청구의 취지를 적은 보정서를 특허청장에게 제출**하여야 한다(특허법 시행규칙 제37조의2). 이 때 출원인은 재심사의 청구와 함께 의견서를 제출할 수 있다.

③ 재심사 청구의 효력(제3항)

재심사가 청구된 경우 그 특허출원에 대하여 **종전에 행해진 특허거절결정은 취소된 것으로 본다.** 이는 거절결정이 있는 상태에서 재심사를 하여 특허결정이 되는 모순을 막기 위한 것이다. 심사관은 재심사 청구시 **보정된 명세서 등으로 다시 심사를 진행하여 특허여부결정**을 하게 된다.

④ 재심사 청구의 취하 금지(제4항)

재심사 청구는 취하할 수 없다. 이는 재심사 청구가 있는 경우 명세서 등의 보정이 있었고, 특허거절결정은 취소된 것으로 간주되었는데 **재심사 청구의 취하로 명세서 등의 보정이 없었고 거절결정이 취소된 것으로 보았던 것이 번복되면 절차상 혼란을 초래할 수 있기 때문이다.**

> **제3장 심사**
>
> **제67조의3 특허출원의 회복**
>
> ① 특허출원인이 책임질 수 없는 사유로 다음 각 호의 어느 하나에 해당하는 기간을 지키지 못하여 특허출원이 취하되거나 특허거절결정이 확정된 것으로 인정되는 경우에는 그 사유가 소멸한 날부터 2개월 이내에 출원심사의 청구 또는 재심사의 청구를 할 수 있다. 다만, 그 기간의 만료일부터 1년이 지난 때에는 그러하지 아니하다.
> 1. 제59조 제2항 또는 제3항에 따라 출원심사의 청구를 할 수 있는 기간
> 2. 제67조의2 제1항에 따라 재심사의 청구를 할 수 있는 기간
> ② 제1항에 따른 출원심사의 청구 또는 재심사의 청구가 있는 경우에는 제59조 제5항에도 불구하고 그 특허출원은 취하되지 아니한 것으로 보거나 특허거절결정이 확정되지 아니한 것으로 본다.

**취지**

제67조의3은 **출원인의 권리보호 강화와 특허법 조약과의 조화를 위하여 출원인에게 책임질 수 없는 사유로** 심사청구의 기간 또는 재심사 청구기간을 경과하여 특허출원이 취하되거나 거절결정이 확정되는 것으로 인정되는 경우에도 **특허출원의 회복 기회를 확대**하고자 마련된 규정이다.

**해설**

① 특허출원의 회복 대상 및 회복 청구기간(제1항)

특허출원의 회복 대상은 출원인이 책임질 수 없는 사유로 **특허출원심사의 청구기간(출원일로부터 3년 이내)**이나 **재심사 청구기간(거절결정등본을 송달받은 날부터 30일 이내)**을 지키지 못하여 출원이 취하되거나 거절결정이 확정된 경우에 한하여 인정된다. 「출원인에게 책임질 수 없는 사유」란 천재·지변 기타 불가피한 사유보다 더 넓게 **출원인이 보통의 주의를 다하였음에도 불구하고 그 기간을 지킬 수 없었던 사유**를 포함한다. 이에 따라 특허출원을 회복할 수 있는 청구기간은 그 **사유가 소멸한 날부터 2개월 이내에 출원심사의 청구 또는 재심사의 청구**를 할 수 있다(제1항 본문).

다만, 특허절차의 지연 및 그에 따른 법률 관계의 불확실성이 장기화 되는 것을 막기 위하여 출원심사 또는 재심사 청구기간의 만료일부터 1년이 지난 때에는 특허출원의 회복을 청구할 수 없다(제1항 단서).

② 특허출원의 회복 청구의 효력(제2항)

**원래** 특허출원이 출원일로부터 3년 이내에 심사청구가 없으면 그 출원은 취하한 것으로 보고(제59조 제5항), 거절결정등본을 송달받은 날부터 30일 이내에 재심사 청구를 하지 않으면 거절결정이 확정된다. 그러나 **특허출원의 회복 청구기간에 회복 청구가 있으면** 특허출원이 출원일로부터 3년 이내에 심사청구가 없어도 그 **출원이 취하되지 않은 것으로 보거나** 거절결정등본을 송달받은 날부터 30일 이내에 재심사 청구를 하지 않아도 **거절결정이 확정되지 않은 것으로 본다**는 의미이다.

---

**제3장 심사**

**제68조 심판규정의 심사에의 준용**

특허출원의 심사에 관하여는 제148조 제1호부터 제5호까지 및 제7호를 준용한다.

---

**취 지**

제68조는 심사관이 심사하는 **특허출원이 심사관과 특별한 관계(특허출원의 당사자 또는 그 배우자 등)에 있는** 경우에 그 출원발명의 특허심사에 공정성을 해칠 우려가 있어 그 출원의 **심사에서 배제**할 수 있게 특허심판에서의 심판관의 제척 규정(제148조)을 특허출원의 심사에 관하여 준용한 규정이다.

**해 설**

① 심사관의 제척사유

심사관은 다음의 어느 하나에 해당되는 경우에 그 심사에서 제척된다. ⓐ **심사관 또는 그 배우자이거나 배우자이었던 사람이 출원인인 경우**, ⓑ **심사관이 출원인의 친족이거나 친족이었던 경우**, ⓒ 심사관이 출원인의 법정대리인이거나 법정대리인 이었던 경우, ⓓ 심사관이 출원에 대한 증인 또는 감정인이거나 감정인이었던 경우, ⓔ 심사관이 출원인의 대리인이거나 대리인이었던 경우, 및 ⓕ **심사관이 출원에 관하여 직접 이해관계를 가진 경우**이다. 한편, 심사는 심판과 달리 전심(前審)이 없기 때문에 심판의 전심관여 규정(제148조 제6호)이 준용되지 않는다.

② 제척의 효과

심사관이 위와 같은 제척사유에 하나라도 해당하는 경우에는 당연히 해당 특허출원의 심사에서 제척된다. 한편, **제척사유가 있음에도 심사관이 절차를 진행한 심사는 위법**한 것이므로 그 심사관이 결정한 특허거절결정에 대해서는 심판을 청구하면서 거절결정의 당부를 다툴 수 있다.

| 제3장 심사 | 제69조 특허이의신청 삭제 〈2006.3.3.〉 |
|---|---|
| | 제70조 특허이의신청의 보정 등 삭제 〈2006.3.3.〉 |
| | 제71조 심사·결정의 합의체 삭제 〈2006.3.3.〉 |
| | 제72조 특허이의신청의 심사에 있어서 직권심사 삭제 〈2006.3.3.〉 |
| | 제73조 특허이의신청의 병합 또는 분리 삭제 〈2006.3.3.〉 |
| | 제74조 특허이의신청에 대한 결정 삭제 〈2006.3.3.〉 |
| | 제75조 특허이의신청에 대한 결정방식 삭제 〈2006.3.3.〉 |
| | 제76조 특허이의신청의 취하 삭제 〈2006.3.3.〉 |
| | 제77조 특허이의신청에서의 특허의 정정 삭제 〈2006.3.3.〉 |

| 제3장 심사 | 제78조 심사 또는 소송절차의 중지 |
|---|---|
| | ① 특허출원의 심사에 필요한 경우에는 특허취소신청에 대한 결정이나 심결이 확정될 때까지 또는 소송절차가 완결될 때까지 그 심사절차를 중지할 수 있다. |
| | ② 법원은 소송에 필요한 경우에는 특허출원에 대한 특허여부결정이 확정될 때까지 그 소송절차를 중지할 수 있다. |
| | ③ 제1항 및 제2항에 따른 중지에 대해서는 불복할 수 없다. |

### 취 지

제78조는 특허청의 **심사·심판절차**나 **법원의 소송절차**에 있어 **필요한 경우**에 관련 있는 해당 사건의 절차가 완결될 때까지 그 **심사 또는 소송절차를 중지**할 수 있도록 한 규정이다. 이는 관련성이 있는 사건들 간의 **상호 모순·저촉되는 결과를 예방**하고 절차의 **소송경제를 도모**하기 위함이다.

### 해 설

심사에 필요한 경우 관련 사건의 심판 또는 소송절차가 종결될 때까지 심사절차를 중지할 수 있고(제1항), 법원 역시 소송에 필요한 경우 특허여부결정이 확정될 때까지 소송절차를 중지할 수 있다(제2항). 심사 또는 소송절차를 중지하는 것은 재량행위이므로 이에 대해서는 불복할 수 없다(제3항).

## 제3장 심사

### 제78조의2 심판규정의 특허이의신청에의 준용 삭제 〈2006.3.3.〉

최신 개정법률을 반영한 조문별 취지·해설·판례

**특허법해설**
Easy & Consice

# 제4장 특허료 및 특허등록 등

**제4장 특허료 및 특허 등록 등**

> **제79조 특허료**
> 
> ① 제87조 제1항에 따른 특허권의 설정등록을 받으려는 자는 설정등록을 받으려는 날(이하 "설정등록일"이라 한다)부터 3년분의 특허료를 내야하고, 특허권자는 그 다음 해부터의 특허료를 해당 권리의 설정등록일에 해당하는 날을 기준으로 매년 1년분씩 내야 한다.
> ② 제1항에도 불구하고 특허권자는 그 다음 해부터의 특허료는 그 납부연도 순서에 따라 수년분 또는 모든 연도분을 함께 낼 수 있다.
> ③ 제1항 및 제2항에 따른 특허료, 그 납부방법 및 납부기간, 그 밖에 필요한 사항은 산업통상자원부령으로 정한다.

### 취지

제79조는 **특허료 납부**에 관한 규정으로 특허료 납부는 특허권의 **설정등록 요건**이자 **존속요건**이다. 특허권자는 일정 기간 특허권의 범위 내에서 **독점·배타**적인 **권리를 행사**하므로 특허권의 설정등록을 받으려는 자는 국가기관(특허청)에 일정한 금액인 특허료를 **수익자 부담 원칙**에 의거 **납부**하여야 한다.

### 해설

① 특허료의 납부(제1항)

특허료 납부자는 특허권의 설정등록을 받고자 하는 자와 특허권자이다. 특허권의 설정등록을 받으려는 자는 **설정등록일로부터 3년분의 특허료**(설정등록료)를, 특허권을 계속 존속시키고 싶은 특허권자는 그 다음 해부터 설정등록일을 기준으로 매년 **1년분씩 특허료**(특허유지료)를 내야 한다.

② 특허료 납부 방법 및 기간(제2항 및 제3항)

특허료는 **4년차분부터 납부연도 순서에 따라 수년분 또는 모든 연도분을 함께 낼 수 있다**(제2항). **특허료, 그 납부방법 및 납부기간**, 및 그 밖에 필요한 사항은 산업통상자원부령으로 정함에 따라 "**특허료 등의 징수규칙**"에서 관련 내용을 구체적으로 규정하고 있다.

**설정등록료**는 특허결정 또는 특허할 것이라는 등록심결의 등본을 받은 날로부터 3개월 이내에 최초 **3년분의 특허료**를 일시에 내야하고, **특허유지료(연차료)는 제4년분부터의 특허료**를 그 권리의 설정등록일을 기준으로 매년 1년분씩 그 전년도에 내야 한다(특허료 등의 징수규칙 제8조).

| 제4장<br>특허료<br>및 특허<br>등록 등 | **제80조 이해관계인에 의한 특허료의 납부**<br>① 이해관계인은 특허료를 내야 할 자의 의사와 관계없이 특허료를 낼 수 있다.<br>② 이해관계인은 제1항에 따라 특허료를 낸 경우에는 내야 할 자가 현재 이익을 얻는 한도에서 그 비용의 상환을 청구할 수 있다. |
|---|---|

### 취 지

제80조는 특허료를 내야할 의무가 있는 자(특허권 설정등록자 또는 특허권자)가 특허료를 내지 않은 경우 해당 **특허권과 이해관계가 있는 실시권자**(實施權者)**나 질권자**(質權者)**가** 특허권자의 특허료 불납으로 인한 특허권의 소멸을 방지함으로써 **이해관계인 자신의 이익을 보호**할 수 있도록 한 규정이다.

### 해 설

① 이해관계인의 대납(제1항)

이해관계인은 특허료를 내야 할 자의 의사에 관계없이 자신의 이익을 위하여 특허료를 낼 수 있다. 여기서 「**이해관계인**」 이란 **특허권의 부등록 및 소멸에 관하여 법률상·경제상 이해관계를 가진 자로서 특허권에 대한 실시권자, 질권자 또는 채권자** 등을 예로 들 수 있다.56)

② 대납에 따른 비용상환청구(제2항)

이해관계인이 특허료를 내야 할 자의 의사에 관계없이 특허료를 낸 경우는 **내야 할 자가 현재 이익을 얻은 한도**에서 그 **비용의 상환을 청구**할 수 있다. 이는 특허료를 내야 할 자가 원하지 않은 특허권 설정 또는 유지를 강요당하는 것이 되기 때문에 비용상환의 한도를 제한한 것이다.57)

---

56) 임병웅, 앞의 책, 732면.
57) 만약 특허료를 내야 할 자의 동의를 얻어 특허료를 낸 경우는 특허료 전액에 대한 비용상환을 청구할 수 있다.

> **제81조 특허료의 추가납부 등**
>
> ① 특허권의 설정등록을 받으려는 자 또는 특허권자는 제79조 제3항에 따른 납부기간이 지난 후에도 6개월 이내(이하 "추가납부기간"이라 한다)에 특허료를 추가로 낼 수 있다.
> ② 제1항에 따라 특허료를 추가로 낼 때에는 내야 할 특허료의 2배의 범위에서 산업통상자원부령으로 정하는 금액을 납부하여야 한다.
> ③ 추가납부기간에 특허료를 내지 아니한 경우(추가납부기간이 끝나더라도 제81조의2 제2항에 따른 보전기간이 끝나지 아니한 경우에는 그 보전기간에 보전하지 아니한 경우를 말한다)에는 특허권의 설정등록을 받으려는 자의 특허출원은 포기한 것으로 보며, 특허권자의 특허권은 제79조 제1항 또는 제2항에 따라 낸 특허료에 해당되는 기간이 끝나는 날의 다음 날로 소급하여 소멸된 것으로 본다.

제4장 특허료 및 특허등록 등

**취지**

제81조는 **특허료 정상 납부기간 경과후의 추가납부**에 관한 규정이다. 특허료 납부 결정은 납부자의 자유권한이나 **납부자의 사정으로 정상 납부기간이 경과했다고 하여 특허권 등록포기나 특허권을 소멸시킨다는 것은 특허료 납부자에게 너무 가혹**하기 때문에 이를 **구제**할 수 있도록 규정하였다.

**해설**

① 특허료 추가납부 기간 및 방법(제1항 및 제2항)

특허권 설정등록을 받으려는 자 또는 특허권자는 **특허료 납부기간이 지난 후에도 6개월 이내에 특허료를 추가로 낼 수 있다**(제1항). **특허료를 추가로 낼 때에는 내야 할 특허료의 2배의 범위에서** 산업통상자원부령(특허료 등의 징수규칙 제8조)으로 정하는 금액을 납부하여야 한다(제2항).

② 특허료 추가납부 기간만료의 효과(제3항)

추가납부 기간에 특허료를 내지 않은 경우 **특허권 설정등록을 받으려는 자의 특허출원은 포기한 것으로 보며, 특허권자의 특허권은 특허료에 해당되는 기간이 끝나는 날의 다음 날로 소급해 소멸**된 것으로 본다. 특허료를 낸 만큼만 권리를 설정등록·존속시켜 주는 것이 타당하기 때문이다.

> **제4장 특허료 및 특허 등록 등**
>
> **제81조의2 특허료의 보전**
> ① 특허청장은 특허권의 설정등록을 받으려는 자 또는 특허권자가 제79조 제3항 또는 제81조 제1항에 따른 기간에 특허료의 일부를 내지 아니한 경우에는 특허료의 보전(補塡)을 명하여야 한다.
> ② 제1항에 따라 보전명령을 받은 자는 그 보전명령을 받은 날부터 1개월 이내(이하 "보전기간"이라 한다)에 특허료를 보전할 수 있다.
> ③ 제2항에 따라 특허료를 보전하는 자는 내지 아니한 금액의 2배의 범위에서 산업통상자원부령으로 정한 금액을 내야 한다.

### 취지

제81조의2는 **특허료의 일부를 내지 않은 경우 추후에 납부할 수 있는 기회를 주는 규정**으로, 출원절차에서 절차의 보정과 마찬가지로 특허의 등록관련 절차에서 **특허료가 일부 부족하게 낸 경우에도 추후 보전(補塡:부족을 메워 보충)** 할 수 있게 하여 **특허료의 일부 미납자를 보호**하기 위함이다.

### 해설

① 특허료 보전명령 및 보전기간(제1항 및 제2항)

특허청장은 특허료의 납부의무자가 특허료 납부기간(제79조 제3항) 또는 추가 납부기간(제81조 제1항)에 특허료 일부를 내지 않은 경우에 특허료 보전을 명해야 한다(제1항). 한편, 특허권 존속의 조속한 확정을 위하여 **특허료를 보전할 수 있는 기간은 보전명령을 받은 날로부터 1월 이내**이다(제2항).

② 특허료 보전방법(제3항)

특허료를 보전하려는 자는 **정상납부기간 또는 추가납부기간을 경과해 납부하지 않은 금액의 2배 이내의 범위**에서 산업통상자원부령(특허료 등 징수규칙 제8조 제9항)으로 정한 금액을 내야 한다. 이는 **특허료 납부자의 고의적인 납부 지연을 방지**하기 위한 것이다.

### 제81조의3 특허료의 추가납부 또는 보전에 의한 특허출원과 특허권의 회복 등

① 특허권의 설정등록을 받으려는 자 또는 특허권자가 책임질 수 없는 사유로 추가납부기간에 특허료를 내지 아니하였거나 보전기간에 보전하지 아니한 경우에는 그 사유가 소멸한 날부터 2개월 이내에 그 특허료를 내거나 보전할 수 있다. 다만, 추가납부기간의 만료일 또는 보전기간의 만료일 중 늦은 날부터 1년이 지난 때에는 그러하지 아니하다.
② 제1항에 따라 특허료를 내거나 보전한 자는 제81조 제3항에도 불구하고 그 특허출원을 포기하지 아니한 것으로 보며, 그 특허권은 계속하여 존속하고 있던 것으로 본다.
③ 추가납부기간에 특허료를 내지 아니하였거나 보전기간에 보전하지 아니하여 특허발명의 특허권이 소멸한 경우 그 특허권자는 추가납부기간 또는 보전기간 만료일부터 3개월 이내에 제79조에 따른 특허료의 2배를 내고, 그 소멸한 권리의 회복을 신청할 수 있다. 이 경우 그 특허권은 계속하여 존속하고 있던 것으로 본다.
④ 제2항 또는 제3항에 따른 특허출원 또는 특허권의 효력은 추가납부기간 또는 보전기간이 지난 날부터 특허료를 내거나 보전한 날까지의 기간(이하 이 조에서 "효력제한기간"이라 한다) 중에 타인이 특허출원된 발명 또는 특허발명을 실시한 행위에 대해서는 그 효력이 미치지 아니한다.
⑤ 효력제한기간 중 국내에서 선의로 제2항 또는 제3항에 따른 특허출원된 발명 또는 특허발명을 업으로 실시하거나 이를 준비하고 있는 자는 그 실시하거나 준비하고 있는 발명 및 사업목적의 범위에서 그 특허출원된 발명 또는 특허발명에 대한 특허권에 대하여 통상실시권을 가진다.
⑥ 제5항에 따라 통상실시권을 가진 자는 특허권자 또는 전용실시권자에게 상당한 대가를 지급하여야 한다.
⑦ 제1항 본문에 따른 납부나 보전 또는 제3항 전단에 따른 신청에 필요한 사항은 산업통상자원부령으로 정한다.

### 취 지

제81조의3은 **특허료를 내지 않아 실효된 특허권의 회복**에 관한 규정으로, **특허료 납부의무자가 책임질 수 없는 사유로 특허료를 내지 못했거나 보전하지 못해**

특허권이 포기된 것으로 간주되거나 소멸된 경우에 **일정 요건을 충족하면 특허권을 회복할 수 있게 파리조약의 관련 규정**을 반영한 것이다.

> 해 설

① 책임질 수 없는 사유로 실효(失效)된 특허권의 회복절차(제1항)

특허료 납부자가 **책임질 수 없는 사유**로 추가납부기간에 특허료를 내지 않았거나 보전기간에 보전하지 못한 경우에는 그 사유가 소멸한 날부터 2개월 이내에 그 **특허료를 내거나 보전할 수 있다**. 다만, 추가납부기간 또는 보전기간의 만료일 중 늦은 날부터 1년 이내에 회복절차를 밟아야 한다.

여기서 「책임질 수 없는 사유」란 천재·지변 기타 불가피한 사유보다 더 넓게 해석해 **보통의 주의를 다하였음에도 불구하고 그 기간을 지킬 수 없었던 사유**를 포함하며, 회복절차의 기한은 다른 절차에서의 구제조건 및 회복기간과 관련된 이해관계인의 이익을 감안하여 규정한 것이다.

② 제1항의 회복절차에 따른 특허료 추가납부 및 보전의 효력(제2항)

특허료를 추가납부기간 내에 내지 못한 경우나 보전기간 내에 보전하지 못한 경우에 특허권은 원래 소멸하거나 포기한 것으로 보나(제81조 제3항), **위 회복절차 기간 내에 특허료를 내거나 보전한 경우 그 특허권**(특허출원)**은 포기한 것이나 소멸한 것으로 보지 않겠다는 것**이다.

③ 추가납부 또는 보전하지 못한 경우의 회복절차(제3항)

추가납부기간에 특허료를 내지 않았거나 보전기간에 보전하지 않아 특허권이 소멸한 경우 특허권자는 **추가납부기간 또는 보전기간 만료일부터 3개월 이내 정상납부**(제79조)**에 따른 특허료 2배를 내고, 소멸한 권리의 회복을 신청**할 수 있다. 이 경우 특허권은 계속하여 존속했던 것으로 본다.

④ 회복된 특허권의 효력 제한(제4항)

회복된 특허권의 효력은 **추가납부 또는 보전기간 경과 후부터 특허료를 내거나 보전한 날까지의 기간**(효력제한기간) 중에 다른 사람이 **특허발명**(출원발명)**을 실시한 행위에 대해서 그 효력이 미치지 않는다**. 이는 특허권이 회복전 소멸된 것으로 신뢰하고 실시한 제3자를 보호하기 위함이다.

⑤ 법정 통상실시권 발생(제5항)

효력제한기간 중 국내에서 선의로 특허발명(출원발명)을 업으로 실시하거나 이를 준비하고 있는 자는 그 실시하거나 준비하고 있는 발명 및 사업목적의 범위에서 그 특허발명에 대한 **통상실시권을 가진다**. 특허권자와 실시자 간의 계약이 아닌 법률의 규정에 의하여 발생한 통상실시권이다.

「실시」는 특허법 제2조의 물건의 발명인 경우 물건을 생산·사용·양도·대여 또는 수입하거나 그 물건의 양도 또는 대여의 청약을 하는 행위이며, 「**업의 준비**(사업의 준비)」는 **발명의 실시행위를 하기 전에 필요한 사전의 예비행위**로 물건의 생산설비 구입 또는 부지 매입 등이 될 수 있다.

⑥ 통상실시권에 대한 대가의 지급 및 회복절차의 신청(제6항 및 제7항)

특허권 회복의 효력제한기간의 선의 실시에 따라 **법정의 통상실시권을 가지나**(제5항) 이 역시 타인의 특허권(전용실시권)을 실시하는 것이므로 그에 대한 **상당한 대가를 지급**하여야 한다(제6항). 한편, 특허권 회복에 따른 특허료 납부나 보전 등에 필요한 사항은 하위 법령에 위임한다(제7항).

---

**제4장 특허료 및 특허등록 등**

**제82조 수수료**

① 특허에 관한 절차를 밟는 자는 수수료를 내야 한다.
② 특허출원인이 아닌 자가 출원심사의 청구를 한 후 그 특허출원서에 첨부한 명세서를 보정하여 청구범위에 적은 청구항의 수가 증가한 경우에는 그 증가한 청구항에 관하여 내야 할 심사청구료는 특허출원인이 내야 한다.
③ 제1항에 따른 수수료, 그 납부방법 및 납부기간, 그 밖에 필요한 사항은 산업통상자원부령으로 정한다

취 지

제82조는 **특허에 관한 절차를 밟을 때 출원인 등이 내야하는 수수료**에 관한 규정이다. 일반적으로 「수수료」는 국가가 행하는 공적 업무를 이용하여 특별한 이익을 얻는 개인으로부터 징수하는 공과금을 의미하며, 특허법상 수수료의 종류는 **출원료, 심사청구료, 보정료 및 심판청구료** 등이 있다.

해 설

① 수수료 납부와 절차 및 그 밖의 필요한 사항(제1항 및 제3항)

특허에 관한 절차를 밟는 자는 수수료를 내야하며(제1항), **수수료, 그 납부방법**

및 납부기간, 그 밖에 필요한 사항은 산업통상자원부령(특허료 등의 징수규칙)에 위임하고 있다. 특허에 관한 절차에서 특허료(설정등록료 및 연차료)를 제외한 것이 수수료이며, 절차별 그 금액은 상이하다.[58]

② 타인의 심사청구에 따라 청구항이 증가된 경우의 심사청구료(제2항)

심사청구료는 심사청구 기본요금(14만3천원)에 청구범위에 기재된 청구항 수에 따라 가산된 금액을 내도록 되어있다. 심사청구를 출원인이 아닌 제3자가 한 경우에 그 후 명세서를 보정하여 청구항의 수가 증가한 경우에는 그 **증가한 청구항에 대한 심사청구료는 출원인**이 내도록 하였다.

---

**제4장 특허료 및 특허등록 등**

**제83조 특허료 또는 수수료의 감면**

① 특허청장은 다음 각 호의 어느 하나에 해당하는 특허료 및 수수료는 제79조 및 제82조에도 불구하고 면제한다.
1. 국가에 속하는 특허출원 또는 특허권에 관한 수수료 또는 특허료
2. 제133조 제1항, 제134조 제1항·제2항 또는 제137조 제1항에 따른 심사관의 무효심판청구에 대한 수수료

② 특허청장은 「국민기초생활 보장법」에 따른 의료급여 수급자 또는 산업통상자원부령으로 정하는 자가 한 특허출원 또는 그 특허출원하여 받은 특허권에 대해서는 제79조 및 제82조에도 불구하고 산업통상자원부령으로 정하는 특허료 및 수수료를 감면할 수 있다.

③ 제2항에 따라 특허료 및 수수료를 감면받으려는 자는 산업통상자원부령으로 정하는 서류를 특허청장에게 제출하여야 한다.

---

취 지

제83조는 **특허료 또는 수수료의 감면** 규정에 관한 것으로, 국가가 특허료 또는 수수료를 징수하는데 있어 **국가에 속하는 특허출원 또는 특허권**, 사회적 약자인 「국민기초생활 보장법」에 따른 **의료급여 수급자 등이 한 특허출원 또는 특허권에 대한 특허료 또는 수수료**는 감면할 수 있도록 규정하였다.

---

58) 특허출원료는 출원서를 특허청이 정한 전자문서로서 제출하는 경우는 매건 4만6천원이고, 심사청구료는 매건 14만3천원에 청구범위 1항마다 4만4천원을 가산한 금액, 거절결정불복심판청구료는 심판청구서를 전자문서로 제출한 경우는 매건 15만원이다(특허료 등의 징수규칙 제2조 각 호 참조).

> 해 설

① 특허료 또는 수수료의 면제(제1항)

국가에 속하는 **특허출원**이나 **특허권**에 관한 수수료 또는 특허료는 면제되고, 부실특허 방지를 위하여 공익의 수행자로서 **심사관의 무효심판**(특허의 무효심판(제133조 제1항), 특허권 존속기간 연장등록의 무효심판(제134조 제1항 및 제2항), 정정의 무효심판(제137조 제1항))시 심판청구료 역시 면제한다.

② 특허료 또는 수수료의 감면(제2항)

「국민기초생활 보장법」에 따른 **의료급여 수급자** 또는 산업통상자원부령(특허료 등의 징수규칙 제7조)으로 정하는 자가 한 특허출원 또는 그 특허권에 대해서는 특허료 및 수수료를 감면할 수 있다. 예컨대, **국가유공자 등의 법률에 따른 국가유공자, 장애인 복지법에 따른 장애인** 등이 그 대상이다.

③ 제2항에 따른 특허료 및 수수료 감면을 위한 제출서류(제3항)

「국민기초생활 보장법」에 따른 **의료급여 수급자** 등이 특허료 및 수수료를 감면받기 위해서는 산업통상자원부령(특허료 등의 징수규칙 제7조 제6항)이 정하는 서류를 특허청장에게 제출하여야 한다. 즉, 출원서 또는 심사청구서 등에 그 **감면 사유와 대상을 기재하고 관련 증명서류를 제출**하여야 한다.

### 제84조 특허료 등의 반환

① 납부된 특허료 및 수수료는 다음 각 호의 어느 하나에 해당하는 경우에만 납부한 자의 청구에 의하여 반환한다.
1. 잘못 납부된 특허료 및 수수료
2. 제132조의13 제1항에 따른 특허취소결정이나 특허를 무효로 한다는 심결이 확정된 해의 다음 해부터의 특허료 해당분
3. 특허권의 존속기간의 연장등록을 무효로 한다는 심결이 확정된 해의 다음 해부터의 특허료 해당분
4. 특허출원(분할출원, 변경출원 및 제61조에 따른 우선심사의 신청을 한 특허출원은 제외한다) 후 1개월 이내에 그 특허출원을 취하하거나 포기한 경우에 이미 낸 수수료 중 특허출원료 및 특허출원의 우선권 주장 신청료
5. 출원심사의 청구를 한 이후 다음 각 목 중 어느 하나가 있기 전까지 특허출원을 취하(제53조 제4항 또는 제56조 제1항 본문에 따라 취하된 것으로 보는 경우를 포함한다)하거나 포기한 경우 이미 낸 심사청구료
   가. 제36조 제6항에 따른 협의 결과 신고 명령(동일인에 의한 특허출원에 한정한다)
   나. 제58조 제1항에 따라 의뢰된 선행기술의 조사업무에 대한 결과 통지
   다. 제63조에 따른 거절이유통지
   라. 제67조 제2항에 따른 특허결정의 등본 송달
6. 특허권을 포기한 해의 다음 해부터의 특허료 해당분
7. 제176조 제1항에 따라 특허거절결정 또는 특허권의 존속기간의 연장등록거절결정이 취소된 경우(제184조에 따라 재심의 절차에서 준용되는 경우를 포함하되, 심판 또는 재심 중 제170조 제1항에 따라 준용되는 제47조 제1항 제1호 또는 제2호에 따른 보정이 있는 경우는 제외한다)에 이미 낸 수수료 중 심판청구료(재심의 경우에는 재심청구료를 말한다. 이하 이 조에서 같다)
8. 심판청구가 제141조 제2항에 따라 결정으로 각하되고 그 결정이 확정된 경우(제184조에 따라 재심의 절차에서 준용되는 경우를 포함한다)에 이미 낸 심판청구료의 2분의 1에 해당하는 금액
9. 심리의 종결을 통지받기 전까지 제155조 제1항에 따른 참가신청을 취하한 경우(제184조에 따라 재심의 절차에서 준용되는 경우를 포

함한다)에 이미 낸 수수료 중 참가신청료의 2분의 1에 해당하는 금액
10. 제155조 제1항에 따른 참가신청이 결정으로 거부된 경우(제184조에 따라 재심의 절차에서 준용되는 경우를 포함한다)에 이미 낸 수수료 중 참가신청료의 2분의 1에 해당하는 금액
11. 심리의 종결을 통지받기 전까지 심판청구를 취하한 경우(제184조에 따라 재심의 절차에서 준용되는 경우를 포함한다)에 이미 낸 수수료 중 심판청구료의 2분의 1에 해당하는 금액
② 특허청장 또는 특허심판원장은 납부된 특허료 및 수수료가 제1항 각 호의 어느 하나에 해당하는 경우에는 그 사실을 납부한 자에게 통지하여야 한다.
③ 제1항에 따른 특허료 및 수수료의 반환청구는 제2항에 따른 통지를 받은 날부터 3년이 지나면 할 수 없다.

### 취 지

제84조는 이미 납부한 특허료 및 수수료를 일정한 경우 납부자의 청구에 의하여 **반환**하도록 한 규정이다. 대표적으로 **특허료 및 수수료가 잘못 납부**된 경우, **특허무효의 심결이 확정되었거나 특허권을 포기한 경우의 다음 해부터의 특허료** 등에 대하여 **소정의 특허료 및 수수료를 반환**청구 할 수 있다.

### 해 설

① 특허료 등의 반환 대상(제1항)

대표적인 반환 대상으로는 ⓐ 잘못 납부된 특허료 및 수수료(제1호), ⓑ 특허취소결정이나 특허를 무효로 한다는 심결이 확정된 해의 다음 해부터의 특허료 해당분(제2호), ⓒ 특허권 존속기간의 연장등록을 무효로 한다는 심결이 확정된 해의 다음 해부터의 특허료 해당분(제3호), ⓓ 특허권을 포기한 해의 다음 해부터의 특허료 해당분(제5호), ⓔ 특허거절결정 또는 특허권의 존속기간의 연장등록거절결정이 취소된 경우에 이미 낸 수수료 중 심판청구료(제7호) ⓕ 심리의 종결을 통지받기 전까지 심판청구를 취하한 경우에 이미 낸 수수료 중 심판청구료의 2분의 1에 해당하는 금액이다(제11호).

② 반환 대상의 통지 및 반환 청구(제2항 및 제3항)

**특허청장 또는 특허심판원장**은 납부된 특허료 및 수수료가 제1항 어느 하나에

해당하는 경우는 그 사실을 **납부한 자에게 통지**하여야 하고(제2항), 그 통지를 받은 자는 **통지를 받은 날부터 3년**이 되는 날까지 납부된 **특허료 및 수수료의 반환을 청구**할 수 있다(제3항).

> **제4장 특허료 및 특허 등록 등**
>
> **제85조 특허원부**
> ① 특허청장은 특허청에 특허원부를 갖추어 두고 다음 각 호의 사항을 등록한다.
> 1. 특허권의 설정·이전·소멸·회복·처분의 제한 또는 존속기간의 연장
> 2. 전용실시권 또는 통상실시권의 설정·보존·이전·변경·소멸 또는 처분의 제한
> 3. 특허권·전용실시권 또는 통상실시권을 목적으로 하는 질권의 설정·이전·변경·소멸 또는 처분의 제한
> ② 제1항에 따른 특허원부는 그 전부 또는 일부를 전자적 기록매체 등으로 작성할 수 있다.
> ③ 제1항 및 제2항에서 규정한 사항 외에 등록사항 및 등록절차 등에 관하여 필요한 사항은 대통령령으로 정한다.
> ④ 특허발명의 명세서 및 도면, 그 밖에 대통령령으로 정하는 서류는 특허원부의 일부로 본다.

### 취 지

제85조는 **특허원부의 비치 및 그 원부에 등록할 사항**에 관하여 규정한 것이다. 특허원부는 **특허권 또는 그에 관한 권리관계가 기록된 공적장부**로서 누구나 열람할 수 있다. 특허원부에 특허권의 권리관계(설정·이전·소멸) 및 변동을 일반 공중에게 알림으로써 **거래의 안전을 도모**하기 위함이다.

### 해 설

① 특허원부의 등록사항(제1항)

특허원부에 등록될 사항은 특허권의 **설정·이전·소멸·회복·처분의 제한 또는 존속기간의 연장**(제1호), **전용실시권 또는 통상실시권의 설정·보존·이전·변경·소멸 또는 처분의 제한**(제2호) 및 특허권·전용실시권 또는 통상실시권을 목적으로 하는 **질권의 설정·이전·변경·소멸 또는 처분의 제한**(제3호)이다.

② 특허원부의 작성과 기타 등록사항 및 등록절차(제2항 및 제3항)

특허원부는 그 전부 또는 일부를 전자적 기록매체 등으로 작성할 수 있다(제2항). 기타 등록에 관하여 필요한 사항은 대통령령으로 정하며(제3항), 이에 따른 **특허권 등의 등록령**에는 특허권의 수용·실시, 특허취소결정 및 **대법원(특허법원)**의 소송에 관한 것이 규정되어 있다(등록령 제3조).

③ 특허원부의 일부로 보는 서류(제4항)

**특허발명의 명세서 및 도면**, 그 밖에 대통령령으로 정하는 서류는 **특허원부의 일부**로 본다. 특허권 등의 등록령(제9조)에 따르면 특허원부는 특허등록원부 및 특허신탁원부로 한다고 규정되어 있다.

---

**제4장 특허료 및 특허 등록 등**

**제86조 특허증의 발급**

① 특허청장은 특허권의 설정등록을 한 경우에는 산업통상자원부령으로 정하는 바에 따라 특허권자에게 특허증을 발급하여야 한다.
② 특허청장은 특허증이 특허원부나 그 밖의 서류와 맞지 아니하면 신청에 따라 또는 직권으로 특허증을 회수하여 정정발급하거나 새로운 특허증을 발급하여야 한다.
③ 특허청장은 다음 각 호의 어느 하나에 해당하는 경우에는 결정, 심결 또는 이전등록에 따른 새로운 특허증을 발급하여야 한다.
1. 특허발명의 명세서 또는 도면의 정정을 인정한다는 취지의 결정 또는 심결이 확정된 경우
2. 제99조의2 제2항에 따라 특허권이 이전등록된 경우

---

**취 지**

제86조는 **특허증의 교부**에 관한 것으로, 「특허증」이란 특허권이 **설정등록 되었다는 하나의 증표**로서 특허청장이 특허원부에 등록된 사항을 특허증 서식에 해당 사항을 기재하여 특허권자에게 교부하는 공적 증서이다. 즉, 국가가 **특허를 받은 발명자의 명예를 기리기 위하여 교부**하는 증서이다.

**해 설**

특허법 시행규칙(제50조)이 정하는 바에 따라 특허증은 **특허권의 신규 설정등록 시 교부**하는 특허증 교부(제1항)와, 특허원부나 그 밖의 서류와 맞지 않아 **신청 또**

는 직권으로 특허증을 회수하여 **정정발급**하거나 **새로운 특허증을 발급**하는 재교부가 있다(제2항).

또한, 특허발명의 **명세서 또는 도면의 정정**을 인정한다는 취지의 결정 또는 심결이 확정된 경우나 특허권이 이전등록된 경우 특허청장은 **결정, 심결 또는 이전등록에 따른 새로운 특허증을 발급**하여야 한다(제3항).

최신 개정법률을 반영한 조문별 취지·해설·판례
**특허법해설**
Easy & Consice

# 제5장 특허권

### 제87조 특허권의 설정등록 및 등록공고

① 특허권은 설정등록에 의하여 발생한다.
② 특허청장은 다음 각 호의 어느 하나에 해당하는 경우에는 특허권을 설정하기 위한 등록을 하여야 한다.
1. 제79조 제1항에 따라 특허료를 냈을 때
2. 제81조 제1항에 따라 특허료를 추가로 냈을 때
3. 제81조의2 제2항에 따라 특허료를 보전하였을 때
4. 제81조의3 제1항에 따라 특허료를 내거나 보전하였을 때
5. 제83조 제1항 제1호 및 같은 조 제2항에 따라 그 특허료가 면제되었을 때
③ 특허청장은 제2항에 따라 등록한 경우에는 다음 각 호의 사항을 특허공보에 게재하여 등록공고를 하여야 한다.
1. 특허권자의 성명 및 주소(법인인 경우에는 그 명칭 및 영업소의 소재지를 말한다)
2. 특허출원번호 및 출원연월일
3. 발명자의 성명 및 주소
4. 특허출원서에 첨부된 요약서
5. 특허번호 및 설정등록연월일
6. 등록공고연월일
7. 제63조 제1항 각 호 외의 부분 본문에 따라 통지한 거절이유에 선행기술에 관한 정보(선행기술이 적혀 있는 간행물의 명칭과 그 밖에 선행기술에 관한 정보의 소재지를 말한다)가 포함된 경우 그 정보
8. 그 밖에 대통령령으로 정하는 사항
④ 비밀취급이 필요한 특허발명에 대해서는 그 발명의 비밀취급이 해제될 때까지 그 특허의 등록공고를 보류하여야 하며, 그 발명의 비밀취급이 해제된 경우에는 지체 없이 제3항에 따라 등록공고를 하여야 한다.
⑤ 삭제 〈2016.2.29.〉

**제5장 특허권**

> **취 지**

제87조는 심사관이 특허출원에 대한 심사결과 거절이유를 발견하지 못해 특허결정을 하는 경우에 출원인의 **특허료 납부에 따른 특허권 설정등록**에 관한 것을 규정하였다. 또한, 특허청은 출원인의 설정등록된 특허발명을 **일반 공중에게 공시**하기 위하여 **특허공보에 게재**해 **등록공고**를 한다.

> 해 설

① **설정등록의 요건(제1항 및 제2항)**

특허권의 설정등록을 위해서는 **우선적으로 심사관의 특허결정**이 있어야 한다. 출원인은 최초 3년분의 **특허료**를 **납부**하고 설정등록의 절차를 완료해야 특허권이 발생한다(제1항). 그리고 특허청장은 ⓐ 정상납부기간에 특허료를 낼 때(제79조 제1항), ⓑ 추가납부기간에 특허료를 낼 때(제81조 제1항), ⓒ 보전기간에 특허료를 보전하였을 때(제81조의2 제2항), ⓓ 추가납부기간 또는 보전기간이 지난 후에 특허료를 내거나 보전한 때(제81조의3 제1항), 또는 ⓔ 특허료가 면제되었을 때(제83조 제1항 제1호 및 제2항) 특허권의 설정등록을 하여야 한다(제2항).

② **특허청장의 등록공고(제3항 및 제4항)**

특허청장은 **특허권의 설정등록이 있는 경우에** 그 특허에 관하여 특허공보에 게재하여 **등록공고**를 하여야 한다. 등록공고에 게재되는 주요 사항은 ⓐ 특허권자의 성명 및 주소, ⓑ 특허출원번호 및 출원연월일, ⓒ 특허번호 및 설정등록연월일, 및 ⓓ 등록공고연월일 등이다(제3항).

한편, 비밀취급이 필요한 특허발명에 대해서는 그 발명의 비밀취급이 해제될 때까지 그 특허의 등록공고를 보류하여야 하며, 그 발명의 비밀취급이 해제된 경우에는 지체 없이 등록공고를 하여야 한다(제4항).

---

**제88조 특허권의 존속기간**

① 특허권의 존속기간은 제87조 제1항에 따라 특허권을 설정등록한 날부터 특허출원일 후 20년이 되는 날까지로 한다.
② 정당한 권리자의 특허출원이 제34조 또는 제35조에 따라 특허된 경우에는 제1항의 특허권의 존속기간은 무권리자의 특허출원일의 다음 날부터 기산한다.

> 취 지

제88조는 **특허권의 존속기간**에 관한 규정으로, 특허권자에게 일정 기간만 독점·배타적으로 특허권을 실시할 수 있게 하는 한편, **일정 기간이 경과한 후에는** 그 특허권을 소멸시켜 일반 공중이 자유롭게 실시할 수 있게 함으로써 **특허권자와 일반 제3자 간 이익의 조화**를 도모하도록 하였다.

> **해 설**

① 특허권의 존속기간(제1항)

특허권의 존속기간은 특허권을 설정등록한 날부터 **특허출원일 후 20년이 되는 날까지**이다. 즉, 특허권의 발생은 설정등록을 한 날이지만 그 존속기간 만료일의 계산은 특허출원일을 기준으로 하되 20년이 되는 날까지로 한다.

② 무권리자에 대한 정당한 권리자의 특허권 존속기간(제2항)

정당한 권리자의 특허출원이 무권리자의 특허출원(제34조)이거나 무권리자의 특허(제35조)에 따라 특허된 경우의 특허권 존속기간은 무권리자의 특허출원일 다음 날부터 기산한다. 이는 **정당한 권리자의 출원일이 무권리자의 출원일까지 소급되므로 존속기간의 기산일 역시 소급**되는 것이다.

---

**제5장 특허권**

**제89조 허가 등에 따른 특허권의 존속기간의 연장**
① 특허발명을 실시하기 위하여 다른 법령에 따라 허가를 받거나 등록 등을 하여야 하고, 그 허가 또는 등록 등(이하 "허가등"이라 한다)을 위하여 필요한 유효성·안전성 등의 시험으로 인하여 장기간이 소요되는 대통령령으로 정하는 발명인 경우에는 제88조 제1항에도 불구하고 그 실시할 수 없었던 기간에 대하여 5년의 기간까지 그 특허권의 존속기간을 한 차례만 연장할 수 있다.
② 제1항을 적용할 때 허가등을 받은 자에게 책임있는 사유로 소요된 기간은 제1항의 "실시할 수 없었던 기간"에 포함되지 아니한다

---

> **취 지**

제89조는 **의약품**과 같은 **특허발명이 국민 건강·안전 확보**를 위하여 정부로부터 **다른 법률에 따라 허가 또는 등록을 받아야 하기 때문에** 그 특허발명을 실시할 수 없는 경우, 그 허가 등을 위하여 필요한 기간만큼 다른 특허권자와의 형평을 고려하여 특허권의 존속기간을 연장해주는 규정이다.

> **해 설**

① 존속기간 연장 대상 및 기간(제1항)

특허를 받은 발명으로 그 **발명의 실시를 위하여 다른 법령에 따라 허가 또는 등**

록을 받아야 하고, 그 허가 등을 위하여 필요한 유효성·안전성 등의 시험으로 인하여 장기간이 소요되는 대통령령으로 정한 **발명**(특허법 시행령 제7조에 의한 **약사법 또는 농약관리법에 따른 발명**)인[59] 경우는 그 실시할 수 없었던 기간에 대하여 5년의 기간까지 특허권의 존속기간을 한 차례만 연장할 수 있다. 여기서 **존속기간의 연장을 5년 까지 1회만 연장**할 수 있도록 제한한 것은 특허권의 존속기간이 출원일로부터 장기간 부적절하게 길어짐에 따른 타특허권자와의 형평성을 고려한 측면이 있다.

② 존속기간 연장의 예외(제2항)

특허권의 존속기간 연장시 **특허권자에게 책임있는 사유로 소요된 기간**은 그 특허발명을 실시할 수 없었던 기간에 포함하지 않는다. 여기서 「특허권자에게 책임있는 사유로 소요된 기간」이란 특허권자 **자신의 귀책사유로 인하여 허가 등이 지연**되거나 **지체된 기간**을 의미한다.

---

59) 약사법에 따라 품목허가를 받은 의약품의 발명 또는 농약관리법에 따라 등록한 농약 또는 원제의 발명을 말한다.

### 제90조 허가 등에 따른 특허권의 존속기간의 연장등록출원

① 제89조 제1항에 따라 특허권의 존속기간의 연장등록출원을 하려는 자(이하 이 조 및 제91조에서 "연장등록출원인"이라 한다)는 다음 각 호의 사항을 적은 특허권의 존속기간의 연장등록출원서를 특허청장에게 제출하여야 한다.
1. 연장등록출원인의 성명 및 주소(법인인 경우에는 그 명칭 및 영업소의 소재지)
2. 연장등록출원인의 대리인이 있는 경우에는 그 대리인의 성명 및 주소나 영업소의 소재지[대리인이 특허법인·특허법인(유한)인 경우에는 그 명칭, 사무소의 소재지 및 지정된 변리사의 성명]
3. 연장대상특허권의 특허번호 및 연장대상청구범위의 표시
4. 연장신청의 기간
5. 제89조 제1항에 따른 허가등의 내용
6. 산업통상자원부령으로 정하는 연장이유(이를 증명할 수 있는 자료를 첨부하여야 한다)

② 제1항에 따른 특허권의 존속기간의 연장등록출원은 제89조 제1항에 따른 허가등을 받은 날부터 3개월 이내에 출원하여야 한다. 다만, 제88조에 따른 특허권의 존속기간의 만료 전 6개월 이후에는 그 특허권의 존속기간의 연장등록출원을 할 수 없다.

③ 특허권이 공유인 경우에는 공유자 모두가 공동으로 특허권의 존속기간의 연장등록출원을 하여야 한다.

④ 제1항에 따른 특허권의 존속기간의 연장등록출원이 있으면 그 존속기간은 연장된 것으로 본다. 다만, 그 출원에 관하여 제91조의 연장등록거절결정이 확정된 경우에는 그러하지 아니하다.

⑤ 특허청장은 제1항에 따른 특허권의 존속기간의 연장등록출원이 있으면 제1항 각 호의 사항을 특허공보에 게재하여야 한다.

⑥ 연장등록출원인은 특허청장이 연장등록여부결정등본을 송달하기 전까지 연장등록출원서에 적혀 있는 사항 중 제1항 제3호부터 제6호까지의 사항(제3호 중 연장대상특허권의 특허번호는 제외한다)에 대하여 보정할 수 있다. 다만, 제93조에 따라 준용되는 거절이유통지를 받은 후에는 해당 거절이유통지에 따른 의견서 제출기간에만 보정할 수 있다.

**취 지**

제90조는 제89조의 **허가 등에 따른 특허권 존속기간의 연장에 의한 존속기간 연**

장등록출원의 절차에 관한 규정이다. 특허권 존속기간의 연장등록출원을 하려는 자는 연장등록에 따른 기재사항(연장대상의 특허번호, 연장신청의 기간 등)을 적은 **연장등록출원서를 특허청장에게 제출**하여야 한다.

> 해 설

### ① 연장등록출원서의 제출 및 주요 기재사항(제1항)

존속기간의 연장등록출원을 하려는 자(연장등록출원인)는 연장등록출원서에 **연장등록출원인의 성명 및 주소, 연장대상특허권의 특허번호** 및 연장대상청구범위의 표시, **연장신청의 기간**, 및 연장이유(증명자료) 등을 기재하여 특허청장에게 제출하여야 한다.

### ② 연장등록출원의 기간 및 그 제한(제2항)

연장등록출원은 **허가 등을 받은 날부터 3개월 이내에 출원**하여야 한다. **다만, 특허권 존속기간의 만료 전 6개월 이후에는 연장등록출원을 할 수 없다.** 이는 연장등록출원이 특허권 존속기간 만료직전에 연장되어 만료를 예상하고 실시하려는 제3자의 불측한 손해를 방지하려는 취지이다.

### ③ 공유인 특허권의 연장등록출원(제3항)

특허권이 공유인 경우에는 **공유자 모두가 공동으로** 특허권의 존속기간의 **연장등록출원을 하여야 한다.** 이를 위배한 경우는 연장등록출원의 거절결정의 이유(제91조 제1항 제5호) 및 연장등록무효의 사유가 된다(제134조 제1항 제5호).

### ④ 연장등록출원의 효과(제4항)

**연장등록출원이 있으면 그 존속기간은 연장된 것으로 본다.** 이는 연장등록출원이 존속기간 만료 전에 출원된다는 점에서 존속기간 만료에 따른 문제점을 감안하여 일단 연장등록출원이 있으면 특허권의 존속기간은 연장된 것으로 간주한다. 다만, 연장등록거절결정이 확정된 경우는 그렇지 않다.

### ⑤ 연장등록출원의 특허공보 게재(제5항)

특허청장은 허가 등에 따른 특허권 존속기간의 연장등록출원이 있으면 그 **연장등록출원서에 기재된 사항을 특허공보에 게재**하여야 한다. 이는 연장대상이 될 특허권의 특허번호, 연장기간 등을 특허공보를 통하여 **일반 공중에게 알림으로써 특허발명의 실시에 대한 주의를 촉구**하기 위함이다.

### ⑥ 연장등록출원서의 보정(제6항)

연장등록출원서는 특허청장이 연장등록여부결정등본을 송달하기 전까지 **연장대**

상청구범위의 표시, 연장기간, 허가 등의 내용 및 연장이유에 대하여 보정할 수 있다. 이는 **연장등록출원의 보정에 대한 법적 근거**로 연장대상특허권의 실체적 내용이 아닌 절차·형식적 보정사항에 한한다.

다만, **심사관으로부터** 거절이유에 해당되어 **거절이유통지를 받은 후에는 해당 거절이유통지에 따른 의견서 제출기간에만 보정**할 수 있다. 이는 심사관의 심사 후에 출원인이 자진 보정으로 인하여 심사가 지연되는 방지하기 위한 것이다.

---

**제91조 허가 등에 따른 특허권의 존속기간의 연장등록거절결정**

심사관은 제90조에 따른 특허권의 존속기간의 연장등록출원이 다음 각 호의 어느 하나에 해당하는 경우에는 그 출원에 대하여 연장등록거절결정을 하여야 한다.
1. 그 특허발명의 실시가 제89조 제1항에 따른 허가등을 받을 필요가 있는 것으로 인정되지 아니하는 경우
2. 그 특허권자 또는 그 특허권의 전용실시권이나 등록된 통상실시권을 가진 자가 제89조 제1항에 따른 허가등을 받지 아니한 경우
3. 연장신청의 기간이 제89조에 따라 인정되는 그 특허발명을 실시할 수 없었던 기간을 초과하는 경우
4. 연장등록출원인이 해당 특허권자가 아닌 경우
5. 제90조 제3항을 위반하여 연장등록출원을 한 경우

---

**취지**

제91조는 **허가 등에 따른 특허권 존속기간의 연장등록출원의 거절결정에 관한 규정**으로, 심사관은 일반적인 특허출원과 마찬가지로 존속기간 연장등록출원에 대하여 심사를 하게 되고 **본조의 거절이유**(허가 등이 필요치 않거나 받지 않은 출원인 경우)**에 해당하는 경우에는 거절결정**을 한다.

**해설**

본조에 따른 **연장등록출원의 거절이유**로는 그 특허발명의 실시가 허가 등을 받을 필요가 없거나 특허권자가 허가 등을 받지 않은 경우, 연장신청의 기간이 특허발명을 실시할 수 없었던 기간을 초과하는 경우 또는 **연장등록출원인이 해당 특허권자가 아닌 경우** 등에 해당한다.

> **제92조 허가등에 따른 특허권의 존속기간의 연장등록결정 등**
>
> ① 심사관은 제90조에 따른 특허권의 존속기간의 연장등록출원에 대하여 제91조 각 호의 어느 하나에 해당하는 사유를 발견할 수 없을 때에는 연장등록결정을 하여야 한다.
> ② 특허청장은 제1항에 따른 연장등록결정을 한 경우에는 특허권의 존속기간의 연장을 특허원부에 등록하여야 한다.
> ③ 특허청장은 제2항에 따른 등록을 한 경우에는 다음 각 호의 사항을 특허공보에 게재하여야 한다.
> 1. 특허권자의 성명 및 주소(법인인 경우에는 그 명칭 및 영업소의 소재지)
> 2. 특허번호
> 3. 연장등록의 연월일
> 4. 연장기간
> 5. 제89조 제1항에 따른 허가등의 내용

**제5장 특허권**

### 취지

제92조는 **허가 등에 따른 특허권의 존속기간의 연장등록결정 및 특허공보의 게재에 관한 규정**으로, 연장등록출원에 대하여 심사관이 심사한 결과 **제91조에 따른 거절이유가 없는 경우**에는 존속기간연장등록결정을 하고, 특허원부에 기록하며 특허공보에 게재하여야 함을 규정하고 있다.

### 해설

심사관은 허가 등에 따른 특허권의 존속기간의 연장등록출원이 있는 경우 거절이유가 없으면 연장등록결정을 하고(제1항), 이 사실을 특허공보에 게재하여야 하며(제2항), **특허공보에는 특허권자의 인적사항, 특허번호, 연장등록의 연월일, 연장기간 및 허가 등의 내용**이 **기록**된다(제3항).

### 제92조의2 등록지연에 따른 특허권의 존속기간의 연장

① 특허출원에 대하여 특허출원일부터 4년과 출원심사 청구일부터 3년 중 늦은 날보다 지연되어 특허권의 설정등록이 이루어지는 경우에는 제88조 제1항에도 불구하고 그 지연된 기간만큼 해당 특허권의 존속기간을 연장할 수 있다.
② 제1항의 규정을 적용함에 있어서 출원인으로 인하여 지연된 기간은 제1항에 따른 특허권의 존속기간의 연장에서 제외된다. 다만, 출원인으로 인하여 지연된 기간이 겹치는 경우에는 특허권의 존속기간의 연장에서 제외되는 기간은 출원인으로 인하여 실제 지연된 기간을 초과하여서는 아니된다.
③ 제2항에서 "출원인으로 인하여 지연된 기간"에 관한 사항은 대통령령으로 정한다.
④ 제1항에 따라 특허출원일부터 4년을 기산할 때에는 제34조, 제35조, 제52조 제2항, 제53조 제2항, 제199조 제1항 및 제214조 제4항에도 불구하고 다음 각 호에 해당하는 날을 특허출원일로 본다.
1. 제34조 또는 제35조에 따른 정당한 권리자의 특허출원의 경우에는 정당한 권리자가 출원을 한 날
2. 제52조에 따른 분할출원의 경우에는 분할출원을 한 날
3. 제53조에 따른 변경출원의 경우에는 변경출원을 한 날
4. 제199조 제1항에 따라 특허출원으로 보는 국제출원의 경우에는 제203조 제1항 각 호의 사항을 기재한 서면을 제출한 날
5. 제214조에 따라 특허출원으로 보는 국제출원의 경우에는 국제출원의 출원인이 제214조 제1항에 따라 결정을 신청한 날
6. 제1호부터 제5호까지의 규정 중 어느 하나에 해당되지 아니하는 특허출원에 대하여는 그 특허출원일

### 취 지

제92조의2는 특허권이 **심사처리에 따른 지연 등으로** 특허권 설정등록이 늦어지고 그에 따라 **특허권 존속기간이 짧아진 경우 이를 합리적으로 보완**해 주기 위한 **등록지연에 따른 특허권의 존속기간연장등록**제도에 관한 규정으로 이는 한·미 간의 자유무역협정(FTA)에 따라 신설된 규정이다.

> 해 설

① 등록지연에 따른 연장등록출원의 대상(제1항 및 제4항)

특허출원에 대하여 **특허출원일부터 4년과 심사청구일부터 3년 중 늦은 날(연장기준일)**보다 지연되어 특허권의 설정등록이 이루어지는 경우에는 그 지연된 기간(연장기준일-설정등록일)만큼 해당 특허권의 존속기간을 연장할 수 있다(제1항).

다만, 특허출원일로부터 4년을 기산할 때는 ⓐ **무권리자의 특허출원·특허에 따른 정당한 권리자의 특허출원의 경우에는 정당한 권리자가 출원을 한 날**, ⓑ 분할출원의 경우에는 **분할출원을 한 날**, ⓒ 변경출원의 경우에는 **변경출원을 한 날**, ⓓ 국제출원에 의한 특허출원의 경우에는 국내서면제출기간에 일정 사항을 적은 서면을 제출한 날, ⓔ 특허협력조약에 따라 결정에 의하여 특허출원으로 보는 국제출원의 경우에는 그 결정을 신청한 날, ⓐ 내지 ⓔ에 해당되지 않는 특허출원에 대해서는 그 출원일에 해당하는 날을 **특허출원일로 본다**(제4항 제1호 내지 제6호).

② 등록지연에 따른 존속기간의 연장(제2항 및 제3항)

존속기간을 연장등록할 수 있는 기간은 지연된 기간(연장기준일-설정등록일)이나 출원인으로 인하여 지연된 기간은 존속기간의 연장에서 **제외**된다(제2항 본문). 여기서 「출원인에 의하여 지연된 기간」은 대통령령에 따라 특허법 시행령 제7조의2(특허법 시행규칙 제54조의5)에 규정되어 있다(제3항).

**출원인에 의하여 지연된 기간의 대표적인 예로는 기간의 연장(제15조)과 관련해 출원인의 청구에 의하여 특허에 관한 절차를 밟을 기간 또는 심판의 청구기간이 연장된 경우에는 그 연장된 만큼의 기간**(이 경우 출원인의 청구에 의해 기간이 단축된 경우에는 그 단축된 만큼의 기간은 제외)이다.

한편, 출원인으로 인하여 지연된 기간이 겹치는 경우에는 특허권 존속기간의 연장에서 제외되는 기간은 출원인으로 인하여 실제 지연된 기간을 초과하여서는 안 된다(제2항 단서). 결국 연장가능한 기간은 (연장기준일부터 설정등록일까지의 기간 -출원인으로 인해 실제 지연된 기간)이다.[60]

---

60) 임병웅, 앞의 책, 775면.

> **제92조의3 등록지연에 따른 특허권의 존속기간의 연장등록출원**
>
> ① 제92조의2에 따라 특허권의 존속기간의 연장등록출원을 하려는 자(이하 이 조 및 제92조의4에서 "연장등록출원인"이라 한다)는 다음 각 호의 사항을 적은 특허권의 존속기간의 연장등록출원서를 특허청장에게 제출하여야 한다.
> 1. 연장등록출원인의 성명 및 주소(법인인 경우에는 그 명칭 및 영업소의 소재지)
> 2. 연장등록출원인의 대리인이 있는 경우에는 그 대리인의 성명 및 주소나 영업소의 소재지(대리인이 특허법인·특허법인(유한)인 경우에는 그 명칭, 사무소의 소재지 및 지정된 변리사의 성명)
> 3. 연장 대상 특허권의 특허번호
> 4. 연장신청의 기간
> 5. 산업통상자원부령이 정하는 연장이유(이를 증명할 수 있는 자료를 첨부하여야 한다)
> ② 제1항에 따른 특허권의 존속기간의 연장등록출원은 특허권의 설정등록일부터 3개월 이내에 출원하여야 한다.
> ③ 특허권이 공유인 경우에는 공유자 전원이 공동으로 특허권의 존속기간의 연장등록출원을 하여야 한다.
> ④ 연장등록출원인은 심사관이 특허권의 존속기간의 연장등록 여부결정 전까지 연장등록출원서에 기재된 사항 중 제1항 제4호 및 제5호의 사항에 대하여 보정할 수 있다. 다만, 제93조에 따라 준용되는 거절이유통지를 받은 후에는 해당 거절이유통지에 따른 의견서 제출기간에만 보정할 수 있다.

### 취 지

제92조의3는 **제92조의2(등록지연에 따른 특허권 존속기간의 연장)를 위한 연장등록출원의 절차**에 관한 규정이다. 특허권의 존속기간의 연장등록출원을 하려는 자(연장등록출원인)는 연장등록에 관한 소정의 기재사항을 적은 특허권의 존속기간의 **연장등록출원서를 특허청장에게 제출**하여야 한다.

### 해 설

① **연장등록출원서의 제출 및 주요 기재사항**(제1항)

연장등록출원인은 특허권 존속기간의 연장등록출원서에 **연장등록출원인의 성명**

및 **주소**, 그 대리인이 있는 경우에는 대리인의 성명 및 주소나 영업소의 소재지, **연장대상 특허권의 특허번호, 연장신청의 기간, 및 연장이유**(증명자료) 등을 기재하여 특허청장에게 제출하여야 한다.

② 연장등록출원의 기간 및 공유인 특허권의 연장등록출원(제2항 및 제3항)

연장등록출원은 **특허권의 설정등록일로부터 3개월 이내에 출원**하여야 한다(제2항). 기간을 지난 연장등록출원은 부적합한 출원이 되어 출원서류가 반려된다(특허법 시행규칙 제11조). 한편, **특허권이 공유인 경우에는 공유자 전원**이 공동으로 특허권 존속기간의 **연장등록출원**을 하여야 한다(제3항).

③ 연장등록출원서의 보정(제4항)

연장등록출원인은 **심사관이 특허권 존속기간의 연장등록 여부결정 전까지 보정**할 수 있으며 연장등록출원서에 기재된 사항 중 연장기간과 연장이유에 한하여 보정이 가능하다. 다만, 심사관으로부터 거절이유를 통지받은 후에는 거절이유에 대한 의견서 제출기간에만 보정할 수 있다.

> **제5장 특허권**
>
> **제92조의4 등록지연에 따른 특허권의 존속기간의 연장등록거절결정**
>
> 심사관은 제92조의3에 따른 특허권의 존속기간의 연장등록출원이 다음 각 호의 어느 하나에 해당하는 경우에는 그 출원에 대하여 연장등록거절결정을 하여야 한다.
> 1. 연장신청의 기간이 제92조의2에 따라 인정되는 연장의 기간을 초과한 경우
> 2. 연장등록출원인이 해당 특허권자가 아닌 경우
> 3. 제92조의3 제3항을 위반하여 연장등록출원을 한 경우

### 취 지

제92조의4는 **등록지연에 따른 특허권 존속기간의 연장등록출원의 거절결정**에 관한 규정으로, 심사관은 일반적인 특허출원과 마찬가지로 존속기간 연장등록출원에 대하여 심사를 하게 되고, **본조의 거절이유**(인정되는 연장기간을 초과하는 연장신청의 기간 등)에 해당하는 경우에는 거절결정을 한다.

### 해 설

본조에 따른 **연장등록출원의 거절이유**로는 연장신청의 기간이 등록지연에 따라

인정되는 연장기간을 초과한 경우, 연장등록출원인이 해당 특허권자가 아닌 경우 및 특허권이 공유인 경우에 공유자 전원이 공동으로 연장등록출원을 하지 않은 경우이며 이에 해당하면 거절결정을 하여야 한다.

---

**제5장 특허권**

**제92조의5 등록지연에 따른 특허권의 존속기간의 연장등록결정 등**

① 심사관은 제92조의3에 따른 특허권의 존속기간의 연장등록출원에 대하여 제92조의4 각 호의 어느 하나에 해당하는 사유를 발견할 수 없는 경우에는 연장등록결정을 하여야 한다.
② 특허청장은 제1항의 연장등록결정이 있으면 특허권의 존속기간의 연장을 특허원부에 등록하여야 한다.
③ 제2항에 따른 등록이 있으면 다음 각 호의 사항을 특허공보에 게재하여야 한다.
1. 특허권자의 성명 및 주소(법인인 경우에는 그 명칭 및 영업소의 소재지)
2. 특허번호
3. 연장등록 연월일
4. 연장 기간

---

**취 지**

제92조의5는 **등록지연에 따른 특허권의 존속기간의 연장등록결정 및 특허공보의 게재**에 관한 규정으로, 연장등록출원에 대하여 심사관이 심사한 결과 **제92조의4에 따른 거절이유가 없는 경우**는 존속기간연장등록결정을 하고 특허원부에 기록하며 특허공보에 게재하여야 함을 규정하고 있다.

**해 설**

심사관은 등록지연에 따른 특허권의 존속기간의 연장등록출원이 있는 경우에 거절이유가 없으면 연장등록결정을 하고(제1항), 이 사실을 특허공보에 게재하여야 하며(제2항), **특허공보에는 특허권자의 인적사항, 특허번호, 연장등록의 연월일, 연장기간이 기록**된다(제3항).

| 제5장<br>특허권 | **제93조 준용규정**<br>특허권의 존속기간의 연장등록출원의 심사에 관하여는 제57조 제1항, 제63조, 제67조, 제148조 제1호부터 제5호까지 및 같은 조 제7호를 준용한다. |

### 취 지

제93조는 **특허권 존속기간의 연장등록출원의 심사에 관하여는 일반 특허출원의 심사에 관한 규정을 준용할 것을 규정**하고 있다. 특허권 존속기간의 연장등록출원의 심사 역시 심사관이 일반적으로 특허출원을 심사하는 절차와 기준에 따라서 특허심사를 수행하기 때문이다.

### 해 설

특허권 존속기간의 연장등록출원이 있으면 특허청장은 심사관에 의한 심사(제57조), 거절이유가 발견되면 거절이유통지(제63조), 특허결정 및 특허거절결정에 대한 특허여부결정의 방식(제67조) 및 전심관여를 제외한 심사관의 제척사유(제148조)를 준용하여 심사를 하도록 한다.

| 제5장<br>특허권 | **제94조 특허권의 효력**<br>특허권자는 업으로서 특허발명을 실시할 권리를 독점한다. 다만, 그 특허권에 관하여 전용실시권을 설정하였을 때에는 제100조 제2항에 따라 전용실시권자가 그 특허발명을 실시할 권리를 독점하는 범위에서는 그러하지 아니하다 |

### 취 지

제94조는 **특허권의 효력**에 대한 규정으로, **특허권자는 업으로서 그 특허발명을 실시할 권리를 독점**함을 명시하고 있다. 다만, 특허권에 **전용실시권을 설정한 때에는 전용실시권자가 전용실시권을 설정한 범위 내에서 그 특허발명을 실시할 권리를 독점**한다는 취지를 밝히고 있다.

### 해 설

① 「업」으로서 실시(제1항 본문)

업으로서 실시는 특허법이 산업발전에 이바지함을 목적(제1조)으로 하고 있는 점을 비추어 **산업이나 경제활동과 관련 없는 단순히 개인적·가정적 실시를 제외한 모든 특허발명의 실시**를 의미한다고 해석한다. 또한, 반복과 계속을 요하지 않으므로 1회의 실시도 업으로서의 실시이다.

업으로서의 실시에서 **업의 규모나 영리성은 고려하지 않는다**. 따라서 특허발명을 업자(業者)가 정당한 권한 없이 단 1회만 실시한 경우는 업으로서의 실시지만, 일반 가정에서 개인이 취미로 반복하여 장기간 실시한다하더라고 이를 업으로서 특허발명을 실시한 것이라 볼 수 없다.

② 「특허발명」 의 「실시」 (제1항 본문)

특허발명은 **특허를 받은 발명(제2조)**으로 설정등록 되어 존속 중에 있는 발명이다. 실시란 물건의 발명인 경우 그 물건을 생산·사용·양도·대여 또는 수입하거나 그 물건의 양도 또는 대여의 청약(양도 또는 대여를 위한 전시를 포함)을 하는 행위를 말한다.

③ 「독점적」 실시(제1항 본문)

특허권자는 특허발명을 독점적으로 실시할 수 있다. 그러므로 특허권의 존속기간 중에 특허권에 대한 정당한 권원 없는 제3자가 특허발명의 권리범위에 속하는 발명을 실시하였다면 특허권의 침해가 된다. 특허권자는 **침해에 대하여 민·형사상 제재조치**를 취할 수 있다(제126조 및 제225조).

④ 전용실시권에 의한 특허권의 제한(제1항 단서)

특허권에 대하여 전용실시권을 설정했을 때에는 전용실시권자는 그 설정행위로 정한 범위에서 특허발명을 업으로서 실시할 권리를 독점하므로(제100조 제2항), 특허권자는 **전용실시권의 설정범위(ex. 지역, 기간) 내에서는 업으로서 특허발명을 실시할 권리가 제한**된다.

---

| 제5장 특허권 | 제95조 허가 등에 따른 존속기간이 연장된 경우의 특허권의 효력 |
|---|---|
| | 제90조 제4항에 따라 특허권의 존속기간이 연장된 특허권의 효력은 그 연장등록의 이유가 된 허가등의 대상물건(그 허가등에 있어 물건에 대하여 특정의 용도가 정하여져 있는 경우에는 그 용도에 사용되는 물건)에 관한 그 특허발명의 실시 행위에만 미친다. |

취 지

제95조는 허가 등에 따른 특허권 존속기간이 연장된 경우의 특허권 효력에 관한

규정이다. 특허권의 효력이 발명의 허가 등의 요건에 따라 그 실시가 제한되었고 그에 따라 존속기간이 연장된 경우에는 해당 **허가 등의 대상물건에 대해서만 특허권의 효력이 연장되는 것으로 본다는** 취지이다.

해 설

특허발명의 실시를 위하여 허가 등을 받을 필요가 없었다면 통상적으로 특허권 존속기간 동안 그 특허발명을 충분히 실시할 수 있었기 때문에 **허가 등이 특허권 존속기간 연장의 이유였다면 그 허가 등의 대상물건에 대해서만 특허권의 효력이 연장**되는 것으로 보는 것이 합리적이다.

---

제5장
특허권

**제96조 특허권의 효력이 미치지 아니하는 범위**

① 특허권의 효력은 다음 각 호의 어느 하나에 해당하는 사항에는 미치지 아니한다.
1. 연구 또는 시험(「약사법」에 따른 의약품의 품목허가·품목신고 및 「농약관리법」에 따른 농약의 등록을 위한 연구 또는 시험을 포함한다)을 하기 위한 특허발명의 실시
2. 국내를 통과하는데 불과한 선박·항공기·차량 또는 이에 사용되는 기계·기구·장치, 그 밖의 물건
3. 특허출원을 한 때부터 국내에 있는 물건
② 둘 이상의 의약[사람의 질병의 진단·경감·치료·처치(處置) 또는 예방을 위하여 사용되는 물건을 말한다. 이하 같다]이 혼합되어 제조되는 의약의 발명 또는 둘 이상의 의약을 혼합하여 의약을 제조하는 방법의 발명에 관한 특허권의 효력은 「약사법」에 따른 조제행위와 그 조제에 의한 의약에는 미치지 아니한다.

---

취 지

제96조는 특허권자가 업으로서 특허발명을 실시할 권리를 독점하지만 일정한 경우 즉, **기술발전 촉진을 위한 산업정책적 이유**(연구 또는 시험), **국제교통편의**(영해 통과 선박 등), **법적 안전성**(출원시부터 있던 물건) 및 **의약관련 발명**(약사법에 따른 조제행위 등)에 대해선 **특허권의 효력이 제한**됨을 규정하였다.

해 설

① 특허권의 효력이 미치지 않는 범위(제1항)

㉠ 연구 또는 시험을 위한 특허발명의 실시(제1호)

연구 또는 시험은 특허와 관련된 물건의 생산·사용·양도 등을 위한 직접적인 목적으로 하는 것이 아니고 **특허발명의 효과를 입증하거나 기술발전을 위한 것이 목적**이므로 특허권자의 직접적인 이익을 해치지 않으며 산업발전에 이바지한다는 측면에서 특허권 효력을 제한하고 있다.[61]

㉡ 국내 통과 선박·항공기·차량 또는 이에 사용되는 물건(제2호)

국제교통의 편의를 위하여 단순히 국내를 통과하는데 목적이 있는 선박·항공기 등에 특허권의 효력을 제한하지 않으면 국제교통의 장해가 된다. 여기서 「**국내**」는 영토, 영해 및 영공을 포함하며, 「기계·기구 및 기타의 물건」은 취지상 **운행에 필요한 일체의 설비를 포함**한다고 본다.

㉢ 특허출원을 한 때부터 국내에 있는 물건(제3호)

특허출원을 한 때 이미 국내에 존재하고 있는 물건에까지 특허권의 효력이 미친다는 것은 법적 안정성을 현저하게 해칠 뿐만 아니라 그로 인하여 특허권자의 이익을 특별히 해친다고 보기 어려우므로 기존 상태를 보호하려는데 이 규정의 의미가 있다.[62]

② 약사법에 의한 조제행위와 그 조제에 의한 의약(제2항)

둘 이상의 **의약을 혼합**하여 **제조한 의약 또는 그 제조방법**에 대한 특허권의 효력을 의료인의 진료(조제)행위에까지 미치게 되면 국민건강 및 의료복지에 큰 혼란을 초래할 수 있기 때문이다. 이는 **의료인의 진료행위를 존중**하고 **국민의 보건을 우선시하겠다는** 특허법의 취지이다.

---

61) 다만, 특허발명 자체의 연구 또는 시험이어야 하고, 특허발명을 이용한 다른 목적의 연구 또는 시험의 실시는 해당되지 않는다. 또한, 시험 또는 연구의 결과 제작된 것을 업으로서 생산·사용·양도 등을 한 경우에는 특허권의 침해에 해당한다.
62) 임병웅, 앞의 책, 790면.

| 제5장 특허권 | **제97조 특허발명의 보호범위** |
|---|---|
| | 특허발명의 보호범위는 청구범위에 적혀 있는 사항에 의하여 정하여진다. |

### 취 지

제97조는 특허발명의 보호범위로 제3자의 정당한 권한 없는 특허발명의 실시인 **침해로부터 보호되는 특허권의 범위는 청구범위에 기재된 사항에 의하여 정하여진다**는 규정이다. 이는 특허발명의 보호범위를 정하는 기준을 명백히 함으로써 **특허분쟁시의 해결기준**으로 삼고자 하는 취지이다.

### 해 설

"특허발명의 보호범위는 청구범위의 기재에 의하여 정하여진다."고 밝히고 있으나 이를 어떻게 해석하고 적용할 것인지에 대해선 학설(주변한정주의 vs. 중심한정주의)과[63] 판례가 계속 나오고 있다. **실무상 특허발명의 보호범위를 확정**하는 것은 **대단히 중요한 사항으로 끝없이 쟁점**이 되고 있다.

특허발명의 보호범위를 정하는데 있어 가장 기본적인 원칙은 청구범위에 기재된 사항을 원칙으로 해석하는 것이고, 비록 **명세서에 다른 발명의 기재사항이 있다하더라도 청구범위에 기재가 없는 한** 그 특허발명의 **보호범위를 해석하는데 있어 제외된다**는 것이 확고한 **기본적인 원칙**이다.

### 판결요지

▷ 특허청구범위에는 특허로 보호를 받고자 하는 사항이 기재되는 것이고 **특허발명의 보호범위는 특허청구범위에 기재된 사항에 의하여 정하여지는 것**이므로, 특허의 요건을 판단하기 위한 발명의 기술구성은 특허청구범위의 기재를 기초로 하여 확정하여야 하고 **특별한 사정이 없는 한 발명의 상세한 설명이나 도면에 나타난 구체적인 실시예로 제한하여 확정하는 것은 허용되지 않는다**(대법원 2001.9.7. 선고 99후734 판결, 대법원 2007.6.14. 선고 2007후807 판결 ).

▷ 특허권의 권리범위 내지 실질적 보호범위는 특허출원서에 첨부한 명세서의 청구범위에 기재된 사항에 의하여 정하여지는 것이 원칙이고, 다만 그 **기재만으로 특**

---

[63] 「**주변한정주의**」는 청구범위에 기재되어 있는 **문언적 사항을 중심으로 특허발명의 보호범위를 해석하자는 것이고, 「중심한정주의**」는 청구범위에 기재되어 있는 사항 외에 **발명의 실질적 사상을 중심으로 특허발명의 보호범위를 해석**하자는 취지이다.

허의 기술적 구성을 알 수 없거나 알 수 있더라도 기술적 범위를 확정할 수 없는 경우에는 명세서의 다른 기재에 의한 보충을 할 수가 있는데, 이 경우에도 명세서의 다른 기재에 의하여 특허범위의 확장해석이 허용되지 아니함은 물론 청구범위의 기재만으로 기술적 범위가 명백한 경우에 명세서의 다른 기재에 의하여 청구범위의 기재를 제한 해석할 수는 없다(대법원 1997.5.28. 선고 96후1118 판결, 2001.6.1. 선고98후2856 판결).

▷ 특허청구범위는 특허출원인이 특허발명으로 보호받고자 하는 사항을 기재한 것이므로, 신규성·진보성 판단의 대상이 되는 발명의 확정은 특허청구범위에 기재된 사항에 의하여야 하고 발명의 상세한 설명이나 도면 등 다른 기재에 의하여 특허청구범위를 제한하거나 확장하여 해석하는 것은 허용되지 않지만, 특허청구범위에 기재된 사항은 발명의 상세한 설명이나 도면 등을 참작하여야 그 기술적인 의미를 정확하게 이해할 수 있으므로, **특허청구범위에 기재된 사항은 그 문언의 일반적인 의미를 기초로 하면서도 발명의 상세한 설명 및 도면 등을 참작하여 그 문언에 의하여 표현하고자 하는 기술적 의의를 고찰한 다음 객관적·합리적으로 해석**하여야 한다(대법원 2007.10.25. 선고 2006후3625 판결).

| 제5장 특허권 | **제98조 타인의 특허발명 등과의 관계**<br>　특허권자·전용실시권자 또는 통상실시권자는 특허발명이 그 특허발명의 특허출원일 전에 출원된 타인의 특허발명·등록실용신안 또는 등록디자인이나 그 디자인과 유사한 디자인을 이용하거나 특허권이 그 특허발명의 특허출원일 전에 출원된 타인의 디자인권 또는 상표권과 저촉되는 경우에는 그 특허권자·실용신안권자·디자인권자 또는 상표권자의 허락을 받지 아니하고는 자기의 특허발명을 업으로서 실시할 수 없다. |
|---|---|

### 취 지

제98조는 자신의 특허발명이 **이미 출원된 다른 사람의 특허발명**(등록실용신안)을 **이용**하여 개량한 **특허발명**(이용관계)이거나 다른 사람의 **디자인권**(상표권)과 중복되는 내용으로 특허발명을 취득한 경우(저촉관계)에 해당 특허발명의 실시에 따른 다른 권리들 간의 이용·저촉관계를 규정한 것이다.

### 해 설

① 「이용」 및 「저촉」 관계의 의미

"<u>이용</u>"이란 후출원 특허권자가 자신의 특허발명(A+B+C+D)을 실시하면 선출원된 다른 사람의 특허발명(A+B+C)을 실시하게 되는 경우로, 주로 다른 사람의 선출원된 특허발명(A+B+C)을 **후출원**한 자신이 개량 또는 개선한 특허발명(A+B+C+D(개량·개선))을 실시할 때 발생되는 경우이다.

"**저촉**"은 후출원 특허권자가 자신의 특허발명(A)을 실시하면 선출원된 다른 사람의 디자인권(A´)을 결과적으로 중첩되게 실시하게 되어 **권리간의 충돌**이 생기는 경우로, 주로 동일·유사한 내용이 다른 사람의 선출원된 디자인권(A´)과 후출원한 자신의 특허권(A)을 실시할 때 발생된다.

② 이용·저촉 관계의 판단 요건

이용·저촉 관계를 판단하기 위해선 출원일을 기준으로 선출원 우선의 원칙에 의하여 판단하되 **자신의 등록된 특허권(특허발명)이 후출원** 이어야하고, **이용·저촉의 대상권리**는 다른 사람의 특허권, 등록실용신안권, 디자인권 또는 상표권으로서 **선출원된 등록권리**이어야 한다.[64]

③ 이용·저촉 관계일 경우 특허발명(후출원)의 실시

이용·저촉 관계에 있는 후출원 특허권자는 **선출원 권리자의 허락을 얻어야** 자신의 특허발명을 업으로서 실시할 수 있다. 그러나 후출원한 특허권자는 선출원 권리자를 포함한 제3자가 후출원 특허발명을 실시하는 경우에는 특허침해의 이유로 특허권의 권리행사를 취할 수 있다.

| 판결요지 |

▷ 선특허발명과 후발명이 구 특허법(1990.1.13. 법률 제4207호로 전문 개정되기 전의 것) 제45조 제3항에서 규정하는 **이용관계에 있는 경우**에는 후발명은 선특허발명의 권리범위에 속하게 되고, 이러한 이용관계는 **후발명이 선특허발명의 기술적 구성에 새로운 기술적 요소를 부가하는 것**으로서 후발명이 선특허발명의 요지를 전부 포함하고 이를 그대로 이용하되, 후발명 내에 선특허발명이 발명으로서의 일체성을 유지하는 경우에 성립하는 것이며, 이는 선특허발명과 동일한 발명뿐만 아니라 균등한 발명을 이용하는 경우도 마찬가지이다(대법원 2001.8.21. 선고 98후522 판결).

---

64) **제98조**는 이용·저촉 관계를 판단하는 기준을 특허발명이 그 특허발명의 특허출원일 전에 출원된 타인의 특허발명·등록실용신안·등록디자인을 이용하거나 디자인권 또는 상표권과 저촉하는 경우만을 규정하고 있어 **동일자의 출원인 경우에는 각 권리자가 자유롭게 실시할 수 있다고 해석**한다.

> **제5장 특허권**
>
> **제99조 특허권의 이전 및 공유 등**
>
> ① 특허권은 이전할 수 있다.
> ② 특허권이 공유인 경우에는 각 공유자는 다른 공유자 모두의 동의를 받아야만 그 지분을 양도하거나 그 지분을 목적으로 하는 질권을 설정할 수 있다.
> ③ 특허권이 공유인 경우에는 각 공유자는 계약으로 특별히 약정한 경우를 제외하고는 다른 공유자의 동의를 받지 아니하고 그 특허발명을 자신이 실시할 수 있다.
> ④ 특허권이 공유인 경우에는 각 공유자는 다른 공유자 모두의 동의를 받아야만 그 특허권에 대하여 전용실시권을 설정하거나 통상실시권을 허락할 수 있다.

### 취 지

제99조는 재산권으로서 **특허권 소유의 주체를 변경하는 특허권의 이전**과 특허권을 2명 이상이 지분에 의하여 공동으로 소유하는 경우에 민법상 재산권 공유와는 다른 **무체재산권**으로서 특허법상 **특허권 공유에 따른 특허권의 양도, 담보, 실시 및 전용(통상)실시권 설정**에 관하여 규정하고 있다.

### 해 설

① 특허권의 이전(제1항)

특허권은 이전할 수 있다. 여기서 「특허권의 이전(移轉)」은 특허권의 주체인 **권리자를 변경**하는 것이다. 이전은 각각의 이전행위인 **매매·증여**와 같이 개별적으로 이전되는 특정승계와 **상속·회사합병** 등과 같이 하나의 이전원인으로 일괄적으로 이전되는 일반승계가 있다.

② 특허권 공유시 양도·담보 및 실시권 설정(제2항 및 제3항)

㉠ 양도·질권(담보권) 설정시 공유자의 동의 필요(제2항)

특허권의 공유자는 그 지분을 양도하거나 질권 설정시 다른 공유자의 동의를 얻어야 한다. 이는 공유자와 경쟁관계에 있는 제3자에게 지분이 쉽게 양도되거나 질권이 설정되면 그 양수자 또는 질권자의 경제력에 따라 다른 공유자의 이해관계에 큰 영향을 미칠 수 있기 때문이다.

ⓒ 공유자 자신의 특허발명 실시(제3항)

특허권의 각 공유자는 계약으로 특약(特約)한 경우를 제외하고 지분비율에 관계 없이 다른 공유자의 동의를 받지 않고 특허발명을 실시할 수 있다. 유체물(동산)은 객체의 점유에 따라 그 사용이 제한되지만 **특허발명의 객체는 기술이므로 동시에 여러 사람이 특허발명을 실시할 수 있다**.

ⓒ 실시권 설정시 다른 공유자의 동의 필요(제4항)

특허권의 공유자은 그 특허권에 대한 전용 또는 통상실시권 설정시 다른 공유자의 동의를 얻어야 한다. 이는 제2항과 마찬가지로 경쟁관계에 있는 실시권자의 자본 또는 기술력에 따라 **다른 공유자의 이해관계 및 지분의 가치에 영향**을 줄 수 있으므로 다른 공유자의 동의를 요한다.

### 판결요지

▷ 특허법(2014. 6. 11. 법률 12753호로 개정되기 전의 것) 제99조 제2항 및 제4항의 규정 취지는, **공유자 외의 제3자가 특허권 지분을 양도받거나 그에 관한 실시권을 설정받을 경우 제3자가 투입하는 자본의 규모·기술 및 능력 등에 따라 경제적 효과가 현저하게 달라지게 되어 다른 공유자 지분의 경제적 가치에도 상당한 변동을 가져올 수 있는 특허권의 공유관계의 특수성을 고려하여, 다른 공유자의 동의 없는 지분의 양도 및 실시권 설정 등을 금지한다는 데에 있다**. 그렇다면 **특허권의 공유자 상호 간에 이해관계가 대립되는 경우 등에 공유관계를 해소하기 위한 수단으로서 각 공유자에게 민법상의 공유물분할청구권을 인정하더라도 공유자 이외의 제3자에 의하여 다른 공유자 지분의 경제적 가치에 위와 같은 변동이 발생한다고 보기 어려워서 특허법 제99조 제2항 및 제4항에 반하지 아니하고, 달리 분할청구를 금지하는 특허법 규정도 없으므로, 특허권의 공유관계에 민법상 공유물분할청구에 관한 규정이 적용될 수 있다**. 다만 특허권은 발명실시에 대한 독점권으로서 그 대상은 형체가 없을 뿐만 아니라 각 공유자에게 특허권을 부여하는 방식의 현물분할을 인정하면 하나의 특허권이 사실상 내용이 동일한 복수의 특허권으로 증가하는 부당한 결과를 초래하게 되므로, **특허권의 성질상 그러한 현물분할은 허용되지 아니한다**. 그리고 위와 같은 법리는 디자인권의 경우에도 마찬가지로 적용된다(대법원 2014.8.20. 선고 2013다41578 판결).

> **제99조의2 특허권의 이전청구**
>
> ① 특허가 제133조 제1항 제2호 본문에 해당하는 경우에 특허를 받을 수 있는 권리를 가진 자는 법원에 해당 특허권의 이전(특허를 받을 수 있는 권리가 공유인 경우에는 그 지분의 이전을 말한다)을 청구할 수 있다.
> ② 제1항의 청구에 기초하여 특허권이 이전등록된 경우에는 다음 각 호의 권리는 그 특허권이 설정등록된 날부터 이전등록을 받은 자에게 있는 것으로 본다.
> 1. 해당 특허권
> 2. 제65조제2항에 따른 보상금 지급 청구권
> 3. 제207조 제4항에 따른 보상금 지급 청구권
> ③ 제1항의 청구에 따라 공유인 특허권의 지분을 이전하는 경우에는 제99조 제2항에도 불구하고 다른 공유자의 동의를 받지 아니하더라도 그 지분을 이전할 수 있다.

**[ 취 지 ]**

제99조의2는 **정당한 권리자가 무권리자를 상대로 법원에 소송을 제기**하여 **특허권 반환을 청구**할 수 있도록 한 특허권 이전청구에 관한 것이다. 종래 무권리자로부터 특허권 반환을 위하여 정당한 권리자의 무효심판 제기 및 그에 따른 특허출원 방식 외에 **소송을 통한 구제수단**을 마련하였다.

**[ 해 설 ]**

① 이전청구의 대상(제1항)

**특허를 받을 수 있는 권리가 없거나**(제33조) **공동출원 위반**(제44조)으로 **특허무효가 된 경우** 특허를 받을 수 있는 권리를 가진 자는 법원에 해당 특허권의 이전(특허를 받을 수 있는 권리가 공유인 경우에는 그 지분의 이전)을 청구할 수 있다.

② 권리의 귀속시기(제2항)

법원에 이전청구를 기초로 하여 특허권이 이전등록된 경우에는 **해당 특허권과 보상금 지급 청구권은 그 특허권이 설정등록된 날부터 이전등록을 받은 자에게 있는 것으로 본다.** 이는 처음부터 당연히 취득할 수 있었던 정당한 권리자의 특허권과 그 보상금 지급 청구권을 인정한 것이다.

③ 공유인 특허권의 지분 이전(제2항)

특허를 받을 수 있는 권리를 가진 자 즉, 정당한 권리자가 법원에 이전청구에 따라 공유인 특허권의 지분을 이전하는 경우에는 **판결에 따라 특허권의 일정 지분을 이전하는 것이기 때문에** 이 경우에는 **다른 공유자의 동의를 받지 않아도 그 지분을 이전할 수 있다**.

---

**제5장 특허권**

### 제100조 전용실시권

① 특허권자는 그 특허권에 대하여 타인에게 전용실시권을 설정할 수 있다.
② 전용실시권을 설정받은 전용실시권자는 그 설정행위로 정한 범위에서 그 특허발명을 업으로서 실시할 권리를 독점한다.
③ 전용실시권자는 다음 각 호의 경우를 제외하고는 특허권자의 동의를 받아야만 전용실시권을 이전할 수 있다.
1. 전용실시권을 실시사업(實施事業)과 함께 이전하는 경우
2. 상속이나 그 밖의 일반승계의 경우
④ 전용실시권자는 특허권자의 동의를 받아야만 그 전용실시권을 목적으로 하는 질권을 설정하거나 통상실시권을 허락할 수 있다.
⑤ 전용실시권에 관하여는 제99조 제2항부터 제4항까지의 규정을 준용한다.

---

**취지**

제100조는 **전용실시권(專用實施權)의 설정·실시·이전** 등에 관한 규정이다. 전용실시권은 특허권에 수반하여 특허권자 외의 제3자가 설정행위로 정한 범위 내에서 **특허발명을 업으로서 독점·배타적으로 실시할 수 있는** 물권적 권리에 속해 독점·배타성이 없는 채권적 권리인 통상실시권과 대비된다.

**해설**

① 전용실시권의 설정 및 효력(제1항 및 제2항)

특허권자는 특허권에 대하여 제3자에게 전용실시권을 설정할 수 있고(제1항), 전용실시권자는 그 **설정행위로 정한 범위에서 특허발명을 업으로서 실시할 권리를 독점**한다(제2항). 전용실시권이 **물권적 성격**은 제3자에 대하여 재산권의 배타적 **효력을 주장**해 침해조치를 취할 수 있다는 점이다.

② 전용실시권의 이전(제3항)

전용실시권은 그 설정범위에서 특허권과 같은 효력이어서 그 **실시범위(정도)는 특허권자의 사업과 깊은 관련이 있으므로 전용실시권을 이전할 때에는 특허권자의 동의를 받아야** 한다. 다만, 전용실시권을 **실시사업과 함께 이전하거나 상속 또는 그 밖의 일반승계의 경우는 예외로** 한다.

실시사업을 이전하는데 특허권자의 동의를 필요로 하면 실시사업의 설비가 가동될 수 없는 경우가 발생해 국가경제적으로 손실이 될 우려가 있고, 상속과 같은 일반승계의 경우는 전용실시권자(피승계인)의 권리·의무가 법률에 의거 포괄적으로 이전되므로 특허권자의 동의가 필요 없다.

③ 전용실시권의 질권 설정 및 공유(제4항 및 제5항)

전용실시권은 특허권자의 실시와 깊은 관련이 있으므로 전용실시권자는 **특허권자의 동의를 얻어야 전용실시권에 대한 질권을 설정**하거나 **통상실시권을 허락**할 수 있고(제4항), 전용실시권이 공유인 경우는 특허권의 공유 규정(제94조)을 준용해 다른 공유자의 동의 등을 받아야 한다(제5항).

---

### 제101조 특허권 및 전용실시권의 등록의 효력

① 다음 각 호의 어느 하나에 해당하는 사항은 등록하여야만 효력이 발생한다.
1. 특허권의 이전(상속이나 그 밖의 일반승계에 의한 경우는 제외한다), 포기에 의한 소멸 또는 처분의 제한
2. 전용실시권의 설정·이전(상속이나 그 밖의 일반승계에 의한 경우는 제외한다)·변경·소멸(혼동에 의한 경우는 제외한다) 또는 처분의 제한
3. 특허권 또는 전용실시권을 목적으로 하는 질권의 설정·이전(상속이나 그 밖의 일반승계에 의한 경우는 제외한다)·변경·소멸(혼동에 의한 경우는 제외한다) 또는 처분의 제한

② 제1항 각 호에 따른 특허권·전용실시권 및 질권의 상속이나 그 밖의 일반승계의 경우에는 지체 없이 그 취지를 특허청장에게 신고하여야 한다.

---

**취지**

제101조는 **특허권의 이전 및 전용실시권의 설정·이전·소멸 또는 처분의 제한** 등

에 관하여 **등록을 그 효력의 발생요건**으로 한다는 취지의 규정이다. 부동산과 같은 재산권(물권)의 변동에 있어서 등기를 요건으로 하듯이 특허권 및 전용실시권의 이전 등에 등록을 효력발생요건으로 한 것이다.

> 해 설

① 등록의 효력(제1항)

**특허권의 이전 및 전용실시권의 설정·이전·변경·소멸 또는 처분의 제한**, 특허권 또는 전용실시권에 대한 질권의 설정·이전·변경·소멸 또는 처분의 제한은 **특허청에 등록하지 않으면 그 효력이 발생하지 않는다**. 다만, 권리이전에서의 상속 기타 일반승계와 권리소멸에서의 혼동의 경우는 제외한다.

상속의 경우는 상속 전·후 등록 사이에 권리자의 공백을 방지하기 위함이고, 일반승계는 권리·의무가 포괄적으로 이전되는 것이므로 등록이 없어도 효력이 발생한다. 또한, 전용실시권자가 특허권을 양수받아 특허권을 소유하게 되는 혼동의 경우 역시 등록이 없어도 효력이 발생한다.[65]

② 상속이나 그 밖의 일반승계의 경우 신고 의무(제2항)

특허권의 이전 및 전용실시권의 설정·이전·소멸 등은 등록을 효력발생 요건으로 하는 것이 원칙이나, 등록의 효력발생 예외인 상속 기타 일반승계의 경우는 그 등록이 없이도 효력이 발생하므로 상속 기타 일반승계가 발생한 경우는 **지체 없이 그 취지를 특허청장에게 신고**하여야 한다.

---

[65] 여기서 「처분의 제한」은 강제집행인 가압류, 가처분 등을 말하며, 「혼동」은 서로 대립하는 2개의 법률적 지위(채권·채무)가 동일인에게 귀속하는 것으로, 채권과 채무가 동일인에게 귀속한 때에는 그 채권은 소멸하는 경우이다. 다만, 전용실시권 등이 혼동에 의하여 소멸한 경우는 권리소멸관계의 명확성을 기하기 위하여 특허청장이 직권으로 소멸등록을 하도록 하였다(특허권 등의 등록령 제14조 제1항 제5호).

> **제102조 통상실시권**
>
> ① 특허권자는 그 특허권에 대하여 타인에게 통상실시권을 허락할 수 있다.
> ② 통상실시권자는 이 법에 따라 또는 설정행위로 정한 범위에서 특허발명을 업으로서 실시할 수 있는 권리를 가진다.
> ③ 제107조에 따른 통상실시권은 실시사업과 함께 이전하는 경우에만 이전할 수 있다.
> ④ 제138조, 「실용신안법」 제32조 또는 「디자인보호법」 제123조에 따른 통상실시권은 그 통상실시권자의 해당 특허권·실용신안권 또는 디자인권과 함께 이전되고, 해당 특허권·실용신안권 또는 디자인권이 소멸되면 함께 소멸된다.
> ⑤ 제3항 및 제4항에 따른 통상실시권 외의 통상실시권은 실시사업과 함께 이전하는 경우 또는 상속이나 그 밖의 일반승계의 경우를 제외하고는 특허권자(전용실시권에 관한 통상실시권의 경우에는 특허권자 및 전용실시권자)의 동의를 받아야만 이전할 수 있다.
> ⑥ 제3항 및 제4항에 따른 통상실시권 외의 통상실시권은 특허권자(전용실시권에 관한 통상실시권의 경우에는 특허권자 및 전용실시권자)의 동의를 받아야만 그 통상실시권을 목적으로 하는 질권을 설정할 수 있다.
> ⑦ 통상실시권에 관하여는 제99조제2항 및 제3항을 준용한다.

### 취 지

제102조는 **통상실시권(通常實施權)의 설정·실시·이전** 등에 관한 규정이다. 통상실시권은 특허권에 수반하여 특허권자 외의 제3자가 **특허법에 따라 또는 설정행위로 정한 범위 내에서 특허발명을 업으로서 실시할 수 있는 채권적 성격의 권리**로 독점·배타적으로 실시할 수 있는 전용실시권과 대비된다.

### 해 설

#### ① 허락에 의한 통상실시권(제1항)

특허권자는 제3자에게 특허발명을 업으로서 실시할 수 있는 통상실시권을 허락할 수 있다. 이를 "허락에 의한 통상실시권"이라 하며, 당사자 간의 실시계약에 의하여 발생한다. 통상실시권은 복수로 설정될 수 있으며 **특허권자와 실시자 간 권리·의무 관계**라는 점에서 **채권적 권리**이다.

② 통상실시권의 효력(제2항)

통상실시권자는 특허법에 따라 또는 **설정행위로 정한 범위**에서 특허발명을 업으로서 실시할 수 있는 권리를 가진다. 전용실시권과는 달리 특허발명의 실시에 독점·배타성이 없으며, 특허권자와 다수의 실시자 간 복수의 계약으로도 통상실시권을 설정하여 특허발명을 실시할 수 있다.

③ 재정(裁定)[66]에 의한 통상실시권의 이전(제3항)

특허발명의 실시가 특허법 목적에 합치되게 **적정한 특허발명의 실시를 제3자에게 허락하는 재정에 의한 통상실시권**(제107조)는 그 설정원인 및 취지에 맞게 통상실시권이 실시사업과 분리되어 이전하는 것은 불합리하므로 **실시사업과 같이 이전하는 경우에만** 이전할 수 있다.

④ 이용·저촉 관계에 따른 통상실시권의 이전(제4항)

특허발명 등의 이용·저촉 관계에 따라 통상실시권 허락의 심판(제138조)에 의하여 통상실시권을 취득한 경우는 **특허권의 이용·저촉 관계 조정을 위하여 설정된 실시권**이므로 해당 특허권에 종속되는 것이어서 **통상실시권의 허락원인이 된 특허권과 함께 이전하고 소멸하면 같이 소멸**된다.

⑤ 통상실시권의 이전 및 질권설정에 대한 동의(제5항 내지 제7항)

통상실시권이 설비투자의 경제적 손실을 고려하여 **실시사업과 함께 이전하는 경우**나 **상속 기타 일반승계**에 따라 권리·의무가 포괄적으로 이전되는 경우를 **제외하고는 특허권자**(전용실시권에 관한 통상실시권의 경우는 특허권자 및 전용실시권자)의 **동의를 받아야만** 이전할 수 있다(제5항).

**질권설정시도 위 둘의 경우를 제외**하고는 담보설정에 따른 이해관계가 깊으므로 특허권자(전용실시권에 관한 통상실시권의 경우 특허권자 및 전용실시권자)의 **동의를 받아야 하고**(제6항), 통상실시권이 **공유인 경우는 다른 공유자의 동의를 받아야** 지분 양도 또는 질권을 설정할 수 있다(제7항).

---

[66] 「재정」은 원래 본인의 의사에 갈음하여 제3자인 행정청의 결정에 의하여 그 행위를 신청인에게 할 수 있도록 결정해 주는 것을 말하는데, 여기서는 특허발명이 특허법 목적의 취지에 따라 적절하게 실시될 수 있도록 하기 위하여 특허권자의 허락 없이 그 특허발명을 실시하고자 하는 자의 청구에 의하여 특허청장이 통상실시권을 설정할 수 있도록 한 것이다.

> **제5장 특허권**
>
> **제103조 선사용에 의한 통상실시권**
>
> 특허출원 시에 그 특허출원된 발명의 내용을 알지 못하고 그 발명을 하거나 그 발명을 한 사람으로부터 알게 되어 국내에서 그 발명의 실시사업을 하거나 이를 준비하고 있는 자는 그 실시하거나 준비하고 있는 발명 및 사업목적의 범위에서 그 특허출원된 발명의 특허권에 대하여 통상실시권을 가진다.

**취 지**

제103조는 **선사용(先使用)에 의한 통상실시권**에 관한 규정이다. **특허출원시** 선의의 사업자가 그 후 등록된 특허권 때문에 발명의 범위에 속하는 사업실시를 계속할 수 없다면 선출원주의에 따른 **선의의 사업자에게 가혹하고(공평성) 산업정책적으로도 바람직하지 않아(경제성)** 인정된 것이다.

**해 설**

① 통상실시권의 성립요건

본조의 선사용에 의한 통상실시권이 인정되기 위해서는 ⓐ **"특허출원시의 실시"** 이고, ⓑ **"선의"**이며 즉, 특허출원된 발명의 내용을 알지 못하고 발명을 하거나 그 발명을 한 사람으로부터 알게 된 경우이며, ⓒ **"국내에서 그 발명의 실시사업을 하거나 이를 준비"**하고 있었어야 한다.

② 통상실시권의 범위

**실시하거나 준비하고 있는 발명 및 사업목적의 범위**에서 특허발명에 대한 통상실시권을 가진다. 여기서 "발명의 범위"는 선사용자가 현실적으로 실시하거나 준비한 발명의 범위 내이고, "사업목적의 범위"는 발명이 사업적 목적에 맞게 구현·적용되는 분야로 해석하는 것이 적절하다.

> **제103조의2 특허권의 이전청구에 따른 이전등록 전의 실시에 의한 통상실시권**
>
> ① 다음 각 호의 어느 하나에 해당하는 자가 제99조의2 제2항에 따른 특허권의 이전등록이 있기 전에 해당 특허가 제133조 제1항 제2호 본문에 해당하는 것을 알지 못하고 국내에서 해당 발명의 실시사업을 하거나 이를 준비하고 있는 경우에는 그 실시하거나 준비를 하고 있는 발명 및 사업목적의 범위에서 그 특허권에 대하여 통상실시권을 가진다.
> 1. 이전등록된 특허의 원(原)특허권자
> 2. 이전등록된 특허권에 대하여 이전등록 당시에 이미 전용실시권이나 통상실시권 또는 그 전용실시권에 대한 통상실시권을 취득하고 등록을 받은 자. 다만, 제118조 제2항에 따른 통상실시권을 취득한 자는 등록을 필요로 하지 아니한다.
> ② 제1항에 따라 통상실시권을 가진 자는 이전등록된 특허권자에게 상당한 대가를 지급하여야 한다.

제5장 특허권

### 취 지

제103조의2는 **특허권 이전청구에 따라 이전등록이 있기 전** 해당 특허가 특허를 받을 수 있는 권리를 가진 자의 특허라고 신뢰하고 국내에서 발명을 실시하거나 준비한 경우에 그 **실시나 준비를 하고 있는 발명 및 사업목적의 범위에서 특허권에 대한 통상실시권을 인정하는 것**이다.

### 해 설

① 통상실시권의 성립요건(제1항)

통상실시권이 인정되려면 ⓐ **특허권의 이전청구에 기초하여 특허권 이전등록이 있기 전의 실시**이고, ⓑ 선의로 특허를 받을 수 있는 권리를 가지지 않아 무효사유(제33조 제1항 본문)가 된다는 것을 알지 못하고, ⓒ **국내에서 해당 발명의 실시사업을 하거나 이를 준비**하고 있었어야 한다.

② 통상실시권자(제1항 각 호)

특허를 받을 수 있는 권리를 갖지 않은 무권리자의 출원임에도 불구하고 **선의나 착오**로 특허권을 취득했으나 그 후 정당한 권리자의 특허권 이전청구에 의하여 특허권이 **정당한 권리자에게 이전등록된 경우 무권리자인 원(原)특허권자**는 이 조항에 따라 소위 법정의 통상실시권을 가진다.

또한, **이전등록된 특허권에 대하여 이전등록 당시 이미** 전용실시권이나 통상실시권 또는 그 전용실시권에 대한 **통상실시권을 취득하고 등록을 받은 자도** 통상실시권을 가진다. 다만, 이전등록 당시 법률에 따라 통상실시권을 취득한 **법정실시권자는 등록이 없어도 통상실시권을 가진다.**

③ 통상실시권에 대한 대가 지급(제2항)

특허권 이전청구에 따른 이전등록 전 실시에 의한 통상실시권을 가진 자는 **이전등록된 특허권자에게 상당한 대가를 지급**하여야 한다. 이는 특허발명의 선사용에 따른 통상실시권과는 달리 **무권리자** 및 그 와 연계된 실시자의 **설비 또는 사업을 보호**한다는 측면에서 인정되기 때문이다.

### 제104조 무효심판청구 등록 전의 실시에 의한 통상실시권

① 다음 각 호의 어느 하나에 해당하는 자가 특허 또는 실용신안등록에 대한 무효심판청구의 등록 전에 자기의 특허발명 또는 등록실용신안이 무효사유에 해당하는 것을 알지 못하고 국내에서 그 발명 또는 고안의 실시사업을 하거나 이를 준비하고 있는 경우에는 그 실시하거나 준비하고 있는 발명 또는 고안 및 사업목적의 범위에서 그 특허권에 대하여 통상실시권을 가지거나 특허나 실용신안등록이 무효로 된 당시에 존재하는 특허권의 전용실시권에 대하여 통상실시권을 가진다.
1. 동일한 발명에 대한 둘 이상의 특허 중 그 하나의 특허를 무효로 한 경우 그 무효로 된 특허의 원특허권자
2. 특허발명과 등록실용신안이 동일하여 그 실용신안등록을 무효로 한 경우 그 무효로 된 실용신안등록의 원(原)실용신안권자
3. 특허를 무효로 하고 동일한 발명에 관하여 정당한 권리자에게 특허를 한 경우 그 무효로 된 특허의 원특허권자
4. 실용신안등록을 무효로 하고 그 고안과 동일한 발명에 관하여 정당한 권리자에게 특허를 한 경우 그 무효로 된 실용신안의 원실용신안권자
5. 제1호부터 제4호까지의 경우에 있어서 그 무효로 된 특허권 또는 실용신안권에 대하여 무효심판청구 등록 당시에 이미 전용실시권이나 통상실시권 또는 그 전용실시권에 대한 통상실시권을 취득하고 등록을 받은 자. 다만, 제118조 제2항에 따른 통상실시권을 취득한 자는 등록을 필요로 하지 아니한다.
② 제1항에 따라 통상실시권을 가진 자는 특허권자 또는 전용실시권자에게 상당한 대가를 지급하여야 한다.

**제5장 특허권**

### 취 지

제104조는 특허청 심사를 통하여 등록받은 자신의 특허발명이 무효사유에 해당하지 않음을 믿고 그 발명의 실시사업을 하거나 이를 준비하고 있는 경우에 특허청 **등록처분의 결정을 신뢰한 자를 보호**하고 그 실시를 통하여 갖추어진 사업설비 등을 보호하고자 마련된 **통상실시권** 관련 규정이다.

해 설

① **통상실시권의 성립요건(제1항)**

본조에 의한 통상실시권이 인정되기 위해서는 ⓐ **무효심판청구 등록전의 실시**이고, ⓑ **선의**로 특허발명이 무효사유에 해당하는 것을 알지 못하고, ⓒ 국내에서 그 발명의 실시사업을 하거나 이를 준비하고 있을 것을 요한다.

② **통상실시권자(제1항 각 호)**

본조에 따른 통상실시권을 가지는 자는 ⓐ 동일한 발명에 대한 **둘 이상의 특허 중 하나를 무효로 한 경우의 원(原)특허권자**, ⓑ 특허발명과 등록실용신안이 동일하여 그 실용신안등록을 무효로 한 경우의 원실용신안권자, ⓒ 정당한 권리자에게 특허를 한 경우 무효가 된 원특허권자, ⓓ 정당한 권리자에 특허를 한 경우 무효가 된 원실용신안권자, ⓔ **무효심판청구 등록 당시에 이미 전용실시권이나 통상실시권을 취득하고 등록을 받은 자** 등이다. 다만, 무효심판청구 등록 당시에 존재하고 있는 **법정실시권자는 등록이 없어도 통상실시권을 가진다**.

③ **통상실시권에 대한 대가 지급(제2항)**

무효심판청구 등록 전의 실시에 의한 통상실시권을 가진 자는 **특허권자 또는 전용실시권자**에게 **상당한 대가를 지급**하여야 한다. 이 역시 특허발명의 선사용에 따른 통상실시권과는 달리 **무권리자로 된 자의 설비 또는 사업을 보호한다는 산업정책적인 측면**에서 인정되기 때문이다.

> ### 제105조 디자인권의 존속기간 만료 후의 통상실시권
>
> ① 특허출원일 전 또는 특허출원일과 같은 날에 출원되어 등록된 디자인권이 그 특허권과 저촉되는 경우 그 디자인권의 존속기간이 만료될 때에는 그 디자인권자는 그 디자인권의 범위에서 그 특허권에 대하여 통상실시권을 가지거나 그 디자인권의 존속기간 만료 당시 존재하는 그 특허권의 전용실시권에 대하여 통상실시권을 가진다.
> ② 특허출원일 전 또는 특허출원일과 같은 날에 출원되어 등록된 디자인권이 그 특허권과 저촉되는 경우 그 디자인권의 존속기간이 만료될 때에는 다음 각 호의 어느 하나에 해당하는 권리를 가진 자는 원(原)권리의 범위에서 그 특허권에 대하여 통상실시권을 가지거나 그 디자인권의 존속기간 만료 당시 존재하는 그 특허권의 전용실시권에 대하여 통상실시권을 가진다.
> 1. 그 디자인권의 존속기간 만료 당시 존재하는 그 디자인권에 대한 전용실시권
> 2. 그 디자인권이나 그 디자인권에 대한 전용실시권에 대하여 「디자인보호법」 제104조 제1항에 따라 효력이 발생한 통상실시권
> ③ 제2항에 따라 통상실시권을 가진 자는 특허권자 또는 전용실시권자에게 상당한 대가를 지급하여야 한다.

**제5장 특허권**

### 취지

제105조는 특허출원일 전 또는 특허출원일과 같은 날에 출원되어 등록된 디자인권이 **특허권과 저촉되는 관계**에 있어 **디자인권의 존속기간 만료로** 먼저 소멸하더라도 그 **디자인권에 대한 법정의 통상실시권을** 인정하여 **선출원 디자인권자의 실시 및 설비를 보호**해주기 위하여 마련된 규정이다.

### 해설

① 디자인권자의 통상실시권 성립요건(제1항)

본조에 의한 디자인권자의 통상실시권이 인정되기 위해서는 ⓐ **특허출원일 전 또는 특허출원일과 같은 날에 출원되어 디자인권이 등록되어 있어야 하고**, ⓑ **등록된 디자인권이 그 특허권과 저촉되는 관계에 있어야 하며**, ⓒ **디자인권이 존속기간 만료로 소멸한 경우**이다.

② 디자인권의 전용실시권자 등의 통상실시권(제2항)

제1항이 존속기간 만료로 디자인권이 소멸한 경우에 원디자인권자의 통상실시권

에 관한 것이라면, 제2항은 원디자인권자에 대한 전용실시권 또는 통상실시권을 가진 자도 동일한 취지의 통상실시권을 취득함을 규정한 것이다.

### ③ 통상실시권에 대한 대가 지급(제3항)

특허권과 저촉관계에 있어 형평의 관점에서 인정되는 **디자인권자의 통상실시권은 대가를 지불할 필요가 없으나, 존속기간 만료 당시 그 디자인권에 등록된 실시권자** 또는 법정실시권자는 형평성 보다는 산업설비의 보호 측면이 강하므로 이에 대한 **실시의 대가는 지불**하여야 한다.

---

**제5장 특허권**

### 제106조 특허권의 수용

① 정부는 특허발명이 전시, 사변 또는 이에 준하는 비상시에 국방상 필요한 경우에는 특허권을 수용할 수 있다.
② 특허권이 수용되는 경우에는 그 특허발명에 관한 특허권 외의 권리는 소멸된다.
③ 정부는 제1항에 따라 특허권을 수용하는 경우에는 특허권자, 전용실시권자 또는 통상실시권자에 대하여 정당한 보상금을 지급하여야 한다.
④ 특허권의 수용 및 보상금의 지급에 필요한 사항은 대통령령으로 정한다.

---

**취 지**

제106조는 **국방상 필요한 발명을 비상시에 국가가 수용**하도록 한 규정으로, 국방상 긴급히 필요한 경우에도 지식재산권에 관한 협정(TRIPs)에 따라 개인의 재산권을 제한하는 것을 최소화하면서 특허권 수용의 목적을 **전시, 사변 또는 이에 준하는 비상시로 한정**하여 수용하도록 규정하였다.

**해 설**

정부는 특허발명이 **전시, 사변 또는 이에 준하는 비상시에 국방상 필요한 경우**에 **특허권을 수용**할 수 있다(제1항). 특허권이 수용되는 경우 그 특허발명에 관한 특허권 외의 권리(질권, 실시권)는 소멸되며(제2항), 수용은 공익적 목적까지가 아닌 **국방상 필요로 한정**한 점에 그 **특징**이 있다.

특허권을 수용하는 경우에 정부는 특허권자, 전용실시권자 또는 통상실시권자에 대하여 **정당한 보상금을 지급**하여야 하며(제3항), 특허권의 수용 및 보상금의 지급에 필요한 사항은 대통령령(**특허권의 수용·실시 등에 관한 규정** 제1조 내지 제19조)에서 규정하고 있다.

> ### 제106조의2 정부 등에 의한 특허발명의 실시
>
> ① 정부는 특허발명이 국가 비상사태, 극도의 긴급상황 또는 공공의 이익을 위하여 비상업적(非商業的)으로 실시할 필요가 있다고 인정하는 경우에는 그 특허발명을 실시하거나 정부 외의 자에게 실시하게 할 수 있다.
> ② 정부 또는 제1항에 따른 정부 외의 자는 타인의 특허권이 존재한다는 사실을 알았거나 알 수 있을 때에는 제1항에 따른 실시 사실을 특허권자, 전용실시권자 또는 통상실시권자에게 신속하게 알려야 한다.
> ③ 정부 또는 제1항에 따른 정부 외의 자는 제1항에 따라 특허발명을 실시하는 경우에는 특허권자, 전용실시권자 또는 통상실시권자에게 정당한 보상금을 지급하여야 한다.
> ④ 특허발명의 실시 및 보상금의 지급에 필요한 사항은 대통령령으로 정한다.

*제5장 특허권*

### 취지

제106조의2는 국가안보에 중요한 영향을 미치는 **국가 비상사태, 극도의 긴급상황 또는 공공의 이익을 위하여** 특허발명을 **비상업적으로 실시할 필요가 있는 경우**, 정부 또는 정부 외의 자에게 특허발명을 실시할 수 있도록 한 **정부 등에 의한 특허발명의 통상실시권**에 관하여 규정하였다.

### 해설

① 국가 비상사태 등에 의한 특허발명의 실시 및 통지(제1항 및 제2항)

정부는 특허발명이 국가 비상사태 등을 위하여 비상업적으로 **실시할 필요가 있는 경우는** 그 발명을 실시하거나 제3자에게 **실시**하게 할 수 있고(제1항), 정부 또는 제3자가 타인의 특허권이 존재한다는 사실을 알았거나 알 수 있을 때에는 실시 사실을 특허권자 등에게 신속하게 알려야 한다(제2항).

② 보상금 지급(제3항 및 제4항)

정부 또는 제3자가 국가 비상사태 등에 의하여 특허발명을 실시하는 경우에는 특허권자 등에게 정당한 보상금을 지급하여야 하고(제3항), 이에 따른 **특허발명의 실시 및 보상금의 지급에 필요한 사항**은 대통령령(특허권의 수용·실시 등에 관한 규정)으로 정한다.

### 제107조 통상실시권 설정의 재정

① 특허발명을 실시하려는 자는 특허발명이 다음 각 호의 어느 하나에 해당하고, 그 특허발명의 특허권자 또는 전용실시권자와 합리적인 조건으로 통상실시권 허락에 관한 협의(이하 이 조에서 "협의"라 한다)를 하였으나 합의가 이루어지지 아니하는 경우 또는 협의를 할 수 없는 경우에는 특허청장에게 통상실시권 설정에 관한 재정(裁定)(이하 "재정"이라 한다)을 청구할 수 있다. 다만, 공공의 이익을 위하여 비상업적으로 실시하려는 경우와 제4호에 해당하는 경우에는 협의 없이도 재정을 청구할 수 있다.

1. 특허발명이 천재지변이나 그 밖의 불가항력 또는 대통령령으로 정하는 정당한 이유 없이 계속하여 3년 이상 국내에서 실시되고 있지 아니한 경우
2. 특허발명이 정당한 이유 없이 계속하여 3년 이상 국내에서 상당한 영업적 규모로 실시되고 있지 아니하거나 적당한 정도와 조건으로 국내수요를 충족시키지 못한 경우
3. 특허발명의 실시가 공공의 이익을 위하여 특히 필요한 경우
4. 사법적 절차 또는 행정적 절차에 의하여 불공정거래행위로 판정된 사항을 바로잡기 위하여 특허발명을 실시할 필요가 있는 경우
5. 자국민 다수의 보건을 위협하는 질병을 치료하기 위하여 의약품(의약품 생산에 필요한 유효성분, 의약품 사용에 필요한 진단키트를 포함한다)을 수입하려는 국가(이하 이 조에서 "수입국"이라 한다)에 그 의약품을 수출할 수 있도록 특허발명을 실시할 필요가 있는 경우

② 특허출원일부터 4년이 지나지 아니한 특허발명에 관하여는 제1항 제1호 및 제2호를 적용하지 아니한다.

③ 특허청장은 재정을 하는 경우 청구별로 통상실시권 설정의 필요성을 검토하여야 한다.

④ 특허청장은 제1항 제1호부터 제3호까지 또는 제5호에 따른 재정을 하는 경우 재정을 받는 자에게 다음 각 호의 조건을 붙여야 한다.

1. 제1항 제1호부터 제3호까지의 규정에 따른 재정의 경우에는 통상실시권을 국내 수요충족을 위한 공급을 주목적으로 실시할 것
2. 제1항 제5호에 따른 재정의 경우에는 생산된 의약품 전량을 수입국에 수출할 것

⑤ 특허청장은 재정을 하는 경우 상당한 대가가 지급될 수 있도록 하여야 한다. 이 경우 제1항제4호 또는 제5호에 따른 재정을 하는 경우에는

다음 각 호의 사항을 대가 결정에 고려할 수 있다.
1. 제1항 제4호에 따른 재정의 경우에는 불공정거래행위를 바로잡기 위한 취지
2. 제1항 제5호에 따른 재정의 경우에는 그 특허발명을 실시함으로써 발생하는 수입국에서의 경제적 가치

⑥ 반도체 기술에 대해서는 제1항 제3호(공공의 이익을 위하여 비상업적으로 실시하는 경우만 해당한다) 또는 제4호의 경우에만 재정을 청구할 수 있다.

⑦ 수입국은 세계무역기구회원국 중 세계무역기구에 다음 각 호의 사항을 통지한 국가 또는 세계무역기구회원국이 아닌 국가 중 대통령령으로 정하는 국가로서 다음 각 호의 사항을 대한민국정부에 통지한 국가의 경우만 해당한다.
1. 수입국이 필요로 하는 의약품의 명칭과 수량
2. 국제연합총회의 결의에 따른 최빈개발도상국이 아닌 경우 해당 의약품의 생산을 위한 제조능력이 없거나 부족하다는 수입국의 확인
3. 수입국에서 해당 의약품이 특허된 경우 강제적인 실시를 허락하였거나 허락할 의사가 있다는 그 국가의 확인

⑧ 제1항 제5호에 따른 의약품은 다음 각 호의 어느 하나에 해당하는 것으로 한다.
1. 특허된 의약품
2. 특허된 제조방법으로 생산된 의약품
3. 의약품 생산에 필요한 특허된 유효성분
4. 의약품 사용에 필요한 특허된 진단키트

⑨ 재정을 청구하는 자가 제출하여야 하는 서류, 그 밖에 재정에 관하여 필요한 사항은 대통령령으로 정한다.

### 취 지

제107조는 특허청장의 「재정(裁定)」[67]에 관한 것으로, **특허권자가 정당한 이유 없이 특허발명을 실시하지 않거나 불충분하게 실시하는 경우 또는 공익상 특히 실시할 필요가 있는 경우** 등에 특허발명을 실시하려는 자의 청구와 특허청장의 결정에 의하여 **통상실시권을 설정**해 주는 것이다.

---

[67] 원래 「재정」은 본인의 의사에 대신하여 제3자인 행정청의 결정에 의하여 그 행위를 신청인에게 할 수 있도록 결정해 주는 것을 말한다.

> 해 설

① 재정청구의 요건(제1항)

특허발명을 실시하려는 자는 특허권자(전용실시권자)와 **합리적 조건**으로 통상실시권 허락에 관한 **협의를 하였으나 합의가 이루어지지 않은 경우** 또는 **협의를 할 수 없는 경우**에는 아래의 일정한 사유에 대하여 특허청장에게 통상실시권 설정에 관한 **재정을 청구**할 수 있다(제1항 본문).

㉠ 정당한 이유 없이 계속해서 3년 이상 국내에서 불실시 또는 불충분 실시(제1호 및 제2호)

특허발명이 **천재지변, 그 밖의 불가항력** 또는 **대통령령으로 정하는 정당한 이유** 없이 계속해 3년 이상 국내에서 실시되고 있지 않거나(제1호), 정당한 이유 없이 계속해 3년 이상 국내에서 **상당한 영업적 규모**(적당한 정도)로 실시되지 않는 등 국내 **수요를 충족시키지 못한 경우**이다(제2호).

「천재지변이나 그 밖의 불가항력」은 객관적인 상태를 기준으로 판단하며, 「대통령령으로 정하는 정당한 이유」란 특허권자가 심신장애로 인한 활동불능의 경우나 특허발명의 실시에 필요한 정부기관이나 타인의 인·허가를 받지 못한 경우 등을 말한다(특허권의 수용·실시 등에 관한 규정 제6조).

㉡ 특허발명의 실시가 공공의 이익을 위하여 특히 필요한 경우(제3호)

「공공의 이익」은 국민의 생명, 질병 및 보건과 직접적으로 관련된 이익을 말하며, 「특히 필요한 경우」란 특허발명을 실시함으로써 얻는 **공공의 이익**이 특허권자가 실시를 허락함으로써 손실되는 이익과 비교·형량하였을 때 **현저히 큰 경우**로 해석될 수 있다.[68]

㉢ 불공정거래행위로 판정된 사항을 바로 잡기 위하여 실시가 필요한 경우(제4호)

「사법적 절차 또는 행정적 절차에 의하여 불공정거래행위로 판정된 사항」은 당사자 간 거래에 있어 **비(非)합리적인 조건과 부당한 거래의 관행으로 공정한 거래질서를 해치는 행위**를 의미한다. 공익상 비상업적으로 실시하려는 경우와 마찬가지로 이 경우는 협의 없이도 재정청구를 할 수 있다.

㉣ 질병치료를 위하여 수입국에 의약품을 수출할 수 있도록 실시가 필요한 경우 (제5호 및 제8항)

자국민 다수의 보건을 위협하는 질병치료를 위하여 의약품을 수입하려는 국가(수

---
[68] 임병웅, 앞의 책, 983면.

입국)에 그 의약품을 수출할 수 있도록 특허발명을 실시할 필요가 있는 경우이다(제5호). 「의약품」은 특허된 의약품, 특허된 제조방법으로 생산된 의약품 또는 의약품 생산에 필요한 특허된 유효성분을 말한다(제8항).

　㉻ **반도체 기술이 공익상 비상업적 실시 또는 불공정거래행위로 판정된 경우**(제6항)

반도체 기술에 대해서는 공공의 이익을 위하여 비상업적으로 실시하는 경우나 사법적 절차 또는 행정적 절차에 의하여 불공정거래행위로 판정된 사항을 바로잡기 위하여 특허발명의 실시가 필요한 경우이다. 이는 반도체 기술이 **국가의 중요한 수출분야로서의 특성을 반영**한 것이다.

　② **불실시 및 불충분 실시에 따른 재정청구의 기간 경과 제한**(제2항)

특허발명이 정당한 이유 없이 계속해 3년 이상 국내에서 실시되고 있지 않은 경우나 계속해 3년 이상 국내에서 상당한 영업적 규모로 실시되고 있지 않은 경우의 재정청구는 **특허발명이 출원일로부터 4년이 지나야 한다**. 이는 **특허권자에게 실시를 위한 검토와 준비기간을 보장**하기 위함이다.

　③ **재정청구별 필요성 검토 및 추가 조건 부과**(제3항 및 제4항)

특허청장은 재정을 하는 경우 그 청구별로 통상실시권 설정의 필요성을 검토하여야 하며(제3항), 특허발명이 불실시, 불충분실시 또는 공익상 특히 필요한 실시의 경우에는 그 취지에 맞게 통상실시권을 국내수요 충족을 위한 공급을 주목적으로 실시할 것을 조건으로 부과하고(제4항 제1호), 자국민 다수의 보건을 위협하는 질병치료를 위하여 수입국에 의약품을 수출할 수 있도록 특허발명을 실시할 필요가 있는 경우에는 그 실시의 목적에 맞게 생산된 의약품 전량을 수입국에 수출할 것을 조건으로 부과한다(제4항 제2호).

　④ **재정에 따른 대가의 지급결정 및 고려 사항**(제5항)

특허청장은 재정결정시 상당한 대가가 지급될 수 있도록 하여야 하며, **재정이 불공정거래행위를 위한 것이라면 불공정거래행위를 바로잡기 위한 취지**를, 수입국에 의약품을 수출하는 실시는 그 특허발명을 실시함으로써 발생하는 수입국에서의 경제적 가치를 대가 결정에 고려할 수 있다.

　⑤ **질병치료를 위하여 의약품을 수출하는 경우 「수입국」의 제한**(제7항)

수입국은 세계무역기구회원국 중 세계무역기구 또는 세계무역기구회원국이 아닌 국가 중 대통령령으로 정하는 국가(특허권의 수용·실시 등에 관한 규정 2의3)로서 **수입국이 필요로 하는 의약품의 명칭과 수량 등을 통지한 국가로서 대한민국정부에 통지한 국가의 경우만 해당**한다.

⑥ 재정청구 절차(제9항)

재정에 의하여 특허발명을 실시하려는 자는 특허권자 또는 전용실시권자를 피청구인으로 하여 재정청구서를 특허청장에게 제출하여야 한다. 재정을 청구하는 자가 제출하여야 하는 서류, 그 밖의 재정에 관하여 필요한 사항은 대통령령(특허권의 수용·실시 등에 관한 규정)으로 정한다.

> **제5장 특허권**
> 
> **제108조 답변서의 제출**
> 
> 특허청장은 재정의 청구가 있으면 그 청구서의 부본(副本)을 그 청구에 관련된 특허권자·전용실시권자, 그 밖에 그 특허에 관하여 등록을 한 권리를 가지는 자에게 송달하고, 기간을 정하여 답변서를 제출할 수 있는 기회를 주어야 한다.

**취 지**

제108조는 특허발명을 실시하려는 자의 재정청구가 있는 경우에 특허청장이 재정청구의 결정을 위하여 재정청구의 상대방(특허권자 또는 전용실시권자) 및 이해관계자에게 **재정청구가 있었다는 사실을 통지**하고 그에 따른 **답변서를 제출할 기회를 주기 위하여 마련된 규정**이다.

**해 설**

특허청장은 **재정청구의 절차진행을 위하여** 재정청구가 있으면 **청구서 부본**을 재정청구와 관련된 특허권자·전용실시권자, 그 밖에 그 특허에 관하여 등록을 한 권리를 가지는 자(질권자 또는 통상실시권자)에게 **송달**하고, 기간을 정하여 답변서를 제출할 수 있는 기회를 주어야 한다.

> **제5장 특허권**
> 
> **제109조 산업재산권분쟁조정위원회 및 관계 부처의 장의 의견청취**
> 
> 특허청장은 재정을 할 때 필요하다고 인정하는 경우에는 「발명진흥법」 제41조에 따른 산업재산권분쟁조정위원회 및 관계 부처의 장의 의견을 들을 수 있고, 관계 행정기관이나 관계인에게 협조를 요청할 수 있다.

**취 지**

제109조는 특허발명을 실시하려는 자의 재정청구에 따라 특허청장이 재정을 내

릴 때 **재정에 따른 특허권의 분쟁을 효율적으로 해결**하기 위하여 발명진흥법에 따른 **산업재산권분쟁조정위원회** 등의 전문성 있는 위원들의 **의견을 듣고 관계기관에 협조를 구할 수 있는** 근거를 규정한 것이다.

> **해 설**

특허청장은 재정에 따른 효율적 분쟁처리를 위하여 필요하다면 산업재산권분쟁조정위원회 등의 의견을 들을 수 있고, 관계 행정기관에 협조를 요청할 수 있다. 이는 **재정에 따른 통상실시권의 설정이 다른 사람의 특허권에 대한 제한을 두는 것이므로** 재정의 신중을 기하기 위함이다.

---

**제5장 특허권**

### 제110조 재정의 방식 등

① 재정은 서면으로 하고, 그 이유를 구체적으로 적어야 한다.
② 제1항에 따른 재정에는 다음 각 호의 사항을 구체적으로 적어야 한다.
1. 통상실시권의 범위 및 기간
2. 대가와 그 지급방법 및 지급시기
3. 제107조 제1항 제5호에 따른 재정의 경우에는 그 특허발명의 특허권자·전용실시권자 또는 통상실시권자(재정에 따른 경우는 제외한다)가 공급하는 의약품과 외관상 구분할 수 있는 포장·표시 및 재정에서 정한 사항을 공시할 인터넷 주소
4. 그 밖에 재정을 받은 자가 그 특허발명을 실시할 경우 법령 또는 조약에 따른 내용을 이행하기 위하여 필요한 준수사항

③ 특허청장은 정당한 사유가 있는 경우를 제외하고는 재정청구일부터 6개월 이내에 재정에 관한 결정을 하여야 한다.
④ 제107조 제1항 제5호에 따른 재정청구가 같은 조 제7항 및 제8항에 해당하고 같은 조 제9항에 따른 서류가 모두 제출된 경우에는 특허청장은 정당한 사유가 있는 경우를 제외하고는 통상실시권 설정의 재정을 하여야 한다.

---

> **취 지**

제110조는 재정에 따른 통상실시권의 강제적 부여는 특허권자 등의 권리에 중대한 영향을 줌으로 **재정처분 내용의 명확성 확보 및 그 존부에 관한 다툼의 방지**를

위하여 서면주의를 원칙으로 하고 불명확한 자의적 처분을 차단하고자 **재정의 이유를 구체적으로 기재**하도록 규정한 것이다.[69]

> [해 설]

재정은 서면으로 하되, 그 이유를 구체적으로 기재하여야 하며(제1항), 재정에 따른 **통상실시권의 범위 및 기간, 그 대가와 지급 방법 및 시기**, 의약품(제네릭)을 수출하는 재정의 경우는 특허권자 등이 공급하는 의약품(오리지널)과 외관상 구분할 수 있는 포장·표시 등을 기재하여야 한다(제2항).

특허청장은 정당한 사유가 있는 경우를 제외하고는 **재정청구일부터 6개월 이내에 재정에 관한 결정**을 하여야 하며(제3항), 의약품을 수출하는 재정의 경우 수입국 및 의약품의 요건, 서류제출 요건을 충족하는 경우에 정당한 사유가 있는 경우를 제외하고는 통상실시권의 재정을 하여야 한다(제4항).

---

**제5장 특허권**

### 제111조 재정서등본의 송달

① 특허청장은 재정을 한 경우에는 당사자 및 그 특허에 관하여 등록을 한 권리를 가지는 자에게 재정서등본을 송달하여야 한다.
② 제1항에 따라 당사자에게 재정서등본이 송달되었을 때에는 재정서에 적혀 있는 바에 따라 당사자 사이에 협의가 이루어진 것으로 본다.

> [취 지]

제111조는 재정의 청구가 있는 경우 특허청장은 **재정의 결과**에 대하여 재정의 당사자(재정청구인 및 특허권자·전용실시권자) 및 그 이해관계자(질권자 또는 통상실시권자)에게 재정의 내용이 알려질 수 있도록 **재정서등본을 송달**하도록 하고, 그에 따른 **재정서의 법적 효력**을 규정한 것이다.

> [해 설]

특허청장은 **재정을 한 경우**에 재정의 내용을 알 수 있도록 재정의 당사자 및 그 특허에 관하여 등록을 한 권리를 가지는 자에게 **재정서등본을 송달**하여야 한다. 한편, 재정의 당사자에게 재정서등본이 **송달되었을 때에는** 재정서에 기재된 바에 따라 당사자 간에 협의가 이루어진 것으로 본다.

---

69) 특허청, 앞의 특허법해설 책, 270면.

> **제5장 특허권**
>
> **제111조의2 재정서의 변경**
>
> ① 재정을 받은 자는 재정서에 적혀 있는 제110조 제2항 제3호의 사항에 관하여 변경이 필요하면 그 원인을 증명하는 서류를 첨부하여 특허청장에게 변경청구를 할 수 있다.
> ② 특허청장은 제1항에 따른 청구가 이유 있다고 인정되면 재정서에 적혀 있는 사항을 변경할 수 있다. 이 경우 이해관계인의 의견을 들어야 한다.
> ③ 제2항의 경우에 관하여는 제111조를 준용한다.

### 취 지

제111조의2는 질병치료를 위하여 **의약품을 수출하도록 한 재정의 경우**에 의약품에 대한 포장·표시 및 재정내용을 공시할 인터넷 주소 등은 **재정의 실질적 내용과 관련이 적고 재정 후에도 자주 변경**될 수 있으므로 **재정절차의 경제성과 효율성**을 위하여 **재정서의 변경**이 가능하도록 하였다.

### 해 설

① **재정서 변경의 청구 및 재정서 변경**(제1항 및 제2항)

재정을 받은 자는 재정서에 적혀 있는 **수입국에 의약품을 수출하도록 한 재정의 경우에 의약품에 대한 포장·표시** 및 재정에서 정한 사항을 공시할 인터넷 주소의 사항 등에 관하여 변경이 필요하면 그 원인을 증명하는 서류를 첨부하여 특허청장에게 변경청구를 할 수 있게 하였다(제1항).

특허청장은 재정변경의 청구가 이유 있다고 인정되면 재정서에 기재된 사항을 변경할 수 있다. 이 경우 이해관계인의 의견을 들어야 한다. 여기서 이해관계인은 특허권자 또는 전용실시권자와 그 특허에 관하여 등록한 권리를 가진 질권자 또는 통상실시권자이다(제2항).

② **재정서등본의 송달규정 준용**(제3항)

특허청장은 **재정서에 기재된 사항의 변경이 발생한 경우** 재정의 당사자 및 그 특허에 관하여 등록을 한 권리를 가지는 자에게 **변경된 재정서등본을 송달**하여야 하며, 재정의 당사자에게 변경된 재정서등본이 **송달되었을 때**에는 그 재정서에 기재된 바에 의하여 **당사자 간에 협의가 성립된 것으로 본다**.

> **제112조 대가의 공탁**
>
> 제110조 제2항 제2호에 따른 대가를 지급하여야 하는 자는 다음 각 호의 어느 하나에 해당하는 경우에는 그 대가를 공탁(供託)하여야 한다.
> 1. 대가를 받을 자가 수령을 거부하거나 수령할 수 없는 경우
> 2. 대가에 대하여 제190조 제1항에 따른 소송이 제기된 경우
> 3. 해당 특허권 또는 전용실시권을 목적으로 하는 질권이 설정되어 있는 경우. 다만, 질권자의 동의를 받은 경우에는 그러하지 아니하다.

**취지**

제112조는 **재정의 대가에 관한 공탁(供託)규정**으로 재정의 대가는 특허권자에게 직접 지급하는 것이 원칙이나 **그 대가를 특허권자에게 직접 지급할 수 없는 사유가 있는 경우**에는 그 대가를 **공탁**하여야 한다. 공탁은 금전, 유가증권 등을 기타의 물품을 법원의 공탁소에 임치하는 것을 말한다.

**해설**

재정의 대가를 지급해야할 자는 **대가를 받을 자가 수령을 거부 또는 수령할 수 없거나**, 대가에 관한 소송이 제기된 경우 또는 해당 특허권(전용실시권)을 목적으로 하는 **질권이 설정되어 질권자의 권리보전을 위한 경우**(질권자의 동의가 있는 경우에는 예외)에는 공탁을 하여야 한다.[70]

> **제113조 재정의 실효**
>
> 재정을 받은 자가 제110조 제2항 제2호에 따른 지급시기까지 대가(대가를 정기 또는 분할하여 지급할 경우에는 최초의 지급분)를 지급하지 아니하거나 공탁을 하지 아니한 경우에는 그 재정은 효력을 잃는다.

**취지**

제113조는 재정이 있는 경우 재정서등본이 당사자에게 송달되면 재정서에 기재

---

[70] 질권이 설정된 특허권 등에 재정에 따른 통상실시권이 설정되면 그 만큼 질권의 담보가치가 감소하게 되어 질권자에게 불리하게 된다. 따라서 **질권자의 권리보전을 위하여** 재정실시권자가 **특허권자 등에게 직접 대가의 지급을 금지하고 공탁을 하도록 하여** 이후 **공탁금에 대한 질권을 행사할 수 있도록** 한 것이다. 특허청, 앞의 특허법해설 책, 279면.

된 바와 같이 당사자 간에 협의가 성립된 것으로 보아(제111조) 통상실시권이 발생하지만, 그 **통상실시권 설정에 따른 재정의 대가를 지급시기까지 지급하지 않는 경우**에 **재정의 효력이 상실**됨을 규정하고 있다.

> 해 설

재정에 따른 통상실시권자가 **재정의 대가를 지급시기까지 지급하지 않거나 공탁을 하지 않은 경우**에는 재정의 **당사자 간에 성립된 것으로 보는 통상실시권의 협의는 효력을 상실**한다. 이에 따라 협의로 성립된 통상실시권은 소멸하므로 그에 따른 특허발명의 실시는 침해가 될 수 있다.

---

**제5장 특허권**

### 제114조 재정의 취소

① 특허청장은 재정을 받은 자가 다음 각 호의 어느 하나에 해당하는 경우에는 이해관계인의 신청에 따라 또는 직권으로 그 재정을 취소할 수 있다. 다만, 제2호의 경우에는 재정을 받은 통상실시권자의 정당한 이익이 보호될 수 있는 경우로 한정한다.
1. 재정을 받은 목적에 적합하도록 그 특허발명을 실시하지 아니한 경우
2. 통상실시권을 재정한 사유가 없어지고 그 사유가 다시 발생하지 아니할 것이라고 인정되는 경우
3. 정당한 사유 없이 재정서에 적혀 있는 제110조제2항제3호 또는 제4호의 사항을 위반하였을 경우

② 제1항의 경우에 관하여는 제108조·제109조·제110조제1항 및 제111조제1항을 준용한다.
③ 제1항에 따라 재정이 취소되면 통상실시권은 그때부터 소멸된다.

---

> 취 지

제114조는 재정에 따른 실시권자가 **재정을 받은 목적에 적합하지 않게 특허발명을 실시하지 않거나 통상실시권이 설정된 재정 사유가 소멸된 경우** 등에는 재정처분을 유지할 필요가 없으므로 이에 따른 **재정의 취소 사유 및 절차**와 그 재정의 취소에 따른 통상실시권의 소멸을 규정하였다.

> 해 설

① 재정의 취소 사유(제1항)

ⓐ 재정을 받은 목적에 적합하게 특허발명을 실시하지 않는 경우, ⓑ 통상실시권

을 재정한 사유가 없어지고 그 사유가 재발하지 않을 것으로 인정되며 재정을 받은 통상실시권자의 정당한 이익이 보호될 수 있는 경우,[71] ⓒ 정당한 사유 없이 재정서에 기재된 적혀 있는 특허발명의 특허권자 등이 공급하는 의약품과 외관상 구분할 수 있는 포장·표시 등을 공시할 인터넷 주소나 재정을 받은 자가 특허발명을 실시할 경우 법령(조약)에 따른 내용을 이행하기 위하여 필요한 준수사항을 위반한 경우는 **이해관계인의 신청에 따라 또는 직권으로 재정을 취소**할 수 있다.

② 재정의 취소 절차 및 효과(제2항 및 제3항)

재정의 취소 절차에는 답변서 제출(제108조), 산업재산권분쟁조정위원회 및 관계 부처의 장의 의견청취(제109조), 재정의 방식(제110조 제1항) 및 재정서등본의 송달(제111조 제1항) 규정이 준용되며(제2항), **재정의 취소가 있으면 통상실시권**은 소급하여 소멸하지 않고 **그때부터 소멸**된다(제3항).

---

### 제115조 재정에 대한 불복이유의 제한

재정에 대하여 「행정심판법」에 따라 행정심판을 제기하거나 「행정소송법」에 따라 취소소송을 제기하는 경우에는 그 재정으로 정한 대가는 불복이유로 할 수 없다.

---

**취지**

제115조는 재정에 대하여 행정심판법이나 행정소송법에 따라 취소소송을 제기하는 경우를 **재정의 판단(자체)에 관한 불복이유로 한정함으로써,** 대가와 같은 재정의 부수적인 사항만을 불복이유로 한 행정심판의 청구 또는 행정소송의 제기에 의한 절차 지연 및 재정의 효력 불안정을 **방지**하기 위함이다.[72]

**해설**

재정도 특허청장의 처분이므로 행정심판법에 의한 심판청구 또는 행정소송법에 의한 취소소송을 제기할 수는 있으나, 본조는 재정으로 정한 대가는 불복이유로 할 수 없다고 제한하고 있다. 즉, **행정심판법 또는 행정소송법에 의한 재정의 취소이**

---

71) 「재정을 받은 통상실시권자의 정당한 이익이 보호될 수 있는 경우」란 재정에 의한 통상실시권자는 통상적으로 사업설비를 갖추고 실시를 하는 것이 일반적인데 재정에 의한 통상실시권자의 책임 없는 사유로 재정이 취소되는 경우에 재정에 따른 통상실시권자를 보호하기 위한 것이다. 임병웅, 앞의 책, 994면.
72) 특허청, 앞의 특허법해설 책, 283면.

유를 재정 자체의 판단으로 한정한다.

이는 재정에 따른 대가 산정의 어려움과 행정절차의 지연을 방지하기 위한 것이며, 다만 재정 자체에 불복이 없고 대가에 대해서만 불복이 있는 경우는 특허권자 등은 재정실시권자를 상대로 법원에 소송을 제기하여 그 대가의 증액을 구할 수 있다(제190조(대가에 관한 불복의 소) 및 제191조).

| 제5장<br>특허권 | 제116조 특허권의 취소 삭제 〈2011.12.2.〉 |
| --- | --- |
| | 제117조 산업재산권심의위원회의 설치 삭제 〈2001.2.3.〉 |

| 제5장<br>특허권 | **제118조 통상실시권의 등록의 효력**<br>① 통상실시권을 등록한 경우에는 그 등록 후에 특허권 또는 전용실시권을 취득한 자에 대해서도 그 효력이 발생한다.<br>② 제81조의3 제5항, 제103조부터 제105조까지, 제122조, 제182조, 제183조 및 「발명진흥법」 제10조 제1항에 따른 통상실시권은 등록이 없더라도 제1항에 따른 효력이 발생한다.<br>③ 통상실시권의 이전·변경·소멸 또는 처분의 제한, 통상실시권을 목적으로 하는 질권의 설정·이전·변경·소멸 또는 처분의 제한은 이를 등록하여야만 제3자에게 대항할 수 있다. |

취 지

제118조는 통상실시권의 **채권적 성격**에 따른 권리의 불안정성을 해소하기 위하여 전용실시권과는 달리 독점·배타성이 없는 **통상실시권**이라도 **등록을 한 경우**는 통상실시권이 설정된 특허권(전용실시권)이 양도되더라도 **새로운 특허권자** 등에게 **통상실시권의 효력을 주장**할 수 있다는 규정이다.

해 설

① 특허권(전용실시권)의 양수인에 대한 대항요건(제1항)

**통상실시권을 등록하면** 그 이후에 특허권(전용실시권)을 양수(취득)한 자에 대해서도 그 효력이 발생한다. 즉, 등록하지 않은 통상실시권자는 새로운 특허권자(전용실시권자)에 그 권리의 효력(대항력)을 주장할 수 없지만 등록을 한 통상실시권자는 **자신의 통상실시권의 효력을 주장**할 수 있다.

② 법정의 통상실시권의 등록 예외 규정(제2항)

특허권의 효력제한기간 중 선의 실시에 따른 통상실시권(제81조의3 제5항), **선사용에 의한 통상실시권**(제103조), 무효심판청구 등록 전의 실시에 의한 통상실시권(제104조), 디자인권의 존속기간 만료 후의 통상실시권(제105조), **질권행사로 인한 특허권의 이전에 따른 통상실시권**(제122조), 재심에 의하여 회복한 특허권에 대한 선사용자의 통상실시권(제182조), 재심에 의하여 통상실시권을 상실한 원권리자의 통상실시권(제183조), **직무발명에 대한 통상실시권**(발명진흥법 제10조 제1항)은 등록이 없더라도 특허권(전용실시권)을 취득한 자에 대해서도 그 효력이 발생한다.

③ 통상실시권의 이전·변경·소멸 등에 따른 제3자에의 대항요건(제3항)

통상실시권의 이전·변경 및 통상실시권을 목적으로 하는 질권의 설정·이전·변경 등은 **이를 등록해야만 제3자에게 대항**할 수 있다. 즉, 통상실시권자로부터 실시사업과 함께 통상실시권을 양수한 경우(제102조 제5항)도 이를 등록하지 않으면 자신이 적법한 통상실시권자임을 주장할 수 없다.

---

**제5장 특허권**

### 제119조 특허권 등의 포기의 제한

① 특허권자는 다음 각 호의 모두의 동의를 받아야만 특허권을 포기할 수 있다.
1. 전용실시권자
2. 질권자
3. 제100조 제4항에 따른 통상실시권자
4. 제102조 제1항에 따른 통상실시권자
5. 「발명진흥법」 제10조 제1항에 따른 통상실시권자

② 전용실시권자는 질권자 또는 제100조 제4항에 따른 통상실시권자의 동의를 받아야만 전용실시권을 포기할 수 있다.

③ 통상실시권자는 질권자의 동의를 받아야만 통상실시권을 포기할 수 있다.

---

**취 지**

제119조는 특허권·전용실시권·통상실시권이 재산권으로서 각 권리자의 의사에 따른 포기가 인정되나 특허권 등의 존속을 전제로 부수적으로 성립된 (전용·통상)실시

권과 질권 역시 같이 소멸하므로 **특허권 등을 포기하는데 있어 그 권리와 이해관계가 있는 사람들의 동의가 필요**함을 규정하고 있다.

> 해 설

① 특허권 포기에 따른 동의를 받아야 할 자(제1항)

특허권를 포기하기 위해서 특허권자는 ⓐ **전용실시권자**, ⓑ **질권자**, ⓒ 전용실시권자의 허락에 의한 통상실시권자, ⓓ 특허권자의 허락에 의한 **통상실시권자** 및 ⓔ 발명진흥법에 따른 직무발명에 의한 통상실시권자 모두의 동의가 필요하다. 이러한 이해관계인의 동의 없는 포기는 무효이다.

② 전용실시권 및 통상실시권의 포기(제2항 및 제3항)

전용실시권자는 질권자 또는 전용실시권자의 허락에 의한 통상실시권자의 동의를 받아야 전용실시권을 포기할 수 있고(제2항), 통상실시권자는 질권자의 동의를 받아야만 통상실시권을 포기할 수 있다(제3항). 전용실시권이나 통상실시권의 포기 역시 **이해관계인의 동의**를 받아야 한다.

---

**제5장 특허권**

### 제120조 포기의 효과

특허권·전용실시권 또는 통상실시권을 포기한 때에는 특허권·전용실시권 또는 통상실시권은 그때부터 소멸된다.

---

> 취 지

제120조는 특허권·전용실시권 또는 통상실시권에 대한 **포기가 있는 경우 그 권리의 소멸 시점**을 규정한 것이다. 즉, 특허권·전용실시권 또는 통상실시권을 포기하면 그때부터 각 권리가 소멸된다. 특허가 무효로 확정되면 소급효가 인정되지만 **특허권의 포기는 소급효를 갖지 않는다**.

> 해 설

특허권·전용실시권 또는 통상실시권은 포기한 때에 각 권리가 소멸한다. 다만, **특허권과 전용실시권의 포기는 말소등록이 필요하므로 포기를 원인으로 한 말소등록이 된 때 소멸**하며, 등록이 대항요건인 **통상실시권**은 특허권자 등에게 **포기의 의사표시가 도달한 때** 소멸한다.

**제5장 특허권**

> **제121조 질권**
>
> 특허권·전용실시권 또는 통상실시권을 목적으로 하는 질권을 설정하였을 때에는 질권자는 계약으로 특별히 정한 경우를 제외하고는 해당 특허발명을 실시할 수 없다.

### 취 지

제121조는 특허권 등에 질권[73]이 설정되었을 때 **질권설정자(권리자)**와 **질권자(담보권자) 간에 특약이 없는 한 특허발명의 실시 권한은 질권설정자(특허권자 등)에 있음**을 규정한 것이다. 권리자는 특허발명 실시를 목적으로 투자하고 그 투자를 지속시키는 것이 담보변제(상환)에도 유리하기 때문이다.

### 해 설

특허권·전용실시권 또는 통상실시권을 목적으로 하는 질권의 경우 **질권설정자(특허권자·전용실시권자·통상실시권자)**와 질권자 중 특허발명의 실시 권한을 누구에게 인정할지에 대한 쟁점을 본조의 규정에 따라 **당사자 간 특약이 없으면 질권설정자가 실시 권한을 가지는 것**으로 규정하였다.

특허발명 실시에 적지 않은 투자와 기술을 필요로 하는 경우가 많고, 질권의 존속은 일시적 일 수 있어 질권자에게 실시를 인정하는 것은 부적당하고, 오히려 **질권설정자에게 유리한 경우가 많다는** 취지에서 당사자 간 특약이 없는 한 질권설정자가 실시하는 것으로 규정하였다.[74]

---

[73] 민법상 「질권」은 담보물건의 하나로 채권자가 그 채권의 담보로 채무자 또는 제3자로부터 받은 물건 또는 재산권을 채무변제가 있을 때까지 유치(留置)할 수 있고, 변제가 없을 때에는 그 담보 목적물의 가액에서 우선 변제받을 수 있는 권리이다. **질권**은 예금이나 채권 등 **양도성을 가진 재산권을 대상**으로 한 "권리질권"이 있는데 특허권 등의 지식재산권은 권리질권에 속한다.

[74] 특허청. 앞의 특허법해설 책, 291면.

> **제122조 질권행사로 인한 특허권의 이전에 따른 통상실시권**
>
> 특허권자는 특허권을 목적으로 하는 질권설정 이전에 그 특허발명을 실시하고 있는 경우에는 그 특허권이 경매 등에 의하여 이전되더라도 그 특허발명에 대하여 통상실시권을 가진다. 이 경우 특허권자는 경매 등에 의하여 특허권을 이전받은 자에게 상당한 대가를 지급하여야 한다.

### 취지

제122조는 **특허권자가 채무불이행으로 질권이 실행**되어 **특허권**이 경매 등에 의하여 **이전되는 경우**, 질권설정 이전에 특허발명을 실시하였던 권리자에게 **통상실시권을 부여**하되 대가를 지급하도록 하고 그 실시를 계속하도록 하는 것이 권리자나 산업정책적으로 특허법 취지에 합당해 인정된 규정이다.

### 해설

질권행사로 인한 통상실시권이 인정되기 위해서는 특허권자의 특허발명 실시가 질권설정 이전이어야 하고, 그 특허권이 경매 등에 의하여 타인에게 이전되었음을 요건으로 한다. 다만, 이 경우 통상실시권자는 그 특허권을 이전받은 자(신권리자)에게 상당한 대가를 지급하여야 한다.

> **제123조 질권의 물상대위**
>
> 질권은 이 법에 따른 보상금이나 특허발명의 실시에 대하여 받을 대가나 물건에 대해서도 행사할 수 있다. 다만, 그 보상금 등의 지급 또는 인도 전에 압류하여야 한다.

### 취지

제123조는 민법의 물상대위(物上代位)[75]을 특허법에서 **특허권 수용 등에 따른 보상금이나 특허발명의 실시에 대한 대가에 물상대위를 인정한다는 규정이다. 「물

---

[75] **「물상대위」** 는 담보물이 매각, 임대되거나 멸실·훼손되는 경우 그 소유자가 **매각대금·임대료·손해배상·보험금** 등의 청구권을 취득하는 경우에 그 담보물의 이러한 청구권 위에 효력을 미치는 것을 말한다.

**상대위**」란 담보목적물(질권물)의 가치가 다른 형태로 바뀌는 경우에 **담보권자(질권자)**가 이에 대하여 **우선변제권**[76]을 행사하는 것이다.

> [해 설]

### ① 물상대위의 대상이 되는 권리(본문)

본조에 따라 물상대위의 대상이 되는 것은 특허권자 등이 특허법에 따라 받을 보상금·실시대가·물건 그 자체가 아니라 특허권자가 **특허발명의 실시에 대하여 발생하게 되는 보상금 청구권 또는 실시료지급청구권(채권)이나 물건에 대한 청구권**을 의미한다.[77]

이는 이미 질권설정자(특허권자 등)가 특허발명의 실시에 대한 **보상금·실시대가·물건을 수령할 경우 그 즉시 질권설정자의 일반재산으로 편입되는** 것이고, 질권자가 질권에 기하여 질권설정자의 일반재산에까지 우선변제를 요구할 아무런 권한이 없는 것이기 때문이다.[78]

### ② 물상대위 행사요건으로서 압류(단서)

물상대위의 대상은 특허법에 따른 보상금청구권이나 특허발명의 실시와 관련하여 취득한 청구권이어서 질권설정자가 이미 수령한 금전 기타 물건은 질권설정자의 일반재산에 편입되므로 일반재산에까지 질권에 기한 우선변제권이 인정되지 않아 물상대위가 인정될 여지가 없다.[79]

따라서, 물상대위의 대상이 "청구권"인 이상 실제로 지급이 이루어지면 청구권 그 자체는 소멸하게 되는 것이므로 **지급 또는 인도 전에 압류**하도록 제한하는 것은 당연하다.[80] 여기서 「**압류(押留)**」는 채권을 실현을 위하여 **채무자의 특정재산을 강제적으로 확보하는 행위**를 말한다.

---

76) "우선변제권"이란 어떤 채권자가 채무자의 재산에서 다른 채권자보다 먼저 변제(채무의 이행)를 받을 권한을 의미한다.
77) 특허청, 앞의 특허법해설 책, 293면; 정상조·박성수 공편, 앞의 책, 1335면.
78) 정상조·박성수 공편, 앞의 책, 1335면.
79) 정상조·박성수 공편, 앞의 책, 1336면.
80) 정상조·박성수 공편, 앞의 책, 1336면.

> **제5장 특허권**
>
> **제124조 상속인이 없는 경우 등의 특허권 소멸**
>
> ① 특허권의 상속이 개시된 때 상속인이 없는 경우에는 그 특허권은 소멸된다.
> ② 청산절차가 진행 중인 법인의 특허권은 법인의 청산종결등기일(청산종결등기가 되었더라도 청산사무가 사실상 끝나지 아니한 경우에는 청산사무가 사실상 끝난 날과 청산종결등기일부터 6개월이 지난 날 중 빠른 날로 한다. 이하 이 항에서 같다)까지 그 특허권의 이전등록을 하지 아니한 경우에는 청산종결등기일의 다음 날에 소멸한다.

### 취 지

제124조는 민법이 상속인이 없으면 재산이 국가에 귀속되는 것과 달리(제1058조) **특허권은 상속인이 없는 경우 그 권리를 소멸시켜 제3자가 자유롭게 실시해 산업발전**에 **이바지하게** 하였다. 또한, 법인의 특허권은 자연인의 사망과 같은 법인의 청산종결등기일[81] 다음 날에 소멸되도록 하였다.

### 해 설

특허권이 민법처럼 상속인이 없는 경우에 상속재산을 국가에 귀속시키는 것보다는 상속시점에 상속인이 없는 경우 특허권을 소멸시킴으로서 국가가 독점적으로 그 특허권을 소유하기 보다는 제3자가 자유롭게 실시하도록 하는 것이 **산업정책적인 면에서 유리하기** 때문에 규정한 것이다.

한편, 종래는 상속인(자연인)이 없는 경우 특허권 소멸 규정만 있었으나 **2016년 2월 개정법에서 권리·의무의 주체인 법인이 소멸하는 경우** 법인의 특허권에 대하여 법인의 청산종결등기일까지 특허권의 이전등록을 하지 않으면 청산종결등기일의 다음날에 소멸하는 것으로 하였다.

---

[81] 법인은 자연인과 같은 상속제도가 없으므로 **법인의 소멸(자연인의 사망에 해당)**은 해산(解散: 법인활동 정지)과 청산(淸算: 재산정리)의 절차를 거쳐 이루어지며, **법인이 소멸하는 시점은 청산이 종료한 때**이다. 한편, 명확한 외형을 가지는 자연인에 비하여 법인의 존재나 내용은 일반인이 용이하게 알 수 없으므로 **거래의 안전을 위하여 법인의 조직이나 내용을 공시하는 것이 요청되는데 이것이 "법인등기"**의 제도이다. 법인은 설립등기를 한 때에 성립하고(민법 제33조), **청산종결등기를 함으로써 실질적으로 소멸**한다. 김준호, 민법강의(법문사, 2006), 166, 174면.

## 제125조 특허실시보고

**제5장 특허권**

특허청장은 특허권자·전용실시권자 또는 통상실시권자에게 특허발명의 실시 여부 및 그 규모 등에 관하여 보고하게 할 수 있다.

### 취 지

제125조는 특허청장은 특허권자·전용실시권자 또는 통상실시권자에게 특허발명의 실시현황을 보고하게 함으로써 **산업부분의 동향을 파악**하고 통계를 작성·공포함으로써 **국가 산업정책을 수립**함에 있어 이를 정책적으로 **참고**하기 위하여 규정한 것이다.

### 해 설

본조는 특허권자 등에게 특허발명의 실시 여부, 규모 등에 관하여 보고하게 함으로써 특허청장이 산업부분의 동향을 파악하여 급속히 발전하는 기술발전에 대비하여 국가 **산업정책수립 등을 점검·반영하도록** 하기 위한 일종의 산업정책적 **권고 규정**이다.

## 제125조의2 대가 및 보상금액에 대한 집행권원

**제5장 특허권**

이 법에 따라 특허청장이 정한 대가와 보상금액에 관하여 확정된 결정은 집행력 있는 집행권원(執行權原)과 같은 효력을 가진다. 이 경우 집행력 있는 정본은 특허청 소속 공무원이 부여한다.

### 취 지

제125조의2는 특허법에 따라 **특허청장이 정한 대가와 보상금액에 관한 결정이 확정되면** 이 결정이 **집행력 있는 집행권원(執行權原)과 동일한 효력을 부여**하는 것으로 규정하고 있다. 이는 특허법에 의한 특허청장의 대가와 보상금액에 관하여 확정된 결정이 **강제집행력**이 있음을 밝힌 것이다.

### 해 설

「집행권원」은 국가의 강제력에 의하여 실현될 청구권의 존재와 범위가 표시되고 집행력이 부여된 **공정증서(公正證書)**인데, 본조는 특허법에 따른 특허청장의 대가와 보상금액에 대한 확정된 결정을 집행권원과 동일시하여 **민사집행법**[82]**에 의한 강제집행**을 개시할 수 있도록 한 것이다.

---

[82] "민사집행법"은 강제집행, 담보권 실행을 위한 경매, 민법·상법과 그 밖의 법률 규정에 의한 경매 및 보전처분의 절차를 규정하기 위하여 제정한 법이다(2002.1.26, 법률 제6627호). 채무자의 제도남용으로 민사집행 절차가 지연되는 것을 방지하고, 통일적이고 일관된 법집행을 위하여 민사소송법에서 민사집행에 관한 부분을 분리하여 별도의 법률로 제정하였다.

최신 개정법률을 반영한 조문별 취지·해설·판례
**특허법해설**
Easy & Consice

# 제6장 특허권자의 보호

| 제6장<br>특허권자의<br>보호 | **제126조 권리침해에 대한 금지청구권 등**<br>① 특허권자 또는 전용실시권자는 자기의 권리를 침해한 자 또는 침해할 우려가 있는 자에 대하여 그 침해의 금지 또는 예방을 청구할 수 있다.<br>② 특허권자 또는 전용실시권자가 제1항에 따른 청구를 할 때에는 침해행위를 조성한 물건(물건을 생산하는 방법의 발명인 경우에는 침해행위로 생긴 물건을 포함한다)의 폐기, 침해행위에 제공된 설비의 제거, 그 밖에 침해의 예방에 필요한 행위를 청구할 수 있다. |
|---|---|

### 취 지

제126조는 **특허권 또는 전용실시권이 부동산 소유권과 같은 물권적 권리** 즉, 권리의 독점·배타적 성질을 가져 권리의 침해가 있는 경우 그 **침해의 금지 또는 예방을 청구**할 수 있고, 침해행위를 조성한 물건, 침해행위에 제공된 설비를 폐기 및 제거의 청구까지 할 수 있게 한 **침해의 제재**를 규정하였다.

### 해 설

① 침해금지 및 예방청구권(제1항)

특허권(전용실시권)의 침해에 대한 침해금지 및 예방청구권은 특허권의 독점·배타적인 물권적 청구권에 기초하여 인정되는 청구권으로, **현재의 침해나 곧 침해가 개시될 상황에서 인정**된다는 점에서 주로 **과거의 침해에 대하여 인정되는 손해배상·부당이득반환의 청구권**과는 대비된다.[83]

침해금지 및 예방청구는 손해배상청구와는 달리 침해자의 **고의·과실을 필요로 하지 않아** 객관적으로 **특허권을 방해하는 행위가 있으면 인정**된다는 면에서 침해에 대한 **가장 유효하고 직접적인 구제수단**이다.[84] 여기서 「침해할 우려」는 침해의

---

[83] 특허침해가 발생하였을 때 침해를 인지하고 나서 침해금지 청구소송을 통한 침해구제는 침해자에 대해 직접적인 책임을 물을 수 있게 되기까지 상당한 시간이 소요된다. 그러므로 미리 침해품의 현 상태를 확보해두지 않으면 본안소송(本案訴訟)을 제기하여 승소하더라도 그 집행의 실효성을 거둘 수 없게 되는 경우가 발생된다. 이와 같이 심리에 많은 시간이 소요되는 본안소송의 확정을 기다려 침해금지의 조치를 취하기에 장시간이 소요되고 그 사이 침해의 현상에 변경의 우려가 있을 때 침해품의 처분을 금지시키는 신속한 조치로서 특허권에 근거한 침해금지 청구권을 피보전권리(被保全權利: 보전처분(가압류, 가처분)을 할 수 있는 원인이 되는 권리 즉, 보전처분을 함으로써 보호되는 권리)로 하는 **특허침해금지 가처분(假處分)**이 특허자의 특허침해에 대한 **실질적인 법적수단**으로 활용되고 있다. 김민희, 특허민법개론(특허청, 2012), 224-225면.

[84] 임병웅, 앞의 책, 864면.

준비행위가 완성된 때 있다고 봄이 다수의 견해이다.[85]

② 침해조성물 폐기·제거청구권(제2항)

침해조성물·폐기청구권은 **침해가 있을 경우** 예견될 수 있는 손해를 **구체적으로 예방하기 위하여 인정되는 것**으로, 본청구인 **침해금지 및 예방청구권의 부대청구**로서 인정되는 청구권이므로 독립하여 행사할 수 없다. 여기서 「침해행위를 조성한 물건」은 침해행위의 필요적 내용을 이루는 물건이고, 「침해행위에 제공된 설비」는 침해행위를 실시하기 위하여 편의적으로 제공된 물건이며, 「그 밖의 침해의 예방에 필요한 행위」는 장래의 침해행위로 인하여 발생하는 손해배상청구건에 대한 담보의 제공 또는 공탁을 들 수 있다.[86]

> [판결요지]

▷ 이 사건 특허발명에 존속기간이 경과하여 소멸하였음을 알 수 있으므로, 원고는 이미 **소멸된 이 사건 특허발명에 터잡아** 피고들을 상대로 특허법 제126조에 따른 **특허침해금지 및 특허침해 제품의 폐기를 주장할 수 없다**(대법원 2009.10.15. 선고 2007다45876 판결).

▷ 민사소송법 제714조 제2항에서 규정하는 임시의 지위를 정하기 위한 가처분을 필요로 하는지 여부는 가처분신청의 인용 여부에 따른 당사자 쌍방의 이해득실관계, 본안소송에 있어서의 장래의 승패의 예상, 기타의 제반 사정을 고려하여 법원의 재량에 따라 합목적적으로 결정하여야 할 것이므로 가처분채권자가 신청 당시에 실체법상의 권리를 가지고 있다 하더라도 그 권리가 가까운 장래에 소멸하여 본안소송에서 패소판결을 받으리라는 점이 현재에 있어 충분히 예상되는 경우에는 필요성이 없다고 풀이하는 것이 상당하고, 더구나 **특허권침해의 금지라는 부작위의 무를 부담시키는 이른바 만족적 가처분일 경우에 있어서는** 보전의 필요성 유무를 더욱 신중하게 결정하여야 할 것으로서 만일 가처분신청 당시 **채무자가 특허청에 별도로 제기한 심판절차에 의하여 그 특허권이 무효라고 하는 취지의 심결이 있은 경우나, 무효심판이 청구되고 그 청구의 이유나 증거관계로부터 장래 그 특허가 무효로 될 개연성이 높다고 인정되는** 등의 특별한 사정이 있는 경우에는 당사자간의 형평을 고려하여 **보전의 필요성을 결한 것**으로 보는 것이 합리적이라 할 것이다(대법원 1993.2.12. 선고 92다40563 판결).

---

85) 특허청, 앞의 특허법해설 책, 297면.
86) 특허청, 앞의 특허법해설 책, 298면.

### 제6장 특허권자의 보호

**제126조의2 구체적 행위태양 제시 의무**

① 특허권 또는 전용실시권 침해소송에서 특허권자 또는 전용실시권자가 주장하는 침해행위의 구체적 행위태양을 부인하는 당사자는 자기의 구체적 행위태양을 제시하여야 한다.
② 법원은 당사자가 제1항에도 불구하고 자기의 구체적 행위태양을 제시할 수 없는 정당한 이유가 있다고 주장하는 경우에는 그 주장의 당부를 판단하기 위하여 그 당사자에게 자료의 제출을 명할 수 있다. 다만, 그 자료의 소지자가 그 자료의 제출을 거절할 정당한 이유가 있으면 그러하지 아니하다.
③ 제2항에 따른 자료제출명령에 관하여는 제132조 제2항 및 제3항을 준용한다. 이 경우 제132조 제3항 중 "침해의 증명 또는 손해액의 산정에 반드시 필요한 때"를 "구체적 행위태양을 제시할 수 없는 정당한 이유의 유무 판단에 반드시 필요한 때"로 한다.
④ 당사자가 정당한 이유 없이 자기의 구체적 행위태양을 제시하지 않는 경우에는 법원은 특허권자 또는 전용실시권자가 주장하는 침해행위의 구체적 행위태양을 진실한 것으로 인정할 수 있다.

### 취 지

제126조의2는 특허관련 **침해소송에서 특허권자 등의 입증책임을 완화**해 주기 위하여 신설된 규정(2019년 6월 시행 예정)으로 법원에서 특허권자 또는 전용실시권자가 주장하는 **침해행위의 구체적 행위태양을 부인하는 당사자(침해혐의자)는 자기의 구체적 행위태양을 의무적으로 제시**하도록 규정함으로써 특허권 침해소송에서 **침해의 입증이 곤란한 특허권자 등의 권리보호를 한층 더 강화**하고자 **신설**된 규정이다. 특히 특허권이 제조방법인 경우 침해가 피고의 공장에서 이루어져 이에 대한 특허권자의 직접적인 입증이 불가한 경우 등을 제반 고려하여 입법한 조항이다.

### 해 설

침해소송에서 특허권자가 주장하는 침해행위의 구체적 행위태양을 부인하는 침해 당사자는 자기의 구체적 행위태양을 의무적으로 제시하여야 하고(제1항), 법원은 그 당사자가 구체적 행위태양을 제시할 수 없는 정당한 이유가 있다고 주장하는 경우에 그 주장의 당부를 판단하기 위하여 당사자에게 자료의 제출을 명할 수 있다. 다만, 그 자료의 소지자가 자료의 제출을 거절할 정당한 이유가 있으면 그러하지 아니하다(제2항).

자료제출명령에 관해서는 침해의 증명 또는 침해로 인한 손해액의 산정에 필요한 제132조(자료의 제출) 제2항 및 제3항을 준용한다. 이 경우 "침해의 증명 또는 손해액의 산정에 반드시 필요한 때"를 "구체적 행위태양을 제시할 수 없는 정당한 이유의 유무 판단에 반드시 필요한 때"로 한다(제3항). 그리고 법원은 당사자가 정당한 이유 없이 자기의 구체적 행위태양을 제시하지 않는 경우에 특허권자 등이 주장하는 침해행위의 구체적 행위태양을 진실한 것으로 인정할 수 있다(제4항).

---

**제6장 특허권자의 보호**

**제127조 침해로 보는 행위**

다음 각 호의 구분에 따른 행위를 업으로서 하는 경우에는 특허권 또는 전용실시권을 침해한 것으로 본다.
1. 특허가 물건의 발명인 경우: 그 물건의 생산에만 사용하는 물건을 생산·양도·대여 또는 수입하거나 그 물건의 양도 또는 대여의 청약을 하는 행위
2. 특허가 방법의 발명인 경우: 그 방법의 실시에만 사용하는 물건을 생산·양도·대여 또는 수입하거나 그 물건의 양도 또는 대여의 청약을 하는 행위

---

**취 지**

제127조는 소위 간접침해에 해당하는 규정이다. 특허침해는 청구범위에 기재된 구성요소 전부를 실시해야만 (직접)침해가 되나 **구성요소 전부를 실시하지 않아서 침해는 아니나 일정한 상태를 방치하면 침해로 이어질 개연성이 큰 침해의 예비적 행위**를 (직접)침해와 대비하여 **간접침해로 보는 규정**이다.

특허침해는 (직접)침해가 원칙적인 모습이나 단지 특허발명의 일부 구성(핵심부)만을 실시한 경우는 이것이 (직접)침해로 이어질 개연성이 높음에도 불구하고 침해로 볼 수 없었다. 따라서 **특허권의 실질적인 실효성을 확보하면서 (직접)침해와 밀접히 연관된 예비적 침해행위를 침해로 보는 규정**이다.

**해 설**

① 간접침해의 성립요건

간접침해가 성립할 수 있는 **대상물(특허발명의 구성일부)**은 특허발명에 관련된 물건의 생산 또는 방법의 사용에만 사용되는 것이어야 하고, 특허발명의 실시 외에

**다른 용도를 가져서는 아니 된다.** 여기서 「사용」은 간접침해의 대상물이 최종물에 하나의 생산요소 또는 부품으로 이용되는 것을 의미하며, 「~에만 사용하는 물건」은 그 물건이 특허발명의 실시 이외에 "다른 용도"가 없을 것을 요한다. 다른 용도가 인정되는 것까지 간접침해로 인정한다면 (직접)침해의 예비적·방조적 행위를 침해로 보는 간접침해의 범위가 부당하게 확대되어 형평성에 어긋나기 때문이다.[87]

### ② 간접침해와 직접침해와의 관계

간접침해는 (직접)침해의 존재를 명문으로 요구하지 않고 다른 용도로 사용될 수 있는 물건에 대해선 간접침해를 부정하고 있어서 "다른 용도"를 엄격하게 해석하면 충분하므로 간접침해의 성립은 직접침해의 발생을 요건으로 하지 않는다는 간접침해의 독립설이 통설적인 견해이다.[88]

판결요지

▷ 특허법 제127조 제1호는 이른바 **간접침해에 관하여** "특허가 물건의 발명인 경우에는 그 물건의 생산에만 사용하는 물건을 생산·양도·대여 또는 수입하거나 그 물건의 양도 또는 대여의 청약을 하는 행위를 업으로서 하는 경우에는 특허권 또는 전용실시권을 침해하는 행위로 본다"고 규정하고 있다. 이는 **발명의 모든 구성요소를 가진 물건을 실시한 것이 아니고 그 전 단계에 있는 행위를 하였더라도 발명의 모든 구성요소를 가진 물건을 실시하게 될 개연성이 큰 경우에는 장래의 특허권 침해에 대한 권리 구제의 실효성을 높이기 위하여 일정한 요건 아래 이를 특허권의 침해로 간주**하더라도 특허권이 부당하게 확장되지 않는다고 본 것이라고 이해된다. 위 조항의 문언과 그 취지에 비추어 볼 때, 여기서 말하는 "생산"이란 발명의 구성요소 일부를 결여한 물건을 사용하여 발명의 모든 구성요소를 가진 물건을 새로 만들어내는 모든 행위를 의미하므로, 공업적 생산에 한하지 않고 가공, 조립 등의 행위도 포함된다고 할 것이다. 나아가 특허 **물건의 생산 "에만" 사용하는 물건에 해당되기 위하여는 사회통념상 통용되고 승인될 수 있는 경제적, 상업적 내지 실용적인 다른 용도가 없어야 할 것이고,** 이와 달리 단순히 특허 물건 이외의 물건

---

[87] 여기서 「생산에만」, 「실시에만」의 해석은 해당 특허발명의 생산 또는 실시의 용도 이외에는 사용되지 않고 해당 **특허발명의 생산 또는 실시에만 사용되는 것이 객관적으로 명백할 때 간접침해가 성립한다고 해석해야 할 것**이다. 다른 용도에도 사용되고 해당 특허발명의 용도에도 사용되는 물건까지 허용한다면 특허권의 효력을 너무 확대시키는 결과가 되기 때문이다. 이는 **특허권자의** 특허권에 대한 지나친 **권리의 남용을 제한하기 위함**이다. 김민희, "특허침해분쟁에 관한 연구", 박사학위논문(건국대 대학원, 1999.2), 27면.

[88] 특허청, 앞의 특허법해설 책, 300면.

에 사용될 이론적, 실험적 또는 일시적인 사용가능성이 있는 정도에 불과한 경우에는 간접침해의 성립을 부정할 만한 다른 용도가 있다고 할 수 없다(대법원 2009.9.10. 선고 2007후3356 판결).

▷ 특허발명의 대상이거나 그와 관련된 물건을 사용함에 따라 마모되거나 소진되어 자주 교체해 주어야 하는 소모부품일지라도, **특허발명의 본질적인 구성요소에 해당하고 다른 용도로는 사용되지 아니하며 일반적으로 널리 쉽게 구할 수 없는 물품**으로서 당해 발명에 관한 물건의 구입시에 이미 그러한 교체가 예정되어 있었고 특허권자측에 의하여 그러한 부품이 따로 제조·판매되고 있다면, 그러한 물건은 특허권에 대한 이른바 **간접침해에서 말하는 '특허 물건의 생산에만 사용하는 물건'에 해당**하고, 위 '특허 물건의 생산에만 사용하는 물건'에 해당하는 점은 특허권자가 **주장·입증**하여야 한다(대법원 2002.11.8. 선고 2000다27602 판결).

▷ 간접침해 제도는 어디까지나 **특허권이 부당하게 확장되지 아니하는 범위에서 그 실효성을 확보하고자 하는 것이다**. 그런데 특허권의 속지주의 원칙상 물건의 발명에 관한 특허권자가 그 물건에 대하여 가지는 독점적인 생산·사용·양도·대여 또는 수입 등의 특허실시에 관한 권리는 특허권이 등록된 국가의 영역 내에서만 효력이 미치는 점을 고려하면, 특허법 제127조 제1호의 '그 물건의 생산에만 사용하는 물건'에서 말하는 '생산'이란 국내에서의 생산을 의미한다고 봄이 타당하다. 따라서 이러한 생산이 **국외에서 일어나는 경우에는 그 전 단계의 행위가 국내에서 이루어지더라도 간접침해가 성립할 수 없다**(대법원 2015.7.23. 선고 2014다42110 판결).

**제128조 손해배상청구권 등**

① 특허권자 또는 전용실시권자는 고의 또는 과실로 자기의 특허권 또는 전용실시권을 침해한 자에 대하여 침해로 인하여 입은 손해의 배상을 청구할 수 있다.
② 제1항에 따라 손해배상을 청구하는 경우 그 권리를 침해한 자가 그 침해행위를 하게 한 물건을 양도하였을 때에는 그 물건의 양도수량에 특허권자 또는 전용실시권자가 그 침해행위가 없었다면 판매할 수 있었던 물건의 단위수량당 이익액을 곱한 금액을 특허권자 또는 전용실시권자가 입은 손해액으로 할 수 있다.
③ 제2항에 따라 손해액을 산정하는 경우 손해액은 특허권자 또는 전용실시권자가 생산할 수 있었던 물건의 수량에서 실제 판매한 물건의 수량을 뺀 수량에 단위수량당 이익액을 곱한 금액을 한도로 한다. 다만, 특허권자 또는 전용실시권자가 침해행위 외의 사유로 판매할 수 없었던 사정이 있으면 그 침해행위 외의 사유로 판매할 수 없었던 수량에 따른 금액을 빼야 한다.
④ 제1항에 따라 손해배상을 청구하는 경우 특허권 또는 전용실시권을 침해한 자가 그 침해행위로 인하여 얻은 이익액을 특허권자 또는 전용실시권자가 입은 손해액으로 추정한다.
⑤ 제1항에 따라 손해배상을 청구하는 경우 그 특허발명의 실시에 대하여 합리적으로 받을 수 있는 금액을 특허권자 또는 전용실시권자가 입은 손해액으로 하여 손해배상을 청구할 수 있다.
⑥ 제5항에도 불구하고 손해액이 같은 항에 따른 금액을 초과하는 경우에는 그 초과액에 대해서도 손해배상을 청구할 수 있다. 이 경우 특허권 또는 전용실시권을 침해한 자에게 고의 또는 중대한 과실이 없을 때에는 법원은 손해배상액을 산정할 때 그 사실을 고려할 수 있다.
⑦ 법원은 특허권 또는 전용실시권의 침해에 관한 소송에서 손해가 발생된 것은 인정되나 그 손해액을 증명하기 위하여 필요한 사실을 증명하는 것이 해당 사실의 성질상 극히 곤란한 경우에는 제2항부터 제6항까지의 규정에도 불구하고 변론 전체의 취지와 증거조사의 결과에 기초하여 상당한 손해액을 인정할 수 있다.
⑧ 법원은 타인의 특허권 또는 전용실시권을 침해한 행위가 고의적인 것으로 인정되는 경우에는 제1항에도 불구하고 제2항부터 제7항까지의 규정에 따라 손해로 인정된 금액의 3배를 넘지 아니하는 범위에서 배상액을 정할 수 있다.

<table>
<tr><td rowspan="2">제6장<br>특허권자의<br>보호</td><td>⑨ 제8항에 따른 배상액을 판단할 때에는 다음 각 호의 사항을 고려하여야 한다.<br>1. 침해행위를 한 자의 우월적 지위 여부<br>2. 고의 또는 손해 발생의 우려를 인식한 정도<br>3. 침해행위로 인하여 특허권자 또는 전용실시권자가 입은 피해규모<br>4. 침해행위로 인하여 침해한 자가 얻은 경제적 이익<br>5. 침해행위의 기간·횟수 등<br>6. 침해행위에 따른 벌금<br>7. 침해행위를 한 자의 재산상태<br>8. 침해행위를 한 자의 피해구제 노력의 정도</td></tr>
</table>

### 취지

제128조는 특허권 침해가 민법상 재산권 침해에 해당하므로 민법 제750조 「고의 또는 과실로 인한 위법행위로 타인에게 손해를 가한 자는 그 손해를 배상할 책임이 있다」는 규정에 의하여 손해배상을 청구할 수 있는 것에 대하여, **특허침해에 따른 손해액 입증과 관련한 그 특칙을 규정한 것이다.** 특히 2019년 6월부터는 특허권자의 권리구제를 강화하기 위하여 미국의 고의(악의)적 침해(Willful Infringement)에 대한 징벌적 손해배상제도를 도입하였다.

민법상 재산권이나 특허법상 특허침해에 대한 손해액의 입증책임은 손해배상 청구권자인 권리자에게 있다. **특허침해는 소위 무체재산권의 침해**이므로 침해행위와 인과관계에 있는 손해액의 입증이 곤란한 경우가 많아 본조는 특허권자의 **손해액 입증책임을 완화**하고 권리구제를 강화하기 위하여 침해가 고의인 경우에는 손해액의 3배의 범위에서 징벌적 손해배상제도을 도입하여 **특허권자를 보호**하고자 하였다.

### 해설

① 특허권(전용실시권) 침해에 따른 손해배상 청구(제1항)

재산권 소유자(부동산권자)처럼 **특허권자**(전용실시권자)는 **고의 또는 과실**로 자기의 **특허권**(전용실시권)을 **침해한 자**에 대하여 침해로 인한 **손해의 배상을 청구**할 수 있다. 특허침해로 인한 손해액의 입증이 일반 재산권의 침해에 비하여 훨씬 곤란하므로 아래와 같은 **특칙**을 두고 있다.

② 손해액의 산정(제2항 및 제3항)

㉠ 손해액≒침해물의 판매(양도)수량×특허권자의 단위수량당 이익액(제2항)

침해행위를 조성한 물건의 양도수량에 침해가 없었다면 특허권자가 판매할 수 있었던 물건의 단위 수량당 이익액을 곱해 산출한 금액을 특허권자의 손해액으로 계산한 것으로, 이는 **특허침해가 없었다면 얻을 수 있었던 특허권자의 일실이익**(逸失利益)[89]을 **손해액으로 산정**한 것이다.

이는 권리자의 실시능력의 한도에서 "**침해자의 양도수량=권리자의 상실된 판매수량**"으로 보아[90] 침해자의 판매수량 확인이 비교적 용이하고, 권리자의 침해품 단위수량당 이익액 또한 자신이 산정할 수 있어 입증이 한층 용이하다는 점에서 권리자의 **손해액 입증 용이화 방안**이다.[91]

ⓒ **침해물의 판매수량과 단위수량당 이익액에 따른 손해액의 제한**(제3항)

침해자가 **특허권자의 생산능력을 초과**하여 **생산한 물건**에까지 특허권자가 생산해 판매할 수 있었다고 가정하여 이를 **특허권자의 일실이익**으로 **간주**하여 **과잉배상을 할 필요는 없으므로** 제2항에 따른 **손해액**은 특허권자가 생산할 수 있었던 물건의 수량에서 실제 판매한 물건의 수량을 **뺀** 수량에 단위수량당 이익액을 곱한 **금액을 한도**로 한다. 다만, 특허권자가 침해행위 외의 사유로 판매할 수 없었던 사정이 있으면 그 침해행위 외의 사유로 판매할 수 없었던 수량에 따른 금액을 **빼야** 한다. 여기서 「침해행위 외의 사유로 판매할 수 없었던 사정」은 판매된 침해품이 침해자의 시장개발노력, 침해품의 품질의 우수성, 가격경쟁력 등의 요인에 의하여 판매된 것이어서 특허권자가 생산해 판매할 수 있었던 것으로 볼 수 없는 사정을 말한다. 이 판매할 수 없었던 사정의 입증책임은 당연히 침해자에게 있다.[92]

③ **손해액의 추정**(제4항)

**침해자가 침해행위에 의하여 이익을 얻는 때에는 그 이익액을 특허권자의 손해액으로 추정**한다. 이는 제2항과 마찬가지로 침해에 대한 권리자의 인과관계 입증에 대한 부담을 경감하기 위한 것이며, 권리자의 입장에서 보면 침해자의 생산성이 자신의 것보다 더 클 때 주장할 수 있다.[93]

즉, 특허권자가 손해의 발생을 입증하고 동시에 침해행위에 의하여 침해자가 얻

---

89) "일실이익(lost profits)"은 법률적으로 손해배상이 되는 손해 가운데 손해배상 청구의 발생 사실이 없었다면 얻을 수 있었다고 생각되는 이익, 예컨대, 사고로 생명을 잃었을 때 사고가 없었다면 사망자가 어느 정도의 수입을 올렸을 것인가를 상정하여 손해액을 산출한다. 이를 "소극적 손해"라고도 한다. 김민희, 앞의 책, 239-240면.
90) 정상조·박성수 공편, 특허법 주해Ⅱ(박영사, 2010), 181면.
91) 특허청, 앞의 특허법해설 책, 303면.
92) 특허청, 앞의 특허법해설 책, 304면.
93) 조영선, 특허법(박영사, 2009), 412면.

는 이익액을 입증한 경우 침해자가 이 추정을 번복할 만한 사유를 입증하지 못하면 침해자의 이익액이 특허권자의 손해액이 된다.

특허권 등의 침해가 있을 경우 특허권자의 입장에서 보면 손해액의 산정시 제2항은 특허권의 단위수량당 이익액이 높으면 더 많은 손해배상액을 청구할 수 있고, 제4항은 **침해자의 단위수량당 이익액이 높으면 더 많은 손해배상액을 청구할 수 있다**는 점에서 두 조항이 대조가 된다.[94]

④ 실시료 상당액에 따른 손해액의 산정(제5항)

특허발명의 실시에 대하여 통상적으로 받을 수 있는 금액(통상실시료)은 **권리자가 현실로 받은 손해인 일실이익과 관계없이 침해에 대한 하한의 배상액을 규정**한 것으로, 특허권자는 특허발명을 실시하고 있지 않아 현실의 손해가 없는 경우에도 통상실시료를 손해액으로 청구할 수 있다.

통상실시료는 통상실시권을 설정할 경우 받을 수 있는 실시료 상당액을 말하며, 통상실시권이 설정된 사실이 있으면 그 실시료가 하나의 기준이 되거나 혹은 해당 기술분야 또는 유사기술분야에서의 일반적인 실시료율 등을 종합적으로 고려하여 객관적이고 합리적인 금액으로 결정한다.[95] 여기서 손해액 산정시 실시료 배상금액의 판단기준을 "통상적"에서 "합리적"으로 받을 수 있는 금액으로 변경한 것은 우리나라의 특허에 관한 실시료율이 외국에 비하여 낮게 결정되는 것을 감안하여 특허침해에 따른 손해액 산정범위의 확대기반을 마련하기 위함이다.

⑤ 통상실시료의 초과액 청구 및 손해액 참작(제6항)

통상실시료는 입증이 용이하면서 손해액의 하한을 제시한 것이므로 실제 손해가 이를 초과하는 것을 입증하면 그 **초과액에 대해서도 손해배상을 청구할 수 있음을 밝힌 확인적 의미의 규정**이다.[96] 다만, 단서로 통상실시료를 초과하는 손해액에 대하여 청구할 경우 **경과실의 침해자에게** 모두 배상하게 하는 것은 **너무 가혹하다**는 취지에서 법원이 재량에 의하여 입증된 **실제 손해액보다 경감하여 손해액을 정할 수 있도록** 하였다.[97] 한편, **경감의 여부 및 정도는 법원의 재량**에 속하는 것이며, 법원은 통상실시료 초과액에 대해서만 경감할 수 있지 통상실시료 이하로 경감할 수 없다고 본다.[98]

---

94) 임병웅, 앞의 책, 871면.
95) 임병웅, 앞의 책, 874면.
96) 임병웅, 앞의 책, 875면.
97) 특허청, 앞의 특허법해설 책, 305면.
98) 특허청, 앞의 특허법해설 책, 305면.

⑥ 손해액 입증이 성질상 극히 곤란한 경우의 손해액 인정(제7항)

침해사실 및 손재발생은 입증되었으나 그에 따른 **손해액의 입증이 극히 곤란한 경우** 법원은 손해액의 입증이 없다하여 손해배상청구를 기각할 것이 아니라 **증명을 완화하여 변론의 전체 취지와 증거조사결과에 기초하여 적정하다고 판단된 금액을 손해액으로 인정**할 수 있도록 하였다.

「필요한 사실을 입증하는 것이 해당 사실의 성질상 극히 곤란한 경우」란 침해자가 매입·매출관계 서류 등을 전혀 작성하지 않았거나 폐기한 경우에 손해액의 입증을 위하여 필요한 사실의 입증이 대단히 곤란한 경우로,[99] 결국, 본항은 객관적이고 합리적인 손해액의 산정을 위함이다.

⑦ 특허권 침해가 고의(故意)인 경우의 징벌(懲罰)적 손해배상제도 도입(제8항)

법원은 특허권 또는 전용실시권을 **침해한 행위가 고의인 것**으로 인정되는 경우는 본조 손해배상 청구(제1항)에도 불구하고 손해액의 산정(제2항 및 제3항), 손해액의 추정(제4항), 실시료 상당액에 따른 손해액의 산정(제5항), 통상실시료의 초과액 청구 및 손해액 참작(제6항), 손해액 입증이 성질상 극히 곤란한 경우의 손해액 인정(제7항)까지의 규정에 따라 **손해로 인정된 금액의 3배를 넘지 아니하는 범위에서 배상액을 정할 수 있도록 규정**하였다.

이러한 징벌적 손해배상제도의 도입 배경은 4차 산업 혁명시대의 혁신성장을 도모하기 위하여 지식재산권 보호의 중요성을 제고하고자 특허권 등의 침해에 대한 경각심을 일으켜 특허권자의 특허권 침해에 따른 피해구제를 강화하도록 하기 위하여 신설된 조항이다.

⑧ 징벌적 손해배상액 인정시 고려 사항(제9항)

특허권 등의 침해행위가 고의여서 징벌적 손해배상액을 판단할 때에는 ⓐ **침해행위를 한 자의 우월적 지위 여부**, ⓑ **고의 또는 손해 발생의 우려를 인식한 정도**, ⓒ 침해행위로 인하여 특허권자 또는 전용실시권자가 입은 피해규모, ⓓ 침해행위로 인하여 침해한 자가 얻은 경제적 이익, ⓔ 침해행위의 기간·횟수 등, ⓕ 침해행위에 따른 벌금, ⓖ 침해행위를 한 자의 재산상태, ⓗ 침해행위를 한 자의 피해구제 노력의 정도를 살펴보아야 한다.

> 판결요지

▷ 특허법 제128조 제3항에 의하여 **특허발명의 실시에 대하여 통상 받을 수 있는 금액에 상당하는 액을 결정함에 있어서는**, 특허발명의 객관적인 기술적 가치, 당해

---

[99] 특허청, 앞의 특허법해설 책, 305면.

**특허발명에 대한 제3자와의 실시계약 내용**, 당해 침해자와의 과거의 실시계약 내용, **당해 기술분야에서 같은 종류의 특허발명이 얻을 수 있는 실시료, 특허발명의 잔여 보호기간**, 특허권자의 특허발명 이용 형태, 특허발명과 유사한 대체기술의 존재 여부, 침해자가 특허침해로 얻은 이익 등 **변론종결시까지 변론과정에서 나타난 여러 가지 사정을 모두 고려하여 객관적, 합리적인 금액으로 결정**하여야 하고, 특히 당해 특허발명에 대하여 특허권자가 제3자와 사이에 **특허권 실시계약을 맺고 실시료를 받은 바 있다면** 그 계약 내용을 침해자에게도 유추적용 하는 것이 현저하게 불합리하다는 특별한 사정이 없는 한 그 **실시계약에서 정한 실시료를 참작**하여 위 금액을 산정하여야 하며, 그 유추적용이 현저하게 불합리하다는 사정에 대한 입증책임은 그러한 사정을 주장하는 자에게 있다고 할 것이다. 특허침해로 손해가 발생된 것은 인정되나 특허침해의 규모를 알 수 있는 자료가 모두 폐기되어 그 손해액을 입증하기 위하여 필요한 사실을 입증하는 것이 어렵게 된 경우에는 특허법 제128조 제5항을 적용하여 상당한 손해액을 결정할 수 있고, 이 경우에는 그 기간 동안의 침해자의 자본, 설비 등을 고려하여 평균적인 제조수량이나 판매수량을 가늠하여 이를 기초로 삼을 수 있다고 할 것이며, 특허침해가 이루어진 기간의 일부에 대해서만 손해액을 입증하기 어려운 경우 반드시 손해액을 입증할 수 있는 기간에 대하여 채택된 손해액 산정 방법이나 그와 유사한 방법으로만 상당한 손해액을 산정하여야만 하는 것은 아니고, **자유로이 합리적인 방법을 채택하여 변론 전체의 취지와 증거조사의 결과에 기초하여 상당한 손해액을 산정**할 수 있다(대법원 2006. 4. 27. 선고 2003다15006 판결).

---

## 제6장 특허권자의 보호

### 제128조의2 감정사항 설명의무

특허권 또는 전용실시권 침해소송에서 법원이 침해로 인한 손해액의 산정을 위하여 감정을 명한 때에는 당사자는 감정인에게 감정에 필요한 사항을 설명하여야 한다.

### 취 지

제128조의2는 특허권 침해소송에서 법원이 **침해로 인한 손해액의 정확한 산정을 위하여 감정을 하기로 결정한 때에는** 소송의 **당사자는** 전문지식과 경험을 가진 **감정인에게** 손해액 발생사실의 확정, 그에 따른 손해액의 산정, 증명 또는 판단을 위하여 **감정에 필요한 사항을 설명**하도록 한 규정이다.

## 제6장 특허권자의 보호

### 제132조 자료의 제출

① 법원은 특허권 또는 전용실시권 침해소송에서 당사자의 신청에 의하여 상대방 당사자에게 해당 침해의 증명 또는 침해로 인한 손해액의 산정에 필요한 자료의 제출을 명할 수 있다. 다만, 그 자료의 소지자가 그 자료의 제출을 거절할 정당한 이유가 있으면 그러하지 아니하다.

② 법원은 자료의 소지자가 제1항에 따른 제출을 거부할 정당한 이유가 있다고 주장하는 경우에는 그 주장의 당부를 판단하기 위하여 자료의 제시를 명할 수 있다. 이 경우 법원은 그 자료를 다른 사람이 보게 하여서는 아니 된다.

③ 제1항에 따라 제출되어야 할 자료가 영업비밀(「부정경쟁방지 및 영업비밀보호에 관한 법률」 제2조 제2호에 따른 영업비밀을 말한다. 이하 같다)에 해당하나 침해의 증명 또는 손해액의 산정에 반드시 필요한 때에는 제1항 단서에 따른 정당한 이유로 보지 아니한다. 이 경우 법원은 제출명령의 목적 내에서 열람할 수 있는 범위 또는 열람할 수 있는 사람을 지정하여야 한다.

④ 당사자가 정당한 이유 없이 자료제출명령에 따르지 아니한 때에는 법원은 자료의 기재에 대한 상대방의 주장을 진실한 것으로 인정할 수 있다.

⑤ 제4항에 해당하는 경우 자료의 제출을 신청한 당사자가 자료의 기재에 관하여 구체적으로 주장하기에 현저히 곤란한 사정이 있고 자료로 증명할 사실을 다른 증거로 증명하는 것을 기대하기도 어려운 때에는 법원은 그 당사자가 자료의 기재에 의하여 증명하고자 하는 사실에 관한 주장을 진실한 것으로 인정할 수 있다.

### 취지

제132조는 침해소송에서 **법원이 특허권자의 입증곤란을 경감하기 위하여 증거제출을 강화**하고, **증거제출 명령대상** 범위를 **확대**하여 침해에 대한 증명자료를 포함시키며, 증거제출명령에 불응한 경우 해당 자료의 기재에 의하여 증명하고자 하는 사실에 관한 주장을 진실한 것으로 인정할 수 있게 하였다.

### 해설

① 증거제출 강화 및 증거제출 명령대상의 범위 확대(제1항 내지 제3항)

기존에 민사소송법 제343조에 따른 문서제출 명령의 특칙으로서 서류제출 명령

제도가 있었으나 실효성이 적어 활용이 적었다.[103] 따라서 개정법(2016년 3월)에서는 특허침해에 따른 **증거제출의 실효성을 강화**하기 위하여 증거제출의 명령대상을 **손해 계산에 필요한 문서에서 침해의 증명 또는 손해액 산정에 필요한 자료로 확대**하여 특허침해에 대한 실체사실 파악 및 절차진행 신속을 도모한 측면이 있고(제1항), 침해자가 **자료의 제출을 거절할 정당한 이유가 있는 경우** 그 정당한 이유에 대한 심리를 위하여 **비밀 심리절차의 근거 규정을 마련**하였고(제2항), **영업비밀에 해당하는** 자료라도 침해의 증명 또는 손해액 산정에 반드시 필요한 때 **열람범위 및 열람자를 열람제한 조건으로 자료제출의 강제가 가능**하게(제3항)함으로써 특허권 침해에 따른 특허권자를 보다 실효성 있게 보호하기 위하여 증거자료 제출에 대한 관련 조항(제2항 및 제3항)을 신설(2016년 3월)하게 되었다.

② 증거제출명령 불응에 대한 제재(제4항 및 제5항)

침해소송의 당사자가 **정당한 이유 없이 법원의 자료제출명령에 따르지 않으면 「자료의 기재에 대한 상대방의 주장을 진실한 것으로 인정」** 할 수 있고(제4항), **특별한 사정이 있는 경우** 즉, 자료제출 신청의 당사자가 자료의 기재에 관하여 구체적으로 주장하기에 현저히 곤란한 사정이 있고 자료로 증명할 사실을 다른 증거로 증명하는 것을 기대하기도 어려운 때 법원은 **당사자가 자료의 기재에 의하여 「증명하고자 하는 사실(입증취지)」까지 인정**(제5항)하도록 하여 법원의 증거제출명령 불응에 대한 제재의 근거 규정을 마련하고 이에 대한 **실효성 확보를 도모**하였다.

---

103) 침해자의 작업공정, 회계자료 등 주요 증거자료가 될 수 있는 서류는 대부분 영업비밀 관련 서류에 해당하여 제출이 불가능하였고, 서증(書證)에 따른 문서 위주로 제출 대상이 한정됨으로써 실효성이 떨어졌다.

최신 개정법률을 반영한 조문별 취지·해설·판례
**특허법해설**
Easy & Consice

# 제6장의2 특허취소신청

| 제6장의2 특허취소 신청 | **제132조의2 특허취소신청**<br>① 누구든지 특허권의 설정등록일부터 등록공고일 후 6개월이 되는 날까지 그 특허가 다음 각 호의 어느 하나에 해당하는 경우에는 특허심판원장에게 특허취소신청을 할 수 있다. 이 경우 청구범위의 청구항이 둘 이상인 경우에는 청구항마다 특허취소신청을 할 수 있다.<br>1. 제29조(같은 조 제1항 제1호에 해당하는 경우와 같은 호에 해당하는 발명에 의하여 쉽게 발명할 수 있는 경우는 제외한다)에 위반된 경우<br>2. 제36조 제1항부터 제3항까지의 규정에 위반된 경우<br>② 제1항에도 불구하고 특허공보에 게재된 제87조 제3항 제7호에 따른 선행기술에 기초한 이유로는 특허취소신청을 할 수 없다. |
|---|---|

### 취 지

제132조2는 특허출원 발명에 대하여 거절이유를 발견하지 못해 **심사관이 특허결정한 등록특허라도 공중심사**(公衆審査) **기능을 강화하여 부실특허를 예방**한다는 취지에서 **누구나 일정기간 내 특허취소이유를 특허심판원**에 제공해 그 특허의 효력을 소급하여 소멸시켜 줄 것을 요구하는 **특허취소신청 규정**이다.

특허취소신청제도는 **심사관만이 아닌 일반 공중의 전문가 참여로 등록특허를 초기에 재검토하여 부실특허를 조기에 걸러 권리의 안전성**을 도모함은 물론, 무효심판과 대비해 절차의 간소화 등을 통하여 공중심사 기능을 강화함으로써 **무효인용률을 저감시키기 위한 정책적 고려**의 측면도 있다.

### 해 설

① 특허취소신청의 요건(제1항 본문)

특허취소신청은 **누구나 신청인**이 될 수 있고(특허무효심판은 이해관계인 또는 심사관), 취소신청을 할 수 있는 기간은 특허권의 **설정등록일부터 등록공고일 후 6개월 이내**(특허무효심판은 설정등록 후 언제나)로 제한되며, 청구범위가 둘 이상인 경우는 **청구항마다** 특허취소신청을 할 수가 있다.

① 특허취소사유 및 그 제한(제1항 각 호 및 제2항)

특허취소사유는 등록된 특허가 **특허요건인 제29조 산업상 이용가능성, 신규성과 진보성**(다만, 제29조 제1항 제1호의 특허출원전 국내 또는 국외에서 공지되었거나 공연히 실시된 발명에 해당하여 신규성 또는 진보성 위배는 제외), **확대된 선원 위반** 및 **제36조에 따른 선출원주의에 위반**한 경우이다.

취소사유 중 특허출원전 국내외에서 공지 또는 공연히 실시된 발명으로 신규성 또는 진보성 위반을 제외한 것은 **공지 또는 공연 실시에 대한 신청인의 입증부담과 심판관의 심리 부담을 고려**하여 특허(공보)간행물에 근거한 특허취소요건을 살펴 **신속·간편**히 **서면심리로 수행**하기 위함이다.

또한, 특허취소신청제도가 심사관이 특허등록 결정전에 검토 또는 인지하지 못한 선행기술로 그 등록특허의 취소 여부를 조기에 결정한다는 취지에서 **심사관이 특허결정시 선행기술로서 이미 검토했다고 특허공보에 게재한 선행기술에 기초한 특허취소신청은 할 수가 없다**(제2항).

| 제6장의2 특허취소신청 | **제132조의3 특허취소신청절차에서의 특허의 정정**<br>① 특허취소신청절차가 진행 중인 특허에 대한 특허권자는 제136조 제1항 각 호의 어느 하나에 해당하는 경우에만 제132조의13 제2항에 따라 지정된 기간에 특허발명의 명세서 또는 도면에 대하여 정정청구를 할 수 있다.<br>② 제1항에 따른 정정청구를 하였을 때에는 해당 특허취소신청절차에서 그 정정청구 전에 한 정정청구는 취하된 것으로 본다.<br>③ 제1항에 따른 정정청구에 관하여는 제136조 제3항부터 제6항까지, 제8항, 제10항부터 제13항까지, 제139조 제3항 및 제140조 제1항·제2항·제5항을 준용한다. 이 경우 제136조 제11항 중 "제162조 제3항에 따른 심리의 종결이 통지되기 전(같은 조 제4항에 따라 심리가 재개된 경우에는 그 후 다시 같은 조 제3항에 따른 심리의 종결이 통지되기 전)"에"는 "제132조의13 제2항 또는 제136조 제6항에 따라 지정된 기간에"로 본다.<br>④ 제1항에 따른 정정청구는 다음 각 호의 어느 하나에 해당하는 기간에만 취하할 수 있다.<br>1. 제1항에 따라 정정을 청구할 수 있도록 지정된 기간과 그 기간의 만료일부터 1개월 이내의 기간<br>2. 제3항에서 준용하는 제136조 제6항에 따라 지정된 기간<br>⑤ 제3항을 적용할 때 제132조의2에 따라 특허취소신청이 된 청구항을 정정하는 경우에는 제136조 제5항을 준용하지 아니한다. |
|---|---|

### 취 지

제132조3은 특허정정심판에서의 정정청구와 마찬가지로 **특허취소신청절차에서의**

특허권자가 해당 **특허발명의 취소를 면하기** 위하여 특허발명의 명세서 등에 대한 **정정청구를 할 수 있는** 근거, 그 **정정청구의 시기와 범위**, 정정청구가 여러 번 있을 때의 정정청구의 취급 및 그 **효과**를 규정하였다.

>[해 설]

### ① 정정청구의 요건 및 그 시기(제1항)

특허취소신청절차에서 특허권자는 ⓐ **청구범위의 감축**, ⓑ **잘못 기재된 사항의 정정**, ⓒ **불명료한 기재사항의 명확화** 각각의 경우에 대해서만 심판장이 특허의 취소이유를 통지하고 기간을 정하여 의견서를 제출할 기회를 주었을 때 그 지정된 기간에 특허명세서 등에 정정청구를 할 수 있다.

### ② 복수의 정정청구시 정정청구의 효과(제2항)

특허권자로부터 하나의 특허취소신청절차에서 여러 차례의 정정청구가 있는 경우에는 **최후의 정정청구를 제외한 나머지 정정청구는 취하**된 것으로 본다. 이는 특허무효심판에서의 정정청구와 마찬가지로 최후의 정정청구 전에 한 정정청구는 취하된 것으로 보는 것(제133조의2 제2항)과 같다.

### ③ 정정심판의 정정관련 규정 준용 및 제한(제3항 및 제5항)

특허취소신청절차에서 **정정의 범위, 한계, 독립특허요건, 정정 불인정 이유통지 및 의견서 제출기회**의 부여(제136조 제3항 내지 제6항), 정정청구에 따른 이해관계인의 동의(제136조 제8항), 정정의 확정에 따른 소급효(제136조 제10항),[104] 정정명세서 등의 보정(제136조 제11항), 정정결과의 통지(제136조 제12항), 통지에 따른 특허공보 게재(제136조 제13항), 특허권이 공유인 경우에 정정청구의 공동청구(제139조 제3항), 및 정정의 청구방식(제140조 제1항, 제2항 및 제5항)은 정정심판의 관련 규정을 준용한다(제4항). 취소신청이 된 청구항을 정정하는 경우는 독립특허요건을 준용하지 않는다(제5항). 이는 이미 취소신청이 된 청구항에서 독립특허요건을 판단한 후 다시 실질적으로 동일하게 중복적으로 판단하는 것이어서 그에 따른 심리부담과 절차지연을 방지하기 위함이다.

---

[104] 명세서 등의 정정은 특허발명의 명세서 또는 도면에 기재된 사항의 범위에서 할 수 있지만 잘못된 기재를 정정하는 경우는 출원서에 최초로 첨부된 명세서 또는 도면에 기재된 사항의 범위에서 할 수 있고(제136조 제3항), 청구범위를 실질적으로 확장하거나 변경할 수 없다(제136조 제4항). 청구범위의 감축, 잘못 기재된 사항의 정정은 정정 후 청구범위에 적혀 있는 사항이 특허출원시 특허를 받을 수 있어야 하고(제136조 제5항), 심판관은 이러한 규정을 위배한 정정청구에 대하여 특허권자에게 그 이유를 통지하고, 기간을 정하여 의견서를 제출할 기회를 주어야 한다(제136조 제6항). 특허권자는 특허권과 이해관계가 있는 자(실시권자 또는 질권자)의 동의를 얻어야만 정정청구를 할 수 있고(제136조 제8항), 정정을 한다는 심결이 확정되었을 때에는 그 정정 후의 명세서 또는 도면에 따라 특허출원, 출원공개, 특허결정 등이 된 것으로 본다(제136조 제10항).

④ 정정청구의 취하(제4항)

특허취소신청절차에서 정정청구의 취하는 ⓐ 취소이유통지에서 지정된 의견서 제출 기간과 그 만료일부터 1개월 이내, ⓑ 정정불인정 이유통지에서 지정된 의견서 제출기간에만 할 수 있다. 이는 취소신청절차의 안정성과 신속성을 도모하기 위함이다.

| 제6장의2 특허취소 신청 | 제132조의4 특허취소신청의 방식 등 |
|---|---|
| | ① 특허취소신청을 하려는 자는 다음 각 호의 사항을 적은 특허취소신청서를 특허심판원장에게 제출하여야 한다.<br>1. 신청인의 성명 및 주소(법인인 경우에는 그 명칭 및 영업소의 소재지)<br>2. 대리인이 있는 경우에는 그 대리인의 성명 및 주소나 영업소의 소재지[대리인이 특허법인·특허법인(유한)인 경우에는 그 명칭, 사무소의 소재지 및 지정된 변리사의 성명]<br>3. 특허취소신청의 대상이 되는 특허의 표시<br>4. 특허취소신청의 이유 및 증거의 표시<br>② 제1항에 따라 제출된 특허취소신청서의 보정은 그 요지를 변경할 수 없다. 다만, 제132조의2 제1항에 따른 기간(그 기간 중 제132조의13 제2항에 따른 통지가 있는 경우에는 통지한 때까지로 한정한다)에 제1항 제4호의 사항을 보정하는 경우에는 그러하지 아니하다.<br>③ 심판장은 특허취소신청이 있으면 그 신청서의 부본을 특허권자에게 송달하여야 한다.<br>④ 심판장은 특허취소신청이 있으면 그 사실을 해당 특허권의 전용실시권자나 그 밖에 그 특허에 관하여 등록을 한 권리를 가지는 자에게 알려야 한다. |

### 취지

제132조4는 특허취소신청의 절차에 있어 특허심판원장에게로의 **특허취소신청서의 제출 및 기재**, **특허취소신청서의 보정과 그 제한** 및 심판장이 **특허취소신청에**

이유가 있는 경우에 특허취소신청서의 **부본을 특허권자에게 송달**하고 그 취소신청의 사실을 이해관계인에게 통지할 것을 규정한 것이다.

> 해 설

① 취소신청서의 제출 및 기재사항(제1항)

특허취소신청을 하려는 자는 **특허취소신청서**에 ⓐ **신청인의 성명 및 주소**, ⓑ **대리인이 있는 경우에 그 대리인의 성명 및 주소나 영업소의 소재지**, ⓒ **특허취소신청의 대상이 되는 특허의 표시**, ⓓ **특허취소신청의 이유 및 증거의 표시**를 기재하여 특허심판원장에게 제출하여야 한다.

② 취소신청서의 보정과 그 제한(제2항)

**특허취소신청서의 보정은 그 요지를 변경할 수 없다**. 다만, 그 취소신청을 청구할 수 있는 기간까지 취소신청의 이유 및 증거의 표시를 보정할 수 있다. 무효심판의 청구이유는 심리종결 전까지 보정이 가능하나 취소신청의 이유는 그 시기를 제한하여 신속한 절차를 수행하기 위함이다.

③ 취소신청서의 부본송달 및 그 신청사실의 통지(제3항 및 제4항)

심판장은 절차의 간소화를 위하여 특허취소신청의 이유가 있으면 그 신청서 부본을 **특허권자에게 송달**하고(제3항), 특허취소신청이 있는 사실을 해당 **특허권의 이해관계인**(실시권자, 질권자)에게 통지하여야 한다(제4항). 특허취소신청절차에서 특허권자 측의 보조참가의 기회를 주기 위함이다.

| 제6장의2 특허취소신청 | **제132조의5 특허취소신청서 등의 보정·각하**<br>① 심판장은 다음 각 호의 어느 하나에 해당하는 경우에는 기간을 정하여 그 보정을 명하여야 한다.<br>1. 특허취소신청서가 제132조의4 제1항(같은 항 제4호는 제외한다)을 위반한 경우<br>2. 특허취소신청에 관한 절차가 다음 각 목의 어느 하나에 해당하는 경우<br>  가. 제3조 제1항 또는 제6조를 위반한 경우<br>  나. 이 법 또는 이 법에 따른 명령으로 정하는 방식을 위반한 경우<br>  다. 제82조에 따라 내야 할 수수료를 내지 아니한 경우<br>② 심판장은 제1항에 따른 보정명령을 받은 자가 지정된 기간에 보정을 하지 아니하거나 보정한 사항이 제132조의4 제2항을 위반한 경우에는 특허취소신청서 또는 해당 절차와 관련된 청구 또는 신청 등을 결정으로 각하하여야 한다.<br>③ 제2항에 따른 각하결정은 서면으로 하여야 하며, 그 이유를 붙여야 한다. |

### 취 지

제132조의5는 **특허취소신청의 방식심리에 관한 것으로, 심판장이 특허법에서 정한 취소신청의 방식**이나 **취소신청서의 기재가 불비**한 경우 또는 취소신청절차를 밟을 권한(능력)이 없는 자가 그 절차를 밟은 경우 등에 **기간을 정하여 보정을 명하고 보정이 치유되지 않으면 각하결정**(불수리처분) 하도록 하였다.

### 해 설

심판장은 특허취소신청서가 기재방식을 위반하거나 행위능력 없는 자가 절차를 밟은 경우 또는 관련 수수료를 내지 않은 경우에 기간을 정하여 보정을 명하고, 보정이 치유되지 않으면 특허취소신청서 등을 결정으로 각하하여야 한다. 이 때 **각하결정은 이유를 붙여 서면으로 한다.**

| 제6장의2 특허취소신청 | **제132조의6 보정할 수 없는 특허취소신청의 각하결정** |
|---|---|
| | ① 제132조의7 제1항에 따른 합의체는 부적법한 특허취소신청으로서 그 흠을 보정할 수 없을 때에는 제132조의4 제3항에도 불구하고 특허권자에게 특허취소신청서의 부본을 송달하지 아니하고, 결정으로 그 특허취소신청을 각하할 수 있다.<br>② 제1항에 따른 각하결정에 대해서는 불복할 수 없다. |

**취 지**

제132조6은 특허취소신청에 대한 적법성 심리를 규정한 것으로, 특허무효심판과 마찬가지로 특허취소신청이 있으면 제132조의5에 의거 특허취소신청이나 특허취소신청서의 방식심리를 심판장이 수행하고, 이후 **심판장을 포함한 심판관 합의체가 특허취소신청의 적법성을 심리**하는 규정을 둔 것이다.

**해 설**

심판관 합의체는 부적법한 **특허취소신청으로서** 그 **흠을 보정할 수 없을 때**(특허권 소멸 등) 특허권자에게 **특허취소신청서의 부본을 송달하지 않고, 결정으로 그 특허취소신청을 각하**할 수 있다. 이에 따른 각하결정에 대해서는 불복할 수 없다. 이는 특허취소신청에 대한 절차의 효율화를 위함이다.

| 제6장의2 특허취소신청 | **제132조의7 특허취소신청의 합의체 등** |
|---|---|
| | ① 특허취소신청은 3명 또는 5명의 심판관으로 구성되는 합의체가 심리하여 결정한다.<br>② 제1항의 합의체 및 이를 구성하는 심판관에 관하여는 제143조부터 제145조까지, 제146조 제2항·제3항, 제148조부터 제153조까지 및 제153조의2를 준용한다. 이 경우 제148조제6호 중 "심결"은 "특허취소결정"으로 본다. |

**취 지**

제132조의7은 **특허취소신청의 판단주체인 심판관 합의체**를 규정한 것으로, 특허

취소신청이 특허심사를 통하여 설정된 등록특허의 간행물에 기인한 특허요건을 재검토하는 절차이므로 이에 대한 판단주체를 무효심판과 마찬가지로 3인 또는 5인으로 구성된 심판관 합의체가 심리하도록 하였다.

### 해설

특허취소신청은 **심판관 합의체에 따른 무효심판의 심리절차와 극히 유사**하므로 심판관 합의체 및 심판관에 대해서는 **심판관, 심판관의 지정, 심판장**(제143조 내지 제145조), 심판의 합의체(제146조 제2항 및 제3항), 심판관의 제척부터 심판관의 회피(제148조 내지 제153조의2) 규정들을 **준용**한다.

---

**제6장의2 특허취소신청**

**제132조의8 심리의 방식**
① 특허취소신청에 관한 심리는 서면으로 한다.
② 공유인 특허권의 특허권자 중 1인에게 특허취소신청절차의 중단 또는 중지의 원인이 있으면 모두에게 그 효력이 발생한다.

---

### 취지

제132조의8은 특허취소신청의 있었을 때 심리가 개시되면 제3자 부담완화 및 **절차신속**을 위하여 **심판관 합의체가 서면으로서 심리**를 하며, 공유인 특허권에 특허취소신청이 제기된 경우 공유자 1인에 대한 특허취소신청절차의 중단 또는 중지의 원인이 다른 공유자에게 미치는 효력을 규정하였다.

### 해설

특허취소신청은 특허문헌에 의한 특허요건을 주로 재검증하는 절차이므로 그에 따른 **입증부담 및 절차신속을 위하여 서면심리**를 하도록 하고, 특허권의 공유에 따른 당사자 간 분쟁의 합일적인 해결을 위하여 공유자 1인의 중단 등의 원인을 특허권 공유자 모두에게 효력이 발생하도록 하였다.

| 제6장의2<br>특허취소<br>신청 | **제132조의9 참가**<br>① 특허권에 관하여 권리를 가진 자 또는 이해관계를 가진 자는 특허취소신청에 대한 결정이 있을 때까지 특허권자를 보조하기 위하여 그 심리에 참가할 수 있다.<br>② 제1항의 참가에 관하여는 제155조 제4항·제5항 및 제156조를 준용한다. |
|---|---|

### 취 지

제132조9는 특허취소신청에 따른 특허권의 취소결정과 관련하여 **특허권과 이해관계가 있는 자**(실시권자 또는 질권자)가 자기의 법률상 이익을 보호하기 위하여 특허취소신청에 대한 결정이 있을 때까지 특허권자를 보조하기 위한 **취소신청절차의 당사자가 되어 심리에 참가**할 수 있음을 규정하였다.

### 해 설

특허취소신청의 대상이 된 특허권에 관하여 권리를 가진 자는 그 취소신청절차에 있어 특허권자 측의 보조참가가 허용되고, 그 참가에 대해서는 **심판의 참가**(제155조 제4항(절차수행) 및 제5항(참가에 따른 중지 또는 중단의 효과))와 **심판 참가의 신청 및 결정**(제156조)에 관한 **규정을 준용**한다.

| 제6장의2<br>특허취소<br>신청 | **제132조의10 특허취소신청의 심리에서의 직권심리**<br>① 심판관은 특허취소신청에 관하여 특허취소신청인, 특허권자 또는 참가인이 제출하지 아니한 이유에 대해서도 심리할 수 있다.<br>② 심판관은 특허취소신청에 관하여 특허취소신청인이 신청하지 아니한 청구항에 대해서는 심리할 수 없다. |
|---|---|

### 취 지

제132조의10은 심판관이 특허취소신청의 심리에서 특허취소신청인이 제출하지 않은 이유라도 **부실특허를 예방한다는** 취지에서 특허취소신청에 대한 **직권심리가 가능함**을 밝히고 있다. 다만, **심리의 대상**으로서 심판관은 **특허취소신청인이 신청한 청구항**에 대해서만 심리하도록 규정하였다.

| 해 설 |

  특허취소신청에서 심리는 취소신청인이 제출한 이유 및 증거를 바탕을 심리하는 것이 원칙이나 취소신청제도의 도입취지를 고려하여 취소신청인이 제출하지 않은 이유에 대해서도 직권심리를 할 수 있고, 다만, 신청인이 특허취소를 신청한 청구항에 대해서만 심판관이 심리하도록 하였다.

| 제6장의2<br>특허취소<br>신청 | **제132조의11 특허취소신청의 병합 또는 분리**<br>① 심판관 합의체는 하나의 특허권에 관한 둘 이상의 특허취소신청에 대해서는 특별한 사정이 있는 경우를 제외하고는 그 심리를 병합하여 결정하여야 한다.<br>② 심판관 합의체는 특허취소신청의 심리에 필요하다고 인정하는 경우에는 제1항에 따라 병합된 심리를 분리할 수 있다. |

| 취 지 |

  제132조의11은 하나의 특허권에 **복수의 특허취소신청이 있는 경우**에 **특별한 사정이 있는 경우를 제외하고는 그 취소신청에 대한 심리를 병합하여 결정하는 것을 원칙**으로 하고, 병합하여 심리함으로써 심리가 현저하게 지연될 우려가 있는 경우에는 병합된 심리를 분리할 수 있도록 규정하였다.

| 해 설 |

  특허권자의 부담 최소화와 절차 간소화를 위하여 특허취소신청 기간 경과 후 복수의 특허취소신청을 특별한 사정이 있는 경우를 제외하고는 일괄 병합하여 심리를 진행하고 결정한다. 여기서 **특별한 사정이 있는 경우란** ⓐ **복수의 특허취소신청 중 일부가 방식 불비** 때문에 특허취소신청서가 **각하결정이 되어 그 해당 결정에 대한 소송이 제기된 경우**, ⓑ 복수의 특허취소신청 중 일부가 취소이유 및 증거가 기재되어 있지 않은 경우 등이며,[105] 다만, 병합하여 심리함으로써 그 심리가 현저히 지연된 우려가 있는 경우는 병합된 심리를 다시 분리할 수 있다.

---

[105] 특허심판원, 심판편람(2017), 747면.

| 제6장의2 특허취소 신청 | **제132조의12 특허취소신청의 취하**<br>① 특허취소신청은 제132조의14 제2항에 따라 결정등본이 송달되기 전까지만 취하할 수 있다. 다만, 제132조의13 제2항에 따라 특허권자 및 참가인에게 특허의 취소이유가 통지된 후에는 취하할 수 없다.<br>② 둘 이상의 청구항에 관하여 특허취소신청이 있는 경우에는 청구항마다 취하할 수 있다.<br>③ 제1항 또는 제2항에 따른 취하가 있으면 그 특허취소신청 또는 그 청구항에 대한 특허취소신청은 처음부터 없었던 것으로 본다. |
|---|---|

### 취 지

제132조의12는 특허취소신청을 취하할 수 있는 시기를 그 **취소결정 등본이 당사자에게 송달되기 전까지 취하**할 수 있도록 하되, 부실특허 발생 예방을 위한 제도적 취지에서 일정한 경우 그 취하를 제한하고, 다항제 청구범위에 따른 **청구항별 취하**와 그 **취하에 따른 법적 효과**를 규정하고 있다.

### 해 설

특허취소신청의 취하를 그 결정등본의 송달 후에 취하할 수 있도록 하면 특허의 하자여부 판단결과를 활용하지 못하게 되고, 합의체가 취소이유를 통지한 후에 취하를 허용하는 것은 하자 있는 특허권을 방치하는 결과를 초래하여 **공익적인 관점에서 취하시기를 제한**하고 있다.[106]

특허취소신청에 대한 취하는 복수의 청구항이 있는 경우는 청구항마다 할 수 있고(제2항), **특허취소신청의 취하가 있으면** 그 특허취소신청 또는 그 청구항에 대한 특허취소신청은 처음부터 없었던 것으로 본다(제3항). 즉, **취하에 따른 소급효**를 인정하고 있다.

---

106) 특허심판원, 앞의 편람 책, 728면.

| 제6장의2<br>특허취소<br>신청 | **제132조의13 특허취소신청에 대한 결정**<br>① 심판관 합의체는 특허취소신청이 이유 있다고 인정되는 때에는 그 특허를 취소한다는 취지의 결정(이하 "특허취소결정"이라 한다)을 하여야 한다.<br>② 심판장은 특허취소결정을 하려는 때에는 특허권자 및 참가인에게 특허의 취소이유를 통지하고 기간을 정하여 의견서를 제출할 기회를 주어야 한다.<br>③ 특허취소결정이 확정된 때에는 그 특허권은 처음부터 없었던 것으로 본다.<br>④ 심판관 합의체는 특허취소신청이 제132조의2 제1항 각 호의 어느 하나에 해당하지 아니하거나 같은 조 제2항을 위반한 것으로 인정되는 경우에는 결정으로 그 특허취소신청을 기각하여야 한다.<br>⑤ 제4항에 따른 기각결정에 대해서는 불복할 수 없다. |
|---|---|

### 취 지

 제132조의13은 **특허취소신청에 대한 결정**에 관한 것으로, **취소신청이 이유가 있다고 인정**되면 심판관 합의체는 **특허를 취소한다는 결정**을 내리고, 그 취소결정시 특허권자에게 취소이유를 통지하면서 의견서 제출의 기회를 주어야 하며, **취소이유가 없는 경우**에는 그 특허취소신청을 **기각**하여야 한다.

### 해 설

 심판관 합의체는 특허취소신청이 이유가 있는 경우에 **"특허취소결정"**을 하며(제1항), 특허권자에게 취소이유를 통지하고 기간을 정하여 의견서 제출의 기회를 주어야 한다(제2항). 그리고 **특허취소결정이 확정된 때에는 그 특허권은 처음부터 없었던 것으로 본다**(제3항).

 심판관 합의체가 심리하여 특허취소이유(제132조의2)가 없다면 그 취소신청을 기각하도록 하고(제4항), 그 **기각결정에 대해서는 불복할 수 없도록 하였다**(제5항). 이는 특허취소신청인이 **필요시 특허무효심판을 청구**하여 그 특허의 하자(취소이유) 여부에 대하여 다시 다툴 수 있기 때문이다.

> **제132조의14 특허취소신청의 결정 방식**
>
> ① 특허취소신청에 대한 결정은 다음 각 호의 사항을 적은 서면으로 하여야 하며, 결정을 한 심판관은 그 서면에 기명날인하여야 한다.
> 1. 특허취소신청사건의 번호
> 2. 특허취소신청인, 특허권자 및 참가인의 성명 및 주소(법인인 경우에는 그 명칭 및 영업소의 소재지)
> 3. 대리인이 있는 경우에는 그 대리인의 성명 및 주소나 영업소의 소재지[대리인이 특허법인·특허법인(유한)인 경우에는 그 명칭, 사무소의 소재지 및 지정된 변리사의 성명]
> 4. 결정에 관련된 특허의 표시
> 5. 결정의 결론 및 이유
> 6. 결정연월일
>
> ② 심판장은 특허취소신청에 대한 결정이 있는 때에는 그 결정의 등본을 특허취소신청인, 특허권자, 참가인 및 그 특허취소신청에 대한 심리에 참가를 신청하였으나 그 신청이 거부된 자에게 송달하여야 한다.

제6장의2 특허취소신청

### 취 지

제132조의14는 **특허취소신청의 결정방식**과 그 **결정등본의 송달**에 관한 것으로, 특허취소신청의 결정은 서면으로 하고 그 서면에는 특허취소신청인과 특허권자, **결정에 관련된 특허의 표시, 결정의 결론 및 이유** 등을 기재하고 그 **결정등본은 당사자에게 송달**하여야함을 규정한 것이다.

### 해 설

특허취소신청의 결정서에는 특허취소신청사건의 번호, 특허취소신청인, 특허권자(참가인), 결정에 관련된 특허의 표시, 결정의 결론 및 이유 등이 기재되어야 하며(제1항), 심판장은 그 결정의 등본을 특허취소신청의 당사자(심리참가를 신청하였으나 신청이 거부된 자 포함)에게 송달하여야 한다(제2항).

| 제6장의2<br>특허취소<br>신청 | **제132조의15 심판규정의 특허취소신청에의 준용**<br>특허취소신청의 심리·결정에 관하여는 제147조 제3항, 제157조, 제158조, 제164조, 제165조 제3항부터 제6항까지 및 제166조를 준용한다. |
|---|---|

### 취 지

제132조의15는 **특허취소신청에 관한 심리·결정**은 심판관 합의체에서 이루어지기 때문에 그 **실체적 본질이 심판의 일반 심리·결정과 극히 유사**하므로 앞의 제132조의2(특허취소신청) 내지 제132조의14(특허취소신청의 결정 방식) 규정 외에 **심판절차의 관련 규정들을 준용**하여 적용한다는 취지이다.

### 해 설

특허취소신청의 심리·결정에 관해서는 **심판청구서 송달과 답변서 제출**(제147조 제3항), 증거조사·증거보전(제157조), **심판의 진행**(제158조), **다른 심판·소송에 따른 절차 중지**(제164조), 심판비용(제165조 제3항 내지 제6항) 및 심판비용액 또는 대가에 대한 집행권원(제166조)규정을 **준용**한다.

최신 개정법률을 반영한 조문별 취지·해설·판례

**특허법해설**
Easy & Consice

# 제7장 심 판

**제7장 심판**

> **제132조의16 특허심판원**
> ① 특허·실용신안에 관한 취소신청, 특허·실용신안·디자인·상표에 관한 심판과 재심 및 이에 관한 조사·연구 사무를 관장하게 하기 위하여 특허청장 소속으로 특허심판원을 둔다.
> ② 특허심판원에 원장과 심판관을 둔다.
> ③ 특허심판원의 조직과 정원 및 운영에 필요한 사항은 대통령령으로 정한다

### 취 지

제132조의16은 **특허**(실용신안·디자인·상표)에 관한 **분쟁을 신속·정확하게 해결하기 위하여 재판**(특허법원)의 **전심절차로서 준사법적인 심판기관으로서의 특허심판원**에 관한 규정이다. 특허심판원은 행정청인 특허청 소속기관으로서 산업재산권 관련 분쟁에 관한 심판과 재심 및 심판사무를 관장한다.

재산권 분쟁에 관한 판단은 본래 법관으로 구성된 사법부인 법원에서 관장하지만 특허권 등은 그 **권리의 발생·변경·소멸이 특허청의 전문적인 행정사무에 의하여 처리**되므로 관련 분쟁을 **신속·정확**히 **해결**하기 위해선 **전문성을 갖춘 특허심판원 소속 심판관으로 판단**하기 위함이다.

### 해 설

특허심판원은 특허심판에 관하여 사법부인 특허법원의 전심절차(前審節次)로서 준사법적인 성격을 가진 심판기관이지만 그 소속이 특허청 소속기관이라는 점에서 행정기관에 속한다. 종래 특허관련 분쟁이 특허청의 심판소, 항고심판소 및 대법원으로 진행되는 쟁송절차의 위헌성 논란에 따라 이를 해결하기 위하여 1998년 3월 **심판소와 항고심판소를 통합**해 **특허심판원을 설치**하였고, 법원조직법에 따라 **특허법원(고등법원급)을 설치**하고 대법원에 상고하게 함으로써 **특허분쟁에 대한 전문성을 강화**하였다. 특허심판원에 심판사무를 총괄하는 원장을 두고 심판을 담당하는 심판관을 두고 있다.

**제7장 심판**

### 제132조의17 특허거절결정 등에 대한 심판

특허거절결정 또는 특허권의 존속기간의 연장등록거절결정을 받은 자가 결정에 불복할 때에는 그 결정등본을 송달받은 날부터 30일 이내에 심판을 청구할 수 있다.

#### 취지

제132조의17은 심사관의 **특허거절결정** 또는 특허의 존속기간 연장등록거절결정에 대하여 **불복**해 그 **거절결정을 취소**하여 줄 것을 요구하는 **심판**규정이다. 심사관의 위 거절결정에 대한 불복은 그 **결정등본을 송달받은 날부터 30일 이내 심판을 청구**하면 심판관 합의체는 그 결정의 당부를 판단한다.

#### 해설

① 청구인

특허출원에 대하여 거절결정을 받은 경우는 특허출원인, 존속기간연장등록출원에 대하여 연장등록거절결정을 받은 경우는 존소기간연장등록출원인(특허권자)이 심사관의 거절결정에 대한 불복심판을 청구할 수 있다. **공유인 권리**는 공유자 모두가 **공동으로 심판청구** 하여야 한다(제139조 제3항).

② 청구기간

거절결정에 대한 불복심판은 그 결정등본을 송달받은 날로부터 30일 이내에 청구할 수 있다. 이는 **법정기간**이지만 **특허청장은 청구에 따라 30일 이내에서 한 차례만 연장**할 수 있다. 다만, 도서·벽지 등 교통이 불편한 지역에 있는 자는 추가로 연장할 수 있다(제15조 제1항 및 산업통상자원부령).

### 제133조 특허의 무효심판

① 이해관계인(제2호 본문의 경우에는 특허를 받을 수 있는 권리를 가진 자만 해당한다) 또는 심사관은 특허가 다음 각 호의 어느 하나에 해당하는 경우에는 무효심판을 청구할 수 있다. 이 경우 청구범위의 청구항이 둘 이상인 경우에는 청구항마다 청구할 수 있다.
1. 제25조, 제29조, 제32조, 제36조 제1항부터 제3항까지, 제42조 제3항 제1호 또는 같은 조 제4항을 위반한 경우
2. 제33조 제1항 본문에 따른 특허를 받을 수 있는 권리를 가지지 아니하거나 제44조를 위반한 경우. 다만, 제99조의2 제2항에 따라 이전등록된 경우에는 제외한다.
3. 제33조 제1항 단서에 따라 특허를 받을 수 없는 경우
4. 특허된 후 그 특허권자가 제25조에 따라 특허권을 누릴 수 없는 자로 되거나 그 특허가 조약을 위반한 경우
5. 조약을 위반하여 특허를 받을 수 없는 경우
6. 제47조 제2항 전단에 따른 범위를 벗어난 보정인 경우
7. 제52조 제1항에 따른 범위를 벗어난 분할출원인 경우
8. 제53조 제1항에 따른 범위를 벗어난 변경출원인 경우

② 제1항에 따른 심판은 특허권이 소멸된 후에도 청구할 수 있다.
③ 특허를 무효로 한다는 심결이 확정된 경우에는 그 특허권은 처음부터 없었던 것으로 본다. 다만, 제1항 제4호에 따라 특허를 무효로 한다는 심결이 확정된 경우에는 특허권은 그 특허가 같은 호에 해당하게 된 때부터 없었던 것으로 본다.
④ 심판장은 제1항에 따른 심판이 청구된 경우에는 그 취지를 해당 특허권의 전용실시권자나 그 밖에 특허에 관하여 등록을 한 권리를 가지는 자에게 알려야 한다.

### 취 지

제133조는 심사관의 심사에 의하여 **유효하게 등록된 특허에 무효사유가 있을 경우** 그 특허와 **이해관계가 있는 자** 또는 공익의 대표자로서 **심사관**이 그 **특허의 무효를 청구**할 수 있는 특허무효심판에 관한 것이다. 무효심판은 특허권자의 침해주장에 대한 피권리자의 강력한 법적 방어수단이다.

특허가 유효히 등록되었다 하더라도 특허심사에 흠이 전혀 없을 수 없으므로 하자있는 특허를 그대로 유지시키는 것은 특허권자를 부당하게 보호하고 그 이해관

계인에게 해를 줌은 물론 산업발전에 지장을 초래하므로 **무효사유가 있는 특허를 등록이후에도 무효로 할 수 있는 규정**을 두었다.

> 해 설

① 청구인(제1항 전단)

특허의 무효심판은 "**이해관계인 또는 심사관**"이 청구할 수 있다. 「이해관계인」은 특허권의 존속으로 인하여 그 권리의 대항을 받거나 받을 염려가 있는 이해관계자를 의미한다. 심판청구의 난립을 막기 위하여 이해관계인으로로 한정하였지만 **심판실무에서는 이해관계인을 넓게 해석**하고 있다.

다만, 이해관계인과 관련하여 특허를 받을 수 있는 권리를 갖지 않거나(제33조 제1항) 특허를 받을 수 있는 권리가 공유인데 공동출원을 하지 아니한 경우(제44조)는 특허를 받을 수 있는 권리를 가진 자만이 무효심판을 청구할 수 있다. 그리고 「심사관」은 공익의 대표자로 무효심판 청구가 가능하다.

② 청구대상(제1항 후단)

특허발명이 둘 이상의 청구항으로 이루어진 경우에는 설령 무효사유가 청구항 전체에 있다 하더라도 청구항 전체에 대하여 무효심판을 청구할 수 있지만 현실적으로 이해관계가 깊은 일부 청구항에 대해서만 무효심판을 청구할 수도 있다. 즉, **무효심판은 청구항별로 심판청구의 대상**이 된다.

③ 무효사유(제1항 각 호)

특허심판의 무효사유로는 외국인으로 특허 받을 권리능력이 없는 자의 출원(제25조), **발명의 특허요건 위배(신규성, 진보성 등 제29조)**, 특허를 받을 수 없는 발명(제32조), 선출원주의 위배(제36조 제1항 내지 제3항), 발명의 설명 또는 청구범위의 기재불비(제42조 제3항 제1호 또는 제4항)**(제1호)**, **특허를 받을 수 있는 권리가 없거나**(제33조 제1항 본문) 공유인 발명의 공동출원의 위배(제44조)[107]**(제2호)**, 특허청 직원 등이 상속이나 유증을 제외하고 특허를 받은 경우(제33조 제1항 단서)**(제3호)**, 특허된 후 그 특허권자가 외국인으로서 특허권을 누릴 수 없게 되거나(제25조) 그 특허가 조약에 위반한 경우**(제4호)**, 조약을 위반하여 특허를 받을 수 없는 경우**(제5호)**, 보정의 범위를 벗어난 신규사항 추가인 특허출원의 보정(제47조 제2항 전단)**(제6호)**, 분할출원의 범위를 벗어난 경우(제52조 제1항)**(제7호)**, 변경출원의 범위를 벗어난 경우(제53조 제1항)**(제8호)**이다.

---

[107] 특허권의 이전청구에 기초하여 특허를 받을 수 있는 권리를 가진 자에게 이전등록이 있으면(제99조의2 제2항) 이전등록된 특허권은 무효심판을 청구할 수 있는 대상에서 제외된다(제133조 제1항 제2호 단서). 이는 이전청구에 의하여 특허를 받을 수 있는 권리를 가진 자에게 이전등록된 특허권이 애초에 특허를 받을 수 있는 권리를 가진 자의 출원이 아니라는 점을 이유로 무효되는 것을 방지하기 위함이다. 임병웅, 앞의 책, 1105면.

④ 청구기간(제2항)

무효심판은 **특허권의 존속기간 중**에는 물론이며 특허권이 **만료된 후에도 청구**할 수 있다. 이는 특허권자가 특허권 존속기간 만료에 따라 특허권이 소멸했어도 존속기간 중의 침해행위에 대하여 손해배상을 청구할 수 있기 때문에 그 상대방은 특허권 소멸 후에도 무효심판을 청구할 수 있다.

⑤ 무효심결의 효력(제3항)

특허무효의 심결이 확정된 경우 그 **특허권은 처음부터 없었던 것으로 본다**(제3항 본문). 그러므로 이전 특허권 행사에 따라 상대방에게 손해를 입힌 경우에는 그에 대한 배상책임을 지며, 특허권 침해에 관한 민·형사 사건의 유죄판결 등에 대해서 재심의 소(민사소송법 제451조, 형사소송법 제420조)를 제기할 수 있다.[108] 다만, **후발적 무효사유**인 특허된 후 그 특허권자가 외국인으로서 특허권을 누릴 수 없는 자로 되거나 그 특허가 조약을 위반하여(제1항 **제4호**) 무효심결이 확정된 경우는 무효의 소급효가 인정되지 않고 그 특허가 **무효사유에 해당하게 된 때부터 없었던 것으로 본다**(제3항 단서).

⑥ 무효심판이 청구된 사실의 통지(제4항)

심판장은 무효심판이 청구된 경우는 그 취지를 해당 특허권의 전용실시권자나 그 밖에 **특허에 관하여 등록을 한 권리를 가지는 자**에게 알려야 한다. 이는 특허권과 직접적으로 이해관계가 있는 자에게 무효심판이 청구된 사실을 알려 **심판참가의 기회를 줌**으로써 등록권리자를 보호하기 위함이다.

> 판결요지

▷ 특허무효심판을 청구할 수 있는 **이해관계인**이란 당해 특허발명의 **권리존속으로 인하여 그 권리자로부터 권리의 대항을 받거나 받을 염려가 있어 그 피해를 받는 직접적이고도 현실적인 이해관계가 있는 사람**을 말하고, 이에는 당해 특허발명과 같은 종류의 물품을 제조·판매하거나 제조·판매할 자도 포함된다(대법원 2010.1.28. 선고 2007후1022 판결).

▷ 직권으로 살피건대 구 특허법(1990.1.13. 법률 제4207호로 개정되기 전의 것) 제97조 제2항, 제1항에 의하면 특허무효심판은 이해관계인 또는 심사관에 한하여 청구할 수 있다고 규정되어 있는데 **행정관청인 철도청장은 권리의무의 주체가 아니므로** 이해관계인이라고 볼 수 없다(대법원 1993.11.23. 선고 93후275 판결).

---

108) 특허청, 앞의 특허법해설 책, 316면.

▷ 원칙적으로 실시권자는 당해 특허발명의 **권리존속으로 인하여 법률상으로 불이익**을 입어 그 소멸에 관하여 직접적이고도 현실적인 이해관계를 가진 자에 해당한다(특허법원 2017.10.27. 선고 2017허2727 판결).

---

**제7장 심 판**

**제133조의2 특허무효심판절차에서의 특허의 정정**

① 제133조 제1항에 따른 심판의 피청구인은 제136조 제1항 각 호의 어느 하나에 해당하는 경우에만 제147조 제1항 또는 제159조 제1항 후단에 따라 지정된 기간에 특허발명의 명세서 또는 도면에 대하여 정정청구를 할 수 있다. 이 경우 심판장이 제147조 제1항에 따라 지정된 기간 후에도 청구인이 증거를 제출하거나 새로운 무효사유를 주장함으로 인하여 정정청구를 허용할 필요가 있다고 인정하는 경우에는 기간을 정하여 정정청구를 하게 할 수 있다.
② 제1항에 따른 정정청구를 하였을 때에는 해당 무효심판절차에서 그 정정청구 전에 한 정정청구는 취하된 것으로 본다.
③ 심판장은 제1항에 따른 정정청구가 있을 때에는 그 청구서의 부본을 제133조 제1항에 따른 심판의 청구인에게 송달하여야 한다.
④ 제1항에 따른 정정청구에 관하여는 제136조 제3항부터 제6항까지, 제8항 및 제10항부터 제13항까지, 제139조 제3항 및 제140조 제1항·제2항·제5항을 준용한다. 이 경우 제136조 제11항 중 "제162조 제3항에 따른 심리의 종결이 통지되기 전(같은 조 제4항에 따라 심리가 재개된 경우에는 그 후 다시 같은 조 제3항에 따른 심리의 종결이 통지되기 전)에"는 "제133조의2 제1항 또는 제136조 제6항에 따라 지정된 기간에"로 본다.
⑤ 제1항에 따른 정정청구는 다음 각 호의 어느 하나에 해당하는 기간에만 취하할 수 있다.
1. 제1항에 따라 정정을 청구할 수 있도록 지정된 기간과 그 기간의 만료일부터 1개월 이내의 기간
2. 제4항에서 준용하는 제136조 제6항에 따라 지정된 기간
⑥ 제4항을 적용할 때 제133조 제1항에 따른 특허무효심판이 청구된 청구항을 정정하는 경우에는 제136조 제5항을 준용하지 아니한다.

**취 지**

제133조2는 **특허무효심판절차에서의 특허의 정정**을 규정한 것으로, 통상적으로

무효심판과 정정심판이 함께 심판에 계속 중인 경우 정정심판의 결과를 기다려 권리의 내용을 확정한 다음 무효심판을 속행함으로써 **무효심판의 심리가 현저히 지연되는 문제점을 보완**하기 위하여 마련된 정정규정이다.

> 해 설

① 특허의 정정청구(명세서 또는 도면의 정정)(제1항)

특허권자는 무효심판의 절차 중에 ⓐ 청구범위의 감축, ⓑ 잘못 기재된 사항의 정정, ⓒ 분명하지 아니한 기재사항의 명확화(제136조 제1항) 중 어느 하나의 경우에만 **심판청구의 답변서 제출기간**(제147조 제1항, 심판장이 답변서 제출기간 후에도 **청구인이 증거를 제출하거나 새로운 무효사유를 주장함으로 인해 정정청구를 허용할 필요가 있다고 인정하는 경우 기간을 지정한 그 기간**) 또는 **직권심리에 의한 의견서 제출기간**(제157조 제1항 후단)에 명세서 또는 도면에 대하여 정정청구를 할 수 있다. 이는 **심판절차에서 당사자 간 공격·방어의 기회를 형평성 있게 부여**하되, 특허권자에게 **정정기회를 확대**하기 위함이다.

② 복수의 정정청구가 있는 경우에 정정청구의 취하(제2항)

무효심판절차에서 복수의 정정청구가 있는 경우 **마지막 정정청구를 제외한 앞선 정정청구들은 불필요한 심리의 부담을 줄이기 위하여 취하된 것으로 본다**. 즉, 특허권자가 무효심판절차에서 정정 하고자 하는 것이 무엇인지를 분명히 함으로써 무효심판에서의 **심리대상을 명확히 확정**하기 위함이다

③ 정정청구서의 부본 송달 및 정정심판에 관한 일반규정 준용(제3항 및 제4항)

심판장은 정정청구가 있을시 청구서 부본을 심판 청구인에게 송달하여야 한다(제3항). 또한 정정청구에 관해서 정정심판의 정정 관련 일반규정(제136조 제3항 내지 제6항, 제8항, 제10항 내지 제13항), 공유인 특허권의 공동심판 청구(제139조 제3항) 및 심판청구방식(제140조 제1항·제2항·제5항)을 준용한다(제4항 전단).

**다만**, 정정심판의 경우에 정정 명세서 또는 도면에 대한 보정(정정사항의 보정)은 심리의 종결통지 이전에 할 수 있지만(제136조 제11항), **무효심판절차에서 정정청구의 정정 명세서 또는 도면에 대한 보정은 심판관의 정정거절이유통지에 따른 의견서 제출기간 내에 할 수 있다**(제4항 후단).

④ 무효심판절차에서의 정정청구의 취하(제5항)

정정청구의 취하는 ⓐ 정정청구를 할 수 있는 기간과 그 기간의 만료일로부터 1

개월 이내의 기간(제1호), 또는 ⓑ 정정에 대한 의견서 제출 기회 부여에 따라 지정된 기간(제2호)에만 취하할 수 있다. 이는 정정청구 취하에 따른 **심리대상의 변경을 최소화**하여 **심리지연을 방지**하기 위함이다.

⑤ 정정청구에 따른 독립특허요건의 적용 제외(제5항)

정정심판에서의 정정은 정정 후의 청구범위가 출원시 특허를 받을 수 있어야 하는데(제136조 제5항 "**독립특허요건**"), **무효심판**에서는 이에 대해 당연히 검토하므로 이를 이유로 정정불인정 통지를 하는 것은 심리결과를 미리 알려주는 면도 있고 심리가 지연되는 원인이 되므로 **이 규정의 준용은 제외**한다.[109]

> **판결요지**

▷ **무효심판절차에서** 특허발명의 명세서 또는 도면에 대하여 정정을 청구한 경우 특허심판원에서는 그 절차에서 청구된 **정정의 적법 여부를 심리**하고, 그 정정이 적법하다면 정정된 명세서 등에 기초한 특허발명의 무효 여부를 판단하며, 그 정정이 부적법하다면 정정 전의 명세서 등에 기초한 특허발명의 무효 여부를 판단하여야 한다(특허법원 2006.5.18. 선고 2005허6320 판결).

▷구 특허법(2006.3.3. 법률 제7871호로 개정되기 전의 것) 제133조의2 및 제136조 제3항은, 특허무효심판의 피청구인은 특허청구범위를 실질적으로 확장하거나 변경하지 아니하는 범위 내에서 명세서 또는 도면에 대하여 정정을 청구할 수 있다고 정하고 있다. 여기서 **특허청구범위를 실질적으로 확장하거나 변경하는 경우에 해당하는지 여부는 특허청구범위 자체의 형식적인 기재만이 아니라 발명의 상세한 설명을 포함하여 명세서 전체의 내용과 관련하여 그 정정 전후의 특허청구범위 전체를 실질적으로 대비하여 판단**되어야 한다. 그리고 특허청구범위의 정정이 청구범위의 감축에 해당되고, 그 목적이나 효과에 어떠한 변경이 있다고 할 수 없으며, 발명의 상세한 설명 및 도면에 기재되어 있는 내용을 그대로 반영한 것이어서 후출원인 기타 제3자에게 불측의 손해를 줄 염려가 없는 경우에는, 특허청구범위의 실질적인 변경에 해당되지 아니한다고 할 것이다(대법원 2010.4.29. 선고 2008후1081 판결).

▷ **특허무효심판절차에서 정정청구**가 있는 경우, 정정의 인정 여부는 무효심판절차에서 함께 심리되는 것이므로, 독립된 정정심판청구의 경우와 달리 정정청구 부분은 따로 확정되지 아니하고 **무효심판의 심결이 확정되는 때에 함께 확정**된다(대법원 2011.2.10. 선고 2010후2698 판결).

---

109) 특허청, 앞의 특허법해설 책, 319면.

### 제134조 특허권 존속기간의 연장등록의 무효심판

① 이해관계인 또는 심사관은 제92조에 따른 특허권의 존속기간의 연장등록이 다음 각 호의 어느 하나에 해당하는 경우에는 무효심판을 청구할 수 있다.
1. 특허발명을 실시하기 위하여 제89조에 따른 허가등을 받을 필요가 없는 출원에 대하여 연장등록이 된 경우
2. 특허권자 또는 그 특허권의 전용실시권 또는 등록된 통상실시권을 가진 자가 제89조에 따른 허가등을 받지 아니한 출원에 대하여 연장등록이 된 경우
3. 연장등록에 따라 연장된 기간이 그 특허발명을 실시할 수 없었던 기간을 초과하는 경우
4. 해당 특허권자가 아닌 자의 출원에 대하여 연장등록이 된 경우
5. 제90조 제3항을 위반한 출원에 대하여 연장등록이 된 경우

② 이해관계인 또는 심사관은 제92조의5에 따른 특허권의 존속기간의 연장등록이 다음 각 호의 어느 하나에 해당하면 무효심판을 청구할 수 있다.
1. 연장등록에 따라 연장된 기간이 제92조의2에 따라 인정되는 연장의 기간을 초과한 경우
2. 해당 특허권자가 아닌 자의 출원에 대하여 연장등록이 된 경우
3. 제92조의3 제3항을 위반한 출원에 대하여 연장등록이 된 경우

③ 제1항 및 제2항에 따른 심판의 청구에 관하여는 제133조 제2항 및 제4항을 준용한다.

④ 연장등록을 무효로 한다는 심결이 확정된 경우에는 그 연장등록에 따른 존속기간의 연장은 처음부터 없었던 것으로 본다. 다만, 연장등록이 다음 각 호의 어느 하나에 해당하는 경우에는 해당 기간에 대해서만 연장이 없었던 것으로 본다.
1. 연장등록이 제1항제3호에 해당하여 무효로 된 경우: 그 특허발명을 실시할 수 없었던 기간을 초과하여 연장된 기간
2. 연장등록이 제2항제1호에 해당하여 무효로 된 경우: 제92조의2에 따라 인정되는 연장의 기간을 초과하여 연장된 기간

**취 지**

제134조는 특허권 존속기간의 연장등록 결정에 무효사유가 있는 경우에 그 특허

권의 존속기간을 연장시키는 것이 특허무효심판처럼 그 특허권의 이해관계인이나 공중의 이익에 합치하지 않으므로 원래의 특허권 존속기간은 인정하되 **잘못 등록 연장된 특허권의 존속기간을 무효화**시키는 규정이다.

> 해 설

### ① 허가 등에 따른 연장등록의 무효심판 청구인 및 무효이유(제1항)

심판청구인은 연장등록된 특허권과 **이해관계가 있는 자 또는 심사관**이며, 연장등록의 무효사유는 제91조 **특허권 존속기간의 연장등록 거절결정의 이유와 동일**하다. 즉, 허가 등을 받을 필요가 없거나 받지 아니한 출원에 대하여 연장등록이 된 경우 등에 연장등록의 무효심판 청구의 이유가 된다.

### ② 등록지연에 따른 연장등록의 무효심판 청구인 및 무효이유(제2항)

심판청구인은 연장등록된 특허권과 **이해관계가 있는 자 또는 심사관**이며, 연장등록의 무효사유는 제92조의4 **특허권 존속기간의 연장등록 거절결정의 이유와 동일**하다. 즉, 연장된 기간이 인정되는 연장기간을 초과하여 연장등록 되거나 해당 특허권자가 아닌 자의 출원에 대하여 연장등록이 된 경우 등이다.

### ③ 무효심판 규정의 준용(제3항 및 제4항)

존속기간 연장등록의 무효심판에 관하여는 특허무효심판의 **특허권이 소멸된 후에도 청구할 수 있는 규정**(제133조 제2항) 및 무효심판 청구가 있을 경우 그 취지를 해당 특허권의 전용실시권자나 **그 특허에 관해 등록을 한 권리자에게 통지**하여야 하는 규정(제133조 제4항)을 준용하도록 하고 있다.

### ④ 연장등록 무효심결의 효력(제4항)

연장등록을 무효로 한다는 심결이 확정된 경우에는 그 **연장등록에 따른 존속기간의 연장은 처음부터 없었던 것으로 본다**. 다만, 특허발명을 실시할 수 없었던 기간을 초과해 연장등록 되거나 인정된 연장의 기간을 초과해 연장등록된 경우는 해당 기간에 대해서만 연장이 없었던 것으로 본다.

> 판결요지

▷ 구 특허법 제134조 제1항 제2호가 연장등록의 무효사유로 등록된 통상실시권을 가진 자가 제89조의 허가 등을 받지 아니한 출원에 대해 연장등록이 된 경우'라고 규정한 것은 특허권 존속기간 연장등록을 위해 필요한 허가를 신청할 수 있는 자의 범위에 통상실시권자도 포함되지만 그 통상실시권의 등록이 연장등록출원서에 누락되어서는 안 된다는 것이지, **허가 등을 신청한 통상실시권자가 그 신청 당시부**

터 통상실시권의 등록을 마치고 있어야만 한다는 취지는 아니다(대법원 2017.11.29. 선고 2017후882).

> **제7장 심 판**
>
> **제135조 권리범위 확인심판**
> ① 특허권자 또는 전용실시권자는 자신의 특허발명의 보호범위를 확인하기 위하여 특허권의 권리범위 확인심판을 청구할 수 있다.
> ② 이해관계인은 타인의 특허발명의 보호범위를 확인하기 위하여 특허권의 권리범위 확인심판을 청구할 수 있다.
> ③ 제1항 또는 제2항에 따른 특허권의 권리범위 확인심판을 청구하는 경우에 청구범위의 청구항이 둘 이상인 경우에는 청구항마다 청구할 수 있다

### 취 지

제135조는 특허권자(전용실시권자) 또는 이해관계인이 **특허발명의 보호범위를 확인하기 위하여 현재 실시하고 있거나 장래에 실시하고자 하는 기술(확인대상발명)**이 특허발명의 기술적 범위에 속하는지 여부를 전문성과 공신력을 담보한 **특허심판원으로 하여금 신속히 해결할 수 있도록** 한 심판규정이다.

**특허발명의 보호범위 해석은 청구범위에 기재된 문언을 기초로 하기 때문에** 그 **보호범위를 명확히 확정하기가 실질적으로 어렵다.** 또한, 특허권자나 실시자는 각자 자신의 유리한 입장에서 그 보호범위를 넓게 혹은 좁게 해석할 것이다. 따라서 이러한 **특허발명의 보호범위 해석에 따른 특수성을 반영해** 당사자간 특허발명의 보호범위에 관한 분쟁을 객관적이고 공정하게 해결하기 위하여 특허발명의 **심사·심판 경험을 갖춘 전문성 있는 심판관 합의체**에서 특허발명의 **보호범위를 확인**해 줌으로써 **특허권의 권리범위해석에 대한 분쟁을 조기에 해결**하고 **침해소송의 침해판단 기준을 제공**해 주기 위한 심판이다.

### 해 설

① 법적 성질

권리범위확인심판의 법적 성질에 대해선 특허권을 특정대상물과 대비하여 새로운 권리관계를 형성시키려는 것(형성행위설)이 아닌 특허권을 특정대상물과 대비하

여 특허발명의 보호범위의 한계를 확인함으로써 침해분쟁을 해결·조정함에 그 목적이 있다는 "**확인행위설**"이 일반적인 **통설**이다.110)

② 심판의 종류

심판의 종류로는 특허권자가 자신의 특허발명과 소위 확인대상발명을 대비하여 특허발명의 권리범위에 속한다는 심결을 구하는 "**적극적 권리범위확인심판**"과 확인대상발명을 실시하는 이해관계인이 특허발명의 권리범위에 속하지 아니한다는 심결을 구하는 "**소극적 권리범위확인심판**"이 있다.

③ 심판의 청구인 및 피청구인(제1항 및 제2항)

**적극적 권리범위확인심판**에서는 **특허권자가 청구인**이고 확인대상발명을 과거 실시하였거나 현재 실시하고 있는 이해관계인이 피청구인이며(제1항), **소극적 권리범위확인심판**에서는 **확인대상발명을 과거, 현재 또는 장차 실시할 예정이 있는 이해관계인인 청구인**이고 특허권자가 피청구인이다(제2항).

④ 청구항별 심판청구(제3항)

특허발명이 둘 이상의 청구항으로 이루어진 경우는 청구항마다 개별적으로 특허발명의 권리가 존재하는 것이므로 특허무효심판에서 청구항별 무효심판청구를 인정했듯이(제133조 후단), 권리범위확인심판에서도 **청구범위의 청구항이 둘 이상인 경우는 청구항마다 권리범위확인심판을 청구**할 수 있다.

> 판결요지

▷ **소극적 권리범위확인심판**에서는 **현재 실시하는 것만이 아니라 장래 실시 예정인 것도 심판대상**으로 삼을 수 있다. 그러나 당사자 사이에 심판청구인이 현재 실시하고 있는 기술이 특허권의 권리범위에 속하는지에 관하여만 다툼이 있을 뿐이고, 심판청구인이 장래 실시할 예정이라고 주장하면서 **심판대상으로 특정한 확인대상발명이 특허권의 권리범위에 속하지 않는다는 점에 관하여는 아무런 다툼이 없는 경우**라면, 그러한 확인대상발명을 심판대상으로 하는 소극적 권리범위확인심판은 **심판청구의 이익이 없어 허용되지 않는다**(대법원 2016. 9. 30. 선고 2014후2849 판결).

▷ 특허권의 권리범위확인심판을 청구함에 있어 심판청구의 대상이 되는 **확인대상발명은 당해 특허발명과 서로 대비할 수 있을 만큼 구체적으로 특정**되어야 한다. 그리고 그 특정을 위해서는 대상물의 구체적인 구성을 전부 기재하여야 하는 것은

---

110) 임병웅, 앞의 책, 1138면.

아니지만, 적어도 특허발명의 구성요소와 대비하여 그 차이점을 판단하는 데 필요할 정도로는 특허발명의 구성요소에 대응하는 부분의 구체적인 구성을 기재하여야 한다. 특히 확인대상발명의 구성이 기능, 효과, 성질 등의 이른바 기능적 표현으로 기재되어 있는 경우에는, 그 발명이 속하는 기술분야에서 통상의 지식을 가진 사람이 확인대상발명의 설명서나 도면 등의 기재와 기술상식을 고려하여 그 구성의 기술적 의미를 명확하게 파악할 수 있을 정도로 기재되어 있지 않다면, 특허발명과 서로 대비할 수 있을 만큼 확인대상발명의 구성이 구체적으로 기재된 것으로 볼 수 없다. 다만 확인대상발명의 설명서에 특허발명의 구성요소와 대응하는 구체적인 구성이 일부 기재되어 있지 않거나 불명확한 부분이 있더라도, 그 나머지 구성만으로 확인대상발명이 특허발명의 권리범위에 속하는지 판단할 수 없는 경우에 한하여 확인대상발명이 특정되지 않은 것으로 보아야 한다(대법원 2012.11.15. 선고 2011후1494 판결).

▷ 특허권자가 심판청구의 대상이 되는 확인대상발명이 특허발명의 권리범위에 속한다는 내용의 **적극적 권리범위확인심판**을 청구한 경우, **심판청구인이 특정한 확인대상발명과 피심판청구인이 실시하고 있는 발명 사이에 동일성이 인정되지 아니하면**, 확인대상발명이 특허발명의 권리범위에 속한다는 심결이 확정된다고 하더라도 그 심결은 심판청구인이 특정한 확인대상발명에 대하여만 효력을 미칠 뿐 실제 피심판청구인이 실시하고 있는 발명에 대하여는 아무런 효력이 없으므로, 피심판청구인이 실시하지 않고 있는 발명을 대상으로 한 그와 같은 적극적 권리범위확인 심판청구는 **확인의 이익이 없어 부적법하여 각하**되어야 한다. 그리고 이 경우 확인대상발명과 피심판청구인이 실시하고 있는 발명의 동일성은 피심판청구인이 확인대상발명을 실시하고 있는지 여부라는 사실확정에 관한 것이므로 이들 발명이 사실적 관점에서 같다고 보이는 경우에 한하여 그 동일성을 인정하여야 한다(대법원 2012.10.25. 선고 2011후2626 판결).

▷ **소극적 권리범위확인심판**에서는 심판청구인이 현실적으로 실시하는 기술이 심판청구에서 심판의 대상으로 삼은 구체적인 발명과 다르다고 하더라도 심판청구인이 특정한 발명이 실시가능성이 없을 경우 그 청구의 적법 여부가 문제로 될 수 있을 뿐이고, 여전히 **심판의 대상은 심판청구인이 특정한 확인대상발명을 기준으로 특허발명과** 대비하여 그 권리범위에 속하는지 여부를 판단하여야 한다(대법원 2010.8.19. 선고 2007후2735 판결).

▷ 후출원에 의하여 등록된 발명이나 고안을 확인대상고안으로 하여 선출원에 의한 등록고안의 권리범위에 속한다는 확인을 구하는 적극적 권리범위확인심판은 후

출원된 권리에 대한 무효심판의 확정 전에 그 권리의 효력을 부정하는 결과로 되어 원칙적으로 허용되지 아니하고, 다만 **예외적으로** 양 고안이 **이용관계에 있어 확인대상고안의 등록의 효력을 부정하지 않고 권리범위의 확인을 구할 수 있는 경우에는 권리 대 권리 간의 적극적 권리범위확인심판의 청구가 허용**된다(특허법원 2010.1.13. 선고 2009허4957 판결).

▷ 특허권의 권리범위확인은 등록된 특허권을 중심으로 어떠한 확인대상발명이 적극적으로 등록 특허발명의 권리범위에 속한다거나 소극적으로 이에 속하지 아니함을 확인하는 것인바, 선등록 특허권자가 후등록 특허권자를 상대로 제기하는 적극적 권리범위확인심판은 등록무효절차 이외에서 등록된 권리의 효력을 부인하는 결과가 되어 부적법하나, **후등록 특허권자가 선등록 특허권자를 상대로 제기하는 소극적 권리범위확인심판**은 후등록 특허권자 스스로가 자신의 등록된 권리의 효력이 부인되는 위험을 감수하면서 타인의 등록된 권리의 범위에 속하는지 여부에 대한 판단을 구하는 것이어서 **적법**하다고 할 것이다(대법원 2007.10.11. 선고 2007후2766 판결).

▷ 어느 발명이 특허발명의 권리범위에 속하는지를 판단함에 있어서 **특허발명과 대비되는** 발명이 공지의 기술만으로 이루어지거나 그 기술분야에서 통상의 지식을 가진 자가 **공지기술로부터 용이하게 실시할 수 있는 경우에는 특허발명과 대비할 필요 없이 특허발명의 권리범위에 속하지 않게 된다**(대법원 2011.1.27. 선고 2009후832 판결).

### 제136조 정정심판

① 특허권자는 다음 각 호의 어느 하나에 해당하는 경우에는 특허발명의 명세서 또는 도면에 대하여 정정심판을 청구할 수 있다.
1. 청구범위를 감축하는 경우
2. 잘못 기재된 사항을 정정하는 경우
3. 분명하지 아니하게 기재된 사항을 명확하게 하는 경우

② 제1항에도 불구하고 다음 각 호의 어느 하나에 해당하는 기간에는 정정심판을 청구할 수 없다.
1. 특허취소신청이 특허심판원에 계속 중인 때부터 그 결정이 확정될 때까지의 기간. 다만, 특허무효심판의 심결 또는 정정의 무효심판의 심결에 대한 소가 특허법원에 계속 중인 경우에는 특허법원에서 변론이 종결(변론 없이 한 판결의 경우에는 판결의 선고를 말한다)된 날까지 정정심판을 청구할 수 있다.
2. 특허무효심판 또는 정정의 무효심판이 특허심판원에 계속 중인 기간

③ 제1항에 따른 명세서 또는 도면의 정정은 특허발명의 명세서 또는 도면에 기재된 사항의 범위에서 할 수 있다. 다만, 제1항 제2호에 따라 잘못된 기재를 정정하는 경우에는 출원서에 최초로 첨부된 명세서 또는 도면에 기재된 사항의 범위에서 할 수 있다.

④ 제1항에 따른 명세서 또는 도면의 정정은 청구범위를 실질적으로 확장하거나 변경할 수 없다.

⑤ 제1항에 따른 정정 중 같은 항 제1호 또는 제2호에 해당하는 정정은 정정 후의 청구범위에 적혀 있는 사항이 특허출원을 하였을 때에 특허를 받을 수 있는 것이어야 한다.

⑥ 심판관은 제1항에 따른 심판청구가 다음 각 호의 어느 하나에 해당한다고 인정하는 경우에는 청구인에게 그 이유를 통지하고, 기간을 정하여 의견서를 제출할 수 있는 기회를 주어야 한다.
1. 제1항 각 호의 어느 하나에 해당하지 아니한 경우
2. 제3항에 따른 범위를 벗어난 경우
3. 제4항 또는 제5항을 위반한 경우

⑦ 제1항에 따른 정정심판은 특허권이 소멸된 후에도 청구할 수 있다. 다만, 특허취소결정이 확정되거나 특허를 무효(제133조 제1항 제4호에 의한 무효는 제외한다)로 한다는 심결이 확정된 후에는 그러하지 아니하다.

⑧ 특허권자는 전용실시권자, 질권자와 제100조 제4항·제102조 제1항

및 「발명진흥법」 제10조 제1항에 따른 통상실시권을 갖는 자의 동의를 받아야만 제1항에 따른 정정심판을 청구할 수 있다. 다만, 특허권자가 정정심판을 청구하기 위하여 동의를 받아야 하는 자가 무효심판을 청구한 경우에는 그러하지 아니하다.
⑨ 제1항에 따른 정정심판에는 제147조 제1항·제2항, 제155조 및 제156조를 적용하지 아니한다.
⑩ 특허발명의 명세서 또는 도면에 대하여 정정을 한다는 심결이 확정되었을 때에는 그 정정 후의 명세서 또는 도면에 따라 특허출원, 출원공개, 특허결정 또는 심결 및 특허권의 설정등록이 된 것으로 본다.
⑪ 청구인은 제162조 제3항에 따른 심리의 종결이 통지되기 전(같은 조 제4항에 따라 심리가 재개된 경우에는 그 후 다시 같은 조 제3항에 따른 심리의 종결이 통지되기 전)에 제140조 제5항에 따른 심판청구서에 첨부된 정정한 명세서 또는 도면에 대하여 보정할 수 있다.
⑫ 특허발명의 명세서 또는 도면에 대한 정정을 한다는 심결이 있는 경우 특허심판원장은 그 내용을 특허청장에게 알려야 한다.
⑬ 특허청장은 제12항에 따른 통보가 있으면 이를 특허공보에 게재하여야 한다

### 취 지

제136조는 설정등록된 특허권이라도 특허발명의 명세서 등에 잘못 기재된 사항 또는 불명료한 기재로 인하여 **특허권의 권리해석에 다툼이 있거나 넓게 설정된 청구범위가 무효의 소지가 있을 경우** 이에 따른 특허권의 분쟁을 미연에 방지하기 위하여 **등록된 특허를 정정할 수 있는 심판**규정이다.

등록된 특허명세서 등에 흠결이 있어 특허발명의 실시나 권리해석에 분쟁의 소지가 있고, 나아가 무효의 소지까지도 제거하기 위하여 **특허권자에게 일정한 특허정정의 기회를 주어 권리자를 보호함과 동시에** 제3자에게도 그 **권리관계를 명확히 예측할 수 있도록 정정심판을** 인정하였다.

### 해 설

① 심판청구인 및 정정의 요건(제1항)

**특허권자**가 심판을 청구할 수 있으며, 특허권이 공유인 경우 **공유자 모두** 심판을 청구하여야 한다. 정정은 ⓐ **청구범위의 감축**, ⓑ 잘못 기재된 사항의 정정, ⓒ 분

명하지 아니한 기재 사항을 명확하게 하는 경우 중 어느 하나에 해당하면 **특허발명의 명세서 또는 도면**에 대하여 정정을 청구할 수 있다.

ⓐ **청구범위의 감축**은 청구범위의 내용이 공지기술 등을 포함해 무효의 여지가 있어서 **청구항의 기재사항을 한정**하는 것이고, ⓑ **잘못 기재된 사항의 정정**은 착오로 **본래의 의미를 나타내지 못한 기재를 본래의 의미를 나타내는 기재로 정정**하는 것이며, ⓒ **분명하지 아니한 기재 사항을 명확**하게 하는 경우란 특허명세서 또는 도면 중의 기재내용 자체의 의미가 분명하지 않거나 특허명세서 등의 다른 기재와 불일치되어 분명하지 아니한 기재 등 **특허명세서 또는 도면에 생기는 기재상의 불비를 정정하여 그 본래의 의미를 명확하게 하는 것을 말한다.**[111]

② 심판청구의 기간 및 그 예외(제2항 및 제7항)

㉠ 원칙(제7항)

정정심판은 특허권이 소멸된 후에도 청구할 수 있으나, **특허취소결정이 확정되거나 특허무효심결**(후발적 무효사유 제외)**이 확정된 후에는 청구할 수 없다**(제7항). 이는 특허가 확정적으로 취소되거나 무효되기 전에 심판청구를 하게 함으로써 **심판결과의 모순·저촉과 복잡화를 방지**하기 위함이다.

㉡ 예외(제2항)

특허취소신청이 특허심판원에 계속 중인 때부터 그 결정이 확정될 때까지의 기간에는 정정심판을 청구할 수 없다(제1호 본문). 이는 심판에서 특허취소신청을 신속히 처리하기 위함으로 취소신청절차에서 특허정정이 가능하기 때문에(제132조의3), **특허권자의 방어권이 보장**되기 때문이다.

다만, **무효심판 또는 정정무효심판의 심결에 대한 소가 특허법원에 계속** 중인 경우는 특허법원에서 변론이 종결(변론 없이 한 판결의 경우는 판결의 선고)된 날까지 정정심판을 청구할 수 있다(제1호 단서). 이는 위 **두 심결에 대한 특허법원의 심리가 무제한**이므로 새로운 무효증거 제출에 대한 **특허권자의 방어권을 보장**하기 위함이다.

또한, 무효심판 또는 정정무효심판이 특허심판원에 계속 중인 기간에는 정정심판을 청구할 수 없다(제2호). 이는 위 두 심판절차에서 특허의 정정을 하는 것이 절차의 신속과 결과의 모순·저촉을 피하기 위함이다. 다만, 법원에 계속 중일 때는 심리무제한으로 인하여 정정심판의 청구가 가능하다.

③ 정정의 대상(제3항)

명세서 등의 정정은 **특허발명의 명세서 또는 도면에 기재된 사항의 범위에서 할**

---

[111] 특허심판원, 앞의 편람 책, 507면.

수 있다(신규사항 추가금지, 제3항 본문). 다만, 잘못 기재된 사항을 정정하는 경우(제1항 제2호)는 특허명세서 등을 기준으로 하는 것이 아니라 출원서에 최초로 첨부된 명세서 또는 도면을 기준으로 판단한다(제3항 단서).

④ 정정의 제한(제4항)

명세서 또는 도면의 정정은 **청구범위를 실질적으로 확장하거나 변경할 수 없다.** 여기서 「청구범위의 실질적 확장」이란 청구범위에 아무런 정정이 없었어도 발명의 설명 또는 도면을 정정한 결과 청구범위가 사실상 확장되는 경우 등을 의미한다고 해석한다.[112]

⑤ 정정시 독립특허요건 충족(정정의 제한적 한계, 제5항)

청구범위를 감축하는 정정과 잘못된 기재를 정정하는 정정은 **정정 후의 청구범위에 기재된 사항이 특허출원시 특허를 받을 수 있어야 한다**(독립특허요건 충족). 이는 처음 특허될 당시와 마찬가지로 정정 후에도 특허요건을 충족하여야 하는 것은 당연하기 때문이다.[113]

⑥ 정정불인정에 따른 의견제출기회의 부여(제6항)

심판관은 정정심판에 대한 청구가 ⓐ 청구범위의 감축, 잘못 기재된 사항의 정정, 또는 분명하지 아니한 기재 사항을 명확하게 하는 정정이 아니거나(제1호), ⓑ 특허발명의 명세서 또는 도면에 기재된 사항의 범위(다만, 잘못된 기재를 정정하는 경우는 출원서에 최초로 첨부된 명세서 등에 기재된 사항의 범위)를 벗어나거나(제2호), ⓒ 명세서 등의 정정이 청구범위를 실질적으로 확장하거나 변경한 경우 또는 정정 후의 청구범위에 기재된 사항이 독립특허요건을 충족하지 못한 정정일 경우(제3호)는 심판청구인에게 그 이유를 통지하고 기간을 정하여 의견서를 제출할 수 있는 기회를 주어야 한다.

⑦ 정정심판 청구에 따른 이해관계인의 동의(제8항)

특허권자는 전용실시권자, 질권자, 전용실시권자의 허락에 의한 통상실시권자(제100조 제4항)·통상실시권자 및 직무발명에 의한 통상실시권자의 동의를 받아야만 정정심판을 청구할 수 있다. 특허의 **정정으로 인하여 이해관계인이 예상치 못한 손해를 입지 않도록** 사전에 동의를 받도록 한 것이다.

---

112) 특허청, 앞의 특허법해설 책, 328면.
113) 예컨대, 무효심판이 청구되고 그 대응으로서 특허청구범위를 감축하는 정정심판이 청구된 경우, 정정 후에도 무효심판에서 제시된 증거방법 등에 의하여 무효될 수밖에 없는 것이라면 이 독립특허요건의 규정에 의하여 정정을 허용할 수 없는 것이다. 특허청, 앞의 특허법해설 책, 329면.

⑧ 심판절차 진행의 적용 예외(제9항)

정정심판은 특허권자의 심판청구에 대해서 그 **상대방(당사자) 없이** 심판관 합의체가 그 청구의 당부를 심리하는 소위 **결정계 심판**이므로 피청구인(상대방)에게 **청구서 부본의 송달 및 답변서 제출**(제147조 제1항 및 제2항), 심판의 참가에 관한 규정(제155조 및 제156조)은 **적용되지 않는다.**

⑨ 정정심결 확정의 효력(제10항)

정정을 인정하는 심결이 확정되었을 때에는 그 **정정 후의 명세서 또는 도면에 따라 특허출원, 출원공개, 특허결정 또는 심결 및 특허권의 설정등록**이 된 것으로 본다. 즉, 확정된 정정심결은 특허무효의 심결이 후발적 사유를 제외하고 그 소급효가 인정되는 것처럼 정정심결도 그 **소급효**가 **인정**된다.

⑩ 정정 명세서 또는 도면의 보정(제11항)

정정심판의 청구서에 첨부한 명세서 등을 보정하고자 하는 경우는 **심판의 심리 종결 통지**(제16조 제3항) **이전**에 심판청구방식(제140조 제5항)에 따라 **보정**할 수 있다. 정정 명세서 등의 보정은 심판관의 정정불인정통지(제136조 제6항)에 따라 특허권자가 의견서 제출시 정정 명세서 등을 보정한다.

⑪ 정정심결 내용의 통지 및 공보 게재(제12항 및 제13항)

특허발명의 명세서 또는 도면에 대한 **정정을 한다는 심결이 있는 경우** 특허심판원장은 그 내용을 특허청장에게 알려야 하고(제12항), 특허청장은 이를 **특허공보에 게재**함으로써(제13항) 정정이 된 특허발명의 내용을 정정에 따른 특허권의 이해관계인은 물론 일반 공중에게 널리 알리기 위함이다.

> 판결요지

▷ 특허무효심결이 확정되었을 때에는 특허권은 처음부터 존재하지 아니한 것으로 보므로, **무효로 된 특허의 정정을 구하는 심판**은 그 정정의 대상이 없어지게 되어 그 **정정을 구할 이익도 없게 된다**(대법원 2005.3.11. 선고 2003후2294 판결).

▷ 특허발명의 명세서 또는 도면의 정정은 그 명세서 또는 도면에 기재된 사항의 범위 이내에서 할 수 있다(특허법 제136조 제2항). 여기서 '**명세서 또는 도면에 기재된 사항**'이라 함은 거기에 **명시적으로 기재되어 있는 것뿐만 아니라** 기재되어 있지는 않지만 출원시의 기술상식으로 볼 때 그 발명이 속하는 기술분야에서 통상의 지식을 가진 사람이면 명시적으로 기재되어 있는 내용 자체로부터 그와 같은 기재

가 있는 것과 마찬가지라고 명확하게 이해할 수 있는 사항을 포함**하지만, 그러한 사항의 범위를 넘는 신규사항을 추가하여 특허발명의 명세서 또는 도면을 정정하는 것은 허용될 수 없다(대법원 2014.2.27. 선고 2012후3404 판결).

▷ 구 특허법(2009. 1. 30. 법률 제9381호로 개정되기 전의 것) 제133조의2, 제136조 제3항의 규정 취지는 무효심판의 피청구인이 된 **특허권자에게 별도의 정정심판을 청구하지 않더라도 그 무효심판절차 내에서 정정청구를 할 수 있게 해주되, 특허청구범위를 실질적으로 확장하거나 변경하는 것은 허용하지 아니하고, 제3자의 권리를 침해할 우려가 없는 범위 내에서의 특허청구범위의 감축이나, 오기를 정정하고 기재상의 불비를 해소하여 바르게 하는 오류의 정정은 허용**하는 데 있다고 할 것이다. 이러한 규정 취지에 비추어 보면, 이와 같은 오류의 정정에는 특허청구범위에 관한 기재 자체가 명료하지 아니한 경우 그 의미를 명확하게 하든가 기재상의 불비를 해소하는 것 및 발명의 상세한 설명과 특허청구범위가 일치하지 아니하거나 모순이 있는 경우 이를 통일하여 모순이 없게 하는 것 등이 포함된다고 해석된다(대법원 2016. 11. 25. 선고 2014후2184 판결).

### 제137조 정정의 무효심판

① 이해관계인 또는 심사관은 제132조의3 제1항, 제133조의2 제1항, 제136조 제1항 또는 이 조 제3항에 따른 특허발명의 명세서 또는 도면에 대한 정정이 다음 각 호의 어느 하나의 규정을 위반한 경우에는 정정의 무효심판을 청구할 수 있다.
1. 제136조 제1항 각 호의 어느 하나의 규정
2. 제136조 제3항부터 제5항까지의 규정(제132조의3 제3항 또는 제133조의2 제4항에 따라 준용되는 경우를 포함한다)

② 제1항에 따른 심판청구에 관하여는 제133조 제2항 및 제4항을 준용한다.

③ 제1항에 따른 무효심판의 피청구인은 제136조 제1항 각 호의 어느 하나에 해당하는 경우에만 제147조 제1항 또는 제159조 제1항 후단에 따라 지정된 기간에 특허발명의 명세서 또는 도면의 정정을 청구할 수 있다. 이 경우 심판장이 제147조 제1항에 따라 지정된 기간 후에도 청구인이 증거를 제출하거나 새로운 무효사유를 주장함으로 인하여 정정의 청구를 허용할 필요가 있다고 인정하는 경우에는 기간을 정하여 정정청구를 하게 할 수 있다.

④ 제3항에 따른 정정청구에 관하여는 제133조의2 제2항부터 제5항까지의 규정을 준용한다. 이 경우 제133조의2 제3항 중 "제133조 제1항"은 "제137조 제1항"으로 보고, 같은 조 제4항 후단 중 "제133조의2 제1항"을 "제137조 제3항"으로 보며, 같은 조 제5항 각 호 외의 부분 및 같은 항 제1호 중 "제1항"을 각각 "제3항"으로 본다.

⑤ 제1항에 따라 정정을 무효로 한다는 심결이 확정되었을 때에는 그 정정은 처음부터 없었던 것으로 본다.

### 취 지

제137조는 특허취소신청, 무효심판, 정정심판 또는 정정무효심판절차에서 이루어진 **정정이** 그 **요건을 위배하여 잘못 허용**된 것일 때 이를 **무효로 할 수 있는 심판 규정**이다. 정정으로 인하여 권리범위가 확장되거나 변경이 된 경우 **제3자가 입게 될 불측의 손해를 방지**하기 위한 정정의 대항적 수단이다.

### 해 설

① 심판청구인(제1항)

정정무효심판의 청구인은 **특허의 정정**(특허취소신청의 정정(제132조의3 제1항), 무효심판의 정정(제133조의2 제1항), 정정심판(제136조 제1항) 또는 정정무효심판의 정정(제137조 제3항))으로 인한 이해관계인 또는 공익의 대표자로서의 심사관이고, 청구인의 상대방인 피청구인은 정정에 따른 특허권자이다.

② 정정의 무효사유(제1항 각 호)

정정이 청구범위를 감축하는 경우 등(제136조 제1항 각 호), 특허명세서 등에 기재된 사항의 범위의 정정(제136조 제3항) 내지 정정의 독립특허요건 충족(제136조 제5항, 특허취소신청에서의 정정청구의 준용(제132조의3 제3항) 또는 무효심판에서의 정정청구의 준용(제133조의2 제4항)을 포함)을 위반한 경우이다.

③ 무효심판 규정의 준용(제2항)

무효심판을 특허권이 소멸한 후에도 청구할 수 있는 규정(제133조 제2항) 및 심판장이 무효심판이 청구된 경우 그 취지를 특허권의 전용실시권자나 그 밖에 특허에 관하여 등록을 한 권리를 가지는 자에게 통지하는 규정(제133조 제4항)을 정정의 무효심판 청구에 관해서도 준용한다.

④ 피청구인의 정정청구(제3항)

특허권자는 정정무효심판의 절차 중에 ⓐ 청구범위의 감축, ⓑ 잘못 기재된 사항의 정정, ⓒ 분명하지 아니한 기재사항의 명확화(제136조 제1항) 중 어느 하나의 경우에만 심판청구의 답변서 제출기간(제147조 제1항, 심판장이 답변서 제출기간 후에도 청구인이 증거를 제출하거나 새로운 무효사유를 주장함으로 인하여 정정청구를 허용할 필요가 있다고 인정하는 경우 기간을 지정한 그 기간) 또는 직권심리에 의한 의견서 제출기간(제157조 제1항 후단)에 명세서 또는 도면에 대하여 정정청구를 할 수 있다. 이는 당사자 간 공격·방어의 기회를 형평성 있게 부여하면서, 정정무효에 대한 특허권자의 정정기회를 확대하기 위함이다.

⑤ 무효심판절차에서의 특허의 정정청구의 규정 준용(제4항)

무효심판절차에서 복수의 정정청구가 있는 경우 최후 정정청구를 제외한 앞선 정정청구의 취하 간주, 정정청구서의 부본 송달과 정정심판에 관한 일반규정의 준용, 및 정정청구의 취하기간에 관한 규정(제133조의2 제2항 내지 제5항)은 정정의 무효심판절차에서의 정정청구에 관하여 준용한다.

⑥ 심결확정의 효력(제5항)

특허의 정정을 무효로 한다는 심결이 확정되었을 때에는 그 특허발명의 명세서 또는 도면의 정정은 처음부터 없었던 것으로 본다. 즉, 특허발명은 정정 전의 명세서 또는 도면의 원래 상태로 복귀하는 소급효를 가진다.

### 제138조 통상실시권 허락의 심판

① 특허권자, 전용실시권자 또는 통상실시권자는 해당 특허발명이 제98조에 해당하여 실시의 허락을 받으려는 경우에 그 타인이 정당한 이유 없이 허락하지 아니하거나 그 타인의 허락을 받을 수 없을 때에는 자기의 특허발명의 실시에 필요한 범위에서 통상실시권 허락의 심판을 청구할 수 있다.
② 제1항에 따른 청구가 있는 경우에 그 특허발명이 그 특허출원일 전에 출원된 타인의 특허발명 또는 등록실용신안과 비교하여 상당한 경제적 가치가 있는 중요한 기술적 진보를 가져오는 것이 아니면 통상실시권을 허락하여서는 아니 된다.
③ 제1항에 따른 심판에 따라 통상실시권을 허락한 자가 그 통상실시권을 허락받은 자의 특허발명을 실시할 필요가 있는 경우 그 통상실시권을 허락받은 자가 실시를 허락하지 아니하거나 실시의 허락을 받을 수 없을 때에는 통상실시권을 허락받아 실시하려는 특허발명의 범위에서 통상실시권 허락의 심판을 청구할 수 있다.
④ 제1항 및 제3항에 따라 통상실시권을 허락받은 자는 특허권자, 실용신안권자, 디자인권자 또는 그 전용실시권자에게 대가를 지급하여야 한다. 다만, 자기가 책임질 수 없는 사유로 지급할 수 없는 경우에는 그 대가를 공탁하여야 한다.
⑤ 제4항에 따른 통상실시권자는 그 대가를 지급하지 아니하거나 공탁을 하지 아니하면 그 특허발명, 등록실용신안 또는 등록디자인이나 이와 유사한 디자인을 실시할 수 없다.

#### 취 지

제138조는 **자신의 실시하고자 특허발명**이 제98조에 따른 **선출원**인 타인의 특허발명·등록실용신안·등록디자인과 **이용관계**에 있거나 또는 디자인권·상표권과 **저촉관계에 있을 때** 자신의 특허발명을 실시하기 위하여 각 권리자로부터 **실시의 허락**을 받을 수 있도록 심판을 **청구**하는 규정이다.

대다수의 발명들이 선출원된 특허발명을 개량·개선하여 등록된 특허발명이라는 점에서 선출원된 특허발명과의 이용·저촉관계가 생긴다. 따라서 **선원주의 원칙은 인정**하면서 이용·저촉관계에 있는 **선·후원 특허발명 간** 권리관계를 조정하되 **후원인 특허발명을 심판에 의하여 실시할 수 있도록** 하였다.

제107조는 일정한 조건에서 통상실시권 설정을 위하여 **특허청장에게 재정(裁定)**을 **청구**하여 통상실시권을 허락받는 것이라면, **본조**는 이용·저촉관계에 있는 선·후원 특허발명 간에 후원의 특허권자가 특허심판원에 정식으로 **심판을 청구하여 통상실시권의 설정**에 대한 허락을 받는다는 점에서 구별된다.

> [해 설]

### ① 심판청구인(제1항 및 제3항)

통상실시권 허락의 심판 청구인은 원칙적으로 **선·후원 이용·저촉관계에 있는 후출원 특허권자**이고, 피청구인은 선출원 특허권자이다(제1항). 반면, 후출원 특허권자에게 이에 대한 통상실시권을 허락한 선출원 특허권자는 후출원 특허발명에 대한 통상실시권 허락의 심판에서 청구인이 된다(제3항).

### ② 심판의 청구요건(제1항 후단 및 제2항)

심판청구의 요건으로 ⓐ 후출원 특허발명이 **선출원 특허발명과 이용·저촉관계**에 있고,[114] ⓑ 협의를 하였으나 정당한 이유 없이 실시허락을 하지 않거나 허락을 받을 수 없으며, ⓒ **후출원 특허발명의 실시에 필요한 범위**이며, ⓓ **후출원 특허발명이 선출원된 특허발명 등에 비하여 상당한 경제적 가치가 있는 중요한 기술적 진보를 가져오는 것**이어야 한다. 여기서 「정당한 이유 없이 허락을 하지 아니한 경우」란 특별한 이유 없이 협의에 불응하는 경우 이외에도 실시권의 허여에 따라 예상되는 독점적 이익의 감소보다 지나치게 많은 실시료를 요구함으로써 협의가 결렬되는 경우 등이 포함될 것이다.[115]

### ③ 심결의 효과 및 실시대가의 지급(제4항 및 제5항)

통상실시권을 허락한다는 **심결이 확정되면** 심판의 청구인에게 **통상실시권이 설정**되며 특허권자 등에게 실시의 **대가를 지급**하여야 한다. 실시의 대가는 심결이 정하는 바(대가의 액, 지급시기 및 지급방법)에 따라 결정된다(제162조 제2항 제5호). 다만, 특허권자 등이 대가의 수령을 거부하는 경우 등 통상실시권자에게 **책임질 수 없는 사유로 지급할 수 없는 경우**는 그 **대가를 법원에 공탁**하여야 한다(제4항). 만약 통상실시권자가 그 대가를 지급하지 않거나 공탁을 하지 않으면 그 특허발명, 등록실용신안 또는 등록디자인이나 이와 유사한 디자인을 실시할 수는 없다(제5항).

---

114) "이용관계"는 선출원된 타인의 특허발명을 이용하여 개량한 특허발명을 말하며, "저촉관계"는 타인의 디자인권(상표권)과 중복되는 내용으로 특허발명을 취득한 경우(저촉관계)을 의미한다.
115) 특허청, 앞의 특허법해설 책, 335면.

> **제139조 공동심판의 청구 등**
>
> ① 동일한 특허권에 관하여 제133조 제1항, 제134조 제1항·제2항 또는 제137조 제1항의 무효심판이나 제135조 제1항·제2항의 권리범위 확인심판을 청구하는 자가 2인 이상이면 모두가 공동으로 심판을 청구할 수 있다.
> ② 공유인 특허권의 특허권자에 대하여 심판을 청구할 때에는 공유자 모두를 피청구인으로 하여야 한다.
> ③ 특허권 또는 특허를 받을 수 있는 권리의 공유자가 그 공유인 권리에 관하여 심판을 청구할 때에는 공유자 모두가 공동으로 청구하여야 한다.
> ④ 제1항 또는 제3항에 따른 청구인이나 제2항에 따른 피청구인 중 1인에게 심판절차의 중단 또는 중지의 원인이 있으면 모두에게 그 효력이 발생한다.

**취지**

제139조는 **동일한 특허권에 관하여 심판을 청구하는 자가 2인 이상인 경우에 그 전원이 공동으로 심판을 청구**할 수 있게 한 공동심판의 청구에 관한 것이다. 이는 동일한 특허권에 대하여 **개별적으로 심판을 청구**하는 것은 **소송경제상 불합리**하므로 그 전원이 공동으로 심판을 청구할 수 있게 하였다.

**해설**

### ① 동일한 특허권에 관한 심판청구(제1항)

동일한 특허권에 관하여 특허무효심판(제133조 제1항), 특허권의 존속기간 연장등록의 무효심판(제134조 제1항·제2항), 정정의 무효심판(제137조 제1항) 및 권리범위확인심판(제135조 제1항·제2항)을 청구하는 자가 2인 이상이 있을 때에는 그 전원이 공동으로 심판을 청구할 수 있다.

공동심판의 요건으로는 **동일한 절차** 내에서 심판될 수 있는 심판청구로서 **심판대상물**인 특허권이 **동일**하여야 한다(2개 이상의 청구항인 경우는 동일한 청구항을 의미). 동일한 특허권의 동일 청구항에 관한 청구이면 족하고, 더 나아가 동일 사실, 동일 증거 등은 공동심판의 요건이 아니다.[116]

---

116) 정상조·박성수 공편, 앞의 특허법 주해Ⅱ, 511면.

② 공유인 특허권의 특허권자에 대한 심판청구(제2항)

공유인 특허권의 특허권자에 대하여 심판을 청구할 때에는 공유자 모두를 피청구인으로 하여야 한다. 이는 **공동소송인 전원이 원고 또는 피고가 되지 않으면 당사자적격에 흠이 되는 민사소송법상 고유필요적 공동심판에 해당**하므로 특허권이 공유인 경우는 공유자 전원을 심판의 피청구인으로 하여야 한다.

③ 공유인 권리에 관한 심판청구(제3항)

특허권 또는 특허를 받을 수 있는 권리의 공유자가 그 공유인 권리에 관하여 심판을 청구할 때에는 **공유자 모두가 공동으로 심판을 청구**하여야 한다. 공유인 권리에 관한 심판청구도 공유인 특허권의 특허권자에 대한 심판청구(제2항)와 마찬가지로 **고유필요적 공동심판**에 해당한다.

④ 심판절차의 중단 또는 중지(제4항)

동일한 특허권에 관한 심판청구인(제1항) 또는 공유인 권리에 관한 심판청구인(제3항)이나 공유인 특허권의 특허권자에 대한 심판청구의 피청구인(제2항) 중 **1인에게 심판절차의 중단·중지의 원인이 있으면 전원에게 그 효력이 발생**한다(민사소송법 제67조 필수적 공동소송에 관한 특별규정도 같은 취지).

### 판결요지

▷ 특허법 제132조의3, 제139조 제3항, 제140조 제2항에 의하면, 특허취소결정을 받은 자가 불복이 있는 때에는 그 결정등본을 송달받은 날로부터 30일 이내에 심판을 청구할 수 있고, 특허권의 공유자가 그 공유인 권리에 관하여 심판을 청구하는 때에는 공유자 전원이 공동으로 청구하여야 하며, **심판청구서의 보정은 청구의 이유를 제외하고는 요지를 변경할 수 없다 할 것이므로, 특허권의 공유자 중 일부만이 심판청구를 제기한 경우 그 심판의 계속중 나머지 공유자를 심판청구인으로 추가하는 보정은 요지의 변경으로서 허용할 수 없음이 원칙이나, 아직 심판청구기간이 도과되기 전이라면 나머지 공유자를 추가하는 보정을 허용할 수 있다**(대법원 2007. 4. 26. 선고 2005후2861 판결).

▷ 특허법 제139조 3항에 의하면, "특허를 받을 수 있는 권리의 공유자가 그 공유인 권리에 관하여 심판을 청구할 때에는 공유자 모두가 공동으로 청구하여야 한다."라고 규정되어 있다. 따라서 **공유자 중 일부만이 거절결정에 대하여 불복심판을 청구하는 것은 부적법하여 각하**하여야 한다(특허법원 2015. 4. 14. 선고 2014허5589 판결).

## 제7장 심판

> **제139조의2 국선대리인**
> ① 특허심판원장은 산업통상자원부령으로 정하는 요건을 갖춘 심판당사자의 신청에 따라 대리인(이하 "국선대리인"이라 한다)을 선임하여 줄 수 있다. 다만, 심판청구가 이유 없음이 명백하거나 권리의 남용이라고 인정되는 경우에는 그러하지 아니하다.
> ② 국선대리인이 선임된 당사자에 대하여 심판절차와 관련된 수수료를 감면할 수 있다.
> ③ 국선대리인의 신청절차 및 수수료 감면 등 국선대리인 운용에 필요한 사항은 산업통상자원부령으로 정한다.

### 취지

제139조의2는 특허에 관한 전문지식이 부족하여 특허심판 절차수행에 어려움을 겪고 있거나 경제적 부담으로 인하여 특허심판의 대리인을 선임하지 못하는 **사회적 약자인 학생, 기초생활수급자, 중소기업 등을 지원**하기 위하여 특허심판에 있어 **국선대리인 제도를 도입**하였다(2019년 6월 시행).

이는 특허심판에 있어 사회적 약자에게 국선대리인 제도를 새롭게 도입하여 이들에 대하여 국가가 다양한 심판대리의 서비스 등을 지원함으로써 **사회적 약자의 특허권 보호를 강화**하기 위하여 신설된 조항이다.

### 해설

특허심판원장은 산업통상자원부령으로 정하는 요건을 갖춘 심판당사자의 신청에 따라 국선대리인을 선임하여 줄 수 있다. 다만, 심판청구가 이유 없음이 명백하거나 권리의 남용이라고 인정되는 경우에는 그러하지 아니하고(제1항), 국선대리인이 선임된 당사자에 대하여 심판절차와 관련된 수수료를 감면할 수 있으며(제2항), 국선대리인의 신청절차 및 수수료 감면 등 국선대리인 운용에 필요한 사항은 산업통상자원부령으로 정한다(제3항).

### 제140조 심판청구방식

① 심판을 청구하려는 자는 다음 각 호의 사항을 적은 심판청구서를 특허심판원장에게 제출하여야 한다.
1. 당사자의 성명 및 주소(법인인 경우에는 그 명칭 및 영업소의 소재지)
2. 대리인이 있는 경우에는 그 대리인의 성명 및 주소나 영업소의 소재지[대리인이 특허법인·특허법인(유한)인 경우에는 그 명칭, 사무소의 소재지 및 지정된 변리사의 성명]
3. 심판사건의 표시
4. 청구의 취지 및 그 이유

② 제1항에 따라 제출된 심판청구서의 보정은 그 요지를 변경할 수 없다. 다만, 다음 각 호의 어느 하나에 해당하는 경우에는 그러하지 아니하다.
1. 제1항 제1호에 따른 당사자 중 특허권자의 기재를 바로잡기 위하여 보정(특허권자를 추가하는 것을 포함하되, 청구인이 특허권자인 경우에는 추가되는 특허권자의 동의가 있는 경우로 한정한다)하는 경우
2. 제1항 제4호에 따른 청구의 이유를 보정하는 경우
3. 제135조 제1항에 따른 권리범위 확인심판에서 심판청구서의 확인대상 발명(청구인이 주장하는 피청구인의 발명을 말한다)의 설명서 또는 도면에 대하여 피청구인이 자신이 실제로 실시하고 있는 발명과 비교하여 다르다고 주장하는 경우에 청구인이 피청구인의 실시 발명과 동일하게 하기 위하여 심판청구서의 확인대상 발명의 설명서 또는 도면을 보정하는 경우

③ 제135조 제1항·제2항에 따른 권리범위 확인심판을 청구할 때에는 특허발명과 대비할 수 있는 설명서 및 필요한 도면을 첨부하여야 한다.

④ 제138조 제1항에 따른 통상실시권 허락의 심판의 심판청구서에는 제1항 각 호의 사항 외에 다음 사항을 추가로 적어야 한다.
1. 실시하려는 자기의 특허의 번호 및 명칭
2. 실시되어야 할 타인의 특허발명·등록실용신안 또는 등록디자인의 번호·명칭 및 특허나 등록 연월일
3. 특허발명·등록실용신안 또는 등록디자인의 통상실시권의 범위·기간 및 대가

⑤ 제136조 제1항에 따른 정정심판을 청구할 때에는 심판청구서에 정정한 명세서 또는 도면을 첨부하여야 한다.

### 취지

제140조는 **거절결정불복심판을 제외한 다른 심판** 즉, 특허무효심판, 특허권 존

속기간의 연장등록의 무효심판, 권리범위확인심판, 정정심판, 정정무효심판 및 통상실시권 허락의 심판을 청구할 경우에 **각 심판청구서의 기재사항 등을 포함한 심판청구방식의 필수적 기재사항**에 대하여 규정한 것이다.

> 해 설

### ① 심판청구서의 기재사항(제1항)

심판청구서에는 심판 당사자의 성명 및 주소, 심판사건의 표시 및 **청구의 취지 및 그 이유**를 기재하여야 한다. 여기서 「**청구취지**」는 **심판청구를 통해 바라는 법률효과를 적은 심판의 결론부분**을 말하며, 「청구이유」는 청구취지를 뒷받침하기 위한 법률관계 또는 사실관계의 구체적인 주장을 말한다.[117]

### ② 심판청구서의 보정(제2항)

심판청구서의 보정은 그 **요지를 변경하지 않는 범위 내**에서 할 수 있다. 요지변경에 따른 **심판절차의 지연과 피청구인의 방어권**을 고려한 것이다. 여기서 심판청구서의 요지는 심판의 당사자와 심판의 대상들(**당사자·사건표시·청구취지**)을 의미하는데 그 **동일성을 벗어나지 않는 범위 내**에서 보정이 허용된다.

**다만,** 심판의 당사자 중 특허권자의 기재 오기에 따른 보정, 심판의 공격·방어방법인 **청구이유의 보정**[118] 및 상대편 당사자의 확인대상발명 특정의 곤란성과 신속한 분쟁해결을 위한 **적극적 권리범위확인심판**에서 확인대상발명의 설명서 또는 도면의 보정은 그 요지변경에서 **자유롭게 인정**된다.

### ③ 심판청구에 따른 추가 제출서류 및 기재사항(제3항 내지 제5항)

**권리범위 확인심판**(제135조 제1항·제2항)을 청구할 때는 **특허발명과 대비되는 발명의 설명서 및 필요한 도면**(확인대상발명)을 첨부하여야 하고(제3항), **통상실시권 허락의 심판**(제138조 제1항)의 심판청구서에는 심판청구서의 기재사항(제1항 각 호) 외에 추가로 ⓐ **실시하려는 자기 특허의 번호 및 명칭,** ⓑ **실시되어야 할 타인의 특허발명·등록실용신안 등의 번호·명칭 및 특허나 등록 연월일,** ⓒ **특허발명·등록실용신안 또는 등록디자인의 통상실시권의 범위·기간 및 대가**를 적어야 한다(제4항). 그리고 **정정심판**(제136조 제1항)을 청구할 때에는 심판청구서에 **정정한 명세서 또는 도면**을 첨부하여야 한다(제5항).

> 판결요지

▷ '심판청구서의 보정은 그 요지를 변경할 수 없다'고 규정되어 있으나, 그 규정의 취지는 요지의 변경을 쉽게 인정할 경우 심판절차의 지연을 초래하거나 피청구

---

117) 특허청, 앞의 특허법해설 책, 341면.
118) 정상조·박성수 공편, 앞의 특허법 주해Ⅱ, 519면.

인의 방어권행사를 곤란케 할 우려가 있다는 데에 있으므로, 그 **보정의 정도가 청구인의 고안에 관하여** 심판청구서에 첨부된 도면 및 설명서에 표현된 구조의 불명확한 부분을 구체화한 것이거나 처음부터 당연히 있어야 할 구성부분을 부가한 것에 지나지 아니하여 심판청구의 전체적 취지에 비추어 볼 때 그 고안의 동일성이 유지된다고 인정되는 경우에는 위 규정에서 말하는 **요지의 변경에 해당하지 않는다**(대법원 2012.5.24. 선고 2012후344 판결).

▷ 제출된 심판청구의 보정에 있어서는 그 요지를 변경할 수 없게 되어 있는데, 여기에서 말하는 "**청구의 취지**"라 함은 심판청구인이 특허청에 어떠한 심결을 구하는가를 특정하여 요구하는 것을 말한다 하겠으므로 **이를 변경하게 되면 청구자체를 변경하는** 것이 되어 이는 허용될 수 없는 것이다(대법원 1991.5.28. 선고 90후854 판결).

---

### 제140조의2 특허거절결정에 대한 심판청구방식

① 제132조의17에 따라 특허거절결정에 대한 심판을 청구하려는 자는 제140조 제1항에도 불구하고 다음 각 호의 사항을 적은 심판청구서를 특허심판원장에게 제출하여야 한다.
1. 청구인의 성명 및 주소(법인인 경우에는 그 명칭 및 영업소의 소재지)
2. 대리인이 있는 경우에는 그 대리인의 성명 및 주소나 영업소의 소재지[대리인이 특허법인·특허법인(유한)인 경우에는 그 명칭, 사무소의 소재지 및 지정된 변리사의 성명]
3. 출원일 및 출원번호
4. 발명의 명칭
5. 특허거절결정일
6. 심판사건의 표시
7. 청구의 취지 및 그 이유

② 제1항에 따라 제출된 심판청구서를 보정하는 경우에는 그 요지를 변경할 수 없다. 다만, 다음 각 호의 어느 하나에 해당하는 경우에는 그러하지 아니하다.
1. 제1항 제1호에 따른 청구인의 기재를 바로잡기 위하여 보정(청구인을 추가하는 것을 포함하되, 그 청구인의 동의가 있는 경우로 한정한다)하는 경우
2. 제1항 제7호에 따른 청구의 이유를 보정하는 경우

---

**취지**

제140조의2는 **특허거절결정불복심판**을 청구할 경우 그 심판청구서에는 **일반 심**

판청구방식에서의 심판청구서의 기재사항(제140조 제1항) 외에 추가적으로 기재하여야 할 사항과 그 **심판청구서의 보정**에 관하여 규정한 것이다.

해 설

① 심판청구서의 기재사항(제1항)

심판청구서에는 심판 청구인의 성명 및 주소, **출원일 및 출원번호**, 발명의 명칭, **특허거절결정일**, 심판사건의 표시, 청구의 취지 및 그 이유를 기재하여야 한다. 그리고 거절결정불복심판은 그 **거절결정등본을 송달받은 날부터 30일 이내에 심판을 청구**할 수 있다.

② 심판청구서의 보정(제2항)

심판청구서의 보정은 그 **요지를 변경할 수 없는 것이 원칙**이나(제2항 본문), 청구인의 기재를 바로잡기 위한 보정 및 청구의 이유를 보정하는 경우에는 그 요지의 변경이 허용된다. 청구인의 기재 실수로 심판이 각하되는 사례를 방지하고 공격·방어수단으로서 청구이유의 보정을 완화하기 위함이다(제2항 단서).

---

**제7장 심 판**

### 제141조 심판청구서 등의 각하

① 심판장은 다음 각 호의 어느 하나에 해당하는 경우에는 기간을 정하여 그 보정을 명하여야 한다.
1. 심판청구서가 제140조 제1항 및 제3항부터 제5항까지 또는 제140조의2 제1항을 위반한 경우
2. 심판에 관한 절차가 다음 각 목의 어느 하나에 해당하는 경우
   가. 제3조 제1항 또는 제6조를 위반한 경우
   나. 제82조에 따라 내야 할 수수료를 내지 아니한 경우
   다. 이 법 또는 이 법에 따른 명령으로 정하는 방식을 위반한 경우
② 심판장은 제1항에 따른 보정명령을 받은 자가 지정된 기간에 보정을 하지 아니하거나 보정한 사항이 제140조 제2항 또는 제140조의2 제2항을 위반한 경우에는 심판청구서 또는 해당 절차와 관련된 청구나 신청 등을 결정으로 각하하여야 한다.
③ 제2항에 따른 결정은 서면으로 하여야 하며, 그 이유를 붙여야 한다.

---

취 지

제141조는 심판의 "방식심리"에 관한 것으로 **심판청구서나 심판절차가 법에서 정**

한 방식에 적합한지 여부를 심리하는 규정에 관한 것이다. 즉, 심판청구서나 심판절차가 법에서 정한 방식에 위반하면 그 보정을 명하고, 일정 기간 내에 보정을 하지 않으면 심판청구서 등을 **결정으로 각하**(却下)[119]한다.

> 해 설

### ① 보정명령(제1항)

심판장은 심판청구서 또는 심판에 관한 절차가 특허법에서 정한 방식을 위반하거나 내야 할 수수료 등을 납부하기 않은 경우에는 기간을 정하여 보정을 명하여야 한다. 이를 소위 "방식심리"라 하는데 **심판청구인이 제출한 심판청구서 등이 법령에서 정한 소정의 요건에 충족하는지**를 살펴보는 것이다.

#### ㉠ 심판청구서가 방식에 위반된 경우(제1호)

심판청구서에 **당사자의 성명, 청구의 취지 및 그 이유 등이 기재되어 있지 않은 경우**(제140조 제1항), **권리범위확인심판에서 특허발명과 대비할 수 있는 설명서 및 필요한 도면**이나(제140조 제3항) 정정심판에서 정정한 명세서 또는 도면(제140조 제5항)이 첨부되지 않은 경우 등에 보정을 명한다.

#### ㉡ 심판에 관한 절차에 위반된 경우(제2호)

미성년자 등의 **행위능력 없는 자가 절차를 밟거나**(제3조 제1항) 특별수권(대리권)이 없는 임의대리인이 절차를 밟는 경우(제6조), **절차에 따라 납부해야할 수수료를 내지 않은 경우**(제82조) 또는 특허법 또는 특허법에 따른 명령이 정하는 방식에 위반된 경우는 일정 기간을 정하여 그 보정을 명한다.

### ② 각하결정(제2항)

심판장은 보정명령을 받은 자가 지정된 기간에 **보정을 하지 않거나** 보정이 인정되지 않는 **요지변경인 경우**(제140조 제2항 또는 제140조의2 제2항)는 심판청구서 또

---

[119] 「**각하**」는 **행정법상**으로는 행정기관이 신청서·신고서·**심판청구서 등의 접수를 거절하는 행정처분**이고, 소송법적으로는 분쟁의 **실체적 판단인 본안(本案)에 들어가지 않고 소송요건의 흠결로 그 소송을 거절**하는 것이다. 그리고 **기각**(棄却)은 본안을 심리하여 판단한 결과 **소송을 패소시키는 것**으로, 소송의 결과론적 관점에서 보면 각하나 기각은 피고의 입장에서는 같은 결과다. 그리고 **인용**(認容)은 소송을 제기한 쪽인 **원고가 승소를 하는 것**이다. 즉, 재판이 진행되기 전 소송요건이 부족하면 각하, 소송청구의 내용이 정당하지 않으면 기각 또는 소송청구의 내용이 정당하면 인용의 결정이 나오는 것이다. 기각은 소를 제기한 원고의 주장이 타당하지 않아 원고 패소의 판결을 내리고 재판을 끝내는 것이므로 판결의 기판력(既判力, 확정판결에 대한 구속력)이 생긴다. 반면에 각하는 서류나 형식적인 요건이 부족하여 내려지는 판단으로 본안심리를 하지 않고 소송(심판)을 종료시키는 것이므로 그에 따른 기판력이 없어서 형식적인 요건을 충족하면 다시 소송을 제기하거나 심판을 청구를 할 수 있다.

는 해당 절차와 관련된 청구나 신청 등을 **결정으로 각하**하여야 한다. 이와 같이 방식심리에 관한 결정은 심판관 합의체가 아닌 **심판장 명의**로 한다.

③ 각하결정의 방식(제3항)

심판청구서 등의 결정각하는 주로 심판청구에 따른 형식적 기재나 절차적 흠결을 심판장의 명의로서 **서면**으로 이루어지고 그 **이유**를 **명시**하여야 한다. 반면, 이러한 흠결 외에 그 흠결의 정도가 커서 보정이 불가능한 것은 심판관 합의체의 형태로 결정이 내려지는데 이를 「심결각하」라고 한다.

> **제142조 보정할 수 없는 심판청구의 심결각하**
>
> 부적법한 심판청구로서 그 흠을 보정할 수 없을 때에는 피청구인에게 답변서 제출의 기회를 주지 아니하고, 심결로써 그 청구를 각하할 수 있다.

### 취 지

제142조는 심판관 합의체가 **심판청구 자체의 적법성 여부를 심리**하여 해당 심판청구가 부적합하고 그 흠결을 보정할 수 없는 때에는 피청구인에게 답변서 제출의 기회를 주지 아니하고 **심판관 합의체의 명의**로 바로 심결로서 심판청구를 각하할 수 있다는 규정이다. 소위 "**적법성 심리**"라 한다.

### 해 설

심판청구가 부적합하여 그 흠을 보정할 수 없는 경우로는 심판청구 사항이 아님에도 심판을 청구한 경우, 실존하지 않은 **사망자를 당사자로 하는 심판청구, 심판대상물(특허출원 또는 특허권)이 존재하지 않는 심판청구**, 심결확정 전의 재심청구 또는 심판청구기간이 지난 후의 심판청구 등이 된다.

> **제7장 심판**
> 
> **제143조 심판관**
> ① 특허심판원장은 심판이 청구되면 심판관에게 심판하게 한다.
> ② 심판관의 자격은 대통령령으로 정한다.
> ③ 심판관은 직무상 독립하여 심판한다.

**취 지**

제143조는 **심판관에 관한 규정**으로 특허심판은 해당 심판분야의 기술적인 전문지식과 특허요건 판단에 대한 심사경험을 갖춘 심판관이 심판을 하도록 하였으며, 더 나아가 **심판의 공정성과 객관성을 확보**하기 위하여 특허청장 또는 특허심판원장으로부터 **직무상 독립하여 심판**하도록 하였다.

**해 설**

① **심판관에 의한 심판 및 직무상 독립(제1항 및 제3항)**

특허청장은 심사관이 심사를 하게 하지만(제57조), 심판에 관해서는 특허심판원장이 심판관으로 하여금 심판을 하게 한다(제1항). 심판관은 심판의 **공정성 확보를 위하여** 심판의 직무에 대해서 **특허청장**은 물론 소속기관장인 **특허심판원장** 또는 **외부 기관**의 부당한 압력으로부터 **독립하여 심판**을 한다(제3항).

② **심판관의 자격(제2항)**

심판관의 자격은 대통령령으로 정하는데 **특허법 시행령 제8조 제2항**에 따르면 특허청 또는 그 소속기관의 **4급 이상의 일반직 국가공무원 또는 고위공무원단에 속하는 일반직 공무원** 중 기본적으로 특허청에서 2년 이상 심사관 등의 경력을 가진 자로서 소정의 **심판관 연수과정을 수료한 사람**으로 한다.

> **제7장 심판**
> 
> **제144조 심판관의 지정**
> ① 특허심판원장은 각 심판사건에 대하여 제146조에 따른 합의체를 구성할 심판관을 지정하여야 한다.
> ② 특허심판원장은 제1항의 심판관 중 심판에 관여하는 데 지장이 있는 사람이 있으면 다른 심판관에게 심판하게 할 수 있다.

**취 지**

제144조는 특허심판원장이 심판사건에 대하여 **심판관 합의체**(제146조)를 **구성할**

**심판관의 지정 및 변경**에 관한 규정이다. 특허심판 사건은 그 기술적 분류에 따라 (주심)심판관이 지정되면서 심판장을 포함한 심판관 합의체가 구성되고, 그 심판관 합의체에 문제가 있는 경우 심판관을 변경할 수 있다.

| 해 설 |

특허심판 사건은 **각 사건별로 기술적 내용의 분류에 따라 심판관 합의체가 구성**이 된다. 심판사건별로 심판관이 지정되는 이유는 그 심판사건에 따라 요구되는 기술지식이 다르기 때문에 **그 심판사건 해결에 적합한 특허심판의 전문가로 하여금 심판관 합의체를 구성**하기 위함이다(제1항).

한편, 특허심판원장은 특허심판에 관한 심판관 합의체를 구성할 심판관을 지정했음에도 **심판에 관여**하는데 **지장**이 있는 심판관이 있으면 **다른 심판관에게 심판**하도록 할 수 있다(제2항). 여기서 "심판에 관여하는데 지장"은 해당 심판관의 질병, 제척, 인사 등의 사유가 생긴 경우를 의미한다.

---

**제7장 심 판**

**제145조 심판장**

① 특허심판원장은 제144조 제1항에 따라 지정된 심판관 중에서 1명을 심판장으로 지정하여야 한다.
② 심판장은 그 심판사건에 관한 사무를 총괄한다.

---

| 취 지 |

제145조는 심판관 합의체 중에서 **심판장의 지정 및 그 직무**에 관한 규정으로 특허심판원장이 개별 심판사건에 대하여 심판관 합의체를 구성할 심판관을 지정할 때(제144조 제1항) 지정된 심판관 중에서 심판장을 지정하여야 하며, 심판장[120]은 그 **심판사건**에 관한 **사무와 심리를 총괄**하도록 되어 있다.

| 해 설 |

심판장은 심판사건에 관한 사무를 총괄할 권한을 가진다. 심판장은 **심판청구서나 심판절차 등이 법령에 위반했는지 여부**(제141조), 심판청구서 및 답변서 부본의 송

---

[120] **심판장의 자격**에 대해서는 **특허법 시행령 제8조 제3항에 규정**되어 있다. 즉, 심판장은 특허청 또는 소속기관의 3급 일반직 국가공무원 또는 고위공무원단에 속하는 일반직 공무원으로서 특허심판원에서 2년 이상 심판관으로 재직한 사람이거나 심판관의 자격을 갖춘 사람으로서 3년 이상 특허청 또는 그 소속기관에서 심사 또는 심판사무에 종사한 사람이 된다.

달에 관한 **심판서류의 발송**(제147조), 심리 및 증거조사 등에 관한 **심판절차를 총괄적으로 지휘할 권한**을 가진다(제154조, 제157조 및 제158조).

> **제7장**
> **심 판**
>
> **제146조 심판의 합의체**
> ① 심판은 3명 또는 5명의 심판관으로 구성되는 합의체가 한다.
> ② 제1항의 합의체의 합의는 과반수로 결정한다.
> ③ 심판의 합의는 공개하지 아니한다.

### 취 지

제146조는 심판사건에 대한 신중한 심리 및 그 결과의 객관성과 적정성을 보다 확보하기 위해서 **심판이** 단독 심리가 아닌 **합의체**(合議體)에 따른 합의제 **심리임을** 규정한 것이다. 이에 따라 본조는 심판 합의체의 구성, 그 합의 방식 및 합의사항의 **비공개 원칙을** 규정하고 있다.

### 해 설

심판의 합의체는 **통상적으로 3인의 심판관으로 구성**이 되지만 종전의 판례를 따르기에 적합하지 않거나 종전의 심결을 변경할 필요가 있는 경우 또는 **사회적으로 영향이 큰 심판사건은 5인의 심판관으로 구성**하고(제1항), **합의는 과반수로** 결정되며(제2항), 합의된 사항은 **공개하지 않는다**(제3항).

> **제7장**
> **심 판**
>
> **제147조 답변서의 제출 등**
> ① 심판장은 심판이 청구되면 심판청구서 부본을 피청구인에게 송달하고, 기간을 정하여 답변서를 제출할 수 있는 기회를 주어야 한다.
> ② 심판장은 제1항의 답변서를 받았을 때에는 그 부본을 청구인에게 송달하여야 한다.
> ③ 심판장은 심판에 관하여 당사자를 심문할 수 있다

### 취 지

제147조는 심판의 청구가 있는 경우 심판장이 **청구인이** 제출한 **심판청구서의 부**

본을 피청구인에게 송달하면서 기간을 정하여 **피청구인**이 **답변서**를 제출할 기회를 주고, 답변서의 제출이 있으면 그 부본을 청구인에게 **송달**하여야 함을 규정함으로써 **청구인과 피청구인의 방어권 보장**을 규정하였다.

### 해 설

심판장은 심판청구서의 부본을 피청구인에게 송달하여 **답변서를 제출할 기회를 주면 되고**(제1항), 피청구인으로부터 **답변서 제출이 없더라도 심판절차를 진행**할 수 있다. 당사자계 심판에 있어 기간을 지정하는 것은 심판의 심리 촉진과 편의를 위한 것이고, 심판의 당사자는 심리종결통지가 될 때까지는 심판사건의견서 등의 서면을 제출할 수 있으므로 지정된 기간이 경과한 후에 제출된 서면(답변서)이라도 부적법한 것은 아니고 이것을 심리의 대상으로 인정하여야 한다.[121] 심판장은 피청구인의 **답변서가 있으면 이를 청구인에게 송달**하여야 하고(제2항), 심판에 관하여 당사자를 심문할 수 있다(제3항).

### 판결요지

▷ 특허심판원이 특허법원의 취소판결에 따라 다시 심판을 진행하면서 당사자로 하여금 **취소판결의 소송절차에서 제출되었던 증거를 다시 제출하도록 통지하였으나 당사자로부터의 증거제출이 없어 이를 실제로 제출받지 아니한 채 이 사건 심결을 하였더라도**, 그러한 사정만으로 곧바로 원고에게 증거조사결과에 대한 **의견을 제출할 기회를 주지 않았다거나 증거의 제출로 인한 정정청구의 기회를 박탈한 위법이 있다고 할 수 없다**(대법원 2010.2.11. 선고 2009후2975 판결).

▷ 특허법 **제147조 제1항**은 심판장은 심판의 청구가 있는 때에는 청구서의 부본을 피청구인에게 송달하고 기간을 정하여 답변서를 제출할 수 있는 기회를 주어야 한다고 규정하고, 같은 조 **제2항**은 심판장은 제1항의 답변서를 수리한 때에는 그 부본을 청구인에게 송달하여야 한다고 규정하고 있는 바, 위 **규정들의 취지는 심판의 양 당사자에게 심판이 청구된 사실을 알리고 각자에게 자신의 주장과 증거를 제출할 수 있는 기회와 상대방의 주장에 대하여 반박할 수 있는 기회를 부여하기 위한 것이라고 할 것이므로, 특허심판원의 심결에 이러한 절차규정을 위반한 하자가 있는 경우에는 그 심결은 위법**하다고 할 것이다(특허법원 1999.10.14. 선고 99허4026 판결).

---

[121] 특허심판원, 앞의 편람 책, 444면.

> **제148조 심판관의 제척**
>
> 심판관은 다음 각 호의 어느 하나에 해당하는 경우에는 그 심판에서 제척된다.
> 1. 심판관 또는 그 배우자이거나 배우자이었던 사람이 사건의 당사자, 참가인 또는 특허취소신청인인 경우
> 2. 심판관이 사건의 당사자, 참가인 또는 특허취소신청인의 친족이거나 친족이었던 경우
> 3. 심판관이 사건의 당사자, 참가인 또는 특허취소신청인의 법정대리인이거나 법정대리인이었던 경우
> 4. 심판관이 사건에 대한 증인, 감정인이거나 감정인이었던 경우
> 5. 심판관이 사건의 당사자, 참가인 또는 특허취소신청인의 대리인이거나 대리인이었던 경우
> 6. 심판관이 사건에 대하여 심사관 또는 심판관으로서 특허여부결정 또는 심결에 관여한 경우
> 7. 심판관이 사건에 관하여 직접 이해관계를 가진 경우

### 취 지

제148조는 **심판사건과 특수한 관계**(사건의 당사자 또는 그 배우자 등)**에 있는 심판관**이 그 사건과 관련된 직무수행의 **자격을 법률상 당연히 상실**케 하여 그 심판의 **직무집행에서 배제시킴으로서 심판의 공정성과 객관성을 확보**하기[122] 위하여 마련한 심판관의 **제척**(除斥, Exclusion) 규정이다.

**제척의 원인이 있는 심판관**은 그 심판의 관여에 **당연히 제척**되는 것이고, 제척의 신청(제149조)에 따른 결정이 있음으로 해서 제척되는 것은 아니다. 즉, **제척의 결정은 확인적인 것에 불과**한 것이다. 심사관도 심사의 공정성·객관성을 위하여 본조의 규정(제1호 내지 제5호 및 제7호)을 준용하고 있다(제68조).

### 해 설

심판관은 다음의 어느 하나에 해당되는 경우에 그 심판에서 제척된다. ⓐ **심판관 또는 그 배우자이거나 배우자이었던 자가 그 사건의 당사자, 참가인 또는 특허취소신청인인 경우**(제1호), ⓑ **심판관이 사건의 당사자, 참가인 또는 특허취소신청인의 친족이거나 친족이었던 경우**(제2호), ⓒ 심판관이 사건의 당사자, 참가인 또는 특허

---

[122] 특허청, 앞의 특허법해설 책, 353면.

취소신청인의 법정대리인이거나 법정대리인이었던 경우(제3호), ⓓ **심판관이 사건에 대한 증인, 감정인**이거나 감정인이었던 경우(제4호), ⓔ 심판관이 사건의 당사자, 참가인 또는 특허취소신청인의 대리인이거나 대리인이었던 경우(제5호) 등이다.

「배우자」는 현재나 과거의 법률상 배우자이고, 「**참가인**」은 **타인간의 계속 중인 심판에 자기의 법률상의 이익을 위하여 그 심판에 개입해서 일방 당사자를 보조**하거나 스스로 당사자가 되어 심판에 관여하는 제3자를 말하며, 「친족」은 8촌 이내의 혈족 및 4촌 이내의 인척(민법 제777조)을 뜻한다.

「감정인」은 심판과정에서 특수한 사실의 판정이 필요할 경우에 심판장의 의뢰에 따라 사물의 진위(眞僞)나 가치 등에 대한 판단을 진술할 수 있는 전문가를 뜻하며, 증인이 사실을 그대로 보고하는 자임에 비하여, 감정인은 **사실에 대한 판단을 보고**하는 자라는 점에서 차이가 있다.[123]

---

**제7장 심 판**

**제149조 제척신청**

제148조에 따른 제척의 원인이 있으면 당사자 또는 참가인은 제척신청을 할 수 있다.

---

**취 지**

제149조는 심판사건과 특수한 관계에 있는 심판관을 제척시켜 **심판의 공정성을 확보**하고자 하는 제148조(심판관의 제척)와 같은 취지이고, 제척원인이 있는 심판관은 법률상 당연히 제척되지만 **제척원인이 있는 심판관이 심판에 관여한 것을 당사자가 발견**한 경우 **제척신청**을 할 수 있도록 하였다.

**해 설**

심판의 당사자 등이 심판관의 제척사유를 발견한 경우는 제척신청을 할 수 있다. 다만, 심판관은 제척사유에 해당하면(제148조) 법률상 당연히 그 직무에서 배제되므로 당사자 등의 제척신청이 없더라도 직권에 의하여 제척될 수 있다. 즉, 제척신청에 의해서만 심판관이 제척되는 것은 아니다.

---

123) 특허청, 앞의 특허법해설 책, 354면.

> **제150조 심판관의 기피**
> ① 심판관에게 공정한 심판을 기대하기 어려운 사정이 있으면 당사자 또는 참가인은 기피신청을 할 수 있다.
> ② 당사자 또는 참가인은 사건에 대하여 심판관에게 서면 또는 구두로 진술을 한 후에는 기피신청을 할 수 없다. 다만, 기피의 원인이 있는 것을 알지 못한 경우 또는 기피의 원인이 그 후에 발생한 경우에는 그러하지 아니하다.

제7장 심 판

### 취 지

제150조는 법률상 정해진 **제척사유(제148조)** 이외에 심판관에게 심판의 공정성을 기대하기 어려운 사정이 있는 경우 당사자 등의 **신청에 의하여** 그 심판관을 심판에서 **제외시키는 기피(忌避)** 관련 규정이다. 기피는 **심판관의 제척제도를 보충하는 것**으로 이 역시 **심판의 공정성을 확보하기 위함**이다.

심판관의 제척이 법률상 당연히 발생하는 것과는 달리 **심판관의 기피는** 당사자 등의 신청에 의하여 기피의 결정이 내려짐에 따라 결정된다. 따라서 제척은 그 결정전이라도 심판관의 관여가 제척사유에 해당하면 원래부터 위법한 것이지만 기피는 그 신청에 따른 결정이 있을 때 비로소 결정된다.

### 해 설

① 심판관의 기피 사유(제1항)

기피의 사유는 **심판의 공정을 기대하기 어려운 사실이 있는 경우**이지만 **객관적이고 합리적인 이유가 아니면 안 된다.**[124] 예컨대, 심판관이 당사자와 약혼관계나 친분관계가 있는 경우 등은 해당되지만 심판진행의 불만 또는 불리한 심결의 예측 등과 같은 **주관적 의혹은 기피사유가 되지 않는다.**

② 기피신청의 제한(제2항)

기피신청은 **당사자 등이 사건에 대하여 심판관에게 서면 또는 구두로 진술하기 전까지만 가능**하다. 이는 기피사유가 있음을 알고도 해당 심판관에게 당사자 등이 심판사건에 대하여 진술을 하였다면 그 **심판관을 신뢰하고 진술했던 것으로 보기 때문이다.**

**다만, 기피의 원인이 있는 것을 알지 못한 경우 또는 기피의 원인이 그 후에 발**

---

124) 특허청, 앞의 특허법해설 책, 357면.

생한 경우에는 해당 심판관에 대한 **기피신청을 할 수 있다**. 왜냐하면 이 경우의 진술은 앞의 경우와는 달리 심판사건의 당사자 등이 해당 심판관을 신뢰하여 진술한 것이라고 볼 수 없기 때문에 그러하다.

> **제151조 제척 또는 기피의 소명**
> ① 제149조 또는 제150조에 따라 제척 또는 기피 신청을 하려는 자는 그 원인을 적은 서면을 특허심판원장에게 제출하여야 한다. 다만, 구술심리를 할 때에는 구술로 할 수 있다.
> ② 제척 또는 기피의 원인은 신청한 날부터 3일 이내에 소명하여야 한다.

### 취 지

제151조는 심판관에 대한 제척(제149조) 또는 기피신청(제150조)은 서면으로 제출하고 구술심리시 구술로 할 수 있음을 규정한 **제척 또는 기피신청의 방식과 그 소명(疏明)**에 관한 것이다. 「소명」은 **당사자가 주장하는 사실이 심판관에게 일응 확실하다는 추측을 가질 수 있도록 입증**하는 것이다.

### 해 설

#### ① 제척 또는 기피의 신청(제1항)

제척 또는 기피의 신청은 원칙적으로 그 **원인을 적은 서면으로 신청**하여야 하고, 예외적으로 구술심리를 할 때 **구술로써 신청**할 수 있다. 이는 심판의 공정성 확보를 위하여 신청인의 편의를 고려한 것이다. 실무적으로는 서면심리가 대부분이므로 제척 등의 신청이 서면으로 이루어지는 것이 통상적이다.

#### ② 제척 또는 기피의 소명(제2항)

제척 또는 기피의 소명은 신청한 날부터 3일 이내에 소명[125]하여야 한다. 이는 심판관에 대한 제척 등의 신청을 남용할 경우 **심판의 진행을 지연시킬 우려를 방지**하면서도 한편으로는 증거의 제출정도나 심판관에 대한 심증정도를 "소명"으로 경감한 것은 심판사건을 **신속하게 처리**하기 위한 목적이기도 하다.

---

[125] 증명(證明)과 소명(疏明)은 법관의 심증정도(心證程度)를 기준으로 나누는 것으로 "**증명**"은 다툼있는 사실의 존부에 관하여 진실에 대한 고도의 개연성이 있어서 법관으로 하여금 확신을 가지게 하는 입증행위를 말하고, "**소명**"은 법관에게 일응 그럴 것이라는 추측을 할 수 있을 정도의 심증을 줄 수 있는 정도의 개연성을 가진 증명도(證明度)를 말한다. 송상현·박익환, 민사소송법(박영사, 2008), 510면.

> **제7장 심판**
>
> **제152조 제척 또는 기피 신청에 관한 결정**
> ① 제척 또는 기피 신청이 있으면 심판으로 결정하여야 한다.
> ② 제척 또는 기피 신청의 대상이 된 심판관은 그 제척 또는 기피에 대한 심판에 관여할 수 없다. 다만, 의견을 진술할 수 있다.
> ③ 제1항에 따른 결정은 서면으로 하여야 하며, 그 이유를 붙여야 한다.
> ④ 제1항에 따른 결정에 대해서는 불복할 수 없다.

### 취 지

제152조는 **제척 등의 신청에 관한 결정 방식**을 규정한 것으로 그 **결정은 심판관 합의체**에서 하도록 하고, 제척 등의 대상이 된 심판관은 심판에 관여하지 못하며, 제척 등의 결정은 **서면**으로 그 이유를 붙이고 그 결정에 대해서는 본안판단의 부수적인 것으로서 **불복할 수 없도록** 규정하였다.

### 해 설

① 신청에 관한 서면 결정 및 심판에의 관여 금지(제1항 내지 제3항)

제척 또는 기피의 신청이 있으면 그 신청을 신중히 판단하기 위하여 **심판관 합의체에서 결정하도록 하고**(제1항), **제척 등이 된 심판관**은 그 제척 등에 대한 **심판에의 관여가 원칙적으로 금지**되나 참고적으로 의견을 진술할 수 있으며(제2항), 제척 등의 **결정은 서면**으로 하여야하고 그 **이유를 적시**하여야 한다(제3항).

② 결정에 대한 불복 금지(제4항)

제척 등의 결정은 불복을 할 수 없다. 이는 그 결정이 잘못되어 **제척이나 기피의 원인이 있는 심판관**이 심결을 하였더라도 당사자는 그 심결에 대해서 불복하여 제척 등의 신청에 대한 결정을 함께 다투어 목적을 이룰 수 있고, 원래 제척 등의 신청에 관한 결정은 **본안판단에 부수적인 심판**이기 때문이다.

> **제7장 심판**
>
> **제153조 심판절차의 중지**
> 제척 또는 기피 신청이 있으면 그 신청에 대한 결정이 있을 때까지 심판절차를 중지하여야 한다. 다만, 긴급한 경우에는 그러하지 아니하다.

### 취 지

제153조는 심판의 당사자가 **심판관에 대하여 제척 등의 원인이 있음을 주장함에

도 불구하고 해당 심판관을 **심판에 관여하게 둔다면 심판의 공정성이** 제기되어 문제가 될 수 있으므로 제척 등의 신청에 대한 결정이 있을 때까지는 **긴급을 요하는 경우를 제외**하고 **심판절차를 중지**하도록 하였다.

### 해 설

제척 또는 기피의 사유가 있어 제척 등의 신청을 하였음에도 불구하고 해당 심판관이 심판에 참여하는 심판절차를 진행한다는 것은 **심판의 공정성 확보라는 제척 또는 기피의 취지 규정(제148조 및 제150조)에 반하는 것**으로 제척 등의 신청에 대한 **결정이 있을 때까지 심판절차를 중지**하여야 한다.

다만, **긴급을 요하는 경우**란 예컨대, 긴급히 증거물을 검증을 하지 않으면 그 **증거물이 훼손**(변경)되거나 **손실될 우려**가 있는 경우, 증인의 건강상태 또는 거소여부에 따라 **긴급히 증인신문을 하지 않으면 심결의 결과에 영향을 미칠 경우** 등에는 심판절차를 속행할 수 있다.

---

**제7장 심 판**

**제153조의2 심판관의 회피**

심판관이 제148조 또는 제150조에 해당하는 경우에는 특허심판원장의 허가를 받아 그 사건에 대한 심판을 회피할 수 있다.

### 취 지

제153조의2는 심판관이 심판사건에 대하여 법에서 정한 **제척(제148조) 또는 기피 사유(제150조)가 있는 경우에 스스로 그 사건에서 피할 수 있도록 한** 심판관의 **회피(回避)**에 관한 규정이다. 재판의 **공정성 확보**를 위한 민사소송법 제49조 법관의 회피 규정에 대응하여 **2001년 개정법에서 신설**하였다.

### 해 설

본조는 심판의 당사자로부터 제척 또는 기피의 신청이 있을 것을 사전에 예측하여 심판관 스스로가 제척 등의 사유가 있다고 인정되는 경우에 자발적으로 특허심판원장의 허가를 얻어 심판을 회피할 수 있도록 하였다. 후술하는 특허법원에서의 **기술심리관의 회피도 같은 취지**이다(제188조2 제3항).

> **제154조 심리 등**
> 
> ① 심판은 구술심리 또는 서면심리로 한다. 다만, 당사자가 구술심리를 신청하였을 때에는 서면심리만으로 결정할 수 있다고 인정되는 경우 외에는 구술심리를 하여야 한다.
> ② 삭제 〈2001.2.3.〉
> ③ 구술심리는 공개하여야 한다. 다만, 공공의 질서 또는 선량한 풍속에 어긋날 우려가 있으면 그러하지 아니하다.
> ④ 심판장은 제1항에 따라 구술심리로 심판을 할 경우에는 그 기일 및 장소를 정하고, 그 취지를 적은 서면을 당사자 및 참가인에게 송달하여야 한다. 다만, 해당 사건의 이전 심리에 출석한 당사자 및 참가인에게 알렸을 때에는 그러하지 아니하다.
> ⑤ 심판장은 제1항에 따라 구술심리로 심판을 할 경우에는 특허심판원장이 지정한 직원에게 기일마다 심리의 요지와 그 밖에 필요한 사항을 적은 조서를 작성하게 하여야 한다.
> ⑥ 제5항의 조서에는 심판의 심판장 및 조서를 작성한 직원이 기명날인하여야 한다.
> ⑦ 제5항의 조서에 관하여는 「민사소송법」 제153조·제154조 및 제156조부터 제160조까지의 규정을 준용한다.
> ⑧ 심판에 관하여는 「민사소송법」 제143조·제259조·제299조 및 제367조를 준용한다.
> ⑨ 심판장은 구술심리 중 심판정 내의 질서를 유지한다.

**제7장 심판**

### 취지

제154조는 **특허심판의 심리방식(구술/서면)**에 관한 규정으로, 특히 **구술심리를 할 경우**의 **심리공개**의 원칙, 구술심리 기일 및 장소의 통지, 그 취지를 적은 서면의 송달, 구술심리 진행에 따른 **심리의 요지** 및 필요한 사항의 조서 작성, **조서작성에 따른 관련 민사소송법의 준용** 등을 규정하였다.

### 해설

① 심리방식(제1항)

심판의 심리방식에는 당사자가 제출한 서면에 의하여 심리하는 「**서면심리**」와 **당사자의 공격·방어**가 **구술진술**에 의하여 이루어지는 「**구술심리**」가 있다. 그러나 실무적으로 구술심리도 당사자가 제출한 서면과 구술진술 요지서나 의견서를 기초로 하여 심리를 진행하므로 구술진술 외에 서면이 심리를 보충한다.

서면심리는 주장하는 바가 제출된 서면에 적시되어 기록·유지가 편하고 심리의 소요시간이 짧으나, 구술심리는 기록·유지가 번거롭고 소요시간이 많지만 의문사항을 즉시 신문하고 쟁점을 정리할 수 있는 장점이 있다. 구술심리는 **당사자**의 신청이나 **심판장**이 심리에 필요하다고 인정하면 개최할 수 있다.

### ② 구술심리의 공개 및 질서유지(제3항 및 제9항)

구술심리는 공개가 원칙이다. 다만, 공서양속에 어긋날 우려가 있으면 공개하지 않는다(제3항). 이는 헌법 제109조의 재판의 공정성 담보를 위한 「재판의 심리와 판결은 공개한다」는 취지에 따라 심판의 구술심리도 공개하도록 하였다. 한편, 심판장은 구술심리의 진행을 위하여 심판정 질서를 유지한다(제9항).

### ③ 구술심리의 통보(제4항)

심판장은 구술심리를 할 경우 그 기일 및 구술심리를 개최할 장소를 정하고, 그 취지를 적은 서면을 당사자 및 참가인에게 송달하여야 한다. 다만, 해당 사건의 이전 심리에 출석한 당사자 및 참가인에게 이미 구술심리가 열릴 취지를 알렸을 때에는 별도 서면으로 통지하지 않아도 된다.

### ④ 구술심리 조서의 작성(제5항 및 제6항)

구술심리시 심판장은 특허심판원장이 지정한 직원에게 **기일마다 심리요지와 필요한 사항을 적은 조서**(調書)를 **작성**하게 하여야 한다(제5항). 조서는 **심판의 경과 및 내용을 증명하기 위하여 작성하는 공문서**로 심판 또는 향후 재판에 활용할 수 있고, 심판장 및 조서를 작성한 직원의 기명날인이 있어야 한다(제6항).

### ⑤ 조서에 관한 민사소송법의 준용(제7항)

심판조서에 관해서 민사소송법상 변론조서의 작성에 관한 **제153조**(사건의 표시와 같은 형식적 기재사항), **제154조**(재판의 실질적 기재사항) 및 제156조(조서에 서면 등의 인용·첨부) 내지 제160조(심문과 증거조사에서 다른 조서에 준용하는 규정)의 규정을 준용한다(제157조(관계인의 조서낭독 등 청구권), 제158조(조서의 증명력) 등).

### ⑥ 심판에 관한 민사소송법의 준용(제8항)

**본조의 심판(심리절차)에 관한 것은** 민사소송법상의 심리절차 중에서 제143조(변론에서의 통역), **제259조(법원에 계속 중인 사건에 대한 중복된 소제기의 금지)**, 제299조(즉시 조사할 수 있는 증거의 소명의 방법) 및 제367조(법원의 직권 또는 당사자 신청에 따른 당사자신문)의 규정을 준용한다.

> **제155조 참가**
> 
> ① 제139조 제1항에 따라 심판을 청구할 수 있는 자는 심리가 종결될 때까지 그 심판에 참가할 수 있다.
> ② 제1항에 따른 참가인은 피참가인이 그 심판의 청구를 취하한 후에도 심판절차를 속행할 수 있다.
> ③ 심판의 결과에 대하여 이해관계를 가진 자는 심리가 종결될 때까지 당사자의 어느 한쪽을 보조하기 위하여 그 심판에 참가할 수 있다.
> ④ 제3항에 따른 참가인은 모든 심판절차를 밟을 수 있다.
> ⑤ 제1항 또는 제3항에 따른 참가인에게 심판절차의 중단 또는 중지의 원인이 있으면 그 중단 또는 중지는 피참가인에 대해서도 그 효력이 발생한다.

### 취지

제155조는 **심판의 참가에 관한 규정**으로, 여기서 「참가」는 특정 심판의 계속 중에 그 **심판의 결과에 대하여 이해관계가 있는** 제3자가 자신의 법률상의 이익을 위하여 해당 심판의 심리가 종결될 때까지 **스스로 당사자**가 되거나 **일방 당사자의 심판을 보조**하여 해당 심판에 관여하는 것을 말한다.

심판에서 참가를 인정하는 이유는 심판절차에 이해관계가 있는 제3자로 하여금 **별도의 새로운 심판절차를 밟지 않고 자기의 명의로 자기의 이익을 위하여 주장할 수 있는 기회를 부여**하고 **심판의 공정**을 기하려는 데 그 취지가 있다.[126]

### 해설

① **당사자 참가**(제1항)

**동일한 특허권**에 관하여 특허무효심판 등을 청구하려는 자가 2인 이상이면 공동으로 심판을 청구할 수 있는 규정에 의해서(제139조 제1항) **해당 심판을 청구할 수 있는 자는 심리의 종결시까지의 청구인으로서 그 심판에 참가**할 수 있다. 즉, 공동 심판청구인과 같은 입장에서 심판절차를 진행하는 참가이다.[127]

② **당사자 참가의 효력**(제2항)

당사자 참가인은 독립하여 심판을 청구할 수 있는 자격을 가진 자이지만 심판의

---

126) 윤선희, 특허법 제3판(법문사, 2007), 873면.
127) 특허심판원, 앞의 편람 책, 132면.

직접 청구대신 심판의 당사자로서 참가하는 것이므로 심판청구인인 피참가인이 그 심판을 취하한 후에도 심판절차를 속행할 수 있다.[128] 즉, **심판청구인과 대등한 지위 및 권한을 가지므로** 일체의 심판절차를 진행할 수 있다.

### ③ 보조 참가(제3항)

심판결과에 대한 이해관계인(실시권자 등)은 심리의 종결시까지 **일방 당사자를 보조**하기 위하여 그 심판에 참가할 수 있다. 보조 참가인은 당사자 일방을 보조하기 위하여 심판에 참가하는 것이어서 심판청구인인 **피참가인에게 종속**되고 피참가인이 심판청구를 취하하면 참가인의 지위를 상실한다.[129]

### ④ 보조 참가의 효력(제4항)

심판결과는 보조 참가인에게도 영향을 미치므로 보조 참가인은 모든 심판절차를 밟을 수 있다. 즉, 보조 참가인은 피참가인과 동일한 지위 및 권한은 갖지 못하지만 **일정 범위 내**에서 자기의 이익을 위하여 **독자적으로 심판에 참여**해서 공격·방어 방법의 제출이나 그 밖의 심판절차를 밟을 수 있는 것이다.[130]

### ⑤ 심판절차의 중단 또는 중지의 효력(제5항)

공동심판의 청구처럼 1인의 심판절차의 중단 또는 중지의 원인이 모두에게 효력이 있는 취지와 같이(제139조 제4항) **참가인에게 심판절차의 중단 또는 중지의 원인이 있을 때에는 피참가인에 대해서도 그 효력이 미친다.** 이는 참가를 허용하는 취지가 이해관계인 간의 합일적인 분쟁해결을 위한 것이기 때문이다.[131]

---

128) 심판청구가 취하되어도 당사자 참가인은 별도로 심판을 청구할 수 있는 자이므로 심판합의체는 참가인의 특별한 의사가 없는 이상 심판절차가 속행된 것으로 보고 심판절차를 진행한다. 특허심판원, 앞의 편람 책, 133면.
129) 임병웅, 앞의 책, 1048면.
130) 임병웅, 앞의 책, 1048면.
131) 임병웅, 앞의 책, 1049면.

> **제156조 참가의 신청 및 결정**
>
> ① 심판에 참가하려는 자는 참가신청서를 심판장에게 제출하여야 한다.
> ② 심판장은 참가신청이 있는 경우에는 참가신청서 부본을 당사자 및 다른 참가인에게 송달하고, 기간을 정하여 의견서를 제출할 수 있는 기회를 주어야 한다.
> ③ 참가신청이 있는 경우에는 심판으로 그 참가 여부를 결정하여야 한다.
> ④ 제3항에 따른 결정은 서면으로 하여야 하며, 그 이유를 붙여야 한다.
> ⑤ 제3항에 따른 결정에 대해서는 불복할 수 없다.

### 취지

제156조는 **심판의 참가(제155조)에** 관한 것으로 **참가의 신청 및 참가 여부의 결정방식을** 규정한 것이다. 참가의 신청시 당사자 참가(제155조 제1항)는 그 심판에 청구인 적격이 있음을 밝혀야 하고, 보조 참가(제155조 제3항)의 경우에는 심판의 결과에 이해관계가 있음을 밝혀 신청하여야 한다.

### 해설

① **참가의 신청(제1항 및 제2항)**

심판에 참가하고자 하는 자는 참가신청서를 심판장에게 제출하여야 하고(제1항), 심판장은 참가신청이 있는 경우에 **참가신청에 대한 이의가 있을 것을 고려하여 참가신청서 부본을 당사자 및 다른 참가인에게 송달**하고, 기간을 정하여 의견서를 제출할 수 있는 기회를 주어야 한다(제2항).

② **참가 여부의 결정 및 불복 금지(제3항 내지 제5항)**

참가신청이 있는 경우 **심판에 의하여 그 참가 여부를 결정**하여야 하고(제3항), 그 결정은 서면으로 하며 그 이유를 붙여야 한다(제4항). 참가 여부의 **결정에 대해선 불복할 수 없는데**(제5항) 이는 참가 여부의 결정이 심판의 부수적인 것으로, 이로 인하여 **심판절차가 지연되는 것을 방지**하기 위함이다.

> **제157조 증거조사 및 증거보전**
>
> ① 심판에서는 당사자, 참가인 또는 이해관계인의 신청에 의하여 또는 직권으로 증거조사나 증거보전을 할 수 있다.
> ② 제1항에 따른 증거조사 및 증거보전에 관하여는 「민사소송법」 중 증거조사 및 증거보전에 관한 규정을 준용한다. 다만, 심판관은 다음 각 호의 행위는 하지 못한다.
>   1. 과태료의 결정
>   2. 구인(拘引)을 명하는 행위
>   3. 보증금을 공탁하게 하는 행위
> ③ 증거보전신청은 심판청구 전에는 특허심판원장에게 하고, 심판계속 중에는 그 사건의 심판장에게 하여야 한다.
> ④ 특허심판원장은 심판청구 전에 제1항에 따른 증거보전신청이 있으면 그 신청에 관여할 심판관을 지정한다.
> ⑤ 심판장은 제1항에 따라 직권으로 증거조사나 증거보전을 하였을 때에는 그 결과를 당사자, 참가인 또는 이해관계인에게 통지하고, 기간을 정하여 의견서를 제출할 수 있는 기회를 주어야 한다.

### 취 지

제157조는 특허심판시 **사실관계의 확정** 및 **이에 따른** 심판결과의 신뢰성 확보를 위하여 **그에 대한 판단 근거**가 있어야 하는데 이를 위하여 심판절차에서 당사자, 참가인 또는 이해관계인의 **신청**이나 **직권**으로 **증거조사**(證據調査)나 **증거보전**(證據保全)을 할 수 있도록 한 규정을 마련하였다.

원래 「**증거조사**」란 **법관의 심증형성**을 위하여 법정의 절차에 따라 **인적·물적 증거의 내용**을 오관(五觀)의 작용에 의하여 **지각하는 법원의 소송행위**이고, 「**증거보전**」이란 소송계속 전 또는 소송계속 중에 특정의 증거를 미리 조사해 두었다가 본 소송에서 사실인정에 쓰기 위한 증거조사방법으로, 본 소송에서 정상적인 증거조사를 할 때까지 기다리고 있다가는 조사가 불가능하게 되거나 곤란하게 될 염려가 있는 증거를 미리 조사해 그 결과를 보전하려 두려는 절차를 말한다.[132] **심판 역시 특허분쟁에 따른 사실관계의 확정**과 그에 따른 **심판관의 심증형성**을 위하여 관련 규정을 두었다.

---

132) 특허청, 앞의 특허법해설 책, 369면.

| 해 설 |

### ① 증거조사 및 증거보전의 실시(제1항)

법원에서 실시하는 증거조사나 증거보전을 특허분쟁에 따른 **사실관계의 확정** 및 **심판결과의 판단 근거를 확보**하기 위하여 실시할 수 있다. **심판의 계속 중**에 증거조사나 증거보전은 당사자 또는 참가인의 신청에 의하거나 직권으로 할 수 있고, **심판의 청구 전**은 이해관계인이 증거보전을 신청할 수 있다.

### ② 증거조사 및 증거보전에 따른 민사소송법의 준용(제2항)

심판에서의 증거조사 및 증거보전은 **민사소송법 중 증거조사 및 증거보전에 관한 규정을 준용**한다. 다만, 심판에서 민사소송법의 특정 조문을 준용할 때 구체적으로 열거한 심판의 심리에 관한 규정(제154조 제7항 및 제8항)과는 달리 민사소송법 중 증거조사 등에 관한 규정을 준용한다고 규정하고 있다.

이 규정과 관련된 **민사소송법의** 관련 조문은 **제3장 증거관련 조문**으로 **제288조(불요증사실)** 내지 제384조(변론에서의 재신문)에 해당한다.[133] 다만, 민사소송법이 당사자주의를 원칙으로 하는데 반하여 특허법에서의 심판은 직권주의에 의한 것이므로 민사소송법 중 당사자주의와 관련된 규정은 준용하지 않는다.[134]

예컨대, 민사소송법 제288조(불요증사실)[135] 중 **재판상 자백**[136], 제349조(당사자가 문서를 제출하지 아니한 때의 효과) 등이고, **사법행위**로서 ⓐ 과태료의 결정, ⓑ 구인(拘引)을 명하는 행위 또는 ⓒ 보증금을 공탁하게 하는 행위는 심판관이 하지 못하도록 이 조항의 단서로 규정하고 있다(제157조 제2항 각 호).

### ③ 증거보전의 신청(제3항 및 제4항)

증거보전의 신청은 **심판청구 전**에는 **특허심판원장**에게 하고, 심판계속 중에는 해당 사건의 심판장에게 하여야 한다(제3항). 특허심판원장은 심판청구 전에 증거보전의 신청이 있으면 그 신청에 관여할 심판관을 지정한다(제4항).

### ④ 결과의 송달 및 의견서 제출(제5항)

---

133) 이에 관하여 민사소송법은 제2편 제1심의 소송절차 편에서 제3장 증거, 제1절 총칙, 제288조(불요증사실) 내지 제302조(불복신청), 제2절 증인신문, 제3절 감정, 제4절 서증, 제5절 검증, 제6절 당사자신문, 제7절 그 밖의 증거, 제8절 증거보전(제375조 증거보전의 요건 내지 제384조 변론에서의 재신문)으로 구성되어 있다.
134) 특허청, 앞의 특허법해설 책, 370면.
135) "불요증사실"은 민사소송법상 개념으로 당사자 간에 다툼이 없는 사실(재판상 자백), 현저한 사실, 법률상 추정 받는 사실 등을 말한다.
136) 법원에서 당사자가 소송의 변론 또는 변론준비절차에서 상대방의 주장과 일치하는 자기에게 불리한 사실을 인정하는 진술을 의미한다(대법원 1962.10.18. 선고 1962다548 판결).

심판장이 **직권으로 증거조사나 증거보전을 하였을 때**는 그 결과를 당사자, 참가인 또는 이해관계인에게 통지하고, 기간을 정하여 의견서를 제출할 수 있는 기회를 주어야 한다. 이는 심판의 공정성을 기하고 심판제도의 신뢰성을 유지하기 위하여 당사자 등에게 **의견제출의 기회**를 반드시 주어야 하는 것으로 **강행규정**이다.

> **판결요지**

▷ 심판장은 증거조사나 증거보전을 하였을 때에는 그 결과를 당사자 등에게 송달하고 상당한 기일을 지정하여 이에 대한 **의견서 제출의 기회**를 주어야 한다고 규정하고 있고 위 규정은 **심판의 적정을 기하여 심판제도의 신용을 유지**하기 위하여 준수하지 않으면 안 된다는 **공익상의 요구에 기인하는 이른바 강행규정**이라 할 것이므로, 이러한 의견서 제출의 기회가 주어지지 아니한 채 직권으로 이루어진 증거조사나 증거보전은 형식상으로는 이러한 의견서제출의 기회가 주어지지 아니하였어도 실질적으로는 이러한 기회가 주어졌다고 볼 수 있을 만한 특별한 사정이 없는 한 위법한 것으로서 허용되지 않는다고 할 것이다(대법원 1996.2.9. 선고 94후241 판결).

▷ 적극적 권리범위확인심판청구에 대한 심판사건에서 피심판청구인이 대비되는 발명을 현재 실시하고 있거나 과거에 실시한 적이 있다는 점에 대한 입증책임은 심판청구인에게 있고, **대비되는 발명이 피심판청구인이 현재 실시하고 있는 발명 또는 과거에 실시한 적이 있는 발명과 동일하여 확인의 이익이 있는지 여부는 심판의 적법요건**으로서 특허심판원이나 법원이 **직권으로 이를 조사**하여 밝혀야 할 사항이다(특허법원 2011.10.27. 선고 2011허5168 판결).

---

**제158조 심판의 진행**

　심판장은 당사자 또는 참가인이 법정기간 또는 지정기간에 절차를 밟지 아니하거나 제154조 제4항에 따른 기일에 출석하지 아니하여도 심판을 진행할 수 있다.

> **취 지**

　제158조는 심판을 진행하는데 있어 심판장은 당사자 또는 참가인의 **기간준수의 여부나 구술심리(제154조 제4항)에의 출석 여부에 관계없이 직권으로 심판을 진행**할 수 있도록 한 심판직권진행주의를 규정한 것이다. **특허심판**이 제3자에게도 영향을 미치는 **대세효**(對世效)와 공익성을 **고려**한 것이다.

> **해 설**

특허심판은 그 심결이 대세적 효력을 가진다는 점에서 개인 간 이해관계의 다툼을 처리하는 민사소송과는 달리 일반 공중에게 영향을 미치므로 당사자 쌍방이 기간에 따른 절차를 밟지 않거나 당사자 쌍방이 출석하지 않은 경우에도 **직권으로 심리를 진행**하여 **분쟁을 해결**하고자 하는 취지이다.

---

**제7장 심 판**

**제159조 직권심리**

① 심판에서는 당사자 또는 참가인이 신청하지 아니한 이유에 대해서도 심리할 수 있다. 이 경우 당사자 및 참가인에게 기간을 정하여 그 이유에 대하여 의견을 진술할 수 있는 기회를 주어야 한다.
② 심판에서는 청구인이 신청하지 아니한 청구의 취지에 대해서는 심리할 수 없다.

---

> **취 지**

제159조는 특허심판의 대세적 효력과 공익적 측면을 고려하여 **실체적인 심판의 심리**는 **직권주의**를 채택하고 있음을 규정한 것이다. 이는 심판의 결과가 당사자뿐만 아니라 제3자에게 영향을 미치므로 심판진행의 직권진행주의(제158조)와 더불어 **특허심판의 공익성**을 한층 더 강조해 마련된 규정이다.

> **해 설**

① 직권심리 및 의견진술 기회의 부여(제1항)

심판에서는 원칙적으로 심판 당사자 등이 신청한 청구이유에 대하여 심리하는 것이 원칙이지만 당사자 등이 신청하지 않은 이유에 대해서도 심리를 할 수 있다. 이 경우 **당사자** 등에게 기간을 정하여 그 이유에 대한 **의견을 진술할 수 있는 기회**를 주어야 한다.[137]

---

[137] 예컨대, 청구인이 특허발명의 신규성 위반으로(제29조 제1항) 무효심판을 청구했지만 심리과정에서 심판관이 진보성 위반(제29조 제2항)이 있음을 현저히 인식하고 그에 대한 관련 증거가 있는 경우에는 진보성 위반을 이유로 당사자에게 의견서 제출의 기회를 주고 의견서를 받아 심결을 할 수 있다는 취지이다. 그러나, **직권심리**는 당사자 등이 신청하지 않은 이유에 대해서도 이를 심리할 수 있다는 취지이지 **심판관이 적극적으로 나서서 다른 이유를 탐지할 의무가 있는 것은 아니다**. 즉, 당사자가 심판에서 주장하지 않은 이유를 굳이 발굴하여 심판의 결론을 낼 당위성이 그리 크지 않기 때문이다.

이는 당사자 등이 심판과정에서 인식하지 못한 상태에서 직권으로 심리된 이유에 대하여 반론할 기회가 보장되지 않은 채 특허의 무효심결 등이 내려진다면 당사자 등에게 예측할 수 없는 불의의 타격이 가해지는 것을 막기 위함이다.[138]

② 신청하지 아니한 청구취지에 반한 심리불가(제2항)

심판에서는 청구인이 신청하지 아니한 청구의 취지에 대해서는 심리할 수 없다. 이는 **청구인의 심판청구의 의사(意思)에 반하여 청구취지를 변경하는 것이기** 때문이다. 예컨대, 특허발명 제1항을 무효로 한다는 청구취지와는 달리 특허발명 제2항까지 무효 여부를 심리하여 판단할 수 없다.

판결요지

▷ 심판에서 당사자가 신청하지 아니한 이유에 대하여 심리하는 경우 당사자에게 기간을 정하여 그 이유에 대하여 **의견을 진술할 기회**를 주도록 되어 있는 특허법 제159조 제1항은 당사자에게 의견진술의 기회를 줌으로써 **당사자가 전혀 예상하지 못한 이유로 그 이익을 침해당하는 일이 없도록 함과 동시에 심판의 적정과 공정성을 유지**하고자 함에 그 목적이 있다(대법원 2006.2.9. 선고 2003후1994 판결).

▷ 제159조 제1항의 규정은 심판의 적정을 기하여 심판제도의 신용을 유지하기 위하여 준수하지 않으면 안 된다는 공익상의 요구에 기인하는 이른바 강행규정이므로, 특허심판원이 **직권으로 심리한 이유**에 대하여 당사자 또는 참가인에게 의견진술의 기회를 주지 않은 채 이루어진 심결은 원칙적으로 위법하여 유지될 수 없지만, 형식적으로는 이러한 의견진술의 기회가 주어지지 아니하였어도 **실질적으로는 이러한 기회가 주어졌다고 볼 수 있을 만한 특별한 사정이 있는 경우**에는 심판절차에서의 직권심리에 관한 절차위반의 **위법이 없다**고 보아야 한다(대법원 2006.6.27. 선고 2004후387 판결).

제7장
심 판

**제160조 심리·심결의 병합 또는 분리**

심판관은 당사자 양쪽 또는 어느 한쪽이 동일한 둘 이상의 심판에 대하여 심리 또는 심결을 병합하거나 분리할 수 있다.

취 지

제160조는 동일한 쟁점(ex. 특허무효)이 있는 수개의 심판사건을 심판관이 사건별로 심판하여야 하는 번잡함을 피하고, 사건마다 별도로 심판함으로써 발생할 수

---

138) 정상조·박성수 공편, 앞의 특허법 주해Ⅱ, 621면.

있는 **심판의 모순·충돌을 피함**으로써 **심리절차의 경제성을 도모**하기 위한 심판의 심리·심결의 병합 또는 분리에 관한 규정이다.

### 해 설

「심리의 병합」은 2 이상의 심판사건을 동일한 심판절차에 의하여 심리하는 것이고, 「심리의 분리」란 2 이상의 심판사건을 동일한 심판절차에 의하여 심리하는 것으로 한 것을 분리하는 것을 말한다. 「심결의 병합·분리」는 심판의 최종적 판단인 심결을 동일한 절차로 하거나 별개의 절차로 하는 것이다.[139]

심리·심결의 병합의 요건은 당사자 양쪽 또는 어느 한쪽이 동일한 둘 이상의 심판이어야 한다. 심판실무상 당사자 한쪽이 동일한 2 이상의 심판일지라도 **청구취지**(무효 또는 권리범위 속·부)가 **다른 경우는 병합**하여 심결을 하지는 않지만 심리의 **효율성** 측면에서 **심리는 병합**하여 진행한다.

---

**제7장 심 판**

### 제161조 심판청구의 취하

① 심판청구는 심결이 확정될 때까지 취하할 수 있다. 다만, 답변서가 제출된 후에는 상대방의 동의를 받아야 한다.
② 둘 이상의 청구항에 관하여 제133조 제1항의 무효심판 또는 제135조의 권리범위 확인심판을 청구하였을 때에는 청구항마다 취하할 수 있다.
③ 제1항 또는 제2항에 따른 취하가 있으면 그 심판청구 또는 그 청구항에 대한 심판청구는 처음부터 없었던 것으로 본다.

### 취 지

제161조는 심판종료 사유의 하나인 **심판청구의 취하(取下)**에 관한 규정이다. 이는 심판절차를 더 이상 진행시키지 않고 **심판청구를 취소하고 없었던 것으로 하겠다**는 **청구인의 의사표시**이다. 특허심판은 직권심리가 원칙이나 **심판 당사자의 의사**(意思)를 **존중**하여 **심판을 종료**시키겠다는 취지이다.

### 해 설

① 심판청구의 취하시기(제1항)

심판청구는 **심결이 확정될 때까지 취하할 수 있다**. 다만, **답변서가 제출된 후**에는 **상대방의 동의를 받아야 한다**. 이는 상대방인 피청구인이 답변서를 제출한 이상

---

[139] 정상조·박성수 공편, 앞의 특허법 주해Ⅱ, 624면.

피청구인에게도 심판절차 유지에 대한 이해관계가 있고, 해당 심판청구에 대한 청구기각의 심결을 받을 권리가 있기 때문이다.

### ② 청구항별 취하 및 취하의 효력(제2항 및 제3항)

둘 이상의 청구항에 관하여 무효심판(제133조) 또는 권리범위 확인심판(제135조)이 청구된 때에는 청구항 별로 취하할 수 있다(제2항). 그리고 **심판청구의 취하가 있으면 그 심판청구는 처음부터 없었던 것**으로 보아(제3항), 추후 동일한 청구의 취지로 동일한 피청구인에게 다시 심판을 청구하는 것도 가능하다.

---

**제7장 심 판**

**제162조 심결**
① 심판은 특별한 규정이 있는 경우를 제외하고는 심결로써 종결한다.
② 제1항의 심결은 다음 각 호의 사항을 적은 서면으로 하여야 하며, 심결을 한 심판관은 그 서면에 기명날인하여야 한다.
1. 심판의 번호
2. 당사자 및 참가인의 성명 및 주소(법인인 경우에는 그 명칭 및 영업소의 소재지)
3. 대리인이 있는 경우에는 그 대리인의 성명 및 주소나 영업소의 소재지[대리인이 특허법인·특허법인(유한)인 경우에는 그 명칭, 사무소의 소재지 및 지정된 변리사의 성명]
4. 심판사건의 표시
5. 심결의 주문(제138조에 따른 심판의 경우에는 통상실시권의 범위·기간 및 대가를 포함한다)
6. 심결의 이유(청구의 취지 및 그 이유의 요지를 포함한다)
7. 심결연월일
③ 심판장은 사건이 심결을 할 정도로 성숙하였을 때에는 심리의 종결을 당사자 및 참가인에게 통지하여야 한다.
④ 심판장은 필요하다고 인정하면 제3항에 따라 심리종결을 통지한 후에도 당사자 또는 참가인의 신청에 의하여 또는 직권으로 심리를 재개할 수 있다.
⑤ 심결은 제3항에 따른 심리종결통지를 한 날부터 20일 이내에 한다.
⑥ 심판장은 심결 또는 결정이 있으면 그 등본을 당사자, 참가인 및 심판에 참가신청을 하였으나 그 신청이 거부된 자에게 송달하여야 한다.

---

**취 지**

제162조는 심판청구의 취하(제161조)와 마찬가지로 **심판종료의 사유**로써 심판의

결과물인 **심결**에 관한 것으로 그 심결의 **기재형식**과 **내용** 및 **송달**에 관한 규정이다. 심판은 심판관 합의체의 심리를 거쳐 그 결과물인 심결로써 종료되고, 심결의 판단은 특허법원으로의 **심결취소소송의 대상**이 된다.

| 해 설 |

① 심결에 의한 심판의 종료(제1항)

「**심결**」이란 **심판관 합의체가 내리는 심판청구에 대한 최종적인 판단**으로 심리를 통하여 인식하게 된 사실에 대한 특허법의 적용이라 할 수 있다.140) 심판은 제161조의 심판청구의 취하와 같은 특별한 규정이 있는 경우를 제외하고는 심판의 최종적 판단인 심결로써 종결된다.

실무적으로 심결은 심판의 **청구요건 불비**를 이유로 그 심판청구를 부적법 각하하는 "**각하심결**"과 **청구의 당부에 관하여 실체적으로 판단**하는 "**본안심결**"로 구분되며, 본안심결에는 **청구인의 주장이 받아드리는** '**인용심결(認容審決)**'과 청구인의 주장이 **배척되는** '**기각심결(棄却審決)**'이 있다.141)

② 심결문의 기재사항(제2항)

심결은 **심판번호, 심판사건의 표시, 심결의 주문**(主文) 및 **이유** 등을 기재된 서면이며 심결을 한 **심판관은 기명날인**을 하여야 한다. 여기서 「심결의 주문」은 **심판관 합의체의 판단을 나타내는 심판의 결론**이고, 「심결의 이유」는 심판에서 확정한 사실과 채택한 증거를 통하여 결론에 이르게 된 구체적 이유를 말한다.

③ 심리종결의 통지(제3항)

심판장은 사건이 **심결을 할 정도로 성숙했을 때**에 심리종결을 당사자 등에게 통지하여야 한다. "사건이 심결을 할 정도로 성숙했을 때"란 **심판에 필요한 사실이나 조사해야 할 증거를 조사·검토한 결과 심판의 결론을 내리기에 충분한 정도로 심증을 얻었을 때**를 말하는 것인데, 이때 심리종결을 통지하는 이유는 서면심리는 물론이고 구술심리에 있어서도 당사자가 출석하지 않은 경우에도 심리는 진행될 수 있으므로 당사자는 심판의 진행상황에 대하여 명확히 인식하지 못하는 경우가 있고, 그

---

140) 임병웅, 앞의 책, 1079면.
141) 넓은 의미의 심판은 그 형식에 따라 심결 외에도 심판장 또는 심판관 합의체가 심판청구의 본안이 아닌 주로 절차적 신청에 대하여 그 당부를 심리·판단해서 결론을 내리는 심판방식에 위배한 심판청구서의 결정각하(제141조)와 같은 "**결정**"이 있고, 심판장 또는 심판관이 그 자격으로 심판의 진행을 위하여 행하는 간단한 절차에 대한 조치로 내려지는 방식위반에 대한 심판장의 보정명령과 같은 "**명령**"의 형태가 있다. 임병웅, 앞의 책, 1079면.

러한 경우에 아무런 예고도 없이 심결을 한다는 것은 당사자에게 가혹하기 때문이다.[142]

### ④ 심리의 재개(제4항)

심판장은 심리종결 통지 후에도 **심판결과에 영향을 미칠 명백한 증거가 발견되거나 중대한 증거조사를 간과한 경우** 등의 사유가 있는 경우에는 심리종결을 통지한 후에도 당사자 등의 **신청이나 직권에 의하여 심리를 재개**할 수 있다. 이는 심리를 재개함으로써 심리의 완전을 기하기 위함이다.

### ⑤ 심결의 시기 및 심결등본의 송달(제5항 및 제6항)

심결은 심리종결 통지를 한 날부터 20일 이내에 하면 되지만 이는 **훈시규정**으로 이를 지키지 않아도 위법이라 할 수 없고(제5항), 심판장은 심결 등이 있으면 그 등본을 해당 심결과 이해관계가 있는 당사자, 참가인 및 심판에 참가신청을 하였으나 그 신청이 거부된 자에게 송달하여야 한다(제6항).

### ⑥ 심결의 효력[143]

법적 안정성과 심판의 신뢰보호를 위하여 심결에는 **일정한 효력이 인정**된다. 심결의 효력을 구체적으로 살펴보면 ㉠ 심판사건에 대하여 법적 안정성과 심판의 신뢰성을 유지하기 위하여 일단 심결등본이 당사자 등에게 송달되어 심결이 성립하면, **심결한 심판기관 자신도 그 내용을 철회하거나 변경하는 것이 허용되지 아니한 "기속력"**, ㉡ 해당 심결이 확정되어 **재심사유가 없는 한 해당 심결을 취소·변경할 수 없는 "형식적 확정력"**, ㉢ 해당 심결이 확정된 경우에 그 **심결의 내용에 대해서도 더 이상 다툴 수 없게 되는 "실질적 확정력"**이 발생한다.[144]

---

**제7장 심 판**

**제163조 일사부재리**

이 법에 따른 심판의 심결이 확정되었을 때에는 그 사건에 대해서는 누구든지 동일 사실 및 동일 증거에 의하여 다시 심판을 청구할 수 없다. 다만, 확정된 심결이 각하심결인 경우에는 그러하지 아니하다.

---

### 취 지

제163조는 확정된 심결에 대하여 **누구든지 동일 사실 및 동일 증거에 의하여 다**

---

142) 특허청, 앞의 특허법해설 책, 380면. 또한, 당사자 등에게 미리 심리종결을 통지함으로써 이후에는 당사자 등이 새로이 공격·방어를 위한 증거·자료를 제출할 수 없을 뿐만 아니라 이해관계인도 새로이 심판에 참가할 수 없다
143) 임병웅, 앞의 책, 1082면.
144) 이러한 실질적 확정력을 특허법(제163조)에서는 일사부재리(一事不再理)라 표현하고 있다.

시 심판을 청구할 수 없다**는 일사부재리(一事不再理)의 원칙을 규정한 것이다. 이는 어떤 사건에 대하여 **일단 판결이 확정되면 다시 재판을 청구할 수 없다**는 **형사소송법상의 원칙**(제326조 제1호)을 **특허심판에 적용**한 것이다.

**형사법적**으로 국가는 면죄의 판결이 내려진 사건에 대하여 **두 번 이상의 심리, 재판을 하지 않는다**는 것으로, 사인(私人) 간의 분쟁의 해결을 목적으로 하는 **민사법적**으로는 **소송물의 엄격한 동일성 여부를 확정하기 곤란**하기 때문에[145] 일사부재리의 원칙이 **적용될 필요성이 상대적으로 적다**.

### 해 설

#### ① 일사부재리 원칙의 특허심판에의 적용

심판은 그 효력이 대세적이고 심판결과의 신뢰에 따른 공익성이 강조되어 동일한 심판청구가 반복됨으로써 야기될 ㉠ **절차의 번거로움과 불경제를 방지**하고, ㉡ **반복**하여 심리함으로써 발생할 **상호 모순·저촉되는 심결의 발생을 방지**하여 **법적 안정성을 도모**하기 위하여 이 원칙을 적용하고 있다.[146]

#### ② 일사부재리의 적용 요건

특허심판에서 일사부재리가 적용되기 위한 요건으로는 ㉠ 본안심결이 확정되고, ㉡ 누구든지, ㉢ 동일 사실 및 동일 증거에 의한 심판청구로써, ㉣ 동일한 심판청구일 것을 요한다. 다만, 일사부재리는 실체적인 판단을 대상으로 하기 때문에 확정된 심결이 각하심결일 경우에는 그 대상이 아니다.

㉠ 본안심결의 확정

일사부재리의 원칙은 심판의 실체적인 판단인 **본안심결이 확정된 경우에만 적용**되지 심판청구에 따른 이해관계가 없어 **부적합 심판청구라는 이유로 각하된 심결**의 확정사건에 대해서는 **적용하지 않는다**.[147] 또한, 이러한 심결은 통상의 심결에 대한 불복방법으로 더 이상 다툴 수 없는 상태에 있어야 한다.[148]

㉡ 누구든지

일사부재리의 적용 요건으로 「누구든지 …(중략)…그 심판을 청구할 수 없다.」고 규정하고 있다. 즉, 일사부재리 원칙의 적용은 **심판의 당사자뿐만 아니라 제3자**

---

145) 임병웅, 앞의 책, 1083면.
146) 임병웅, 앞의 책, 1083면.
147) 이해관계인으로서 심판의 참가신청에 따른 허여 결정 등도 심결이 아니므로 그 대상이 아니다.
148) 임병웅, 앞의 책, 1084면.

누구에 대해서든 인정된다. 이는 일사부재리 원칙을 규정한 특허법 제163조가 특허심결의 대세적 효력을 인정하는 실정법상의 근거규정이 된다.[149]

ⓒ 동일 사실 및 동일 증거

「동일 사실」은 **청구원인 사실의 동일성**으로서[150] 청구취지를 이유 있게 하는 구체적 사실의 동일함을 말하는데, 예컨대, 무효심판에서 특허발명의 기재불비, 신규성 위배, 진보성 결여 등의 각 무효사유의 구체적 사실이 동일한 것을 의미한다.

「동일 증거」란 **주장 사실을 입증하기 위하여 제출된 증거가 동일**한 것으로서 증거표시가 다르더라도 중요부가 동일하다면 동일 증거로 본다.[151] 따라서 전에 확정된 심결의 증거와 동일한 증거뿐만 아니라 그 확정된 심결을 번복할 수 있을 정도로 유력하지 아니한 증거가 부가되는 것도 동일 증거에 포함된다.[152]

여기서 「**동일 사실 및 동일 증거**」라는 두 가지 요건을 동시에 **충족**하여야 하는데 동일사실에 의한 심판청구라도 다른 증거에 의한 경우나 동일한 증거에 의한 것이라도 다른 사실에 관하여 새로운 심판청구를 하는 것은 허용된다.[153]

ⓔ 동일한 심판청구

「동일한 심판청구」란 **청구취지가 동일한 심판청구**, 즉, 청구의 취지를 대상으로 되어 있는 권리가 동일하고, 종류가 동일한 심판이라고 해석한다.[154] 한편, 적극적 권리범위확인심판과 소극적 권리범위심판에서 동일한 권리에 전·후의 확인대상발명이 동일하면 동일 심판으로 본다.[155]

③ 일사부재리의 적용 시점

일사부재리의 적용 시점은 "**심판청구시**"를 기준으로 한다.[156] 이는 종래의 일사부재리 적용 시점인 "심결시"의 기준을 "심판청구시"로 변경한 것으로, "심결시"의 기준이 법적 취지를 벗어나 함부로 그 적용의 범위를 넓히는 결과가 되는 것이므로 국민의 재판청구권 행사를 제한한다는 점에서 변경되었다.

---

149) 임병웅, 앞의 책, 1084면.
150) 대법원 1987.7.7. 선고 86후107 판결.
151) 임병웅, 앞의 책, 1084면.
152) 대법원 1987.7.7. 선고 86후107 판결.
153) 임병웅, 앞의 책, 1085면.
154) 특허심판원, 앞의 편람 책, 148면.
155) 대법원 1976.6.8. 선고 75후18 판결.
156) 대법원 2012.1.19. 선고 2009후2234 판결.

판결요지

▷ 동일사실에 의한 동일한 심판청구에 대하여 전에 확정된 심결의 증거에 대한 해석을 다르게 하는 등으로 그 심결의 기본이 된 이유와 실질적으로 저촉되는 판단을 하는 것은 구 특허법 제163조가 정한 **일사부재리 원칙의 취지에 비추어 허용되지 아니한다고 할 것이나**, 전에 확정된 심결의 증거를 그 심결에서 판단하지 아니하였던 사항에 관한 증거로 들어 판단하거나 그 증거의 선행기술을 확정된 심결의 결론을 번복할 만한 유력한 증거의 선행기술에 추가적, 보충적으로 결합하여 판단하는 경우 등과 같이 후행 심판청구에 대한 판단 내용이 확정된 심결의 기본이 된 이유와 실질적으로 저촉된다고 할 수 없는 경우에는, **확정된 심결과 그 결론이 결과적으로 달라졌다고 하더라도 일사부재리 원칙에 반한다고 할 수 없다**(대법원 2013.9.13. 선고 2012후1057 판결).

▷ 구 특허법구 특허법 제163조는 위와 같이 '그 심판을 청구할 수 없다'라고 규정하고 있어서, 위 규정의 문언에 따르면 심판의 심결이 확정 등록된 후에는 앞선 심판청구와 동일사실 및 동일증거에 기초하여 새로운 심판을 청구하는 것이 허용되지 아니한다고 해석될 뿐이다. 그러함에도 이를 넘어서 **심판청구를 제기하던 당시에 다른 심판의 심결이 확정 등록되지 아니하였는데 그 심판청구에 관한 심결을 할 때에 이미 다른 심판의 심결이 확정 등록된 경우에까지 그 심판청구가 일사부재리의 원칙에 의하여 소급적으로 부적법하게 될 수 있다고 하는 것은 합리적인 해석이라고 할 수 없다**. 그렇다면 일사부재리의 원칙에 따라 심판청구가 부적법하게 되는지 여부를 **판단하는 기준시점은 심판청구를 제기하던 당시**로 보아야 할 것이고, 심판청구 후에 비로소 동일사실 및 동일증거에 의한 다른 심판의 심결이 확정 등록된 경우에는 당해 심판청구를 일사부재리의 원칙에 의하여 부적법하다고 할 수 없다(대법원 2012.1.19. 선고 2009후2234 판결).

▷ 일사부재리의 효력이 미치기 위한 요건으로서 **동일사실**이라 함은 **동일 권리에 대하여 동일한 원인을 이유로 하는 특정한 사실을 가리키는 것**으로서, 특허의 등록무효심판에 있어서 무효의 효과를 발생시키는 사유인 **진보성의 결여와 미완성발명, 기재불비는 각각 별개의 사실을 구성**한다 할 것이므로, 확정된 심결이 진보성의 결여를 이유로 하는 등록무효심판청구에 대하여 행하여진 경우, 다시 특허가 기재불비에 해당한다는 이유를 들어 등록무효심판청구를 하는 것은 다른 사실에 의한 심판청구가 되어 일사부재리에 해당하지 않는다(특허법원 2010.6.4. 선고 2009허7444).

> **제164조 소송과의 관계**
>
> ① 심판장은 심판에서 필요하면 직권 또는 당사자의 신청에 따라 그 심판사건과 관련되는 특허취소신청에 대한 결정 또는 다른 심판의 심결이 확정되거나 소송절차가 완결될 때까지 그 절차를 중지할 수 있다.
> ② 법원은 소송절차에서 필요하면 직권 또는 당사자의 신청에 따라 특허취소신청에 대한 결정이나 특허에 관한 심결이 확정될 때까지 그 소송절차를 중지할 수 있다.
> ③ 법원은 특허권 또는 전용실시권의 침해에 관한 소가 제기된 경우에는 그 취지를 특허심판원장에게 통보하여야 한다. 그 소송절차가 끝났을 때에도 또한 같다.
> ④ 특허심판원장은 제3항에 따른 특허권 또는 전용실시권의 침해에 관한 소에 대응하여 그 특허권에 관한 무효심판 등이 청구된 경우에는 그 취지를 제3항에 해당하는 법원에 통보하여야 한다. 그 심판청구서의 각하결정, 심결 또는 청구의 취하가 있는 경우에도 또한 같다.

### 취지

제164조는 **심판이나 소송 중인 사건들이** 서로 관련성이 있어(ex. 침해소송과 무효심판) 이들 사건들 간에 **상호 모순·저촉되는 결과를 예방**하고 **심판 또는 소송절차의 경제성**을 도모하기 위하여 관련 심판 또는 소송 간의 **절차 중지제도** 및 심판청구나 소제기 취지를 서로 **통보**하는 규정을 마련하였다.

### 해설

① 심판절차 및 소송절차의 중지(제1항 및 제2항)

원래 심판과 소송은 별도의 독립된 절차로 사건이 진행되나 침해소송이 법원이 계속 중일 때 특허무효심판 또는 권리범위확인심판이 청구된 경우는 이들 간의 상호 모순·저촉되는 결과를 예방하고 소송경제를 도모하기 위하여 해당 심판사건이나 소송절차를 각 기관의 **재량에 의하여 중지**할 수 있다.

② 소송의 제기 및 심판청구 사실의 통보(제3항 및 제4항)

소송과 심판 간 서로 관련된 사건이 법원에 소가 제기되었거나 특허심판원에 심판청구된 경우는 그 소제기 및 심판청구의 사실(소송종료나 심판종료시도 포함)을 해당 기관(법원·특허심판원)에 통보하여 각 사건의 **절차중지의 결정이나 심리에 활용**할 수 있도록 하였다.

> **제165조 심판비용**
>
> ① 제133조제1항, 제134조 제1항·제2항, 제135조 및 제137조 제1항의 심판비용의 부담은 심판이 심결에 의하여 종결될 때에는 그 심결로써 정하고, 심판이 심결에 의하지 아니하고 종결될 때에는 결정으로써 정하여야 한다.
> ② 제1항의 심판비용에 관하여는 「민사소송법」 제98조부터 제103조까지, 제107조 제1항·제2항, 제108조, 제111조, 제112조 및 제116조를 준용한다.
> ③ 제132조의17, 제136조 또는 제138조에 따른 심판비용은 청구인이 부담한다.
> ④ 제3항에 따라 청구인이 부담하는 비용에 관하여는 「민사소송법」 제102조를 준용한다.
> ⑤ 심판비용액은 심결 또는 결정이 확정된 후 당사자의 청구에 따라 특허심판원장이 결정한다.
> ⑥ 심판비용의 범위·금액·납부 및 심판에서 절차상의 행위를 하기 위하여 필요한 비용의 지급에 관하여는 그 성질에 반하지 아니하는 범위에서 「민사소송비용법」 중 해당 규정의 예에 따른다.
> ⑦ 심판의 대리를 한 변리사에게 당사자가 지급하였거나 지급할 보수는 특허청장이 정하는 금액의 범위에서 심판비용으로 본다. 이 경우 여러 명의 변리사가 심판의 대리를 한 경우라도 1명의 변리사가 심판대리를 한 것으로 본다.

**제7장 심 판**

### 취 지

제166조는 심판에 있어 비용(費用)에 관한 규정으로 **심판종류별 비용부담**을 어떻게 할 것인지를 규정하고 있다. 「심판비용」은 당사자가 현실적으로 심판에서 지출한 비용 중 법령에 정한 범위에 속하는 비용을 말한다.[157] **통상적**으로 심판비용은 **패소자 부담이 원칙**이나 예외적인 경우도 있다.

### 해 설

① 심판비용의 부담(제1항)

특허무효심판(제133조 제1항), 특허권 존속기간의 연장등록의 무효심판(제134조 제1항·제2항), 권리범위확인심판(제135조) 및 정정무효심판(제137조 제1항)은 **상대방**

---
157) 특허심판원, 앞의 편람 책, 803면.

있는 전형적인 당사자계 심판으로 심판에서 진 자가 부담하는 것이 원칙이다.[158) 심판비용은 심결에 의하여 정하여지는 것이 통상적인 실무이다.

② 심판비용에 관한 준용규정(제2항)

심판비용에 관하여 **민사소송법 패소자 부담의 원칙**(제98조)부터 **소송참가인의 비용**(제103조), 제3자의 비용상환(제107조 제1항·제2항), 무권대리인의 비용상환(제108조), 비용의 상대방에 대한 최고(催告)(제111조), 부담비용의 상계(相計)(제112조) 및 소송비용의 예납(제116조) 규정을 준용한다.

③ 결정계 심판 등에 대한 비용부담(제3항)

특허거절결정에 대한 불복심판(제132조의17), 정정심판(제136조), 또는 통상실시권 허락의 심판(제138조)에 따른 심판비용은 **청구인이 부담**한다. 통상실시권 허락의 심판이나 결정계 심판인 거절결정불복심판 또는 정정심판은 **피청구인이 없는 심판청구**이므로 **청구인의 이익과 관련하여 심판을 청구**하기 때문이다.

④ 결정계 심판(제3항)이 공동심판인 경우의 비용부담(제4항)

결정계 심판(제3항)에 따라 청구인이 부담하는 비용은 민사소송법 제102조를 준용한다. 여기서 민사소송법 제102조는 공동소송의 경우 공동소송인은 소송비용을 균등하게 부담한다는 규정이므로, 제3항에 따른 심판이 공동심판인 경우에는 **공동심판청구인은 심판비용을 균등하게 부담**한다.

⑤ 심판비용액의 결정(제5항)

제1항 내지 제4항의 규정에 의하여 심판비용을 부담할 자가 결정되지만, 부담할 심판비용의 금액에 관하여 청구인과 피청구인 간에 다툼이 있는 경우에는 심결 또는 결정이 확정된 후 **당사자의 청구**에 의하여 **특허심판원장이 그 금액을 결정**하도록 한다.

---

158) **민사소송법 제99조(소송비용부담의 원칙에 대한 예외)** "법원은 사정에 따라 승소한 당사자로 하여금 그 권리를 늘리거나 지키는 데 필요하지 아니한 행위로 말미암은 소송비용 또는 상대방의 권리를 늘리거나 지키는 데 필요한 행위로 말미암은 소송비용의 전부나 일부를 부담하게 할 수 있다." **제100조** "당사자가 적당한 시기에 공격이나 방어의 방법을 제출하지 아니하였거나, 기일이나 기간의 준수를 게을리 하였거나, 그 밖에 당사자가 책임져야 할 사유로 소송이 지연된 때에는 법원은 지연됨으로 말미암은 소송비용의 전부나 일부를 승한 당사자에게 부담하게 할 수 있다."고 규정하고 있다. 이에 따라 심판에서도 소극적 권리범위확인심판에서 피청구인(권리자)이 경고 등 권리행사가 없고 방어도 하지 아니한 때에는 청구인(비권리자)이 승소한 경우에도 승소자가 비용을 부담하도록 하고 있다.

⑥ 심판비용의 범위 등에 관한 민사소송법의 준용(제6항)

심판에 관한 비용의 범위는 그 **성질에 반하지 아니한** 「**민사소송비용법**」 **중 해당 규정의 예에 따른다.** 이에 따라 산업재산권 심판비용액 결정에 관한 고시(2016.9.1. 특허청 고시 제2016-17호)에는 비용항목의 범위(제8조), 비용계산의 기준(제9조) 및 비용계산(제10조) 등에 관한 사항이 구체적으로 기재되어 있다.159)

⑦ 변리사에 대한 보수(제7항)

심판의 대리인인 변리사에게 당사자가 지급한 또는 지급할 보수는 **특허청장이 정하는 금액의 범위 내에서 심판비용으로 인정**한다는 취지이다. 그리고 이 때 여러 명의 변리사가 심판의 대리를 한 경우에는 1명의 변리사에 의하여 심판대리가 있었던 것으로 본다.

---

**제166조 심판비용액 또는 대가에 대한 집행권원**

이 법에 따라 특허심판원장이 정한 심판비용액 또는 심판관이 정한 대가에 관하여 확정된 결정은 집행력 있는 집행권원과 같은 효력을 가진다. 이 경우 집행력 있는 정본은 특허심판원 소속 공무원이 부여한다.

---

취 지

제166조는 **심판비용**이 제165조에 따라 확정된 경우 그 **확정 내용에 대한 집행력**(執行力)을 **규정**하였다. 원래 집행력이란 판결주문에서 채무자에게 명하여진 이행의무를 국가의 집행기관을 통하여 강제적으로 실현될 수 있는 효력이다.160) 심판비용액에 대한 확정된 결정을 집행권원으로 본 취지이다.

해 설

**집행권원**은 국가의 강제력에 의하여 실현될 청구권의 존재와 범위가 표시되고 또한, **집행력이 부여된 공정증서**를 말한다. 사인 간의 청구권은 그것이 집행권원으로서 형성됨에 의하여 비로소 강제집행의 기초가 된다. 집행권원의 존재의의는 채권에 대한 신속한 집행의 진행을 가능하게 함에 있다.

---

159) 비용의 범위는 심판행위에 필요한 한도의 비용으로 심판(재심)의 청구료, 심판의 대리를 한 변리사에게 당사자가 지급한 또는 지급할 보수 등이 포함된다고 기재되어 있다. 특허심판원, 앞의 편람 책, 809면.
160) 송상현·박익환, 앞의 책, 474-475면.

집행권원의 대표적인 것은 확정된 이행판결이나 심판은 특허심판원장이 정한 심판비용액 등에 관하여 확정된 결정을 집행권원으로 보고, **심판비용이 결정된 후**에 그 비용을 부담해야 할 자가 이를 지급하지 않는 경우를 대비하여 규정하였다. 따라서 본조에 따라 이에 대한 **지급이행을 강제**할 수 있다.

| 제7장 심 판 | 제167조 항고심판의 청구 삭제 〈1995.1.5.〉 |
| --- | --- |
| | 제168조 거절사정에 대한 항고심판청구방식 삭제 〈1995.1.5.〉 |
| | 제169조 보정각하결정에 대한 항고심판의 청구 삭제 〈1995.1.5.〉 |

| 제7장 심 판 | 제170조 심사규정의 특허거절결정에 대한 심판에의 준용 |
| --- | --- |
| | ① 특허거절결정에 대한 심판에 관하여는 제47조 제1항 제1호·제2호, 같은 조 제4항, 제51조, 제63조, 제63조의2 및 제66조를 준용한다. 이 경우 제51조 제1항 본문 중 "제47조 제1항 제2호 및 제3호에 따른 보정"은 "제47조 제1항 제2호에 따른 보정(제132조의17의 특허거절결정에 대한 심판청구 전에 한 것은 제외한다)"으로, 제63조의2 본문 중 "특허청장"은 "특허심판원장"으로 본다.<br>② 제1항에 따라 준용되는 제63조는 특허거절결정의 이유와 다른 거절이유를 발견한 경우에만 적용한다. |

## 취 지

제170조는 심판관이 심사관의 특허거절결정에 대한 사건을 심판하는 경우에 심사관련 규정을 준용하여 심판할 것을 규정하였다. 즉, **특허거절결정에 대한 심판의 심리결과** 출원발명이 등록이 되어서는 아니 되는 거절이유를 발견한 경우 **심판관이 심사규정을 적용**하여 **자판**(自判)할 수 있게 하였다.

## 해 설

① 심판에서의 자판시 심사규정의 준용(제1항)

심판관은 특허거절결정에 대한 심리결과 새로이 발견된 거절이유가 최초·최후 거절이유에 해당하면 이를 각 통지하여 의견서 제출기회를 주어 발명을 보정할 수 있는 **특허출원의 보정**(제47조 제1항 제1호·제2호), 각 보정의 마지막 보정 전에 한 모든 보정은 없던 것으로 보는 취하 간주(제47조 제4항), 최후 거절이유에 대한 보정이 부적합한 경우 **보정각하**(제51조), **거절이유통지**(제63조), 특허출원에 대한 정보제공(제63조의2), 및 **특허결정**(제66조)의 규정들을 준용하여 심판을 한다. 다만, 심사단계서 이미 발생한 보정이 부적합하다는 것을 심판단계에서 발견한 경우는 그 보정을 각하하지 않고 최후 거절이유통지를 한다.

② 심판관의 거절이유통지에 대한 제한(제2항)

심판관이 소위 심판의 자판단계에서 거절이유를 통지하는 것은 당초 **심사관의 거절결정사유가 아닌 심판단계에서 새로운 거절이유를 발견한 경우에만 거절이유를 통지할 수 있다고** 규정한 것이다. 즉, 심판관은 출원발명의 원거절결정 이유가 아닌 새로운 거절이유에 한하여 거절이유를 통지할 수 있다.

---

**제7장 심판**

**제171조 특허거절결정에 대한 심판의 특칙**

특허거절결정 또는 특허권의 존속기간의 연장등록거절결정에 대한 심판에는 제147조 제1항·제2항, 제155조 및 제156조를 적용하지 아니한다.

---

**취 지**

제171조는 대립되는 구조의 당사자 간의 다툼이 아닌 청구인만 존재하는 특허거절결정계 심판에서 **당사자계 심판**(ex. 무효심판)에서 **필요한 심판청구서 부분의 송달 및 답변서** 제출(제147조 제1항·제2항), **심판의 참가 및 그 결정(제155조 및 제156조)**에 관한 **규정을 적용하지 않는다는 특칙** 규정이다.

**해 설**

**결정계 심판**은 심판의 당사자로서 **청구인과 피청구인이 대립구조를 취하지 않고, 청구인만 존재**하는 심판이므로 특허거절결정 또는 특허권의 존속기간의 연장등록거절결정에 대한 심판에서는 대립되는 당사자 간의 적용되는 피청구인의 답변서 제출 및 심판의 참가 규정이 적용되지 않는다.

| 제7장 심 판 | **제172조 심사의 효력**<br>심사에서 밟은 특허에 관한 절차는 특허거절결정 또는 특허권의 존속기간의 연장등록거절결정에 대한 심판에서도 그 효력이 있다. |
|---|---|

### 취 지

제172조는 특허거절결정 또는 특허권의 존속기간의 연장등록거절결정에 대한 심판에 있어 **심사와 심판이 속심(續審)적인 성질**이 있음을 규정한 것이다.161) 즉, 특허출원에서 원거절결정에 이르기까지의 심사에 관하여 밟은 절차는 심판에서도 그 효력이 있는 것으로 심판의 심리를 진행한다는 것이다.

### 해 설

위 두 심판의 심리범위는 원결정에 이르기까지의 관련 자료를 기초로 하여 심리를 속행하고, 심판청구 이후에 청구인이 새로이 주장한 사실이나 보충한 자료를 더하여 심사관이 결정한 판단의 당부를 조사하여야 한다는 것으로 심사에서 밟은 절차의 효력이 심판에서도 있음을 명확히 한 것이다.162)

| 제7장 심 판 | 제173조 심사전치 삭제 〈2009.1.30.〉 |
|---|---|
| | 제174조 심사규정의 심사전치에의 준용 삭제 〈2009.1.30.〉 |
| | 제175조 심사전치의 종결 삭제 〈2009.1.30.〉 |

---

161) 특허청, 앞의 특허법해설 책, 397면. 원래 "**속심주의**"는 **항소법원**이 **제1심의 심리를 기초**로 해서 새로운 자료를 추가시켜 사건에 관하여 판단함으로써 **원심판결의 당부를 심리하는 것**을 말한다.
162) 특허청, 앞의 특허법해설 책, 397면.

> ### 제176조 특허거절결정 등의 취소
> ① 심판관은 제132조의17에 따른 심판이 청구된 경우에 그 청구가 이유 있다고 인정할 때에는 심결로써 특허거절결정 또는 특허권의 존속기간의 연장등록거절결정을 취소하여야 한다.
> ② 심판에서 제1항에 따라 특허거절결정 또는 특허권의 존속기간의 연장등록거절결정을 취소할 경우에는 심사에 부칠 것이라는 심결을 할 수 있다.
> ③ 제1항 및 제2항에 따른 심결에서 취소의 기본이 된 이유는 그 사건에 대하여 심사관을 기속한다.

제7장 심판

### 취지

제176조는 심사관의 특허거절결정 또는 특허권의 존속기간의 연장등록거절결정에 불복하여 심판이 청구된 경우(제132조의17)에 그 **청구가 이유 있는 경우에는 심결로써** 특허거절결정 등을 **취소**하여야 하고, **심결에서 취소의 기본이 된 이유**는 그 사건에 대하여 **심사관을 기속**(羈束)[163]한다는 것이다.

### 해설

#### ① 심사관의 거절결정의 취소(제1항)

심판관은 특허거절결정 또는 특허권의 존속기간의 연장등록거절결정에 대한 심판이 청구(제132조의17)가 된 경우 심사관의 결정이 잘못된 것이라고 인정되는 경우 즉, **심판청구의 이유가 있다고 인정되면** 특허거절결정 등을 심판관 합의체의 **심결로서 취소**하여야 한다.

#### ② 심사에 부칠 것이라는 심결(제2항)

심판관은 원결정을 취소할 경우에 심사에 부칠 것이라는 심결을 할 수 있다. 이러한 처분은 실무에서는 심사관의 거절결정을 취소하면서 해당 사건을 심사국으로 내려 보내서 심사관으로 하여금 다시 심사하도록 한다는 취지에서 특허거절결정 등에 대한 "**취소환송**"이라고 한다.

---

163) 원래 「**기속력**」은 법원이나 행정기관이 자기가 한 재판이나 처분에 스스로 구속되어 자유롭게 취소·변경할 수 없는 효력을 말한다. 기속력은 기판력(既判力: 확정판결의 구속력)과 유사하나 재판을 한 법원만을 구속하는 효력이고, 기판력은 동일사건에 대하여 소송이 계속된 경우에 법원 및 당사자를 일반적으로 구속하는 효력이라는 점에서 구별된다.

③ 심결의 기속력(제3항)

심결의 기속력에 관한 것으로 심판관이 심결의 이유로 한 판단에 심사관이 기속되지 않으면 상급기관으로서 심판의 의의가 없으므로 **심사관은 취소심결에 원칙적으로 기속**된다.164) 다만, 원거절결정 등의 이유와 다른 **새롭게 발견한 거절이유**에 의하여 **특허거절결정** 등을 다시 할 수 있다.

| 제7장 심판 | 제177조 환송 삭제 〈1995.1.5.〉 |

---

164) 특허청, 앞의 특허법해설 책, 405면.

최신 개정법률을 반영한 조문별 취지·해설·판례
**특허법해설**
Easy & Consice

# 제8장 재 심

| 제8장 재 심 | **제178조 재심의 청구**<br>① 당사자는 확정된 특허취소결정 또는 확정된 심결에 대하여 재심을 청구할 수 있다.<br>② 제1항의 재심청구에 관하여는 「민사소송법」 제451조 및 제453조를 준용한다. |
|---|---|

### 취 지

제179조는 **확정된 심결**에 대하여 **중대한 하자**가 있는 경우에 **당사자의 권리구제**를 위하여 **다시 심판을 청구**할 수 있도록 규정하였다. **원래 재심**(再審)은 **확정판결에 대하여** 그 효력을 유지할 수 없는 중대한 하자가 있는 경우 **그 판결을 취소하고 소송을 판결 전의 상태로 회복시켜 다시 재판**을 하는 것이다.

### 해 설

① 재심의 청구(제1항)

재심은 원래 **소송법상 개념**으로 **확정된 판결에 대하여 사실인정에 중대한 오류가 있는 경우**에 당사자의 청구에 의하여 **그 판결의 당부**(當否)를 **다시 심리하는 비상적인 불복신청**방법이다. 즉, 확정판결을 다투게 하면 법적 안정성을 해치므로 일반적으로는 허용할 수 없지만, 그 불복신청의 길을 완전히 막아버리면 **구체적 타당성의 요청**에 반하는 사태를 만들 우려가 있으므로 소송절차의 중대한 하자 등 일정한 이유가 있는 경우에 한하여 재심의 청구를 인정하고 있다.165) 본조도 소송법상의 재심제도를 도입하여 **확정된 심결에 대한 불복신청이 가능하도록** 하였다.

② 민사소송법의 준용(제2항)

민사소송법 **제451조는 재심사유**에 관한 것이고, **제453조는 재심관할법원**에 관한 것이다.166) 이를 준용하여 적용하면 **심판의 재심사유는 특허법상 심판에 관여할 수 없는 심판관이 관여**하거나, **대리인의 대리행위를 하는데 필요한 권한의 수여에 흠**이 있는 때, **심결의 증거가 된 문서, 그 밖의 물건이 위조되거나 변조된 것인 때, 또는 심결에 영향을 미칠 중요한 사항에 관하여 판단을 누락한 때** 등이 각각 해당한다. 그리고 심판의 재심에 관한 심판권한 즉, 재심의 관할(管轄)은 특허취소결정 또는 심결을 한 **특허심판원이 전속적으로 재심을 관할**하게 된다.

---

165) 특허청, 앞의 특허법해설 책, 407면.
166) **민사소송법 제451조**에 따른 **재심사유**는 법률상 그 재판에 관여할 수 없는 법관이 관여한 때, 법정대리권·소송대리권 또는 대리인이 소송행위를 하는 데에 필요한 권한의 수여에 흠이 있는 때, 판결의 증거가 된 문서, 그 밖의 물건이 위조되거나 변조된 것인 때 또는 판결에 영향을 미칠 중요한 사항에 관하여 판단을 누락한 때 등이고, **제453조 제1항**은 **재심관할법원**으로서 「재심을 제기할 판결을 한 법원의 전속관할로 한다.」고 규정하고 있다.

**판결요지**

▷ 민사소송법 제451조 제1항 제9호가 정하는 재심사유인 '판결에 영향을 미칠 중요한 사항에 관하여 판단을 누락한 때'라 함은 당사자가 소송상 제출한 공격방어방법으로서 판결에 영향이 있는 것에 대하여 판결 이유 중에 판단을 표시하지 아니한 경우를 말한다. 한편 판결서의 이유에는 주문이 정당하다는 것을 인정할 수 있을 정도로 당사자의 주장, 그 밖의 공격방어방법에 관한 판단을 표시하면 되고 당사자의 모든 주장이나 공격방어방법에 관하여 판단할 필요가 없다(민사소송법 제208조). 따라서 상고법원의 판결에 당사자가 **상고이유로 주장한 사항에 대한 구체적·직접적인 판단이 표시되어 있지 않았더라도** 판결 이유의 전반적인 취지에 비추어 그 주장을 인용하거나 배척하였음을 알 수 있는 정도라면 판단누락이라고 할 수 없다(대법원 2013.12.12. 선고 2012재후37 판결).

▷ 이 사건 특허발명의 특허청구범위 제1항에 관하여, 원고의 정정심판청구에 의하여 원심판결 선고 후인 2012.6.28.에 그 정정을 허하는 심결이 내려지고 그 심결은 2012.7.4. 확정되었음을 알 수 있으므로, 이 사건 특허발명의 특허청구범위 제1항은 특허법 제136조 제8항에 따라 **정정후의 명세서에 의하여 특허출원 및 특허권의 설정등록이 된 것**으로 보아야한다. 따라서 이 사건 **특허발명의 정정 전 특허청구범위 제1항을 대상으로 하여 특허등록무효 여부를 심리·판단한 원심판결에는** 민사소송법 제451조 제1항 제8호에서 정한 재심사유가 있으므로, 결과적으로 판결에 영향을 미친 법령위반의 위법이 있다(대법원 2012.10.11. 선고 2012후2166 판결).

| 제8장 재심 | **제179조 제3자에 의한 재심청구** |
|---|---|
| | ① 심판의 당사자가 공모하여 제3자의 권리나 이익을 사해(詐害)할 목적으로 심결을 하게 하였을 때에는 제3자는 그 확정된 심결에 대하여 재심을 청구할 수 있다.<br>② 제1항의 재심청구의 경우에는 심판의 당사자를 공동피청구인으로 한다. |

**취지**

제179조는 **제3자의 권리나 이익을 사해(詐害)한 심결**에 대하여 **재심**을 **청구**할 수 있게 한 규정이다. 「사해」란 **속임수로 남에게 해(害)를 입히는 일**이고, 공모(共謀)는 2인 이상이 어떤 불법적인 행위를 하기로 한 합의를 말한다. 이는 심결의 대세효(對世效)에 따른 제3자를 보호하기 위함이다.

> 해 설

재심청구의 대상으로 당사자들의 재심청구(제178조) 외에 당사자들이 제3자를 해할 목적으로 심결을 하게 한 경우에 그 확정된 심결에 대하여 재심청구를 할 수 있게 하였다. 본조의 심결은 당사자가 공모하여 이루어 진 것이므로 **공모한 당사자를 공동피청구인**으로 **규정**하고 있다.

---

**제180조 재심청구의 기간**

① 당사자는 특허취소결정 또는 심결 확정 후 재심사유를 안 날부터 30일 이내에 재심을 청구하여야 한다.
② 대리권의 흠을 이유로 재심을 청구하는 경우에 제1항의 기간은 청구인 또는 법정대리인이 특허취소결정등본 또는 심결등본의 송달에 의하여 특허취소결정 또는 심결이 있는 것을 안 날의 다음 날부터 기산한다.
③ 특허취소결정 또는 심결 확정 후 3년이 지나면 재심을 청구할 수 없다.
④ 재심사유가 특허취소결정 또는 심결 확정 후에 생겼을 때에는 제3항의 기간은 그 사유가 발생한 날의 다음 날부터 기산한다.
⑤ 제1항 및 제3항은 해당 심결 이전의 확정심결에 저촉된다는 이유로 재심을 청구하는 경우에는 적용하지 아니한다.

---

> 취 지

제180조는 **재심의 청구기간**에 관한 것으로서, 재심은 확정된 심결을 취소하여 심판사건을 재심리하는 것이기 때문에 확정된 심결에 대한 효력 즉, 그 **확정심결의 법적 안정성을 해치는 측면**이 있다. 따라서 기존의 법적 효력을 취소하는 절차인 **재심의 청구기간에 대한 제한** 규정을 엄격히 둔 것이다.

> 해 설

① **원칙(제1항 및 제3항)**

당사자는 특허취소결정 또는 심결 확정 후 재심사유를 안 날부터 30일 이내(제1항) 및 그 취소결정 또는 심결 확정 후 3년이 지나면 재심청구를 할 수 없다(제3항). **확정된 심결의 법적 안정성을 고려**한 청구기간의 제한이나, 재심청구인의 절차의 추후보완은 인정된다(제17조).[167]

---

167) 특허에 관한 절차를 밟은 자가 책임질 수 없는 사유로 제180조 제1항에 따른 재심의 청구기간을 지키지 못한 경우에는 그 사유가 소멸한 날부터 2개월 이내에 지키지 못한 절차를 추후 보완할 수 있다. 다만, 그 기간의 만료일부터 1년이 지났을 때에는 그러하지 아니하다.

② 제한 및 확장(제2항, 제4항 및 제5항)

대리권의 흠을 이유로 재심청구를 하는 경우는 청구인 또는 법정대리인이 특허취소결정등본 또는 심결등본의 송달에 의하여 특허취소결정 또는 심결이 있는 것을 안 날의 다음 날부터 기산하고(제2항), **재심사유가 특허취소결정 또는 심결 확정 후에 생겼을 때에는 특허취소결정 또는 심결 확정 후 3년은 그 사유가 발생한 날의 다음 날부터 기산하며(제4항), 해당 심결 이전의 확정심결에 저촉된다는 이유로 재심을 청구하는 경우는** 심결의 저촉·모순을 방지하고 통일성을 기하기 위하여 마련한 특례 규정으로서 재심청구에 따른 **기간의 제한은 없다**(제5항).

---

**제8장 재심**

**제181조 재심에 의하여 회복된 특허권의 효력 제한**

① 다음 각 호의 어느 하나에 해당하는 경우에 특허권의 효력은 해당 특허취소결정 또는 심결이 확정된 후 재심청구 등록 전에 선의로 수입하거나 국내에서 생산 또는 취득한 물건에는 미치지 아니한다.
1. 무효가 된 특허권(존속기간이 연장등록된 특허권을 포함한다)이 재심에 의하여 회복된 경우
2. 특허권의 권리범위에 속하지 아니한다는 심결이 확정된 후 재심에 의하여 그 심결과 상반되는 심결이 확정된 경우
3. 거절한다는 취지의 심결이 있었던 특허출원 또는 특허권의 존속기간의 연장 등록출원이 재심에 의하여 특허권의 설정등록 또는 특허권의 존속기간의 연장 등록이 된 경우
4. 취소된 특허권이 재심에 의하여 회복된 경우

② 제1항 각 호의 어느 하나에 해당하는 경우의 특허권의 효력은 다음 각 호의 어느 하나의 행위에 미치지 아니한다.
1. 해당 특허취소결정 또는 심결이 확정된 후 재심청구 등록 전에 한 해당 발명의 선의의 실시
2. 특허가 물건의 발명인 경우에는 그 물건의 생산에만 사용하는 물건을 해당 특허취소결정 또는 심결이 확정된 후 재심청구 등록 전에 선의로 생산·양도·대여 또는 수입하거나 양도 또는 대여의 청약을 하는 행위
3. 특허가 방법의 발명인 경우에는 그 방법의 실시에만 사용하는 물건을 해당 특허취소결정 또는 심결이 확정된 후 재심청구 등록 전에 선의로 생산·양도·대여 또는 수입하거나 양도 또는 대여를 청약하는 행위

---

**취지**

제180조는 재심의 심결(ex. 특허무효가 아님)이 원심결(ex. 특허무효)과 상반되는

결과로 인하여 **특허권이 회복된 경우**에 특허무효의 **원심결을 믿고 일정 시점까지 특허발명을 선의로 실시한 자**에 대하여 침해의 책임을 묻는 것은 형평의 원칙에 부합하지 않아 이 경우 **특허권 효력에 대한 제한** 규정을 둔 것이다.

> 해 설

① 회복된 특허권의 효력 제한(제1항)

재심에 의하여 특허권이 회복된 경우, 해당 **심결이 확정된 후 재심청구 등록 전**에 **선의로 수입하거나 국내에서 생산 또는 취득한 물건**에는 미치지 아니한다. 시점을 「재심청구 등록 전」으로 한 것은 **재심청구의 등록은 공시 효과**가 있으므로 그 이후의 실시는 악의로 본다는 취지이다.[168]

② 특허권 효력이 미치지 않는 행위(제2항)

**심결이 확정된 후 재심청구 등록 전**에 한 해당 발명의 **선의의 실시**, 물건 또는 방법의 발명인 경우 선의로 생산·양도·대여 또는 수입하거나 양도 또는 대여의 청약을 하는 **행위**에 대해서는 특허권의 효력이 미치지 않는다. 「**선의**」란 **일정한 사실을 알지 못하는 심리상태**을 말한다.

> 제8장 재심
>
> **제182조 재심에 의하여 회복한 특허권에 대한 선사용자의 통상실시권**
>
> 제181조 제1항 각 호의 어느 하나에 해당하는 경우에 해당 특허취소결정 또는 심결이 확정된 후 재심청구 등록 전에 국내에서 선의로 그 발명의 실시사업을 하고 있는 자 또는 그 사업을 준비하고 있는 자는 실시하고 있거나 준비하고 있는 발명 및 사업목적의 범위에서 그 특허권에 관하여 통상실시권을 가진다.

> 취 지

제182조는 재심에 의하여 회복된 특허권에 대하여 선의로 **특허발명의 실사사업을 하고 있는 자** 또는 그 **사업을 준비하는 자**(선사용자)에게 해당 특허권의 **통상실시권을 인정**하는 것이다. 제181조는 재심에 따른 선의의 실시자를 보호하기 위한 것이고, 본조는 선의의 선사용자를 보호하기 위한 것이다.

---

168) 선의(善意)란 자신의 행위가 법률관계의 발생, 소멸 및 그 효력에 영향을 미치는 사실을 모르는 심리상태를 말하며, 일정한 사실에 대한 지(知), 부지(不知)라는 심리상태를 「선의」 또는 「악의」로 칭하고 있다.

해 설

　재심에 의하여 회복된 특허권에 대하여 심결이 확정된 후 재심청구 등록 전에 국내에서 선의로 특허발명을 실시한 선사용자는 **실시하고 있거나 준비하고 있는 발명 및 사업목적의 범위**에서 그 특허권에 관하여 통상실시권을 가진다. 본조의 통상실시권은 법률의 규정에 따른 **법정실시권**이다.

　본조는 **공평의 원칙**에 따라 선의의 선사용자를 보호하고 기존 설치된 사업설비의 유지가 **산업정책적 측면**에서도 바람직하기 때문에 인정되는 것으로, **제103조**에 따른 선사용에 의한 통상실시권과 **제104조**의 무효심판청구 등록 전의 실시에 의한 **통상실시권의 규정과 유사한 취지**이다.

---

**제8장 재심**

**제183조 재심에 의하여 통상실시권을 상실한 원권리자의 통상실시권**

① 제138조 제1항 또는 제3항에 따라 통상실시권을 허락한다는 심결이 확정된 후 재심에서 그 심결과 상반되는 심결이 확정된 경우에는 재심청구 등록 전에 선의로 국내에서 그 발명의 실시사업을 하고 있는 자 또는 그 사업을 준비하고 있는 자는 원(原)통상실시권의 사업목적 및 발명의 범위에서 그 특허권 또는 재심의 심결이 확정된 당시에 존재하는 전용실시권에 대하여 통상실시권을 가진다.
② 제1항에 따라 통상실시권을 가진 자는 특허권자 또는 전용실시권자에게 상당한 대가를 지급하여야 한다.

---

취 지

　제183조는 통상실시권 허락의 심판(제138조)에 따라 통상실시권을 설정 받은 후 **재심에 의하여 그 통상실시권을 상실한 경우**에 재심청구 등록 전에 선의로 발명의 실사사업을 하고 있는 자 또는 그 사업을 준비하는 자(원실시권자)를 **일정 범위 내**에서 제182조와 같이 **통상실시권을 인정**한다는 것이다.

해 설

　통상실시권을 허락한다는 심판(제138조)의 심결에 의하여 통상실시권을 설정 받은 후 재심의 결과 통상실시권을 상실하는 경우에 재심청구 등록 전에 선의로 국내에서 그 발명의 실시사업을 하고 있는 자 등은 **원(原)통상실시권의 사업목적 및 발명의 범위**에서 **통상실시권**을 가진다(제1항).

이렇게 재심청구에 의하여 다시 통상실시권을 설정 받은 자는 통상실시권 허락의 심판에 의한 통상실시권이 그 발명의 실시에 있어 특허권자 또는 전용실시권자에게 상당한 대가를 지급하여야 하듯이(제104조 제2항) **통상실시권을 설정해 준 자**에게 역시 **상당한 대가를 지급**하여야 한다(제2항).

---

**제8장 재 심**

**제184조 재심에서의 심판규정 등의 준용**

특허취소결정 또는 심판에 대한 재심의 절차에 관하여는 그 성질에 반하지 아니하는 범위에서 특허취소신청 또는 심판의 절차에 관한 규정을 준용한다.

**취 지**

제184조는 특허취소결정 또는 심판에 대한 **재심의 절차**에 관하여 그 **성질에 반하지 않는 범위**에서 특허취소신청 또는 **심판의 절차에 관한 규정을 준용**한다고 규정한 것이다. 따라서 재심청구가 있으면 우선 **재심사유의 유무에 관하여 심리**를 행하고 통상의 심판절차에 따라 **재심의 심리를 속행**한다.

**해 설**

재심의 절차는 그 성질에 반하지 않는 한 심판절차에 관한 규정을 준용하므로 재심청구인이 **재심의 청구취지·재심이유**를 적은 **재심청구서**를 특허심판원장에게 **제출**하여야 되고, 재심청구서에 따른 **답변서 제출 및 송달** 등이 행해지며, **심판관 합의체**가 구성되어 재심의 **심리가 진행**된다.

---

**제8장 재 심**

**제185조 「민사소송법」의 준용**

재심청구에 관하여는 「민사소송법」 제459조 제1항을 준용한다.

**취 지**

제185조는 재심대상 심결에 대한 재심의 청구가 있을 경우 재심사유의 유무에 관하여 심리를 한 후 그 결과 **재심대상의 요건을 충족한다고 판단한 경우에** 재심

의 실체적 심리(본안심리)에 들어갔을 때의 심리·판단할 수 있는 범위를169) 민사소송법 제459조 제1항을 준용하도록 규정하고 있다.

### 해 설

민사소송법 제459조(변론과 재판의 범위) 제1항은 "본안의 변론과 재판은 **재심청구이유의 범위** 안에서 하여야 한다."고 규정하고 있다. 따라서 심판의 재심청구에 있어 **재심의 심리범위는 재심청구의 범위 즉, 불복의 범위로 한정**되는데 이는 제159조의 직권심리와는 다른 것이다.170)

---

169) 정상조·박성수 공편, 앞의 특허법 주해Ⅱ, 710면.
170) 특허청, 앞의 특허법해설 책, 417면.

최신 개정법률을 반영한 조문별 취지·해설·판례
**특허법해설**
Easy & Consice

# 제9장 소 송

> **제186조 심결 등에 대한 소**
>
> ① 특허취소결정 또는 심결에 대한 소 및 특허취소신청서·심판청구서·재심청구서의 각하결정에 대한 소는 특허법원의 전속관할로 한다.
> ② 제1항에 따른 소는 다음 각 호의 자만 제기할 수 있다.
> 1. 당사자
> 2. 참가인
> 3. 해당 특허취소신청의 심리, 심판 또는 재심에 참가신청을 하였으나 신청이 거부된 자
> ③ 제1항에 따른 소는 심결 또는 결정의 등본을 송달받은 날부터 30일 이내에 제기하여야 한다.
> ④ 제3항의 기간은 불변기간으로 한다.
> ⑤ 심판장은 주소 또는 거소가 멀리 떨어진 곳에 있거나 교통이 불편한 지역에 있는 자를 위하여 직권으로 제4항의 불변기간에 대하여 부가기간을 정할 수 있다.
> ⑥ 특허취소를 신청할 수 있는 사항 또는 심판을 청구할 수 있는 사항에 관한 소는 특허취소결정이나 심결에 대한 것이 아니면 제기할 수 없다.
> ⑦ 제162 조제2항 제5호에 따른 대가의 심결 및 제165조 제1항에 따른 심판비용의 심결 또는 결정에 대해서는 독립하여 제1항에 따른 소를 제기할 수 없다.
> ⑧ 제1항에 따른 특허법원의 판결에 대해서는 대법원에 상고할 수 있다.

**제9장 소송**

### 취지

제186조는 특허취소결정 또는 심결에 대한 불복의 소는 특허법원을 전속관할로 한다는 취지이다. 「**전속관할**(專屬管轄)」은 소송법상으로 고도의 적정성과 신속성이라는 공익적 요구에 의하여 **특정법원에 재판권을 행사하게 하는 관할**을 말하며, 이에 따라 **심결에 대한 불복의 소는 특허법원**이 **전속관할**이다.

본조는 "**심결취소소송**"에 관한 것으로, 원래 일체의 법률상 쟁송은 법원의 최종적 판단을 받아야함으로 행정처분의 하나인 특허심판원의 심결 역시 행정소송법의 적용을 받는 것이 원칙이나 특허사건의 성질상 **행정소송법의 특칙으로 이를 특허법 제186조부터 제191조의2까지 규정**하고 있다.

기존 심결취소소송의 체계는 특허청 심판소 → 항고심판소 → 대법원이었으나 1998년에 특허청 심판소와 항고심판소가 특허심판원으로 통합되고, 특허법원이 신

설됨으로써 국민의 재판받을 권리를 더욱 보장한다는 측면에서 **특허심판원 → 특허법원 → 대법원**으로 불복의 절차가 진행된다.

> 해 설

### ① 심결에 대한 소(訴)의 관할(제1항)

특허취소결정 또는 심결에 대한 소 및 특허취소신청서·심판청구서·재심청구서의 각하결정에 대한 소는 특허법원의 전속관할로 한다. 여기서 **심결은 심판의 심결뿐 아니라 재심의 심결도 포함**한다. 다만, 결정은 본항에서 규정하고 있는 결정만이 소송의 대상이 된다.[171]

### ② 원고적격(제2항)

원고적격(原告適格)은 **원고로서 소송을 수행하여 본안판결을 받을 수 있는 자격**을 말하는데 본조 제2항에 따른 원고적격자는 ⓐ **당사자**, ⓑ **참가인**, ⓒ 해당 특허취소신청의 심리, 심판 또는 재심에 참가신청을 하였으나 신청이 거부된 자로 **제한**하고 있다.

행정소송에서는 처분 등의 취소를 구할 법률상의 이익이 있는 자는 당사자 외의 제3자도 원고적격이 인정되므로 특허심판의 심결취소소송도 대세효가 인정되어 원고적격을 넓게 인정할 수 있으나, 이에 따른 소송이 지연될 우려를 고려하여 위 세 가지 경우로 제한하고 있다.[172]

### ③ 소제기 기간 및 불변기간(제3항 및 제4항)

소는 **심결등본을 송달받은 날부터 30일 이내**에 제기하여야 하며(제3항), 그 기간은 기간연장이 불가능한 **불변기간**(不變期間)이다(제4항). 행정소송법 제20조는 취소소송을 90일 이내로 제소하도록 규정하나,[173] 심결취소소송은 신속히 권리에 대한 판단을 확정할 필요가 있어 30일로 하였다.

### ④ 불변기간에 대한 부가기간의 지정(제5항)

「부가기간」은 **본래의 기간 이외에 별도의 기간을 더 주는 것**을 말하는 것으로, 본래의 기간을 늘려주는 '기간의 연장'과 구별된다.[174] 심판장은 주소 또는 거소가

---

171) 이와 관련하여 제152조 제4항에 따른 심판관의 제척 또는 기피 신청에 관한 결정이나 제156조 제5항에 따른 심판참가의 결정은 법에서 명문으로 불복할 수 없다고 규정하고 있다.
172) 정상조·박성수 공편, 앞의 특허법 주해Ⅱ, 829면.
173) 행정소송법 제20조(제소기간) ① 취소소송은 처분등이 있음을 안 날부터 90일 이내에 제기하여야 한다.
174) 임병웅, 앞의 책, 125면.

멀리 떨어진 곳에 있거나 교통이 불편한 지역에 있는 자를 위하여 직권으로 불변기간에 대한 부가기간을 정할 수 있다.

### ⑤ 심판전치주의(審判前置主義)의 채택(제6항)

제6항은 "특허취소신청의 사항 또는 심판을 청구할 있는 사항"에 관한 것만 특허법원에 소제기가 가능하므로 소위 「심결취소소송」은 특허취소결정이나 심결에 대한 것이 아니면 제기할 수 없는 것으로 해석하여야 함으로 결론적으로 필요적 심판전치주의를 강제하는 것이다.[175]

### ⑥ 대가 및 심판비용의 심결 등에 관한 소제기의 제한(제7항)

통상실시권 허여의 심판(제138조)은 심결의 주문에 대가가 포함되는데(제162조 제2항 제5호) 이 대가의 심결 및 당사자계 심판의 심판비용(제165조 제1항)에 따른 심판비용의 심결 또는 결정에 대해서는 **독립하여 특허법원에 소를 제기할 수 없도록** 그에 대한 소제기를 **제한**하고 있다.[176]

### ⑦ 상고(제8항)

심결취소소송에 대하여 **특허법원의 판결**을 받은 자는 그 판결에 **불복**이 있으면 **대법원에 상고**(上告)할 수 있게 하였다. 일반적으로 상고심은 원심의 사실인정을 전제로 심리하는 법률심이며, 상고장은 특허법원의 판결이 송달된 날로부터 2주일 이내에 원심법원(특허법원)에 제출한다.

> **판결요지**
>
> ▷ 심판은 특허심판원에서의 행정절차이며 **심결은 행정처분**에 해당하고, 그에 대한 불복의 소송인 심결취소소송은 항고소송에 해당하여 그 **소송물은 심결의 실체적·절차적 위법성 여부**라 할 것이므로 당사자는 **심결에서 판단되지 않은 처분의 위법사유도 심결취소소송단계에서 주장 입증할 수 있고 심결취소소송의 법원은 특별한 사정이 없는 한 제한 없이 이를 심리·판단하여 판결의 기초로 삼을 수 있는 것**이며 이와 같이 본다고 하여 심급의 이익을 해한다거나 당사자에게 예측하지 못한 불의의 손해를 입히는 것이 아니다. 따라서 원심이 심판절차에 제출되지 않았던 공지기술에 관한 자료를 증거로 채택하여 심리·판단한 것은 정당하고, 거기에 상고이유

---

175) 임병웅, 앞의 책, 1202면. 즉, 제186조 제6항에 따른 특허법원으로의 소제기 대상은 특허심판원으로의 심판청구의 대상으로서 특허심판원의 심결을 거친 후가 아니면 특허법원에 소를 제기할 수 없다는 제도적 취지이다.
176) 대가나 심판비용의 부담 부분에 대하여 불복이 있는 경우는 그 심결 또는 결정의 취소를 구하는 심결취소소송 중에서 대가나 심판비용의 부담을 다툴 수 있을 뿐이다. 정상조·박성수 공편, 앞의 특허법 주해Ⅱ, 857면.

제1점에서 주장하는 바와 같은 심급에 관한 이익이나 **심결취소소송의 심리범위**에 대한 법리오해의 위법이 없다(대법원 2002.6.25. 선고 2000후1306 판결).

▷ 특허심판원 **심결의 취소소송에서 심결의 위법 여부는 심결 당시의 법령과 사실상태를 기준으로 판단**하여야 하고, 원칙적으로 심결이 있은 이후 비로소 발생한 사실을 고려하여 판단의 근거로 삼을 수는 없다 할 것이며, 이 사건의 경우 심결시 이후에 발생한 (가)호 발명의 특허등록 사실을 고려하여 심결의 위법 여부를 판단하여야 할 아무런 사정이 없다(대법원 2002.4.12. 선고 99후2211 판결).

▷ 행정소송의 일종인 **심결취소소송에 있어서** 직권주의가 가미되어 있다고 하더라도 여전히 **변론주의를 기본 구조로** 하는 이상 심결의 위법을 들어 그 취소를 청구함에 있어서는 **직권조사사항을 제외하고는 그 취소를 구하는 자가 위법사유에 해당하는 구체적 사실을 먼저 주장**하여야 하고, 따라서 법원이 당사자가 주장하지도 아니한 법률요건에 대하여 판단하는 것은 변론주의 원칙에 위배되는 것이다(대법원 2011.3.24. 선고 2010후3509 판결).

▷ 구 특허법(2007.1.3. 법률 제8197호로 개정되기 전의 것. 이하 같다) 제63조 본문은 심사관은 제62조의 규정에 의하여 특허거절결정을 하고자 할 때에는 그 특허출원인에게 거절이유를 통지하고 기간을 정하여 의견서를 제출할 수 있는 기회를 주어야 한다고 정하고 있다. 그러나 심사관이 특허출원인에게 거절이유를 통지하여 의견서를 제출할 수 있는 기회를 주지 아니하고 특허거절결정을 하였고 또 그 거절결정의 이유 중에 심사관이 통지하지 아니한 거절이유가 일부 포함되어 있다 하더라도, 후에 특허거절결정에 대한 심판청구를 기각하는 심결이 있는 경우에 그 심결이 위 규정상의 **통지를 하지 아니한 거절이유를 들어 특허거절결정을 유지한 것이 아니라면, 위와 같은 통지 흠결의 사유만으로 그 심결을 위법하다고 할 수 없다** (대법원 2010.4.29. 선고 2009후4285 판결).

▷ 구 특허법(2001.2.3. 법률 제6411호로 개정되기 전의 것, 이하 같다) 제62조는 심사관은 특허출원이 소정의 거절사유에 해당하는 때에는 거절결정하여야 하고, 같은 법 제63조는 심사관은 제62조의 규정에 의하여 거절결정을 하고자 할 때에는 그 특허출원인에게 거절이유를 통지하고 기간을 정하여 의견서를 제출할 수 있는 기회를 주어야 한다고 규정하고 있으며, 같은 법 제170조 제2항은 거절결정에 대한 심판에서 그 거절결정의 이유와 다른 거절이유를 발견한 경우에 제63조의 규정을 준용한다고 규정하고 있고, 이들 규정은 이른바 강행규정이므로, **거절결정에 대한 심판청구를 기각하는 심결 이유는 적어도 그 주지에 있어서 거절이유통지서의 기재 이유와 부합하여야 하고**, 거절결정에 대한 심판에서 그 거절결정의 이유와 다른 거절이유를 발견한 경우에는 거절이유의 통지를 하여 특허출원인에게 새로운

**거절이유에 대한 의견서 제출의 기회를 주어야 한다**(대법원 2003. 10. 10. 선고 2001후 2757 판결).

▷ 특허법 제186조는 제2항에서 특허심판원의 심결에 대한 취소의 소는 당사자, 참가인, 해당 심판이나 재심에 참가신청을 하였으나 신청이 거부된 자가 제기할 수 있다고 규정하고, 제3항에서 그 취소의 소는 심결의 등본을 송달받은 날부터 30일 이내에 제기하여야 한다고 규정하고 있다. 한편 특허법 제38조 제4항은 특허출원 후에는 특허를 받을 수 있는 권리의 승계는 상속, 그 밖의 일반승계의 경우를 제외하고는 특허출원인변경신고를 하여야만 그 효력이 발생한다고 규정하고 있다. 이러한 규정들에 의하면, 특허출원인으로부터 특허를 받을 수 있는 권리를 양수한 특정 승계인은 **특허출원인변경신고를 하지 않은 상태에서는 그 양수의 효력이 발생하지 않아서 특허심판원의 거절결정 불복심판 심결에 대하여 취소의 소를 제기할 수 있는 당사자 등에 해당하지 아니하므로, 그가 제기한 취소의 소는 부적법**하다(대법원 2017. 11. 23. 선고 2015후321 판결).

---

### 제9장 소송

**제187조 피고적격**

제186조 제1항에 따라 소를 제기하는 경우에는 특허청장을 피고로 하여야 한다. 다만, 제133조 제1항, 제134조 제1항·제2항, 제135조 제1항·제2항, 제137조 제1항 또는 제138조 제1항·제3항에 따른 심판 또는 그 재심의 심결에 대한 소를 제기하는 경우에는 그 청구인 또는 피청구인을 피고로 하여야 한다.

**취 지**

제187조는 심결에 대한 소의 **피고적격**을 규정한 것이다. 특허법원으로의 **심결취소소송을** 제기하는 경우 **원칙적으로 특허청장을 피고로** 하고,[177] 특허무효심판, 권리범위확인심판 등과 같은 상대방이 있는 **당사자계 심판의 불복소송은** 해당 **심판의 청구인** 또는 **피청구인을 피고로** 하도록 규정하였다.

**해 설**

심결에 대한 처분은 심판관 합의체가 내리지만 심판관 합의체를 심결에 대한 소

---

[177] 행정소송법 제13조는 피고적격에 대해 "취소소송은 다른 법률에 특별한 규정이 없는 한 그 처분 등을 행한 행정청을 피고로 한다."고 규정하고 있다.

에 있어서 피고로 하면 소송의 절차나 수행이 복잡해 질 수 있으므로 이에 대한 **편의를 도모**하기 위하여 특허청장을 피고로 규정하였다.

다만, 특허무효심판(제133조), 특허권 존속기간의 연장등록의 무효심판(제134조), 권리범위확인심판(제135조), 정정의 무효심판(제137조), 또는 통상실시권 허락의 심판(제138조)에 따른 당사자계 심판은 그 심판의 상대방인 청구인 또는 피청구인을 피고로 규정한 것이다.

---

**제9장 소송**

### 제188조 소제기 통지 및 재판서 정본 송부

① 법원은 제186조 제1항에 따른 소 또는 같은 조 제8항에 따른 상고가 제기되었을 때에는 지체 없이 그 취지를 특허심판원장에게 통지하여야 한다.
② 법원은 제187조 단서에 따른 소에 관하여 소송절차가 완결되었을 때에는 지체 없이 그 사건에 대한 각 심급(審級)의 재판서 정본을 특허심판원장에게 보내야 한다.

---

**취 지**

제188조는 심결에 대한 특허법원으로의 불복의 소(제186조 제1항) 또는 그 **소제기에 따른** 대법원으로의 상고가 제기(제186조 제8항)된 경우에 그 **취지를 특허심판원장에게 통지**하도록 규정하였다. 소가 제기되면 심결의 확정이 차단되므로 특허청에서의 **확정심결에 대한 등록절차를 중지**시킬 필요가 있다.

**해 설**

① 소제기 사실의 통지(제1항)

심결이 확정되면 특허청장은 확정심결을 등록하지만 **소가 제기되면 심결의 확정이 차단**된다. 즉, 심판종료 후 **확정심결로서 특허청에서 등록되는 절차를 중지**토록 하기 위하여 법원은 심결취소소송이 제기되거나 상고가 제기되면 신속히 특허심판원장에게 통지할 것을 규정하였다.

② 당사자계 소송절차 완료시 판결정본 송부(제2항)

법원은 특허무효심판과 같은 **당사자계 심판의 심결취소소송에서**(제187조 단서) 그 **소송절차가 완료**되었을 때에는 지체 없이 그 사건에 대한 각 심급의 **재판서 정본**

을 특허심판원장에게 보내야 한다. 다만, 거절결정불복과 같은 결정계 사건의 소는 피고가 특허청장이므로 이를 하지 않아도 된다.

> **제188조의2 기술심리관의 제척·기피·회피**
>
> ① 「법원조직법」 제54조의2에 따른 기술심리관의 제척·기피에 관하여는 제148조, 「민사소송법」 제42조부터 제45조까지, 제47조 및 제48조를 준용한다.
> ② 제1항에 따른 기술심리관에 대한 제척·기피의 재판은 그 소속 법원이 결정으로 하여야 한다.
> ③ 기술심리관은 제척 또는 기피의 사유가 있다고 인정하면 특허법원장의 허가를 받아 회피할 수 있다.

### 취 지

제188조의2는 **특허법원**에서 **기술심리관의 직무에 관한 제척·기피·회피**에 관한 것을 규정한 것이다. 기술심리관의 제척 등에 관하여는 민사소송법 및 법원조직법의 관련 법령을 준용하도록 되어있으며, **재판의 공정성을 확보**하기 위하여 규정되었다. 이 규정은 **특허법원의 개원과 같이 신설**된 조항이다.

기술심리관은 재판장의 명을 받아 사건의 **기술적·전문적 사항**에 관하여 수시 **자문에 응**하거나 소송기록을 검토하여 **기술적 사항에 관련된 증거판단, 사실문제에 관한 조사·검토**, 관련 전문지식 등에 관한 **의견서를 법원에 제출**하는 등의 업무를 수행한다(기술심리관규칙 제4조).[178]

### 해 설

① 제척·기피·회피에 관한 민사소송법 및 법원조직법 준용(제1항)

특허법원은 기술 및 실무의 전문성을 보좌받기 위하여 기술심리관을 두고 있다(법원조직법 제54조의2).[179] 기술심리관의 제척·기피 등에 관해서 심판관의 제척(제

---

[178] 이외에도 변론 또는 준비절차에서 재판장 또는 수명법관의 허가를 얻어 기술적인 사항에 관하여 소송관계인에게 질문을 하거나 재판장의 허가를 얻어 합의과정에서 사건의 기술적 사항에 관하여 의견을 진술하는 일을 수행한다.
[179] **법원조직법 제54조의2(기술심리관)** ① 특허법원에 기술심리관을 둔다. ② 법원은 필요하다고 인정하는 경우 결정으로 기술심리관을 「특허법」 제186조 제1항에 따른 소송의 심리에 참여하게 할 수 있다. ③ 제2항에 따라 소송의 심리에 참여하는 기술심

148조), 민사소송법 제42조(제척의 재판) 내지 제45조(제척 또는 기피신청의 각하 등), 제47조(불복신청) 및 제48조(소송절차의 중지)를 준용한다.180)

### ② 제척·기피의 결정 및 회피의 허가(제2항 및 제3항)

기술심리관에 대한 제척·기피의 재판은 그 소속 법원(특허법원)이 결정으로 하고(제2항), 기술심리관은 제척 또는 기피의 사유가 있다고 인정하면 특허법원장의 허가를 받아 회피할 수 있다(제3항).

---

리관은 재판장의 허가를 받아 기술적인 사항에 관하여 소송관계인에게 질문을 할 수 있고, 재판의 합의에서 의견을 진술할 수 있다. ④ 대법원장은 특허청 등 관계 국가기관에 대하여 그 소속 공무원을 기술심리관으로 근무하게 하기 위하여 파견근무를 요청할 수 있다. ⑤ 기술심리관의 자격, 직제 및 인원과 그 밖에 필요한 사항은 대법원규칙으로 정한다.

180) 민사소송법 제42조(제척의 재판) 법원은 제척의 이유가 있는 때에는 직권으로 또는 당사자의 신청에 따라 제척의 재판을 한다.
　제43조(당사자의 기피권) ① 당사자는 법관에게 공정한 재판을 기대하기 어려운 사정이 있는 때에는 기피신청을 할 수 있다. ② 당사자가 법관을 기피할 이유가 있다는 것을 알면서도 본안에 관하여 변론하거나 변론준비기일에서 진술을 한 경우에는 기피신청을 하지 못한다.
　제44조(제척과 기피신청의 방식) ① 합의부의 법관에 대한 제척 또는 기피는 그 합의부에, 수명법관(受命法官)·수탁판사(受託判事) 또는 단독판사에 대한 제척 또는 기피는 그 법관에게 이유를 밝혀 신청하여야 한다. ② 제척 또는 기피하는 이유와 소명방법은 신청한 날부터 3일 이내에 서면으로 제출하여야 한다.
　제45조(제척 또는 기피신청의 각하 등) ① 제척 또는 기피신청이 제44조의 규정에 어긋나거나 소송의 지연을 목적으로 하는 것이 분명한 경우에는 신청을 받은 법원 또는 법관은 결정으로 이를 각하(却下)한다. ② 제척 또는 기피를 당한 법관은 제1항의 경우를 제외하고는 바로 제척 또는 기피신청에 대한 의견서를 제출하여야 한다.
　제47조(불복신청) ① 제척 또는 기피신청에 정당한 이유가 있다는 결정에 대하여는 불복할 수 없다.
　② 제45조 제1항의 각하결정(却下決定) 또는 제척이나 기피신청이 이유 없다는 결정에 대하여는 즉시항고를 할 수 있다. ③ 제45조 제1항의 각하결정에 대한 즉시항고는 집행정지의 효력을 가지지 아니한다.
　제48조(소송절차의 정지) 법원은 제척 또는 기피신청이 있는 경우에는 그 재판이 확정될 때까지 소송절차를 정지하여야 한다. 다만, 제척 또는 기피신청이 각하된 경우 또는 종국판결(終局判決)을 선고하거나 긴급을 요하는 행위를 하는 경우에는 그러하지 아니하다.

> **제189조 심결 또는 결정의 취소**
>
> ① 법원은 제186조 제1항에 따라 소가 제기된 경우에 그 청구가 이유 있다고 인정할 때에는 판결로써 해당 심결 또는 결정을 취소하여야 한다.
> ② 심판관은 제1항에 따라 심결 또는 결정의 취소판결이 확정되었을 때에는 다시 심리를 하여 심결 또는 결정을 하여야 한다.
> ③ 제1항에 따른 판결에서 취소의 기본이 된 이유는 그 사건에 대하여 특허심판원을 기속한다.

**제9장 소송**

### 취지

제189조는 법원에 심결취소소송이 제기된 경우에 심리결과 그 **청구가 이유 있다고 인정되면** 법원은 해당 심결 등을 **판결로써 취소**하여야 하고, 그 취소판결이 확정되었을 때에는 심판관은 다시 심리를 해서 심결을 내리고, 판결에서 **취소의 기본이 된 이유**는 **특허심판원**을 기속함을 규정한 것이다.

법원이 특허심판원의 **심결을 자판(自判)하여 구체적인 행정처분의 판결을 내리는 것은 법원이 행정권을 행사하는 것이 되어 권력분립의 원칙에 반하므로**[181] 심결에 위법이 발견된 경우는 심결을 취소하는 판결을 내리고, 원심에서 재심리하도록 하고 취소된 이유를 기속(羈束)한다.

### 해설

① 판결에 따른 심결 또는 결정의 취소(제1항)

법원은 심결에 불복이 있어 심결취소소송이 제기된 경우 그 **청구에 이유가 있다면 판결로써** 해당 **심결 또는 결정을 취소**하여야 하고, 그 청구에 **이유가 없다면 청구기각의 판결**을 내린다. 즉, 법원은 심결에 위법이 있다고 하더라도 구체적인 행정처분의 행정권한을 행사할 수 없다.

② 취소판결에 의한 심판관의 심리 및 확정된 취소판결의 기속력(제2항 및 제3항)

특허법원에서 심결 또는 결정을 취소한다는 판결이 확정되면 심판관은 그 사건을 다시 심리하여 심결 또는 결정을 하여야 하고(제2항), 이 경우 취소판결에서 취소의 기본이 된 이유는 그 사건에 대하여 **특허심판원을 기속하므로**(제3항) 심판관은 그 **취소된 이유를 벗어난 심결**을 할 수 없다.

---

181) 임병웅, 앞의 책, 1232면.

| 판결요지 |

▷ 심결을 취소하는 판결이 확정된 경우, 그 취소의 기본이 된 이유는 그 사건에 대하여 특허심판원을 기속하는 것인바, 이 경우의 **기속력은 취소의 이유가 된 심결의 사실상 및 법률상 판단이 정당하지 않다는 점에 있어서 발생하는 것**이므로, 취소후의 심리과정에서 새로운 증거가 제출되어 기속적 판단의 기초가 되는 증거관계에 변동이 생기는 등의 특단의 사정이 없는 한, **특허심판원은 위 확정된 취소판결에서 위법이라고 판단된 이유와 동일한 이유로 종전의 심결과 동일한 결론의 심결을 할 수 없고**, 여기에서 새로운 증거라 함은 적어도 취소된 심결이 행하여진 심판절차 내지는 그 심결의 취소소송에서 채택, 조사되지 않은 것으로서 심결취소판결의 결론을 번복하기에 족한 증명력을 가지는 증거라고 보아야 할 것이다(대법원 2002. 12. 26. 선고 2001후96 판결).

### 제9장 소송

**제190조 보상금 또는 대가에 관한 불복의 소**

① 제41조 제3항·제4항, 제106조 제3항, 제106조의2 제3항, 제110조 제2항 제2호 및 제138조 제4항에 따른 보상금 및 대가에 대하여 심결·결정 또는 재정을 받은 자가 그 보상금 또는 대가에 불복할 때에는 법원에 소송을 제기할 수 있다.
② 제1항에 따른 소송은 심결·결정 또는 재정의 등본을 송달받은 날부터 30일 이내에 제기하여야 한다.
③ 제2항에 따른 기간은 불변기간으로 한다.

| 취 지 |

제190조는 **특허출원 또는 특허권 수용 관련 보상금**이나 **특허권 실시에 따른 대가의 금액** 결정에 대하여 이의가 있는 경우 법원에 소를 제기할 수 있도록 하였다. 특허청의 행정처분이나 심결로 정해진 사항 중 보상금 또는 대가의 금액에 대하여 **독립적으로 불복의 소를 제기**할 수 있도록 한 취지이다.

행정처분 자체에 불복이 있는 경우는 행정소송을 제기하거나 심결 자체에 불복이 있는 경우는 심결취소소송을 제기할 수 있으나, 본조는 행정처분이나 심결로 정해진 사항 중 보상금이나 대가의 금액에 대하여 불복이 있을 경우 이를 독립의 대상으로 하여 소를 제기할 수 있도록 하였다.[182]

---
182) 특허청, 앞의 특허법해설 책, 427면.

> 해 설

① 보상금 또는 대가에 관한 불복의 소(제1항)

**국방상 필요한 발명**에 대하여 외국에의 특허출원 금지 또는 비밀취급에 따른 손실의 보상금(제41조 제3항), **특허권 수용**에 따른 실시의 보상금(제106조 제3항), 정부 또는 정부 외의 자가 국가 비상사태, 극도의 긴급상황 또는 **공공의 이익**을 위하여 비상업적(非商業的)으로 실시할 필요가 있는 경우에 특허발명의 **실시**에 따른 **보상금**(제106조의2 제3항), **재정**(裁定)의 결정에 따른 통상실시권 설정에 의한 **대가**(제110조 제2항 제2호) 및 **통상실시권 허락의 심판**에 따른 실시의 대가(제138조 제4항)에 관하여 불복할 때에는 그 금액에 대하여 법원에 소송을 제기할 수 있다.

② 제소기간(제2항 및 제3항)

보상금 또는 대가의 소에 관한 소의 제기는 심결·결정 또는 재정의 **등본을 송달받은 날부터 30일 이내**에 제기하여야 하고(제2항), 이 기간은 기간연장이 불가능한 **불변기간**이다(제3항). 다만, 법원은 불변기간에 대하여 원격지에 있는 사람을 위하여 부가기간을 정할 수 있다(민사소송법 제172조 제2항).

---

**제9장 소 송**

**제191조 보상금 또는 대가에 관한 소송에서의 피고**

　제190조에 따른 소송에서는 다음 각 호의 어느 하나에 해당하는 자를 피고로 하여야 한다.
1. 제41조 제3항 및 제4항에 따른 보상금에 대해서는 보상금을 지급하여야 하는 중앙행정기관의 장 또는 출원인
2. 제106조 제3항 및 제106조의2 제3항에 따른 보상금에 대해서는 보상금을 지급하여야 하는 중앙행정기관의 장, 특허권자, 전용실시권자 또는 통상실시권자
3. 제110조 제2항 제2호 및 제138조 제4항에 따른 대가에 대해서는 통상실시권자·전용실시권자·특허권자·실용신안권자 또는 디자인권자

---

> 취 지

제191조는 **보상금 또는 대가에 관한 불복의 소**(제190조)에서의 **피고적격**에 대하여 규정한 것이다. 즉, 제186조의 심결에 대한 소와 제190조의 보상금 또는 대가에 관한 소를 별개로 구분하여 "금액"에 대한 불복의 소로 독립하여 인정한 것은 이 금액에 대한 **지급자와 수령자** 간 **당사자 문제**로 본 것이다.

> 해 설

　본조에 따른 피고는 ㉠ **국방상 필요한 발명** 등(제41조 제3항 및 제4항)에 따른 보상금에 대해서는 **보상금을 지급해야할 중앙행정기관의 장 또는 출원인**, ㉡ 비상시 국방상 필요한 경우 특허권 수용 및 정부 등에 의한 특허발명의 실시(제106조 제3항 및 제106조의2 제3항)에 따른 보상금에 대해서는 중앙행정기관의 장, 특허권자, 전용실시권자 또는 통상실시권자, ㉢ 재정에 의한 실시나 및 통상실시권 허락의 심판에 의한 실시(제110조 제2항 제2호 및 제138조제4항)에 따른 대가에 대해서는 통상실시권자·전용실시권자·특허권자·실용신안권자 또는 디자인권자가 된다.

---

**제9장 소송**

**제191조의2 변리사의 보수와 소송비용**

　소송을 대리한 변리사의 보수에 관하여는 「민사소송법」 제109조를 준용한다. 이 경우 "변호사"는 "변리사"로 본다.

---

> 취 지

　제191조의2는 변리사가 소송을 대리하는 경우에 있어 변리사의 보수에 관하여 **민사소송법 제109조를 준용**하도록 함으로써 과거 변리사의 보수에 대한 특허법의 미비를 보완한 것이다. 이에 따라 소송을 대리한 변리사의 보수는 **변호사의 보수처럼 일정 범위 내에서 소송비용으로 인정**받게 되었다.

> 해 설

　민사소송법 제109조 제1항은 「소송을 대리한 **변호사**에게 당사자가 지급하였거나 지급할 보수는 **대법원규칙**이 정하는 금액의 범위 안에서 **소송비용으로 인정**한다.」[183]고 규정하고 있다. **2006년 3월 3일 법률 제7871호** 특허법 이전에는 심결취소소송을 대리한 변리사의 보수에 관하여 소송비용으로 산입하지 않았고 관련 규정도 없었다. 이에 따라 **변호사가 아닌 변리사라는 이유로 그 보수를 소송비용액에 포함시키지 않은 것은 형평에 원칙에 위배된다**는 비판이 있어 변리사의 보수의 관해서 변호사 보수의 소송비용을 인정한 민사소송법 제109조를 준용하도록 본조를 신설한 것이다.[184]

---

183) 민사소송법 제109조 제2항 「제1항의 소송비용을 계산할 때에는 여러 변호사가 소송을 대리하였더라도 한 변호사가 대리한 것으로 본다.」고 규정하고 있다.
184) 정상조·박성수 공편, 앞의 특허법 주해Ⅱ, 901면.

최신 개정법률을 반영한 조문별 취지·해설·판례

**특허법해설**
Easy & Consice

# 제10장 「특허협력조약」에 따른 국제출원

|  | **제192조 국제출원을 할 수 있는 자** |
|---|---|
| **제10장**<br>「특허협력<br>조약」에 따른<br>국제출원<br>**제1절**<br>국제출원절차 |   특허청장에게 국제출원을 할 수 있는 자는 다음 각 호의 어느 하나에 해당하는 자로 한다.<br>1. 대한민국 국민<br>2. 국내에 주소 또는 영업소를 가진 외국인<br>3. 제1호 또는 제2호에 해당하는 자가 아닌 자로서 제1호 또는 제2호에 해당하는 자를 대표자로 하여 국제출원을 하는 자<br>4. 산업통상자원부령으로 정하는 요건에 해당하는 자 |

### 취 지

제192조는 특허협력조약(PCT)에 따른 국제출원에 있어[185] 국제출원절차(국제단계)[186]의 **국제출원을 할 수 있는 자**와 국제출원의 **수리관청**을 규정한 것이다. PCT 제9조는 원칙적으로 PCT **체약국의 거주자와 국민**이[187] PCT에 따른 국제출원을 할 수 있다고 규정하고 있고, 본조도 이를 반영하였다.

### 해 설

우리나라 **특허청**을 **수리관청**으로 하는 국제출원절차로서 PCT에 따른 국제출원

---

[185] PCT(Patent Cooperation Treaty, 이하 "PCT"라 한다)에 따른 국제출원은 출원인이 **거주국의 특허청(수리관청)에** PCT **국제출원서를 제출**하고 일정기간 내에 **특허취득을 원하는 국가(지정국)로의 국내단계에 진입**할 수 있는 제도로서, **PCT 국제출원의 출원일이 지정국가에서 출원일로 인정받을 수 있는 제도**이다. 반면에 파리조약을 통한 전통적인 국제출원의 방법은 특허취득을 원하는 모든 나라에 각각 개별적으로 특허출원을 하여 개별국의 국내법에 심사를 받는 것이다. PCT는 특허를 해외에 출원할 경우 그 절차를 간소화하고 비용을 절약하며 기술교류협력을 위하여 체결된 다자간 조약으로 현재 체약국은 150여 개국이다. 우리나라는 1985년 5월 10일에 PCT 가입국이 되었으며 1999년 12월부터 출원발명에 대한 선행기술의 유무를 검토 받을 수 있는 국제조사기관(ISA, International Searching Authority) 및 특허성 유무에 대한 예비심사를 받을 수 있는 국제예비심사기관(IPEA, International Preliminary Examining Authority)으로서의 업무를 수행하고 있다.

[186] PCT 출원절차에서 "**국제단계**"란 국제출원에서 지정국(지정관청)에 대한 국내절차의 진행 전까지의 전과정을 의미한다. 즉, 국제단계는 **PCT 국제출원서를 수리관청에 제출한 때부터 시작하여 지정국에 번역문을 제출할 때까지의 국제출원절차를 말한다. "국내단계"**는 지정국에서 **국내절차의 개시에서부터 심사완료까지의 전 과정**이다. 즉, 지정국에 번역문을 제출하면서 시작되며 지정국의 국내법에 따른 국내출원절차를 말한다. 국제단계와 국내단계의 분기점인 번역문 제출은 통상 우선일로부터 30개월(우리나라는 31개월) 이내에 이루어져야 한다.

[187] 여기서 「체약국의 거주자」는 체약국에 주소를 가진 자이고, 주소는 체약국에 있어 현실적이고 동시에 진정한 공업상 또는 상업상의 영업소를 의미한다. 「체약국의 국민」은 체약국의 국적을 가진 자로서 체약국의 법령에 따라 설립된 법인도 그 체약국의 국민으로 보는 것이 일반적이다(PCT 규칙 제18.1조(b)).

을 할 수 있는 자는 ⓐ **대한민국 국민**, ⓑ **국내에 주소 또는 영업소를 가진 외국인**, ⓒ 대한민국 국민 또는 국내에 주소 또는 영업소를 가진 외국인이 아닌 자로서 **대한민국 국민 또는 국내에 주소 또는 영업소를 가진 외국인을 대표자**로 하여 국제출원을 하는 자, ⓓ 산업통상자원부령으로 정하는 바에 따라(특허법 시행규칙 제90조) ⓐ부터 ⓒ까지에 해당하는 자가 아닌 자로서 **1명이상의 대한민국 국민이나 국내에 주소 또는 영업소를 가진 외국인과 공동으로 국제출원을 하는 자**이다.

| | |
|---|---|
| 제10장<br>「특허협력<br>조약」에 따른<br>국제출원<br>제1절<br>국제출원절차 | **제193조 국제출원**<br>① 국제출원을 하려는 자는 산업통상자원부령으로 정하는 언어로 작성한 출원서와 발명의 설명·청구범위·필요한 도면 및 요약서를 특허청장에게 제출하여야 한다.<br>② 제1항의 출원서에는 다음 각 호의 사항을 적어야 한다.<br>1. 해당 출원이 「특허협력조약」에 따른 국제출원이라는 표시<br>2. 해당 출원된 발명의 보호가 필요한 「특허협력조약」 체약국(締約國)의 지정<br>3. 제2호에 따라 지정된 체약국(이하 "지정국"이라 한다) 중 「특허협력조약」 제2조(iv)의 지역특허를 받으려는 경우에는 그 취지<br>4. 출원인의 성명이나 명칭·주소나 영업소 및 국적<br>5. 대리인이 있으면 그 대리인의 성명 및 주소나 영업소<br>6. 발명의 명칭<br>7. 발명자의 성명 및 주소(지정국의 법령에서 발명자에 관한 사항을 적도록 규정되어 있는 경우만 해당한다)<br>③ 제1항의 발명의 설명은 그 발명이 속하는 기술분야에서 통상의 지식을 가진 사람이 쉽게 실시할 수 있도록 명확하고 상세하게 적어야 한다.<br>④ 제1항의 청구범위는 보호를 받으려는 사항을 명확하고 간결하게 적어야 하며, 발명의 설명에 의하여 충분히 뒷받침되어야 한다.<br>⑤ 제1항부터 제4항까지에서 규정한 사항 외에 국제출원에 관하여 필요한 사항은 산업통상자원부령으로 정한다. |

**취지**

제193조는 **국제출원**을 하고자 하는 자가 국제출원의 수리관청인 특허청(장)에 대하여 제출해야 할 **출원서**, 그 출원서 작성의 **언어**, 그 출원서에 기재되어야 할 서

지적 사항, 그 출원서의 **발명의 설명**과 **청구범위**의 **기재방법** 및 기타 국제출원시 필요한 사항을 규정한 것이다(PCT 제3조 내지 제7조.에 대응).

> 해 설

### ① 출원서 등의 제출(제1항)

국제출원을 하려는 자는 산업통상자원부령으로 정한 언어인 **국어, 영어** 또는 **일본어**(특허법 시행규칙 제91조)로 작성한 **출원서**와 **발명의 설명·청구범위·필요한 도면** 및 **요약서**를 특허청장에게 제출하여야 한다. 국내출원은 청구범위가 명세서에 포함되나 국제출원은 청구범위가 독립적인 기재로 되어 있다.[188]

### ② 출원서의 기재사항(제2항)

출원서에는 해당 출원이 「특허협력조약」에 따른 국제출원이라는 표시, 발명의 보호가 필요한 **체약국**(締約國)의 **지정**, 지정된 체약국의 특허를 받으려는 취지, 출원인의 성명이나 명칭·주소나 영업소 및 국적, 대리인의 성명 및 주소나 영업소, 발명의 명칭, 발명자의 성명 등을 기재한다.

### ③ 발명의 설명 및 청구범위 기재방법(제3항 및 제4항)

(국내)출원의 발명의 설명 및 청구범위 기재요건(제42조 제3항 제1호 및 제4항)과 실질적으로 동일하다. 즉, 발명의 설명은 통상의 기술자가 **쉽게 실시할 수 있도록 명확하고 상세하게 기재**하고(제3항), **청구범위**는 보호를 받으려는 사항을 **명확**하고 **간결**하게 **발명의 설명에 의하여 뒷받침**되어야 한다(제4항).

### ④ 기타 필요한 사항(제5항)

국제출원에 관하여 기타 필요한 사항은 산업통상자원부령인 **특허법 시행규칙**에 규정되어 있는데 **국제출원시 포함되어서는 아니되는 사항**(공공의 질서나 선량한 풍속에 반하는 표현 또는 도면 등), **대리인 선임**, 출원서류의 보정 등에 대하여 규정하고 있다(특허법 시행규칙 제74조 내지 106조의9).

---

[188] **(국내)출원**은 「**명세서**」에 **발명의 설명**과 **청구범위**가 포함되나(제42조 제2항), **국제출원**은 **명세서** 부분이 **발명의 설명**이 되고, 청구범위가 독립된 기재의 부분으로 규정되어 있다(제193조 제1항).

## 제10장 「특허협력조약」에 따른 국제출원

### 제1절 국제출원절차

**제194조 국제출원일의 인정 등**

① 특허청장은 국제출원이 특허청에 도달한 날을 「특허협력조약」 제11조의 국제출원일(이하 "국제출원일"이라 한다)로 인정하여야 한다. 다만, 다음 각 호의 어느 하나에 해당하는 경우에는 그러하지 아니하다.
1. 출원인이 제192조 각 호의 어느 하나에 해당하지 아니하는 경우
2. 제193조 제1항에 따른 언어로 작성되지 아니한 경우
3. 제193조 제1항에 따른 발명의 설명 또는 청구범위가 제출되지 아니한 경우
4. 제193조 제2항 제1호·제2호에 따른 사항 및 출원인의 성명이나 명칭을 적지 아니한 경우

② 특허청장은 국제출원이 제1항 각 호의 어느 하나에 해당하는 경우에는 기간을 정하여 서면으로 절차를 보완할 것을 명하여야 한다.

③ 특허청장은 국제출원이 도면에 관하여 적고 있으나 그 출원에 도면이 포함되어 있지 아니하면 그 취지를 출원인에게 통지하여야 한다.

④ 특허청장은 제2항에 따른 절차의 보완명령을 받은 자가 지정된 기간에 보완을 한 경우에는 그 보완에 관계되는 서면의 도달일을, 제3항에 따른 통지를 받은 자가 산업통상자원부령으로 정하는 기간에 도면을 제출한 경우에는 그 도면의 도달일을 국제출원일로 인정하여야 한다. 다만, 제3항에 따른 통지를 받은 자가 산업통상자원부령으로 정하는 기간에 도면을 제출하지 아니한 경우에는 그 도면에 관한 기재는 없는 것으로 본다.

### 취 지

제194조는 국제출원에 관한 **국제출원일의 인정**과 그 **절차의 보완**에 관하여 규정하였다(PCT 제11조에 대응). PCT에 따른 국제출원일의 인정은 매우 중요한 사항으로 **국제출원일이 인정되면** 그 국제출원일에 각 지정국에서 **국내출원이 있는 효과**가 **발생**하여 국제출원일이 각 **지정국의 국내출원일로 간주**된다.

> 해 설

### ① 국제출원일의 인정요건(제1항)

**수리관청인 특허청**은 국제출원이 ⓐ 국제출원을 할 수 있는 자(제192조 각호)의 출원으로서, ⓑ 산업통상자원부령에서 정한 국어, 영어 또는 일본어로 작성되고(제193조 제1항), ⓒ 발명의 설명과 청구범위가 제출되고(제193조 제1항), ⓓ 해당 출원이 PCT에 따른 국제출원이라는 표시, 해당 출원된 발명의 보호가 필요한 PCT 체약국의 지정(제193조 제2항 제1호·제2호) 및 출원인의 성명이나 명칭을 적은 **일정요건을 갖춘** 경우는 이러한 **국제출원을 수리한 날**을 PCT 제11조에 따른 「**국제출원일**」로 **인정**한다. 그러면 특허청은 국제출원번호와 국제출원일을 출원인에게 통지한다.

### ② 국제출원의 보완(제2항)

국제출원을 특허청에 제출하였으나 본조 **제1항의 각 요건을 갖추지 못한 경우** 특허청장은 기간을 정하여 서면으로 **절차를 보완할 것을 명령**하도록 하고 있다. PCT는 국제출원에 하자가 있다고 인정되는 경우는 "correction"을 명하도록 규정하며, 중대한 하자라고 인정되는 경우에는 하자 치유와 관련된 correction의 도달일을 국제출원일로 인정한다. 특허법은 "correction"의 표현을 정함에 있어 **국제출원일의 인정과 관련이 있는 중대한 하자의 치유**를 「**보완**」이라고 규정하고 있으며, 국제출원일의 인정과 관련이 없는 하자의 치유를 「보정」이라고 규정하고 있다.[189]

### ③ 국제출원에 도면이 포함되지 아니한 사실의 통지(제3항)

국제출원은 국어, 영어 또는 일본어로 작성한 출원서와 발명의 설명·청구범위·필요한 도면 및 요약서를 제출하도록 되어있어서(제193조 제1항), 특허청장은 국제출원이 도면에 관하여 적고 있으나, 그 **출원에 도면이 포함되어 있지 않으면 보완 또는 보정을 명하지 않고** 그 취지를 출원인에게 **통지**한다.

### ④ 보완 또는 도면 미포함 사실통지 이후의 국제출원일 인정(제4항)

국제출원 후 특허청장의 보완명령에 의하여 지정된 기간에 보완을 한 경우에는 그 **보완 관련 서면의 도달일을 국제출원일로 인정**하고, 그 출원에 도면 미포함의 통지를 받은 자가 일정기간(통지일로부터 2개월)에 도면을 제출한 경우는 그 도면의 도달일을 국제출원일로 인정한다.[190]

---

189) 특허청, 앞의 특허법해설 책, 446면.
190) 다만, 국제출원에 도면 미포함의 통지를 받은 자가 일정기간에 도면을 제출하지 아니한 경우에는 그 도면에 관한 기재는 없는 것으로 본다.

| 제10장 「특허협력조약」에 따른 국제출원 제1절 국제출원절차 | **제195조 보정명령**<br><br>특허청장은 국제출원이 다음 각 호의 어느 하나에 해당하는 경우에는 기간을 정하여 보정을 명하여야 한다.<br>1. 발명의 명칭이 적혀 있지 아니한 경우<br>2. 요약서가 제출되지 아니한 경우<br>3. 제3조 또는 제197조 제3항을 위반한 경우<br>4. 산업통상자원부령으로 정하는 방식을 위반한 경우 |
|---|---|

### 취 지

제195조는 **국제출원**을 하였으나 발명의 명칭 등이 기재되어 있지 않아 그 출원의 **일부 요건이 미비한 경우** 즉, 국제출원일의 인정과 관련이 없지만 국제출원에 하자(결함)가 있는 경우에 특허청장이 기간을 정하여 「**보정명령**」을 내릴 수 있도록 규정한 것이다(PCT 제14조(1) 및 제27조(7)에 대응).

### 해 설

국제출원이 ⓐ **발명의 명칭이 기재되어 있지 아니한 경우**, ⓑ **요약서가 제출되지 아니한 경우**, ⓒ 절차를 밟을 행위능력이 없거나(제3조) 또는 2인 이상이 공동으로 국제출원시 위임대리인(변리사)의 규정을 위반한 경우(제197조 제3항), 또는 ⓓ 산업통상자원부령으로 정하는 방식(특허법 시행규칙 제101조 제1항)인 출원인의 주소 및 국적에 관한 기재가 있을 것, 출원인 또는 대리인의 기명날인이 있을 것, 및 국제출원의 출원서, 발명의 설명, 청구범위, 도면 및 요약서가 소정의 서식에 의하여 작성되어 있을 것을 위반한 경우에는 **특허청장은 기간을 정하여 보정명령**을 내린다.

제10장
「특허협력
조약」에 따른
국제출원
제1절
국제출원절차

> **제196조 취하된 것으로 보는 국제출원 등**
>
> ① 다음 각 호의 어느 하나에 해당하는 국제출원은 취하된 것으로 본다.
> 1. 제195조에 따른 보정명령을 받은 자가 지정된 기간에 보정을 하지 아니한 경우
> 2. 국제출원에 관한 수수료를 산업통상자원부령으로 정하는 기간에 내지 아니하여 「특허협력조약」 제14조(3)(a)에 해당하게 된 경우
> 3. 제194조에 따라 국제출원일이 인정된 국제출원에 관하여 산업통상자원부령으로 정하는 기간에 그 국제출원이 제194조 제1항 각 호의 어느 하나에 해당하는 것이 발견된 경우
>
> ② 국제출원에 관하여 내야 할 수수료의 일부를 산업통상자원부령으로 정하는 기간에 내지 아니하여 「특허협력조약」 제14조(3)(b)에 해당하게 된 경우에는 수수료를 내지 아니한 지정국의 지정은 취하된 것으로 본다.
>
> ③ 특허청장은 제1항 및 제2항에 따라 국제출원 또는 지정국의 일부가 취하된 것으로 보는 경우에는 그 사실을 출원인에게 알려야 한다.

**취 지**

제196조는 국제출원이 그 출원의 일정요건을 충족하지 못하여 보정명령을 받았지만 **보정을 하지 않거나 국제출원 관련 수수료를 지정기간 내에 내지 못한 경우**, 및 **국제출원일 인정과 관련하여 절차의 보완을 일정기간 내에 하지 못한 경우**에 **국제출원이 취하된 것으로 보는** 규정이다(PCT 제14조에 대응).

**해 설**

① 취하된 것으로 보는 국제출원(제1항)

국제출원이 ⓐ 제195조에 따른 **보정명령**을 받았음에도 지정기간에 보정을 하지 않거나, ⓑ 국제출원에 관한 **수수료**(국제출원료, 송달료 등)를 기간 내에 납부하지 않은 경우, ⓒ 국제출원일 인정과 관련하여 **보완**할 사항이 있음에도 그 보완을 하지 않은 경우는 그 출원은 취하된 것으로 본다.

② 수수료의 일부 미납에 따른 지정국의 지정 취하(제2항)

국제출원에 관한 수수료의 일부가 일정기간 내에 납부되지 않아 모든 지정국의

지정에 따른 지정료가 납부되지 않았다고 국제출원의 수리관청이 판단하면 그 **수수료가 일정기간 내에 납부되지 않은 지정국의 지정은 취하**된 것을 본다(현재 지정국의 자동지정제도의 도입에 따라 모두 지정국으로 지정).

③ 취하간주 사실의 통지(제3항)

국제출원이 없었던 것으로 보는 취하간주는 국제출원을 하고자 하는 자에 대해서는 매우 중요한 법률적 사항이므로 그 국제출원에 관한 수리관청으로서 특허청장은 **국제출원 자체의 취하**나 수수료의 일부 미납에 따른 **지정국의 일부가 취하**된 것으로 보는 경우에는 그 **사실을 출원인에게 알려야** 한다.

| 제10장<br>「특허협력<br>조약」에 따른<br>국제출원<br>제1절<br>국제출원절차 | **제197조 대표자 등**<br>① 2인 이상이 공동으로 국제출원을 하는 경우에 제192조부터 제196조까지 및 제198조에 따른 절차는 출원인의 대표자가 밟을 수 있다.<br>② 2인 이상이 공동으로 국제출원을 하는 경우에 출원인이 대표자를 정하지 아니한 경우에는 산업통상자원부령으로 정하는 방법에 따라 대표자를 정할 수 있다.<br>③ 제1항의 절차를 대리인에 의하여 밟으려는 자는 제3조에 따른 법정대리인을 제외하고는 변리사를 대리인으로 하여야 한다. |
|---|---|

**취 지**

제197조는 국제출원의 **출원인이 2인 이상**인 경우에 PCT에 의한 국제출원의 원활한 절차진행을 위하여 출원인의 **대표자를 지정하여 국제출원의 절차를 밟을 수 있게 규정**하고, 그 절차를 대리인에 의하여 밟게 하려는 경우에 **대리인의 자격**에 관하여 규정하고 있다(PCT 규칙 제90.3조(c)에 대응).

**해 설**

① 2인 이상 공동의 국제출원인 경우 출원인의 대표자 절차수행(제1항)

PCT의 대표자는 출원인이 2인 이상의 다수인 경우에 **절차진행상의 번잡을 피하고 원활한 절차의 진행을 확보**하기 위하여 인정되는 제도로, 출원인이 2인 이상이고 출원인들이 출원인 전체를 대리할 대리인을 선임하지 아니한 경우에 **출원인 중 1인을 대표자로 선임**할 수 있다.[191]

---

191) 특허청, 앞의 특허법해설 책, 451면.

2인 이상이 공동으로 국제출원을 하는 경우의 출원인의 대표자는 국제출원의 **국제출원을 할 수 있는 자(제192조)**, 국제출원(제193조), 국제출원일의 인정(제194조), 보정명령(제195조), **취하된 것으로 보는 국제출원(제196조)** 및 **수수료(제198조)**에 따른 절차를 밟을 수 있다.

② 출원인이 대표자를 정하지 않은 공동출원의 대표자(제2항)

2인 이상 공동의 국제출원에서 대표자를 정하지 않은 경우는 산업통상자원부령에 따른 특허법 시행규칙 제106조의4(대표자의 지정)에 의하여 **대한민국 국민**이거나(제192조 제1호) **국내에 주소 또는 영업소를 가진 외국인**(제192조 제2호)에 해당하는 **출원인 중 첫 번째로 기재되어 있는 자**가 대표자가 된다.

③ 변리사에 의한 PCT 출원의 대리(제3항)

국제출원에서 대표자가 지정되지 않고 법정대리인에 의한 절차(제3조)를 제외하고는 **국제출원 절차를 진행할 대리인을 선임(임의대리인)하는 경우**에는 국내출원보다 국제출원의 절차가 훨씬 복잡하고 어렵기 때문에 PCT 제도 및 절차를 잘 아는 **특허전문가인 변리사**를 통하여 대리업무를 하도록 하였다.

| 제10장<br>「특허협력<br>조약」에 따른<br>국제출원<br>제1절<br>국제출원절차 | **제198조 수수료**<br><br>① 국제출원을 하려는 자는 수수료를 내야 한다.<br>② 제1항에 따른 수수료, 그 납부방법 및 납부기간 등에 관하여 필요한 사항은 산업통상자원부령으로 정한다. |
|---|---|

**취 지**

제198조는 **국제출원시 납부하여야 할 수수료**에 관한 규정이다. 즉, 국제출원을 하려는 자는 수수료(송달료, 국제출원료 및 조사료 등)를 수리관청인 특허청에 내야하며, 수수료가 정상적으로 납부되지 않은 경우 특허청장은 기간을 정하여 출원인에게 수수료를 납부할 것을 명한다(PCT 제3조(4)(iv)에 대응).

**해 설**

국제출원을 하려는 자는 수수료를 내야하고, 수수료의 전부 또는 일부를 지정된 기간 내에 납부하지 못하면 그 국제출원 자체 또는 일부 지정국의 지정은 취하된 것으로 본다(제196조 제1항 제2호 및 제2항). 국제출원에 따른 수수료는 **특허료 등의 징수규칙 제10조에서 구체적으로 규정**하고 있다.

특허료 등의 징수규칙 제10조 따라 **송달료**는 매건 4만5천원, **국제출원료**는 특허청장이 PCT 제2의 규정에 따른 국제사무국(PCT 절차·업무 담당)과 협의하여 정하는 금액, **조사료**는 특허청을 국제조사기관으로 하는 경우에 국어조사는 매건 45만원, 영어조사는 매건 130만원이다.

---

| 제10장<br>「특허협력<br>조약」에 따른<br>국제출원<br>제1절<br>국제출원절차 | 제198조의2 국제조사 및 국제예비심사<br>① 특허청은 「특허협력조약」 제2조(xix)의 국제사무국(이하 "국제사무국"이라 한다)과 체결하는 협정에 따라 국제출원에 대한 국제조사기관 및 국제예비심사기관으로서의 업무를 수행한다.<br>② 제1항에 따른 업무수행에 필요한 사항은 산업통상자원부령으로 정한다. |
|---|---|

### 취 지

제198조2는 **특허청**이 1997년 9월 PCT 총회에서 국제조사기관(ISA) 및 국제예비심사기관(IPEA)으로 선정됨에 따라 국제사무국(IB,[192] International Bureau)과 협약에 의하여 **1999년 12월 1일부터 국제조사** 및 **국제예비심사 업무를 수행**하고 있으며, 이에 **필요한 사항**을 **특허법 시행규칙**에 정하도록 하였다.

### 해 설

① 국제조사 및 국제예비심사 업무 수행(제1항)

㉠ 국제조사

**모든 국제출원은 국제조사의 대상**이 되며, 국제조사는 그 출원된 발명에 대하여 국제조사기관인 특허청이 선행기술을 조사한다. 국제조사 단계에서 심사관은 청구된 발명과 관련된 선행기술, **발명의 신규성 및 진보성과 관련된 인용문헌(선행기술) 등에 관한 조사**를 수행한다.

이러한 국제조사결과는 국제조사보고서 및 견해서로 작성되어 출원인 및 국제사무국에 송부된다(통상 우선일로부터 16개월 이내 조사 완료). 국제조사보고서는 **출원인**

---

[192] 세계지식재산권기구(World Intellectual Property Organization, WIPO)하의 국제사무국으로 국제공개, 국제조사보고서 송부 등 PCT 절차업무를 담당하는 기관이다.

이나 지정관청을 구속하지 않으며, 출원인은 **국제출원의 절차진행 계속 여부**를, 지정관청은 심사의 참고자료로 활용한다.

ⓒ 국제예비심사

국제예비심사는 **출원인의 선택**사항으로서 출원인이 국제예비심사를 청구하는 국제예비심사청구서를 제출한 경우 국제예비심사기관인 특허청이 국제예비심사를 수행한다. 국제예비심사 수행시 심사관은 발명의 **특허성 판단인 신규성과 진보성에 판단에 더욱 구체적으로 검토**한다.

국제예비심사가 청구되면 국제예비심사기관은 발명의 특허성에 관한 국제예비보고서를 작성하고 통상 우선일로부터 28개월 이내에 출원인 및 국제사무국에 통보한다. **국제예비심사결과**도 국제조사와 마찬가지로 출원발명에 대하여 **예비적**이고 **비구속적**인 판단사항으로 활용되고 있다.

② 업무수행에 필요한 사항을 특허법 시행규칙에 규정(제2항)

특허청이 국제조사 및 국제예비심사 업무수행에 필요한 사항은 산업통상자원부령인 **특허법 시행규칙 제6장 제1절 제3관 및 제4관**(제106조의10(조사용사본 수령의 통지) 내지 제106조46(국제출원의 취하 등))에 구체적으로 규정하고 있다.

즉, 국제출원일이 인정된 국제출원에 대하여 심사관이 **국제조사보고서 및 견해서를 작성토록** 하고(특허법 시행규칙 제106조의11), 발명의 **단일성 요건을 심사**하여 그 요건을 충족하지 않는 경우에 기간을 정하여 추가 수수료의 납부를 명하는 조치(특허법 시행규칙 제106조의14) 등에 관한 것이다.

| 제10장 「특허협력조약」에 따른 국제출원 제2절 국제특허출원에 관한 특례[193] | **제199조 국제출원에 의한 특허출원**<br><br>① 「특허협력조약」에 따라 국제출원일이 인정된 국제출원으로서 특허를 받기 위하여 대한민국을 지정국으로 지정한 국제출원은 그 국제출원일에 출원된 특허출원으로 본다.<br><br>② 제1항에 따라 특허출원으로 보는 국제출원(이하 "국제특허출원"이라 한다)에 관하여는 제42조의2, 제42조의3 및 제54조를 적용하지 아니한다. |
|---|---|

### 취지

제199조는 출원인이 국제출원시 대한민국을 지정국으로 지정하고 PCT 제11조의 규정에 의하여 **국제출원일을 인정받은 경우**는 국내법상 특별한 절차 없이 **그 국제출원일에 대한민국 특허청으로 출원한 특허출원으로 본다**는 규정이다. PCT에 따른 국제출원이 국내단계로 진입하기 위한 전제조건이다.

### 해설

① 대한민국을 지정한 국제출원의 출원일(제1항)

출원인이 국제출원시 대한민국을 지정국으로 지정하고 PCT 제11조(특허법 제194조 제1항)에 따라 국제출원일을 인정받은 경우는 특허법상 그 국제출원일을 특허청에 출원한 특허출원으로 본다는 것이다. 이는 PCT에 따른 국제출원의 국제단계에서 국내단계 진입을 위한 본질적인 특성이다.

② 청구범위제출유예, 외국어특허출원 및 조약에 의한 우선권 주장 적용 배제(제2항)

**국제특허출원**에 관하여는 **제42조의2, 제42조3 및 제54조를 적용하지 않는다.** 국제(특허)출원은 출원시 청구범위를 적지 않으면 보완사유(제194조 제1항 제3호)에 해당하여 국제출원일을 인정받을 수 없기 때문에 (일반)국내출원의 출원시 청구범위 제출유예(제42조의2)가 적용되지 않는다. 또한, 외국어로 작성된 국제특허출원의 국어번역문 제출도 제201조(국제특허출원의 국어번역문)에서 따로 규정하고 있기 때문에 (일반)국내출원의 외국어특허출원(제42조의3) 규정도 적용되지 않는다. 그리고 제54조를 적용하지 않는다는 것은 문언적으로 조약에 의한 우선권 주장(제54조)을 적

---

193) 「국제특허출원」이란 PCT에 따라 국제출원일이 인정된 국제출원으로서 특허를 받기 위하여 대한민국을 지정국으로 지정한 국제출원을 말하며, "특례"는 국내단계의 진입시 취급을 말한다. 즉, 「국제특허출원에 관한 특례」란 대한민국을 지정국으로 지정한 국제출원이 국내단계로 진입시 국내법과의 관계에서 어떤 취급을 받는지에 대한 것이다. 임병웅, 앞의 책, 690면.

용하지 않는 것으로 해석할 수 있는데 여기서의 의미는 국제특허출원에 대하여 조약에 의한 우선권은 인정하되 그 **우선권 주장의 절차는 제54조의 규정에 의한 절차가 아니라 PCT의 규정에 의한 절차에 따른다는 의미로 해석**한다는 것이다.[194]

| 제10장<br>「특허협력<br>조약」에 따른<br>국제출원<br>제2절<br>국제특허<br>출원에 관한<br>특례 | 제200조 공지 등이 되지 아니한 발명으로 보는 경우의 특례<br><br>국제특허출원된 발명에 관하여 제30조 제1항 제1호를 적용받으려는 자는 그 취지를 적은 서면 및 이를 증명할 수 있는 서류를 같은 조 제2항에도 불구하고 산업통상자원부령으로 정하는 기간에 특허청장에게 제출할 수 있다. |
|---|---|

### 취 지

　제200조는 **국내출원** 발명이 출원인의 공지행위에 의하여 신규성을 상실한 경우에도 일정기간 내에 그 취지를 특허출원서에 기재하고 관련 증명서류를 제출하면 출원발명이 신규성을 상실하지 않은 것으로 보는 소위 "**신규성 상실의 예외**" 규정(제30조)을 PCT에 **따른 국제특허출원에 적용**하여 규정하였다.

### 해 설

　국내출원은 출원인이 공지에 따른 발명의 신규성 상실의 예외(제30조 제1항 제1호)을 인정받기 위해선 특허출원서에 그 취지를 적어 출원하고, 출원일로부터 30일 이내에 증명서류를 제출하여야(제30조 제2항) 하지만, **국제특허출원된 발명**이 이와 같은 **신규성 상실의 예외를 적용**받기 위해선 그 취지를 적은 서면 및 이를 증명할 수 있는 서류를 **산업통상자원부령이 정하는 기간**(특허법 시행규칙 제111조에 따라 **국내서면제출기간**(우선일[195]로부터 2년 7개월)의 **만료일**(국내서면제출기간에 출원심사의 청구가 있으면 그 청구일)인 **기준일**(제201조 제5항)[196] 경과후 30일)**에 특허청장에게 제출**하면 된다.

---

194) 특허청, 앞의 특허법해설 책, 458면.
195) "우선일"은 ⓐ 국제출원이 하나의 우선권 주장을 수반하는 경우에는 우선권 주장의 기초가 되는 출원의 출원일, ⓑ 국제출원이 2 이상의 우선권 주장을 수반하는 경우에는 우선권 주장의 기초가 되는 출원 중 가장 앞선 출원의 출원일, ⓒ 국제출원이 우선권 주장을 수반하지 않는 경우에는 해당 국제출원의 출원일이 된다(PCT 제2조(xi)).
196) "**기준일**"은 PCT에 따라 **국제특허출원의 국내법에 의한 처리기준 시점**을 의미한다. 그리고 **국내서면제출기간**은 지정국의 국내법령에 따라 우선일로부터 30개월보다 나중에 만료되는 기간을 정할 수 있는데(PCT 제39조 (1)(b)), **우리나라**는 국내단계에 진입하는 출

| 제10장 「특허협력조약」에 따른 국제출원 제2절 국제특허출원에 관한 특례 | **제200조의2 국제특허출원의 출원서 등**<br>① 국제특허출원의 국제출원일까지 제출된 출원서는 제42조제1항에 따라 제출된 특허출원서로 본다.<br>② 국제특허출원의 국제출원일까지 제출된 발명의 설명, 청구범위 및 도면은 제42조 제2항에 따른 특허출원서에 최초로 첨부된 명세서 및 도면으로 본다.<br>③ 국제특허출원에 대해서는 다음 각 호의 구분에 따른 요약서 또는 국어번역문을 제42조 제2항에 따른 요약서로 본다.<br>1. 국제특허출원의 요약서를 국어로 적은 경우: 국제특허출원의 요약서<br>2. 국제특허출원의 요약서를 외국어로 적은 경우: 제201조 제1항에 따라 제출된 국제특허출원의 요약서의 국어번역문(제201조 제3항 본문에 따라 새로운 국어번역문을 제출한 경우에는 마지막에 제출한 국제특허출원의 요약서의 국어번역문을 말한다) |

### 취 지

제200조의2는 **국제특허출원**으로서 국제출원일까지 제출된 출원서 및 첨부서류(발명의 설명, 청구범위 및 도면)를 **(국내)출원**의 특허출원서 및 첨부서류(명세서 및 도면)와 **비교**하여 **어떻게 대응시켜 취급**할 것인가에 대한 것과 **특허정보의 효율적 활용**을 위한 국제특허출원의 **요약서**에 관한 **취급** 규정을 두고 있다.

### 해 설

국제특허출원의 국제출원일까지 제출된 출원서는 특허출원에 따라 제출된 특허출원서(제42조 제1항)로 보고, **국제특허출원**의 **발명의 설명**, **청구범위** 및 **도면**은 특허출원서에 최초로 첨부된 **명세서** 및 **도면**으로 본다. 즉, 국내단계의 국제특허출원에 대하여 기존 번역문주의에서 **원문주의**로 본다는 것이다.

한편, 요약서는 특허정보의 효율적 이용을 위한 것이므로 **국제특허출원**의 **요약서**가 국어로 적혀있는 경우나 국제특허출원의 요약서가 외국어로 적혀 있는 경우에 그 국어번역문(새로운 국어번역문이 제출된 경우는 최종 제출된 국어번역문)을 (국내)출원시 **특허출원서**에 첨부되는 **요약서**로 본다.

---

원인의 편의를 고려하여 번역문 작성 등 국내단계 진입을 위한 준비기간을 우선일 30개월에서 **31개월**로 1개월을 더 연장하였다. 특허청, 앞의 특허법해설 책, 462-463면. 우리나라와 유럽특허청은 31개월하고 있고, 일본, 미국을 포함한 대부분의 국가는 30개월로 정하고 있다.

### 제201조 국제특허출원의 국어번역문

① 국제특허출원을 외국어로 출원한 출원인은 「특허협력조약」 제2조(xi)의 우선일(이하 "우선일"이라 한다)부터 2년 7개월(이하 "국내서면제출기간"이라 한다) 이내에 다음 각 호의 국어번역문을 특허청장에게 제출하여야 한다. 다만, 국어번역문의 제출기간을 연장하여 달라는 취지를 제203조 제1항에 따른 서면에 적어 국내서면제출기간 만료일 전 1개월부터 그 만료일까지 제출한 경우(그 서면을 제출하기 전에 국어번역문을 제출한 경우는 제외한다)에는 국내서면제출기간 만료일부터 1개월이 되는 날까지 국어번역문을 제출할 수 있다.
1. 국제출원일까지 제출한 발명의 설명, 청구범위 및 도면(도면 중 설명부분에 한정한다)의 국어번역문
2. 국제특허출원의 요약서의 국어번역문

② 제1항에도 불구하고 국제특허출원을 외국어로 출원한 출원인이 「특허협력조약」 제19조(1)에 따라 청구범위에 관한 보정을 한 경우에는 국제출원일까지 제출한 청구범위에 대한 국어번역문을 보정 후의 청구범위에 대한 국어번역문으로 대체하여 제출할 수 있다.

③ 제1항에 따라 국어번역문을 제출한 출원인은 국내서면제출기간(제1항 단서에 따라 취지를 적은 서면이 제출된 경우에는 연장된 국어번역문 제출 기간을 말한다. 이하 이 조에서 같다)에 그 국어번역문을 갈음하여 새로운 국어번역문을 제출할 수 있다. 다만, 출원인이 출원심사의 청구를 한 후에는 그러하지 아니하다.

④ 제1항에 따른 출원인이 국내서면제출기간에 제1항에 따른 발명의 설명 및 청구범위의 국어번역문을 제출하지 아니하면 그 국제특허출원을 취하한 것으로 본다.

⑤ 특허출원인이 국내서면제출기간의 만료일(국내서면제출기간에 출원인이 출원심사의 청구를 한 경우에는 그 청구일을 말하며, 이하 "기준일"이라 한다)까지 제1항에 따라 발명의 설명, 청구범위 및 도면(도면 중 설명부분에 한정한다)의 국어번역문(제3항 본문에 따라 새로운 국어번역문을 제출한 경우에는 마지막에 제출한 국어번역문을 말한다. 이하 이 조에서 "최종 국어번역문"이라 한다)을 제출한 경우에는 국제출원일까지 제출한 발명의 설명, 청구범위 및 도면(도면 중 설명부분에 한정한다)을 최종

국어번역문에 따라 국제출원일에 제47조 제1항에 따른 보정을 한 것으로 본다.
⑥ 특허출원인은 제47조 제1항 및 제208조 제1항에 따라 보정을 할 수 있는 기간에 최종 국어번역문의 잘못된 번역을 산업통상자원부령으로 정하는 방법에 따라 정정할 수 있다. 이 경우 정정된 국어번역문에 관하여는 제5항을 적용하지 아니한다.
⑦ 제6항 전단에 따라 제47조 제1항 제1호 또는 제2호에 따른 기간에 정정을 하는 경우에는 마지막 정정 전에 한 모든 정정은 처음부터 없었던 것으로 본다.
⑧ 제2항에 따라 보정 후의 청구범위에 대한 국어번역문을 제출하는 경우에는 제204조 제1항 및 제2항을 적용하지 아니한다.

### 취지

제201조는 PCT에 따른 국제출원의 국내단계 진입시 **국제특허출원이 외국어로** 작성되어 출원된 경우에 국제출원의 출원인은 지정관청(특허청)의 국내심사를 위하여 국제특허출원의 **국어번역문을 제출**해야하는데 그 국어번역문의 제출과 **효과에 대하여 규정**하였다(PCT 제22조(1), 제24조(1), 제39조(1),(2)에 대응).

### 해설

① 국어번역문의 제출(제1항)

국제특허출원이 외국어로 출원된 경우에 출원인은 ⓐ 국제출원일까지 제출한 발명의 설명, 청구범위 및 도면, 및 ⓑ 국제특허출원의 요약서에 관한 국어번역문을 **원칙**적으로 PCT의 우선일로부터 **2년 7개월(국내서면제출기간)** 이내에 제출하여야 한다(국어번역문 제출기한이 국내서면제출기간과 같다).

다만, 국내진입 의사에 따른 국어번역문의 제출기간을 **연장하여 달라는 취지의 서면**(제203조 제1항)을 적어 국내서면제출기간 만료일 전 1개월부터 그 만료일까지 제출한 경우는 출원인의 편의를 위하여 **국내서면제출기간 만료일부터 1개월이 되는 날까지** 국어번역문을 제출하면 된다.

② 보정된 청구범위로의 국어번역문 대체(제2항)

국제특허출원을 외국어로 출원한 출원인이 PCT 제19조(보정)(1)에 따라 청구범위를 보정한 경우는 **국제출원일까지 제출한 청구범위에 대한 국어번역문을 보정 후의 청구범위에 대한 국어번역문으로 대체하여 제출할 수 있다**(청구범위가 원문에 대한 국어번역문 제출 전에 보정된 경우를 말한다).

③ 새로운 국어번역문의 제출(제3항)

국어번역문을 제출한 출원인은 국내서면제출기간까지나 출원인의 심사청구시까지 이미 제출한 국어번역문 대신 새로운 국어번역문을 제출할 수 있다. 이는 PCT 제23조(1) 및 제40조(1)의 규정에 의하면 국내서면제출기간 이내에는 국제출원에 관한 절차를 진행하거나 심사를 할 수 없기 때문에 그 **제출기한까지는 국어번역문의 교체가 가능토록 하여 출원인의 편의를 도모**하였다. 그러나 PCT 제23조(2) 및 제40조(2)의 규정에 의하여 출원인의 명시적 청구가 있으면 절차를 진행하거나 심사를 할 수 있으므로 국내서면제출기간 이내라 하더라도 심사를 청구한 이후에는 새로운 국어번역문을 제출할 수 없다.[197]

④ 국어번역문의 제출이 없는 경우의 취급(제4항)

국내서면제출기간에 **발명의 설명 및 청구범위**의 국어번역문이 제출되지 않으면 그 **국제특허출원을 취하**한 것으로 본다. 다만, 도면의 설명부분과 요약서에 관한 국어번역문이 제출되지 않은 경우는 국제특허출원을 취하간주로 보지 않고 방식위반으로 보아 기간을 정하여 보정을 명한다(제46조).

⑤ 국내서면제출기간의 만료일까지 국어번역문을 제출한 경우의 취급(제5항)

국내서면제출기간의 만료일까지 발명의 설명, 청구범위 및 도면(설명부분)의 국어번역문(최종 제출된 국어번역문 포함)을 제출한 경우는 국제출원일까지 제출한 발명의 설명, 청구범위 및 도면(설명부분)을 **최종 국어번역문에 따라 국제출원일에 특허출원을 보정**(제47조 제1항)을 **한 것**으로 본다.

⑥ 국어번역문 오역(誤譯)의 정정(제6항)

출원인은 (국내)출원의 보정(제47조 제1항) 및 국제특허출원의 보정의 특례(제208조 제1항)에 따른 보정을 할 수 있는 기간에 **최종 국어번역문의 잘못된 번역을** 산업통상자원부령으로 정하는 방법(특허법 시행규칙 제114조)에 따라 **정정**할 수 있다. 이 경우 **정정된 국어번역문에 관하여는 보정의 효과**(제201조 제5항)을 **적용하지 않는다**. 국어번역문에 대한 **오역의 정정**은 국제출원의 발명의 설명 및 청구범위를 보정한 것이 아니라 **국어번역문만을 정정**하는 것이기 때문에 국어번역문에 오역이 있는 경우에는 국어번역문에 대한 오역정정과는 **별도로 심사대상 발명의 설명, 청구범위 등에 대한 보정을 하여야 한다**.[198]

---

197) 특허청, 앞의 특허법해설 책, 464면.
198) 임병웅, 앞의 책, 696면.

⑦ 국어번역문 오역의 정정에 따른 효과(제7항)

국어번역문에 대한 오역의 정정시 최초거절이유통지에 따른 의견서 제출기간(제47조 제1항 제1호) 또는 최후거절이유통지에 따른 의견서 제출기간(제47조 제1항 제2호)에 정정을 하는 경우에는 **마지막 정정 전에 한 모든 정정은 처음부터 없었던 것으로 본다.**

⑧ 보정 후 청구범위에 대한 국어번역문 제출시 국제조사보고서에 따른 국어번역문 제출 적용 배제(제8항)

제2항에 따라 보정 후 청구범위에 대한 국어번역문을 제출하는 경우는 국제조사보고서를 받은 후의 청구범위의 보정에 따른 국어번역문 제출과 보정의 효과(제204조 제1항 및 제2항)를 적용하지 않는다. 이는 국어번역문 제출이 **각 절차에 따라 별도로 제출되므로 절차 간소화를 위하여 두 번 제출할 필요가 없기** 때문이다.

> [판결요지]

▷ 구 특허법(2014. 6. 11. 법률 제12753호로 개정되기 전의 것)은 제201조 제1항 본문에서 국제특허출원을 외국어로 출원한 출원인은 특허협력조약 제2조(xi)의 우선일(이하 '우선일'이라 한다)부터 2년 7개월 이내에 국제출원일에 제출한 명세서, 청구의 범위, 도면(도면 중 설명부분에 한한다) 및 요약서의 국어 번역문을 특허청장에게 제출하여야 한다고 규정하면서, 같은 조 제2항에서 제1항의 규정에 의한 기간 내에 명세서 및 청구의 범위의 번역문의 제출이 없는 경우에는 그 국제특허출원은 취하된 것으로 본다고 규정하고 있다. 그리고 특허협력조약(Patent Cooperation Treaty)은 제2조(xi)에서 우선일에 대하여, 국제특허출원이 제8조의 우선권 주장을 수반하는 경우에는 그 우선권이 주장되는 출원의 제출일, 국제특허출원이 제8조의 규정에 의한 두 개 이상의 우선권의 주장을 수반하는 경우에는 우선권을 가장 먼저 주장한 출원의 제출일, 국제특허출원이 제8조의 규정에 의한 우선권의 주장을 수반하지 아니하는 경우에는 그 국제특허출원의 제출일을 의미한다고 규정하고 있다. 이러한 구 특허법과 특허협력조약의 규정들에 의하면, **출원인이 국제특허출원을 하면서 파리협약의 당사국에서 행하여진 선출원에 의한 우선권을 주장하였다면 구 특허법 제201조 제1항 본문의 우선일은 국제특허출원의 제출일이 아니라 우선권을 주장한 선출원의 제출일**이 된다. 그리고 우선일은 특허협력조약과 그 규칙에서 국제특허출원의 국제공개, 국제조사, 국제예비심사 청구 등 국제단계를 구성하는 각종 절차들의 기한을 정하는 기준으로 되어 있고, 구 특허법에서도 명세서 및

청구의 범위 등에 관한 번역문의 제출기한의 기준일로 되어 있는 등, 출원 관계 기관의 업무와 관련자들의 이해관계에 중대한 영향을 미치게 되므로, **우선일은 일률적으로 정하여질 필요**가 있다. 따라서 국제특허 출원인의 우선권 주장에 명백한 오류가 없다면 그 주장하는 날을 우선일로 보아 이를 기준으로 특허협력조약 및 구 특허법에서 정한 절차를 진행하여야 하며, 그 우선권 주장의 실체적 효력 유무에 따라 달리 볼 것은 아니다.

### 제202조 특허출원 등에 의한 우선권 주장의 특례

① 국제특허출원에 관하여는 제55조 제2항 및 제56조 제2항을 적용하지 아니한다.

② 제55조 제4항을 적용할 때 우선권 주장을 수반하는 특허출원이 국제특허출원인 경우에는 같은 항 중 "특허출원의 출원서에 최초로 첨부된 명세서 또는 도면"은 "국제출원일까지 제출된 발명의 설명, 청구범위 또는 도면"으로, "출원공개되거나"는 "출원공개 또는 「특허협력조약」 제21조에 따라 국제공개되거나"로 본다. 다만, 그 국제특허출원이 제201조 제4항에 따라 취하한 것으로 보는 경우에는 제55조 제4항을 적용하지 아니한다.

③ 제55조 제1항, 같은 조 제3항부터 제5항까지 및 제56조 제1항을 적용할 때 선출원이 국제특허출원 또는 「실용신안법」 제34조 제2항에 따른 국제실용신안등록출원인 경우에는 다음 각 호에 따른다.

1. 제55조 제1항 각 호 외의 부분 본문, 같은 조 제3항 및 제5항 각 호 외의 부분 중 "출원서에 최초로 첨부된 명세서 또는 도면"은 다음 각 목의 구분에 따른 것으로 본다.
   가. 선출원이 국제특허출원인 경우: "국제출원일까지 제출된 국제출원의 발명의 설명, 청구범위 또는 도면"
   나. 선출원이 「실용신안법」 제34조 제2항에 따른 국제실용신안등록출원인 경우: "국제출원일까지 제출된 국제출원의 고안의 설명, 청구범위 또는 도면"

2. 제55조 제4항 중 "선출원의 출원서에 최초로 첨부된 명세서 또는 도면"은 다음 각 목의 구분에 따른 것으로 보고, "선출원에 관하여 출원공개"는 "선출원에 관하여 출원공개 또는 「특허협력조약」 제21조에 따른 국제공개"로 본다.
   가. 선출원이 국제특허출원인 경우: "선출원의 국제출원일까지 제출된 국제출원의 발명의 설명, 청구범위 또는 도면"
   나. 선출원이 「실용신안법」 제34조제2항에 따른 국제실용신안등록출원인 경우: "선출원의 국제출원일까지 제출된 국제출원의 고안의 설명, 청구범위 또는 도면"

3. 제56조 제1항 각 호 외의 부분 본문 중 "그 출원일부터 1년 3개월이 지난 때"는 "국제출원일부터 1년 3개월이 지난 때 또는 제201조 제5항이나 「실용신안법」 제35조 제5항에 따른 기

---

제10장
「특허협력조약」에 따른 국제출원

제2절
국제특허출원에 관한 특례

준일 중 늦은 때"로 본다.

④ 제55조 제1항, 같은 조 제3항부터 제5항까지 및 제56조 제1항을 적용할 때 제55조 제1항에 따른 선출원이 제214조 제4항 또는 「실용신안법」 제40조 제4항에 따라 특허출원 또는 실용신안등록출원으로 되는 국제출원인 경우에는 다음 각 호에 따른다.

1. 제55조 제1항 각 호 외의 부분 본문, 같은 조 제3항 및 제5항 각 호 외의 부분 중 "출원서에 최초로 첨부된 명세서 또는 도면"은 다음 각 목의 구분에 따른 것으로 본다.
  가. 선출원이 제214조 제4항에 따라 특허출원으로 되는 국제출원인 경우: "제214조 제4항에 따라 국제출원일로 인정할 수 있었던 날의 국제출원의 발명의 설명, 청구범위 또는 도면"
  나. 선출원이 「실용신안법」 제40조 제4항에 따라 실용신안등록출원으로 되는 국제출원인 경우: "「실용신안법」 제40조 제4항에 따라 국제출원일로 인정할 수 있었던 날의 국제출원의 고안의 설명, 청구범위 또는 도면"

2. 제55조 제4항 중 "선출원의 출원서에 최초로 첨부된 명세서 또는 도면"은 다음 각 목의 구분에 따른 것으로 본다.
  가. 선출원이 제214조 제4항에 따라 특허출원으로 되는 국제출원인 경우: "제214조 제4항에 따라 국제출원일로 인정할 수 있었던 날의 선출원의 국제출원의 발명의 설명, 청구범위 또는 도면"
  나. 선출원이 「실용신안법」 제40조 제4항에 따라 실용신안등록출원으로 되는 국제출원인 경우: "「실용신안법」 제40조 제4항에 따라 국제출원일로 인정할 수 있었던 날의 선출원의 국제출원의 고안의 설명, 청구범위 또는 도면"

3. 제56조 제1항 각 호 외의 부분 본문 중 "그 출원일부터 1년 3개월이 지난 때"는 "제214조 제4항 또는 「실용신안법」 제40조 제4항에 따라 국제출원일로 인정할 수 있었던 날부터 1년 3개월이 지난 때 또는 제214조 제4항이나 「실용신안법」 제40조제4항에 따른 결정을 한 때 중 늦은 때"로 본다.

### 취 지

제202조는 **국제특허출원**에 있어 **우선권 주장의 특례**를 규정한 것으로 ① 국내우

선권 주장을 수반하는 **후출원이 국제특허출원**인 경우, ② 우선권 주장의 기초가 되는 **선출원이 국제특허출원**인 경우, ③ 우선권 주장의 기초가 되는 **선출원이 결정에 의하여 특허출원**이 되는 국제출원인 경우에 관하여 규정하였다.

> 해 설

① 국제특허출원에 관한 조약우선권 주장 규정의 불(不)적용(제1항)

국내우선권을 주장하는 국제특허출원은 선출원에 기초한 **국내우선권 주장**(제55조 제2항) 및 선출원일로부터 1년 3개월이 지난 후에는 **그 우선권 주장을 취하할 수 없다는 것**(제56조 제2항)을 **적용하지 않는다**. 이는 국제특허출원에 관하여는 조약우선권 주장의 절차를 적용 하는 것이 아니라 **PCT에 따른 우선권 주장 절차를 따른다는 것**이다. 즉, 국제특허출원의 우선권 주장은 지정국 국내법이 아닌 PCT 제8조(1)에 따라 국제출원의 수리기관인 수리관청에서 하고, 국제출원의 우선권 주장은 우선일로부터 2년 6개월 이내에서는 취하할 수 있기 때문이다(특허법 시행규칙 제106조의7).

② 국내우선권을 주장한 후출원인 국제특허출원의 확대된 선출원의 지위(제2항)

국내우선권을 주장하는 국제특허출원에 관하여 제29조 제3항에 따른 확대된 선출원(제55조 제4항)을 적용시 "**특허출원의 출원서에 최초로 첨부된 명세서 또는 도면**"은 ""**국제출원일까지 제출된 발명의 설명, 청구범위 또는 도면**"으로, "**출원공개되거나**"는 "**출원공개 또는 「특허협력조약」 제21조에 따라 국제공개되거나**"로 본다. 다만, 국제특허출원의 발명의 설명 및 청구범위의 국어번역문을 국내서면제출기간에 제출하지 않아 그 **국제특허출원이 취하된 것으로 보는 경우**(제201조 제4항)에는 **국내우선권 주장에 따른 확대된 선출원의 지위**(제55조 제4항)을 **적용하지 않는다**.

③ 국내우선권 주장출원의 선출원이 국제특허출원인 경우의 특례(제3항)

선출원을 기초로 하여 국내우선권을 주장하는 **국내우선권 주장출원**은 그 출원일이 선출원의 출원일로 소급되며 그 소급되는 범위는 선출원의 "**출원서에 최초로 첨부된 명세서 또는 도면에 기재된 발명**"으로(제55조 제1항·제3항·제5항) 보고, 국내우선권 주장출원의 선출원은 그 출원일로부터 1년 3개월이 지난 때에 취하된 것으로 보는데(제56조 제1항), 이 규정들을 적용시 선출원이 국제특허출원(국제실용신안등록출원)인 경우에는 "**출원서에 최초로 첨부된 명세서 또는 도면**"은 "**국제출원일까지 제출된 국제출원의 발명의 설명, 청구범위 또는 도면**"으로 본다(제3항 제1호).

국내우선권 주장에 따른 확대된 선원(제55조 제4항) 적용시 "**선출원 출원서에 최초로 첨부된 명세서 등**"은 선출원이 국제특허출원인 경우 "선출원의 국제출원일까지 제출된 국제출원의 발명의 설명 등"으로 보고, "선출원에 관한 출원공개"는 "선출원에 관한 출원공개 또는 「특허협력조약」 제21조에 따른 국제공개"로 본다(제3항 제2호).

**국내우선권 주장에 따른 선출원의 취하시기**에(제56조 제1항) 관한 적용시 선출원이 국제특허출원인 경우는 "그 출원일부터 1년 3개월이 지난 때"는 "국제출원일부터 1년 3개월이 지난 때와 국어번역문 제출 기준일(제201조 제5항) 중 늦은 때"에 취하된 것으로 본다(제3항 제3호).[199]

④ 국내우선권 주장출원의 선출원이 결정에 의하여 특허출원으로 보는 국제출원인 경우(제3항)

「결정에 의하여 특허출원으로 보는 국제출원」이란 국제출원의 **수리관청이 일정사유에 의하여 국제출원일 인정을 거부한 경우**에 지정관청인 특허청이 이를 검토하여 일정한 절차와 **특허청장의 결정**을 거쳐 **국내법상 특허출원으로 보는 국제출원**을 의미한다(후술하는 제214조에서 보충 설명). 원칙적으로 국내우선권 주장출원의 선출원이 결정에 의하여 특허출원으로 보는 국제출원인 경우는 앞의 국내우선권 주장출원의 선출원이 국제출원인 경우와 동일하다(제4항 제1호·제2호). 다만, 선출원의 취하간주는 "국제출원일부터 1년 3개월이 지난 때와 특허청장이 결정을 한 때 중 늦은 때"이다(제4항 제3호).

---

[199] 이와 같이 기간을 정한 이유는 PCT에 따른 국제출원인 경우는 출원인의 "명시적 청구"가 없는 경우에는 국제특허출원의 국어번역문의 제출기간 만료일인 기준일 전에 국제출원을 처리할 수 없기 때문이며, 이러한 취하간주의 효과는 국내법 적용에 따른 우리나라에서만 효력이 있다. 한편, 국제특허출원이 국내우선권 주장의 선출원인 경우에는 일반적으로 비용을 절감하기 위하여 심사청구를 하지 않기 때문에 국제특허출원은 국내서면제출기간이 지난 후에 취하간주 될 것이다. 임병웅, 앞의 책, 710면.

**제10장**
「특허협력조약」에 따른 국제출원

**제2절**
국제특허 출원에 관한 특례

### 제203조 서면의 제출

① 국제특허출원의 출원인은 국내서면제출기간에 다음 각 호의 사항을 적은 서면을 특허청장에게 제출하여야 한다. 이 경우 국제특허출원을 외국어로 출원한 출원인은 제201조 제1항에 따른 국어번역문을 함께 제출하여야 한다.
1. 출원인의 성명 및 주소(법인인 경우에는 그 명칭 및 영업소의 소재지)
2. 출원인의 대리인이 있는 경우에는 그 대리인의 성명 및 주소나 영업소의 소재지[대리인이 특허법인·특허법인(유한)인 경우에는 그 명칭, 사무소의 소재지 및 지정된 변리사의 성명]
3. 발명의 명칭
4. 발명자의 성명 및 주소
5. 국제출원일 및 국제출원번호

② 제1항 후단에도 불구하고 제201조 제1항 단서에 따라 국어번역문의 제출기간을 연장하여 달라는 취지를 적어 제1항 전단에 따른 서면을 제출하는 경우에는 국어번역문을 함께 제출하지 아니할 수 있다.

③ 특허청장은 다음 각 호의 어느 하나에 해당하는 경우에는 보정기간을 정하여 보정을 명하여야 한다.
1. 제1항 전단에 따른 서면을 국내서면제출기간에 제출하지 아니한 경우
2. 제1항 전단에 따라 제출된 서면이 이 법 또는 이 법에 따른 명령으로 정하는 방식에 위반되는 경우

④ 제3항에 따른 보정명령을 받은 자가 지정된 기간에 보정을 하지 아니하면 특허청장은 해당 국제특허출원을 무효로 할 수 있다.

### 취 지

제203조는 국제특허출원이 출원서의 국어번역문을 제출하지 않으므로 외국어 등으로 제출된 국제특허출원의 서지적 사항(출원인의 주체나 대상 등)을 명확히 하기 위하여 지정관청(특허청)은 **국제특허출원에 관한 출원서의 국어번역문을 갈음**(대신) 할 수 있는 **서면을 강제적으로 제출**하도록 하고 미제출시 보정을 명하도록 규정하였다. 이는 국내 진입의사를 표시하는 서면적 기능도 있다.

> 해 설

① 국제특허출원서의 출원서를 대신하는 서면제출(제1항 및 제2항)

출원인은 국내서면제출기간에 ⓐ **출원인의 성명 및 주소**, ⓑ **발명의 명칭**, ⓒ 발명자의 성명 및 주소, 및 ⓓ **국제출원일·국제출원번호를 적은 서면**[200]을 특허청장에게 제출하여야 한다. 이 때 국제특허출원을 외국어로 출원한 경우는 국어번역문(제201조 제1항)을 함께 제출하여야 한다(제1항).

다만, 국제특허출원의 국어번역문 제출(제201조 제1항)에 따른 단서에 의하여 국어번역문의 제출기간을 연장해 달라는 취지를 적어 서면을 제출한 경우에는 국어번역문을 함께 제출하지 않아도 된다(제2항). 이 서면의 제출은 외국어뿐만 아니라 국어로 국제특허출원을 한 출원인도 포함된다.

② 서면제출이 부적합한 경우의 취급(제3항 및 제4항)

특허청장은 국제출원의 국내진입 의사표시인 서면을 **국내서면제출기간에 제출하지 않거나** 그 제출된 서면이 **법령에 정한 방식에 위반**되는 경우는 기간을 정하여 **보정을 명하여야** 하고(제3항), 보정명령을 받은 자가 **지정기간에 보정을 하지 않으면** 해당 **국제특허출원을 무효**로 할 수 있다(제4항).

---

[200] 이 서면을 소위 "국내진입 의사표시 서면"이라고도 한다. 원래 PCT는 국제출원의 형식(내용)에 관하여 PCT에서 정한 요건과 다르거나 추가적인 것을 지정국에서 요구할 수 없지만(PCT 제27조(1)), 발명자 등에 관한 사항을 추가적으로 요구할 수 있는 근거(PCT 제22조(1) 및 제27조(2))에 따라 특허법은 **국제출원에 관한 서지적 사항을 명확히 하고자 마련**한 규정이다.

제10장
「특허협력
조약」에 따른
국제출원

제2절
국제특허
출원에 관한
특례

### 제204조 국제조사보고서를 받은 후의 보정

① 국제특허출원의 출원인은 「특허협력조약」 제19조(1)에 따라 국제조사보고서를 받은 후에 국제특허출원의 청구범위에 관하여 보정을 한 경우 기준일까지(기준일이 출원심사의 청구일인 경우 출원심사의 청구를 한 때까지를 말한다. 이하 이 조 및 제205조에서 같다) 다음 각 호의 구분에 따른 서류를 특허청장에게 제출하여야 한다.
1. 외국어로 출원한 국제특허출원인 경우: 그 보정서의 국어번역문
2. 국어로 출원한 국제특허출원인 경우: 그 보정서의 사본

② 제1항에 따라 보정서의 국어번역문 또는 사본이 제출되었을 때에는 그 보정서의 국어번역문 또는 사본에 따라 제47조 제1항에 따른 청구범위가 보정된 것으로 본다. 다만, 「특허협력조약」 제20조에 따라 기준일까지 그 보정서(국어로 출원한 국제특허출원인 경우에 한정한다)가 특허청에 송달된 경우에는 그 보정서에 따라 보정된 것으로 본다.

③ 국제특허출원의 출원인은 「특허협력조약」 제19조(1)에 따른 설명서를 국제사무국에 제출한 경우 다음 각 호의 구분에 따른 서류를 기준일까지 특허청장에게 제출하여야 한다.
1. 외국어로 출원한 국제특허출원인 경우: 그 설명서의 국어번역문
2. 국어로 출원한 국제특허출원인 경우: 그 설명서의 사본

④ 국제특허출원의 출원인이 기준일까지 제1항 또는 제3항에 따른 절차를 밟지 아니하면 「특허협력조약」 제19조(1)에 따른 보정서 또는 설명서는 제출되지 아니한 것으로 본다. 다만, 국어로 출원한 국제특허출원인 경우에 「특허협력조약」 제20조에 따라 기준일까지 그 보정서 또는 그 설명서가 특허청에 송달된 경우에는 그러하지 아니하다.

**취 지**

제204조는 출원인이 PCT 제19조(1)에 따라 **국제조사보고서를 받은 후에** 국제특허출원의 **청구범위를 보정한 경우**에 있어 그 **보정서의 제출과 보정의 효과를 규정**한 것이다. 특히, **외국어로 출원한 국제특허출원**은 그 보정서와 설명서를 제출하는 경우에 각각의 **국어번역문을 제출**하도록 규정하였다.

> 해 설

① 보정된 청구범위에 대한 국어번역문 제출(제1항)

출원인은 「특허협력조약」 제19조(1)에 따라 국제조사보고서를 받은 후에 국제특허출원의 청구범위에 관하여 보정을 한 경우 기준일까지 ⓐ 외국어로 출원한 국제특허출원인 경우는 그 보정서의 국어번역문, ⓑ 국어로 출원한 경우는 그 보정서의 사본을 특허청장에게 제출하여야 한다.

② 보정서의 국어 번역문 제출효과(제2항)

제1항에 따라 보정서의 국어번역문 또는 사본이 제출된 경우는 국내법에 의한 국내심사가 진행되기 전인 **국제특허출원의 기준일(국내서면제출기간의 만료일)까지의 보정임에도 불구**하고 국내법의 적용을 받는 **특허출원의 자진보정(제47조 제1항)으로 청구범위가 보정**된 것으로 본다(제2항 본문).

다만, 「특허협력조약」 제20조에 따라 기준일까지 그 보정서(**국어로 출원한 국제특허출원**인 경우에 한정)가 특허청에 송달된 경우 즉, 출원인이 제출한 보정서와 국제사무국으로부터 송달된 보정서가 같이 있는 경우는 **국제사무국으로부터 송달된 보정서에 따라 보정된 것으로 본다**(제2항 단서).

③ 설명서를 제출한 경우의 그 국어번역문 제출(제3항)

출원인이 보정서의 제출과 함께 국제사무국에 그 설명서를 제출한 경우(PCT 제19조(1))에 ⓐ 외국어로 출원한 국제특허출원인 경우는 그 설명서의 국어번역문을, ⓑ 국어로 출원한 국제특허출원인 경우는 그 설명서의 사본을 기준일(국내서면제출기간의 만료일)까지 특허청장에게 제출하여야 한다.

④ 보정서 또는 설명서의 국어 번역문 미제출의 효과(제4항)

출원인이 기준일까지 보정서나 설명서의 국어번역문 또는 사본을 제출하지 않으면 PCT 제19조(1)에 따른 **보정서·설명서는 제출되지 않은 것으로 본다**. 다만, 국어로 출원한 국제특허출원인 경우는 PCT 제20조에 따라 기준일까지 그 서류가 특허청에 송달된 경우에는 제출된 것으로 본다.

제10장
「특허협력
조약」에 따른
국제출원

제2절
국제특허
출원에 관한
특례

> **제205조 국제예비심사보고서 작성 전의 보정**
>
> ① 국제특허출원의 출원인은 「특허협력조약」 제34조(2)(b)에 따라 국제특허출원의 발명의 설명, 청구범위 및 도면에 대하여 보정을 한 경우 기준일까지 다음 각 호의 구분에 따른 서류를 특허청장에게 제출하여야 한다.
> 1. 외국어로 작성된 보정서인 경우: 그 보정서의 국어번역문
> 2. 국어로 작성된 보정서인 경우: 그 보정서의 사본
> ② 제1항에 따라 보정서의 국어번역문 또는 사본이 제출되었을 때에는 그 보정서의 국어번역문 또는 사본에 따라 제47조 제1항에 따른 명세서 및 도면이 보정된 것으로 본다. 다만, 「특허협력조약」 제36조(3)(a)에 따라 기준일까지 그 보정서(국어로 작성된 보정서의 경우만 해당한다)가 특허청에 송달된 경우에는 그 보정서에 따라 보정된 것으로 본다.
> ③ 국제특허출원의 출원인이 기준일까지 제1항에 따른 절차를 밟지 아니하면 「특허협력조약」 제34조(2)(b)에 따른 보정서는 제출되지 아니한 것으로 본다. 다만, 「특허협력조약」 제36조(3)(a)에 따라 기준일까지 그 보정서(국어로 작성된 보정서의 경우만 해당한다)가 특허청에 송달된 경우에는 그러하지 아니하다.

### 취 지

제205조는 국제출원의 출원인이 **국제예비심사단계**에서 국제예비심사기관인 특허청에 대하여 **발명의 설명, 청구범위** 및 **도면을 보정**할 수 있는데(PCT 제34조(2)(b)), 이에 따른 **국제출원의 보정을 한 경우**에 그 보정서의 국어 번역문 제출(국어로 작성된 보정서는 그 보정서의 사본) 및 **효과**를 규정한 것이다.

### 해 설

① 국제예비심사기관에 대한 보정서의 국어 번역문 제출(제1항)

출원인이 PCT 제34조(2)(b)에 따라 국제특허출원의 발명의 설명, 청구범위 및 도면에 대하여 보정을 한 경우 **기준일**(국내서면제출기간의 만료일)까지 ⓐ 외국어로 작성된 보정서인 경우 그 보정서의 국어번역문, ⓑ 국어로 작성된 보정서인 경우 그 보정서의 사본을 특허청장에게 제출하여야 한다.

② 보정서의 국어번역문 제출효과(제2항)

제1항에 따라 보정서의 국어번역문 또는 사본이 제출된 경우는 국내법에 의한 국내심사가 진행되기 전인 **국제특허출원의 기준일까지의 보정임에도 불구**하고 국내법의 적용을 받는 **특허출원의 보정(제47조 제1항)**으로 **명세서**(발명의 설명 및 청구범위) **및 도면이 보정**된 것으로 본다(제2항 본문).

다만, 「특허협력조약」 제36조(3)(a)에 따라 기준일까지 그 보정서(**국어로 출원한 국제특허출원**인 경우에 한정)가 국제사무국으로부터 특허청에 송달된 경우에는 그 보정서에 따라 보정된 것으로 본다(제2항 단서). 기본적으로 제204조 제2항(국제조사보고서를 받은 후의 보정)과 동일하게 해석된다.

③ 보정서의 국어 번역문 미제출시 효과(제3항)

출원인이 기준일까지 보정서의 국어번역문 또는 사본을 제출하지 않으면 PCT 제34조(2)(b)에 따른 **보정서는 제출되지 않은 것으로 본다**. 다만, 국어로 작성된 보정서의 경우는 PCT 제36조(3)(a)에 따라 기준일까지 그 서류가 특허청에 송달된 경우에는 그 보정서가 제출된 것으로 본다.

| 제10장<br>「특허협력<br>조약」에 따른<br>국제출원<br>제2절<br>국제특허<br>출원에 관한<br>특례 | 제206조 재외자의 특허관리인의 특례<br>① 재외자인 국제특허출원의 출원인은 기준일까지는 제5조 제1항에도 불구하고 특허관리인에 의하지 아니하고 특허에 관한 절차를 밟을 수 있다.<br>② 제201조 제1항에 따라 국어번역문을 제출한 재외자는 산업통상자원부령으로 정하는 기간에 특허관리인을 선임하여 특허청장에게 신고하여야 한다.<br>③ 제2항에 따른 선임신고가 없으면 그 국제특허출원은 취하된 것으로 본다. |
|---|---|

취 지

제206조는 **재외자**가 특허에 관한 절차를 밟을 때 특허관리인을 선임하여 절차를 밟지만(제5조 제1항), 국제특허출원을 하는 출원인은 **국제단계인 국제출원의 기준일까지는 특허관리인을 선임하지 않고** 특허에 관한 **절차를 밟을 수 있으며, 국내단계 진입 후에는 특허관리인을 선임하여야함**을 규정한 것이다.

> 해 설

본조는 PCT 제27조(7)가 출원인의 지정국에서의 주소요건과 지정관청에서 대리능력이 있는 대리인이 출원인을 대리하여야한다는 요건과 관련하여 규정한 것으로, **재외자로서 국제특허출원을 하는 경우에 이를 국제출원의 국제단계와 국내단계로** 나누어 재외자의 **특허관리인**[201]에 대한 특례를 규정한 것이다.

원래 재외자에 의한 국내출원은 특허관리인을 선임해야만 특허에 관한 절차를 밟을 수 있는데(제5조 제1항), 재외자인 국제특허출원의 출원인은 **기준일**(국내서면제출기간의 만료일)까지 **특허관리인에 의하지 않고 특허에 관한 절차를 밟을 수 있으며**(제1항), 특허관리인에 의하지 않고 **국어번역문을 제출한 제외자는 기준일로부터 2개월 이내에 특허관리인을 선임**하여 특허청장에게 신고하여야 한다(제2항 및 특허법 시행규칙 제116조). 그리고 특허관리인의 **선임신고가 없으면** 그 국제특허출원은 **취하**된 것으로 본다(제3항).

---

[201) 「재외자」란 **국내에 주소 또는 영업소가 없는 자**이고, 내·외국인 불문한다. 「재외자의 특허관리인」은 국내에 주소 또는 영업소를 둔 자로서 재외자에 의하여 선임된 대리인을 의미한다.

## 제10장 「특허협력조약」에 따른 국제출원
### 제2절 국제특허출원에 관한 특례

### 제207조 출원공개시기 및 효과의 특례

① 국제특허출원의 출원공개에 관하여 제64조 제1항을 적용하는 경우에는 "다음 각 호의 구분에 따른 날부터 1년 6개월이 지난 후"는 "국내서면제출기간(제201조 제1항 각 호 외의 부분 단서에 따라 국어번역문의 제출기간을 연장해 달라는 취지를 적은 서면이 제출된 경우에는 연장된 국어번역문 제출 기간을 말한다. 이하 이 항에서 같다)이 지난 후(국내서면제출기간에 출원인이 출원심사의 청구를 한 국제특허출원으로서 「특허협력조약」 제21조에 따라 국제공개된 경우에는 우선일부터 1년 6개월이 되는 날 또는 출원심사의 청구일 중 늦은 날이 지난 후)"로 본다.

② 제1항에도 불구하고 국어로 출원한 국제특허출원에 관하여 제1항에 따른 출원공개 전에 이미 「특허협력조약」 제21조에 따라 국제공개가 된 경우에는 그 국제공개가 된 때에 출원공개가 된 것으로 본다.

③ 국제특허출원의 출원인은 국제특허출원에 관하여 출원공개(국어로 출원한 국제특허출원인 경우 「특허협력조약」 제21조에 따른 국제공개를 말한다. 이하 이 조에서 같다)가 있은 후 국제특허출원된 발명을 업으로 실시한 자에게 국제특허출원된 발명인 것을 서면으로 경고할 수 있다.

④ 국제특허출원의 출원인은 제3항에 따른 경고를 받거나 출원공개된 발명임을 알고도 그 국제특허출원된 발명을 업으로서 실시한 자에게 그 경고를 받거나 출원공개된 발명임을 안 때부터 특허권의 설정등록 시까지의 기간 동안 그 특허발명의 실시에 대하여 합리적으로 받을 수 있는 금액에 상당하는 보상금의 지급을 청구할 수 있다. 다만, 그 청구권은 해당 특허출원이 특허권의 설정등록된 후에만 행사할 수 있다.

### 취 지

제207조는 **국제특허출원의 국내진입**에 따른 **출원공개** 시기 및 그 **효과**를 규정한 것이다. **원칙**적으로 국제특허출원에 대한 국내의 출원공개(제64조 제1항)는 **국내서면제출기간**(국어 번역문의 제출기한)이 **경과한 때**에 하도록 하고, 그 출원공개에 따른 **제3자 실시의 서면 경고** 및 **보상금 청구권**을 규정하였다.

> 해 설

### ① 국제특허출원의 국내 출원공개시기에 관한 특례(제1항)

국내출원은 출원인의 조기공개 신청이 없는 경우 출원일로부터 1년 6개월이 지난 후에 공개(제64조 제1항) 되지만, 국제특허출원은 **원칙적으로 국내서면제출기간(제201조 제1항)이 지난 후 국내공개**가 이루어진다. 다만, 국내서면제출기간에 심사청구를 한 국제특허출원으로서 PCT 제21조(국제공개)에 따라 국제공개된 경우는 우선일부터 1년 6개월이 되는 날 또는 심사청구일 중 늦은 날이 지난 후 국내공개가 된다. 한편, 국제특허출원의 출원인은 국제특허출원의 국어번역문을 제출한 후가 아니면 조기공개의 신청을 할 수 없다(특허법 시행규칙 제44조 제2항).

### ② 국어로 국제특허출원한 경우의 출원공개시기(제2항)

국어로 출원한 국제특허출원이 국내에서 출원공개 전에 이미 PCT 제21조에 따라 **국제공개가 된 경우는 그 국제공개가 된 때에 출원공개**가 된 것으로 본다. 이는 국어가 PCT 국제출원의 국제공개어로 채택(2009년 1월)됨에 따라 국내출원의 공개시점과 국제출원의 공개시점을 동일하게 적용한다.

### ③ 출원공개에 따른 제3자 실시의 서면 경고 및 보상금 청구권 발생(제3항 및 제4항)

국제특허출원의 출원인은 국제특허출원에 관하여 **출원공개가 있은 후 국제특허출원된 발명을 업으로 실시한 자에게** 국제특허출원된 발명인 것을 **서면으로 경고**할 수 있다(제3항). 또한, 출원인은 서면 경고를 받거나 출원공개된 발명임을 알고도 그 국제특허출원된 발명을 업으로서 실시한 자에게 그 **경고를 받거나 출원공개된 발명임을 안 때부터 특허권의 설정등록 시까지의 기간 동안 그 특허발명의 실시에 대하여 합리적으로 받을 수 있는 금액에 상당하는 보상금의 지급을 청구**할 수 있다. 다만, 그 청구권은 해당 특허출원이 특허권의 설정등록된 후에만 행사할 수 있다(제4항).

제10장
「특허협력조약」에 따른 국제출원

제2절
국제특허출원에 관한 특례

### 제208조 보정의 특례 등

① 국제특허출원에 관하여는 다음 각 호의 요건을 모두 갖추지 아니하면 제47조 제1항에도 불구하고 보정(제204조 제2항 및 제205조 제2항에 따른 보정은 제외한다)을 할 수 없다.
1. 제82조 제1항에 따른 수수료를 낼 것
2. 제201조 제1항에 따른 국어번역문을 제출할 것. 다만, 국어로 출원된 국제특허출원인 경우는 그러하지 아니하다.
3. 기준일(기준일이 출원심사의 청구일인 경우 출원심사를 청구한 때를 말한다)이 지날 것

② 삭제 〈2001. 2. 3.〉

③ 외국어로 출원된 국제특허출원의 보정할 수 있는 범위에 관하여 제47조 제2항 전단을 적용할 때에는 "특허출원서에 최초로 첨부한 명세서 또는 도면"은 "국제출원일까지 제출한 발명의 설명, 청구범위 또는 도면"으로 본다.

④ 외국어로 출원된 국제특허출원의 보정할 수 있는 범위에 관하여 제47조 제2항 후단을 적용할 때에는 "외국어특허출원"은 "외국어로 출원된 국제특허출원"으로, "최종 국어번역문(제42조의3 제6항 전단에 따른 정정이 있는 경우에는 정정된 국어번역문을 말한다) 또는 특허출원서에 최초로 첨부한 도면(도면 중 설명부분은 제외한다)"은 "제201조 제5항에 따른 최종 국어번역문(제201조 제6항 전단에 따른 정정이 있는 경우에는 정정된 국어번역문을 말한다) 또는 국제출원일까지 제출한 도면(도면 중 설명부분은 제외한다)"으로 본다.

⑤ 삭제 〈2001. 2. 3.〉

### 취 지

　제208조는 **국제특허출원의 국내단계에서의 보정에 관한 특례**를 규정한 것으로 국내 특허출원이 보정에 대한 시기 및 범위에 제한이 있듯이(제47조) 국제특허출원도 국내단계에서 보정을 할 경우에 **국제특허출원의 성격 및 절차**에 따라 **보정시기**를 **제한**하고 보정할 수 있는 **보정의 범위**를 규정하고 있다.

　보정의 범위와 관련하여 **국제특허출원의 국제출원일에 제출된 외국어 명세서를 출원서에 최초로 첨부된 명세서로 보고 그 외국어 명세서 범위에서 보정**(원문주의)할 수 있도록 하고(외국어특허출원도 동일, 제208조 제3항), 다만, 실체심사에서 외국어

명세서 기준으로 보정의 적합성 여부를 판단하는 것은 대단히 어려운바 **국제출원 시의 외국어 명세서 범위 및 국어번역문 범위에서 보정**하도록 하고(제208조 제4항), 심사관은 일반적으로 국어번역문 기준으로 보정의 적합성 여부를 판단하도록 하였다.

> 해 설

### ① 보정시기의 제한(제1항)

국제특허출원의 국내단계에서의 보정은 ⓐ 국내절차를 밟음에 따른 **수수료를 내고**(제82조 제1항), ⓑ **국어번역문을 제출**하고(제201조 제1항), ⓒ **기준일을 경과**하여 국내절차가 개시된 때부터 보정을 할 수 있도록 하였다(다만, 국어로 출원한 국제특허출원은 국어번역물을 제출할 필요가 없다). 즉, 이러한 시기적 제한은 국제출원일 이후에 보정을 하는데 있어 국내단계에서는 수수료 납부 및 국어번역문 제출 전에 보정의 대상이 되는 국제출원이 특허청에 계속될 것이지 여부 및 국제출원에 대한 국어번역문의 내용도 최종번역문이 제출되기 전 까지는 확정적이지 않기 때문이다.[202]

### ② 보정의 범위(제3항 및 제4항)

**외국어로 출원된 국제특허출원**의 경우 **명세서 또는 도면의 보정**은 국내출원의 신규사항 추가금지와 관련된 제47조 제2항[203]을 적용하는데 있어 「**국제출원일까지 제출한 발명의 설명, 청구범위 또는 도면**」에 기재된 **사항의 범위**에서 하여야 하고(제3항), 「법 제201조 제5항에 따른 최종 국어번역문(제201조 제6항 전단에 따른 정정이 있는 경우는 정정된 국어번역문) 또는 국제출원일까지 제출한 도면(도면 중 설명부분은 제외)」에 기재된 사항의 범위에서도 하여야 한다(제4항). 이는 2014년 6월 11일 개정법(법률 제12753호)에서 외국어 출원인의 진정한 권리의 보호를 강화하고 국제추세에 맞게 **보정 범위를 원문(제208조 제3항)으로 전환**하는 한편, 보정범위를 원문으로 전환하면 심사 및 제3자의 권리감시에 어려움이 발생할 수 있으므로 **명세서 보정은 국어번역문의 범위(제208조 제4항)에서도 보정**하도록 하고, 심사관은 국어번역문 기준으로 보정의 적합성을 판단할 수 있도록 하였다.[204]

---

202) 특허청, 앞의 특허법해설 책, 482면.
203) 제47조(특허출원의 보정) ② 제1항에 따른 명세서 또는 도면의 보정은 특허출원서에 최초로 첨부한 명세서 또는 도면에 기재된 사항의 범위에서 하여야 한다. 이 경우, 외국어특허출원에 대한 보정은 최종 국어번역문(제42조의3 제6항 전단에 따른 정정이 있는 경우에는 정정된 국어번역문을 말한다) 또는 특허출원서에 최초로 첨부한 도면(도면 중 설명부분은 제외한다)에 기재된 사항의 범위에서도 하여야 한다.
204) 다만, 국어번역문의 잘못된 오역의 정정이 가능하므로(제201조 제6항) 실질적인 보정가능 범위는 원문이라고 할 수 있다. 예컨대, 과거 번역문주의에서는 원문이 "Ca"이고 번역문에는 "칼륨"이라고 기재되어 있으면 "칼슘"으로 보정이 불가능하나, 원문주의에서는 "칼슘"으로 보정이 가능하다. 임병웅, 앞의 책, 718면.

**제10장**
「특허협력
조약」에 따른
국제출원

**제2절**
국제특허
출원에 관한
특례

### 제209조 변경출원시기의 제한

「실용신안법」 제34조 제1항에 따라 국제출원일에 출원된 실용신안등록출원으로 보는 국제출원을 기초로 하여 특허출원으로 변경출원을 하는 경우에는 이 법 제53조 제1항에도 불구하고 「실용신안법」 제17조 제1항에 따른 수수료를 내고 같은 법 제35조 제1항에 따른 국어번역문(국어로 출원된 국제실용신안등록출원의 경우는 제외한다)을 제출한 후(「실용신안법」 제40조 제4항에 따라 국제출원일로 인정할 수 있었던 날에 출원된 것으로 보는 국제출원을 기초로 하는 경우에는 같은 항에 따른 결정이 있은 후)에만 변경출원을 할 수 있다.

#### 취 지

제209조는 PCT에 따른 국제출원일에 출원된 실용신안등록출원으로 보는 국제출원을 기초로 하여 특허출원으로 변경출원을 하는 경우에 있어 그 **변경출원시기의 제한을 규정**하였다. 변경출원이 인정되기 위해선 PCT에 따른 **기초가 되는 국제출원의 수수료 납부**와 **국어번역문 제출**이 있어야 한다.

#### 해 설

국제출원에 의한 실용신안등록출원(실용신안법 제34조)이 **PCT에 따라 국제출원일이 인정된 국제출원으로서 이를 기초로 하여 특허출원으로 변경출원을 하는 경우**에는 실용신안등록출원의 특허출원으로의 변경출원 요건(제53조 제1항)에도 불구하고 실용신안법에 따른 절차의 수수료(제17조 제1항) 및 국제실용신안등록출원의 국어번역문(제35조 제1항)을 제출한 후(실용신안법 제40조 제4항에 따라 국제출원일로 인정할 수 있었던 날에 출원된 것으로 보는 국제출원을 기초로 하는 경우에는 그 결정이 있은 후)에만 변경출원을 할 수 있다. **수수료 납부와 국어번역문 제출은 변경출원에 따른 심사의 최소한 요건**이다.

| 제10장<br>「특허협력<br>조약」에 따른<br>국제출원<br>제2절<br>국제특허<br>출원에 관한<br>특례 | **제210조 출원심사청구시기의 제한**<br><br>국제특허출원에 관하여는 제59조 제2항에도 불구하고 다음 각 호의 어느 하나에 해당하는 때에만 출원심사의 청구를 할 수 있다.<br>1. 국제특허출원의 출원인은 제201조 제1항에 따라 국어번역문을 제출하고(국어로 출원된 국제특허출원의 경우는 제외한다) 제82조 제1항에 따른 수수료를 낸 후<br>2. 국제특허출원의 출원인이 아닌 자는 국내서면제출기간(제201조 제1항 각 호 외의 부분 단서에 따라 국어번역문의 제출기간을 연장하여 달라는 취지를 적은 서면이 제출된 경우에는 연장된 국어번역문 제출 기간을 말한다)이 지난 후 |
|---|---|

### 취 지

제210조는 **국제특허출원에 대한 심사청구시기**를 규정한 것으로, **출원인과 출원인 이외의 자로 나누어 달리 규정**하였다. 출원인은 **국내서면제출기간 만료일 이전**이라도 기본요건(국어번역문, 수수료)을 충족시 심사청구가 가능하나, 출원인이 아닌 자는 **국내서면제출기간이 지난 후** 심사청구를 할 수 있다.

### 해 설

① **국제특허출원의 출원인에 의한 심사청구(제1항)**

PCT 제23조(2), 제40조(2)에 의하면 출원인은 국내서면제출기간 전이라도 명시적인 심사청구를 하여 국내절차 또는 심사절차를 개시토록 할 수 있으나, 해당 국제출원의 **특허청 계속 여부는 확정**되어야 할 것이므로 **국어번역문 제출과 수수료 납부 후에 심사청구**를 할 수 있도록 하였다.[205]

국제특허출원의 출원인이 국어번역문 제출(제201조 제1항)과 수수료를 납부(제82조 제1항)한 후에 심사청구를 가능하게 한 것은 이 두 가지의 요건이 **지정관청인 특허청**에서 **최소한의 심사를 받기위한 전제조건**이기 때문에 이를 충족한 후 심사청구를 할 수 있도록 시기적 제한을 두었다.

② **국제특허출원의 출원인 이외의 자에 의한 심사청구(제2항)**

출원인 이외의 자는 출원인과 달리 명시적인 심사청구에 의하여 국내절차 또는 심사절차를 개시하도록 할 수 없으므로(PCT 제23조, 제40조), 출원인이 아닌 자의 경우에는 **국내서면제출기간이 경과한 후에 심사청구를 할 수 있도록 규정**하였다.[206]

---

205) 특허청, 앞의 특허법해설 책, 487면.
206) 특허청, 앞의 특허법해설 책, 487면.

출원인 이외의 자로 하여금 심사청구를 국내서면제출기간 이후로 한 것은 **국내서면제출기간에 심사청구를 하게 하면 국제특허출원의 심사대상인 국어번역문이 확정**되어 출원인이 더 이상 **국어번역물을 교체할 수 없게 되므로**(제201조 제3항) 이에 따른 불측의 손해를 예방하기 위한 것이다.

| 제10장<br>「특허협력조약」에 따른 국제출원<br>제2절 국제특허출원에 관한 특례 | 제211조 국제조사보고서 등에 기재된 문헌의 제출명령<br><br>특허청장은 국제특허출원의 출원인에 대하여 기간을 정하여 「특허협력조약」 제18조의 국제조사보고서 또는 같은 조약 제35조의 국제예비심사보고서에 적혀 있는 문헌의 사본을 제출하게 할 수 있다. |
|---|---|

### 취 지

제211조는 특허청장이 지정관청 심사관의 **국제특허출원의 심사업무 수행을 효율적으로 수행**하고 **심사에 참고**할 수 있도록 국제특허출원의 출원인으로 하여금 **국제조사보고서 또는 국제예비심사보고서에 기재된 문헌의 사본을 제출**할 수 있도록 규정한 것이다(PCT 제20조(3) 및 제36조(4)에 대응).

### 해 설

특허청장은 국제특허출원의 출원인으로 하여금 기간을 정하여 PCT 제18조의 국제조사보고서 또는 제35조의 국제예비심사보고서에 적혀 있는 문헌의 사본을 제출하게 할 수 있다. 국제특허출원의 국내심사에 활용하기 위한 것으로 **특허청이 보유하고 있지 않거나 입수하기 곤란한 경우에 활용**된다.

| 제10장<br>「특허협력조약」에 따른 국제출원<br>제2절 국제특허출원에 관한 특례 | 제212조 특허이의신청의 특례 삭제 〈2006. 3. 3.〉 |
|---|---|
| | 제213조 특허의 무효심판의 특례 삭제 〈2014. 6. 11.〉 |

### 제214조 결정에 의하여 특허출원으로 되는 국제출원

① 국제출원의 출원인은 「특허협력조약」 제4조(1)(ii)의 지정국에 대한민국을 포함하는 국제출원(특허출원만 해당한다)이 다음 각 호의 어느 하나에 해당하는 경우 산업통상자원부령으로 정하는 기간에 산업통상자원부령으로 정하는 바에 따라 특허청장에게 같은 조약 제25조(2)(a)에 따른 결정을 하여줄 것을 신청할 수 있다.
1. 「특허협력조약」 제2조(xv)의 수리관청이 그 국제출원에 대하여 같은 조약 제25조(1)(a)에 따른 거부를 한 경우
2. 「특허협력조약」 제2조(xv)의 수리관청이 그 국제출원에 대하여 같은 조약 제25조(1)(a) 또는 (b)에 따른 선언을 한 경우
3. 국제사무국이 그 국제출원에 대하여 같은 조약 제25조(1)(a)에 따른 인정을 한 경우

② 제1항의 신청을 하려는 자는 그 신청 시 발명의 설명, 청구범위 또는 도면(도면 중 설명부분에 한정한다), 그 밖에 산업통상자원부령으로 정하는 국제출원에 관한 서류의 국어번역문을 특허청장에게 제출하여야 한다.

③ 특허청장은 제1항의 신청이 있으면 그 신청에 관한 거부·선언 또는 인정이 「특허협력조약」 및 같은 조약규칙에 따라 정당하게 된 것인지에 관하여 결정을 하여야 한다.

④ 특허청장은 제3항에 따라 그 거부·선언 또는 인정이 「특허협력조약」 및 같은 조약규칙에 따라 정당하게 된 것이 아니라고 결정을 한 경우에는 그 결정에 관한 국제출원은 그 국제출원에 대하여 거부·선언 또는 인정이 없었다면 국제출원일로 인정할 수 있었던 날에 출원된 특허출원으로 본다.

⑤ 특허청장은 제3항에 따른 정당성 여부의 결정을 하는 경우에는 그 결정의 등본을 국제출원의 출원인에게 송달하여야 한다.

⑥ 제4항에 따라 특허출원으로 보는 국제출원에 관하여는 제199조 제2항, 제200조, 제200조의2, 제201조 제5항부터 제8항까지, 제202조 제1항·제2항, 제208조 및 제210조를 준용한다.

⑦ 제4항에 따라 특허출원으로 보는 국제출원에 관한 출원공개에 관하여는 제64조 제1항 중 "다음 각 호의 구분에 따른 날"을 "제201조 제1항의 우선일"로 본다.

취 지

제214조는 출원인이 지정국에 대한민국을 포함하는 국제출원을 하였으나 국제출원의 **수리관청이 국제출원일의 인정을 거부**하거나 국제출원이 **취하된 것으로 보는 선언** 등을 한 경우 출원인의 신청에 의하여 **지정관청인 특허청**이 이를 **재검토**하여 **국내법상의 특허출원으로 구제**할 수 있도록 한 규정이다.

이러한 특허청장의 결정에 의하여 구제된 국제출원은 더 이상 통상의 국제출원이 아니며, 단지 그러한 거부 등이 없었다면 **국제출원일로 인정할 수 있었던 날에 대한민국에 출원한 특허출원**으로 간주한다.[207]

해 설

① 국제출원일 불인정 등에 따른 지정관청의 재검토 결정의 신청(제1항)

국제출원의 출원인은 PCT 제4조(1)(ii)의 지정국에 대한민국을 포함하는 국제출원이(특허출원만 해당) ⓐ **수리관청에 의하여 국제출원일 인정을 거부한 경우**(제1항 제1호), ⓑ **수리관청에 의하여 국제출원이 취하된 것으로 보는 선언을 한 경우**(제1항 제2호), 또는 ⓒ **국제사무국에 의하여 일정기간 내에 기록원본이 수리되지 못함을 인정**한 경우(제1항 제3호)에 산업통상자원부령에 따른 특허법 시행규칙 제117조(결정의 신청기간 등)에 의하여 위 **거부, 선언 또는 인정**이 출원인에게 통지된 날로부터 2개월 이내에 특허청이 **재검토**(Review)를 하여 PCT 제25조(2)(a)에 따른 결정을 해 줄 것을 특허청장에게 **신청**할 수 있다.

② 신청자의 국어번역문 제출(제2항)

특허청(지정관청)에 재검토를 신청을 하려는 자는 그 신청시 **발명의 설명, 청구범위** 또는 **도면**(도면 중 설명부분 한정), 그 밖에 산업통상자원부령으로 정하는 국제출원에 관한 서류(특허법 시행규칙 제118조에 따라 **출원인이 수리관청 또는 국제사무국에 제출한 서류**)의 **국어번역문**을 특허청장에게 제출하여야 한다.

③ 신청에 따른 특허청의 결정 의무(제3항)

재검토의 신청을 받은 지정관청인 특허청은 그 **신청에 관한 거부·선언 또는 인정**이 PCT의 요건에 **충족하는 국제출원인지 여부에 대하여 재검토**를 하고 이에 대한 **결정을 하여야 한다**. 그러나 일정기간 내에 수수료 납부나 국어번역문을 제출하지 않은 경우는 결정의 의무를 부담하지 않는다.

---

[207] 임병웅, 앞의 책, 722면.

④ 특허청 결정의 효과(제4항)

특허청이 재검토 결과 수리관청 또는 국제사무국의 결정(거부·선언·인정)이 PCT 요건을 충족하는 **정당한 결정이 아니라고** 판단되면 그 결정에 관한 국제출원은 그 국제출원에 대하여 **거부·선언 또는 인정이** 없었다면 국제출원일로 인정할 수 있었던 날에 출원된 국내의 **특허출원**으로 본다.

⑤ 특허청 결정의 등본 송달(제5항)

출원인의 재검토 신청에 대한 **결정의 결과**는 ⓐ 국제출원의 표시, ⓑ 발명의 명칭, ⓒ 출원인 및 대리인의 성명 및 주소나 영업소, ⓓ **결정의 주문 및 그 이유**, 및 ⓔ 결정연월일을 기재한 **문서**(특허법 시행규칙 제119조(거부·선언·인정에 관한 결정))로 국제출원의 출원인에게 결정의 등본을 **송달**하여야 한다.

⑥ 국제특허출원 관련 규정 준용(제6항)

**특허출원으로 보는 국제출원에 관하여는 국제특허출원에 관한 특례**인 국제출원에 의한 특허출원(제199조 제2항), 공지 등이 되지 아니한 발명으로 보는 경우의 특례(제200조), 국제출원일에 제출된 국제특허출원의 출원서(제200조의2), 국제특허출원의 국어번역문 제출에 따른 최종 국어번역문의 취급 경우의 취급(제201조 제5항)부터 보정 후의 청구범위에 대한 국어번역문 제출시 국제조사보고서에 따른 국어번역문 제출 적용 배제(제201조 제8항)까지, 국제특허출원에 관한 우선권 주장의 특례(국제특허출원에 관한 조약우선권 주장 규정의 불(不)적용(제202조 제1항), 국내우선권을 주장한 후출원인 국제특허출원의 확대된 선출원의 지위(제202조 제2항)), 국제특허출원의 보정의 특례(제208조), 및 국제특허출원의 출원심사청구시기의 제한(제210조)를 **준용**한다. 이는 **국제출원일에 출원된 특허출원으로서 준용할 수 있는 조항**이기 때문이다.

⑦ 출원공개시기(제7항)

특허출원으로 보는 국제출원에 관한 출원공개의 시기는 국내출원의 출원공개에 관한 법 적용시(제64조 제1항) "다음 각 호의 구분에 따른 날(우선권 주장의 기초가 된 출원일, 선출원의 출원일 등)"을 **국제특허출원의 국어번역문 제출에 따른 「우선일」** (제201조 제1항)을 **기준**으로 기산하여 출원을 공개한다.

최신 개정법률을 반영한 조문별 취지·해설·판례
**특허법해설**
Easy & Consice

# 제11장 보 칙

> **제215조 둘 이상의 청구항이 있는 특허 또는 특허권에 관한 특칙**
>
> 제11장 보 칙
>
> 둘 이상의 청구항이 있는 특허 또는 특허권에 관하여 제65조 제6항, 제84조 제1항 제2호·제6호, 제85조 제1항 제1호(소멸의 경우만 해당한다), 제101조 제1항 제1호, 제104조 제1항 제1호·제3호·제5호, 제119조 제1항, 제132조의13 제3항, 제133조 제2항·제3항, 제136조 제7항, 제139조 제1항, 제181조, 제182조 또는 「실용신안법」 제26조 제1항 제2호·제4호·제5호를 적용할 때에는 청구항마다 특허가 되거나 특허권이 있는 것으로 본다.

### 취 지

제215조는 둘 이상의 발명에 대한 **다항제(多項制)** 채택(제42조)과 1발명 1출원주의에 의한 **1특허출원의 범위**(제45조)와의 **해석상 논란의 소지**에 따라 둘 이상의 청구항이 있는 특허 또는 특허권에 관하여 **본조에서 열거**하고 있는 **법조문에서는 청구항마다 특허가 되거나 특허권이 있는 것으로 규정**하였다.

### 해 설

둘 이상의 청구항이 있는 특허 또는 특허권에 관련하여 출원공개 후의 보상금청구권의 소멸(제65조 제6항), **특허취소결정이나 특허를 무효로 한다는 심결이 확정된 해의 다음 해부터의 특허료 해당분의 반환**(제84조 제1항 제2호)·특허출원 후 1개월 이내에 그 특허출원을 취하하거나 포기한 경우에 이미 낸 수수료 중 특허출원료 및 특허출원의 우선권 주장 신청료의 반환(제84조 제1항 제6호), **특허권의 소멸등록**(제85조 제1항 제1호), 특허권 및 전용실시권의 등록의 효력(제101조 제1항 제1호), **무효심판청구 등록 전의 실시에 의한 통상실시권**(제104조 제1항 제1호·제3호·제5호), 특허권 포기의 제한(제119조 제1항), **특허취소결정에 따른 소멸**(제132조의13 제3항), **특허무효심판에 의한 소멸**(제133조 제2항·제3항), 정정심판의 청구(제136조 제7항), 이해관계인의 공동심판청구(제139조 제1항), 재심에 의하여 회복된 특허권의 효력 제한(제181조), 재심에 의하여 회복한 특허권에 대한 선사용자의 통상실시권(제182조) 또는 실용신안법에서 실용신안등록과 특허 또는 특허권이 관련된 실용신안등록 무효심판청구 등록 전의 실시에 의한 통상실시권(제26조 제1항 제2호·제4호·제5호)를 적용할 때에는 청구항마다 특허가 되거나 특허권이 있는 것으로 본다.

### 판결요지

▷ 특허법 제45조 제1항은 특허출원은 1발명을 1특허출원으로 한다. 다만, 하나의

총괄적 발명의 개념을 형성하는 1군의 발명에 대하여 1특허출원으로 할 수 있다고 규정하고 있는 점에 비추어 볼 때 **원칙적으로 특허청구범위에 기재된 발명은** 발명의 개수에 의하여 복수의 특허출원이 객관적으로 병합된 것이 아니라 그 **복수의 발명이 일체로서 1개의 출원이 된 것으로 보아야 하고, 2 이상의 청구항이 있는 발명이라도 하나의 출원서로 출원되고, 하나의 특허사정, 특허처분 또는 심결에 기초하여 하나의 특허로 등록되며, 하나의 특허권으로 존재하는 것이고, 다만 2 이상의 청구항을 가진 특허권에 대해 1개의 특허권으로 취급하는 것이 적합하지 아니한 경우는 특허법 제215조의 규정을 통해 예외를 인정**하고 있다(특허법 제133조 제1항, 제135조 제2항은 2 이상의 청구항을 가진 특허에 대해서 무효심판 또는 권리범위확인심판을 청구항마다 청구할 수 있다고 규정하고 있으나, 이는 심사를 통해 등록된 특허의 무효나 권리범위를 다투는 경우에까지 위와 같은 특허의 단일성을 관철할 경우 법적 안정성과 특허권자의 신뢰에 반할 수 있으므로, 이를 완화하여 규정한 것이라고 봄이 상당하다). 따라서 특허청구범위가 여러 개의 청구항으로 되어 있는 경우 그 하나의 항이라도 거절이유가 있는 때에는 그 출원이 전부 거절되어야 한다(특허법원 2013. 4. 10. 선고 2012허9860 판결).

---

**제11장 보 칙**

**제215조의2 둘 이상의 청구항이 있는 특허출원의 등록에 관한 특칙**

① 둘 이상의 청구항이 있는 특허출원에 대한 특허결정을 받은 자가 특허료를 낼 때에는 청구항별로 이를 포기할 수 있다.
② 제1항에 따른 청구항의 포기에 관하여 필요한 사항은 산업통상자원부령으로 정한다.

---

**취 지**

제215조의2는 특허청 심사관에 의한 심사결과 특허결정등본을 송달 받은 후 특허권을 설정등록 하려는 자는 특허료를 납부할 때에 **특허권의 설정등록을 원하지 않는 일부의 청구항**에 대해서는 이를 **포기**하고 나머지 **등록을 원하는 청구항**에 대해서만 **특허료**를 납부할 수 있도록 한 근거규정이다.

**해 설**

둘 이상의 청구항이 있는 특허출원에 대한 특허결정을 받은 자가 **특허료를 낼 때에는 청구항별로** 이를 **포기할 수 있고**(제1항), 설정특허료 **납부서에 그 취지를 기재**하면서 그 납부서와 함께 일부청구항 **포기서**를 특허청장에게 **제출하여야 한다**(**특허법 시행규칙** 제19조의2(일부청구항의 포기)).

> **제216조 서류의 열람 등**
>
> ① 특허출원, 특허취소신청, 심판 등에 관한 증명, 서류의 등본 또는 초본의 발급, 특허원부 및 서류의 열람 또는 복사가 필요한 자는 특허청장 또는 특허심판원장에게 서류의 열람 등의 허가를 신청할 수 있다.
>
> ② 특허청장 또는 특허심판원장은 제1항의 신청이 있더라도 다음 각 호의 어느 하나에 해당하는 서류를 비밀로 유지할 필요가 있다고 인정하는 경우에는 그 서류의 열람 또는 복사를 허가하지 아니할 수 있다.
>
> 1. 출원공개 또는 설정등록되지 아니한 특허출원(제55조 제1항에 따른 우선권주장을 수반하는 특허출원이 출원공개 또는 설정등록된 경우에는 그 선출원은 제외한다)에 관한 서류
> 2. 출원공개 또는 설정등록되지 아니한 특허출원의 제132조의17에 따른 특허거절결정에 대한 심판에 관한 서류
> 3. 공공의 질서 또는 선량한 풍속에 어긋나거나 공중의 위생을 해칠 우려가 있는 서류

**제11장 보 칙**

### 취 지

제216조는 **특허와 관련된 정보**(기술정보, 권리관계, 서지적 사항 등)의 취득 및 활용을 위하여 그 정보를 필요로 하는 자에게 소정의 수수료를 받고 **특허에 관한 서류의 증명·복사·열람 등을 신청**할 수 있도록 한 규정이다. 다만, 관련 서류의 비밀유지가 필요한 경우에는 이를 허가하지 **않는**다는 취지이다.

### 해 설

① 서류의 증명·복사·열람 등의 신청(제1항)

**특허출원**, 특허취소신청, **심판 등에 관한 증명**, **서류의 등본** 또는 **초본**의 발급, 특허원부 및 서류의 열람 또는 복사가 필요한 자는 특허청장 또는 특허심판원장에게 서류의 열람 등의 허가를 신청할 수 있다. 여기서 「**등본**」(謄本)은 **서류의 원본(原本)을 그대로 복사(複寫)한 서면**으로 원본의 내용을 증명하기 위하여 작성된 것으로 공무원이 직무상 작성한 원본과 다름이 없다는 뜻의 증명을 나타내고, 「**초본**」(抄本)은 **원본의 일부를 복사한 서면**이다. 그리고 「원본」은 일정한 사실관계 또는 법률관계가 기재된 원래의 문서를 의미한다.

② 비밀유지 필요에 따른 열람 또는 복사의 제한(제2항)

특허청장 또는 특허심판원장은 위의 특허관련 서류의 신청이 있더라도 ⓐ **출원**

공개 또는 설정등록되지 아니한 특허출원(제55조 제1항에 따른 우선권 주장을 수반하는 특허출원이 출원공개 또는 설정등록된 경우에는 선출원 발명과의 동일성 여부 및 출원일 소급을 판단하기 위한 그 선출원의 열람은 허가)에 관한 서류,[208] ⓑ **출원공개 또는 설정등록되지 아니한 특허출원의 거절결정에 대한 심판에 관한 서류**, 또는 ⓒ **공공의 질서 또는 선량한 풍속에 어긋나거나 공중의 위생을 해칠 우려가 있는 서류**로서 비밀로 유지할 필요가 있다고 인정하는 경우에는 그 서류의 열람 또는 복사를 허가하지 아니할 수 있다.

---

**제11장 보 칙**

**제217조 특허출원 등에 관한 서류 등의 반출 및 감정 등의 금지**

① 특허출원·심사·특허취소신청·심판·재심에 관한 서류 또는 특허원부는 다음 각 호의 어느 하나에 해당하는 경우에만 외부로 반출할 수 있다.
1. 제58조 제1항, 제3항 또는 제4항에 따른 선행기술의 조사 등을 위하여 특허출원 또는 심사에 관한 서류를 반출하는 경우
2. 제217조의2 제1항에 따른 특허문서 전자화업무의 위탁을 위하여 특허출원·심사·특허취소신청·심판·재심에 관한 서류 또는 특허원부를 반출하는 경우
3. 「전자정부법」 제32조 제2항에 따른 온라인 원격근무를 위하여 특허출원·심사·특허취소신청·심판·재심에 관한 서류 또는 특허원부를 반출하는 경우
4. 외국 특허청 또는 국제기구와의 업무협약을 이행하기 위하여 특허출원 또는 심사에 관한 서류를 반출하는 경우

② 특허출원·심사·특허취소신청·심판 또는 재심으로 계속 중인 사건의 내용이나 특허여부결정·심결 또는 결정의 내용에 관하여는 감정·증언하거나 질의에 응답할 수 없다.
③ 제1항제4호에 따른 반출 요건·절차, 서류의 종류 등에 필요한 사항은 산업통상자원부령으로 정한다.

---

**취 지**

제217조는 특허발명에 많은 시간과 비용이 투자되어 이에 관한 **출원·심사·심판**

---

[208] 특허출원을 한 출원인은 그 출원발명이 출원공개 또는 설정등록되기 전까지는 특허법상 보호를 받을 수 없기 때문에 출원공개 또는 설정등록 전에 출원발명의 내용이 공개된다면 제3자가 이를 모방하거나 실시할 가능성이 있어서 출원인에게 손해를 주기 때문이다.

에 관한 서류 또는 특허원부는 비밀과 공적 기록이 수록된 공문서와 공부(公簿)209)이므로 이러한 서류나 원부가 원칙적으로 **외부로 반출되어서는 아니 됨**을 규정하고 있다. **다만, 특허심사에 필요한 선행기술조사, 전자화업무의 위탁, 및 외국과의 업무협약**에 따른 특허출원 또는 심사에 관한 서류의 반출은 **예외**로 하고 있다. **또한,** 특허청 심사관 및 심판관의 **직무상 독립성**을 유지하고 그 처분 관련 **공정성**을 **확보**하고자 **심사·심판이 계속 중인 사건**에 관하여는 **감정·증언** 등을 할 수 없도록 규정하고 있다.

> 해 설

① 특허출원·심사·심판 관련 서류 등의 외부반출 금지 및 예외(제1항)

특허출원·심사·심판·재심 등에 관한 서류 또는 특허원부는 심사에 필요한 **선행기술조사** 등을 위한 **전문기관에 의뢰**(제58조), **특허문서 전자화업무의 위탁**(제217조의2), **온라인 원격근무**(전자정부법 제32조), **외국 특허청 등과의 업무협약**에 따른 경우를 제외하고는 외부로 반출될 수 없다.

② 심사·심판에 계속 중인 사건의 내용에 관한 감정·증언·진술 거부(제2항)

민사소송법은 증인신문과 관련하여 법원이 공무원의 직무상 비밀에 관한 사항을 신문하는 경우 소속 관청 또는 감독 관청의 동의를 받도록 하고(제306조), 제306조의 관청은 국가의 중대한 이익을 해치는 경우를 제외하고는 동의를 거부하지 못하도록 규정(제307조)하고 있다.210)

형사소송법도 위 취지와 비슷한 내용으로 일정 범위에서 공무원에 대한 증인신문을 금지하고 있다.211) 본 조항은 국가의 중대한 이익이 걸려있는지 여부와는 무

---

209) 공적장부를 말하며, 관청이나 관공서에서 법규에 따라 작성·비치하는 문서장부이다.
210) 한편, **민사소송법 제315조 제1항** 제1호는 "변호사·변리사·공증인·공인회계사·세무사·의료인·약사, 그 밖에 법령에 따라 비밀을 지킬 의무가 있는 직책 또는 종교의 직책에 있거나 이러한 직책에 있었던 사람이 **직무상 비밀에 속하는 사항에 대하여 신문을 받을 때는 증언을 거부할 수 있다.**"고 규정되어 있으며, **특허법 제226조(비밀누설죄** 등)는 "특허청 또는 특허심판원 소속 직원이거나 직원이었던 사람이 특허출원 중인 발명(국제출원 중인 발명을 포함)에 관하여 직무상 알게 된 비밀을 누설하거나 도용한 경우에는 5년 이하의 징역 또는 5천만원 이하의 벌금에 처한다."고 규정하고 있어 이 규정을 근거로 증언을 거부할 수 있다고 본다. 정상조·박성수 공편, 앞의 특허법 주해Ⅱ, 1105면.
211) **형사소송법 제147조(공무상 비밀과 증인자격)** ① 공무원 또는 공무원이었던 자가 그 직무에 관하여 알게 된 사실에 관하여 본인 또는 당해 공무소가 직무상 비밀에 속한 사항임을 신고한 때에는 그 소속공무소 또는 감독관공서의 승낙 없이는 증인으로 신문하지 못한다. ② 그 소속공무소 또는 당해 감독관공서는 국가에 중대한 이익을 해하는 경우를 제외하고는 승낙을 거부하지 못한다.

관하게 심사·심판의 내용 등에 관하여 증언을 거부하므로 일반적인 공무원의 증언 거부에 대하여 특칙의 성격을 가진다고 본다.212)

특허출원·심사·취소신청·심판 또는 재심으로 계속 중인 사건의 내용이나 특허여부결정·심결 또는 결정의 내용에 관하여 **감정·증언·질의의 응답을 허용할 경우**는 이에 따른 심사관·심판관이 **불필요한 분쟁에 휘말리거나 내·외부로부터 직·간접적인 영향을 받아** 해당 심사·심판의 처분에 관하여 그 **적정성과 공정성을 해할 우려**가 있어서 **이를 규제**하기 위한 조항이다. 다만, 이러한 증언 등에 대한 금지는 심사·심판·재심이 「**계속 중**」인 **사건에 한하는 것**이고, 여기서 「계속 중」이란 심사·심판·재심에 관한 절차가 시작되어 아직 종료되지 아니하여 현실적으로 존재하는 상태를 의미한다.213)

---

212) 정상조·박성수 공편, 앞의 특허법 주해Ⅱ, 1106면.
213) 정상조·박성수 공편, 앞의 특허법 주해Ⅱ, 1106면.

### 제217조의2 특허문서 전자화업무의 대행

① 특허청장은 특허에 관한 절차를 효율적으로 처리하기 위하여 필요하다고 인정하면 특허출원·심사·특허취소신청·심판·재심에 관한 서류 또는 특허원부를 전산정보처리조직과 전산정보처리조직의 이용기술을 활용하여 전자화하는 업무 또는 이와 유사한 업무(이하 "특허문서 전자화업무"라 한다)를 산업통상자원부령으로 정하는 시설 및 인력을 갖춘 법인에게 위탁하여 수행하게 할 수 있다.
② 삭제 〈2006. 3. 3.〉
③ 제1항에 따라 특허문서 전자화업무를 위탁받은 자(이하 "특허문서 전자화기관"이라 한다)의 임직원이거나 임직원이었던 사람은 직무상 알게 된 특허출원 중의 발명에 관하여 비밀을 누설하거나 도용하여서는 아니 된다.
④ 특허청장은 제28조의3 제1항에 따른 전자문서로 제출되지 아니한 특허출원서나 그 밖에 산업통상자원부령으로 정하는 서류를 제1항에 따라 전자화하고, 특허청 또는 특허심판원에서 사용하는 전산정보처리조직의 파일에 수록할 수 있다.
⑤ 제4항에 따라 파일에 수록된 내용은 해당 서류에 적혀 있는 내용과 같은 것으로 본다.
⑥ 특허문서 전자화업무의 수행방법, 그 밖에 특허문서 전자화업무 수행에 필요한 사항은 산업통상자원부령으로 정한다.
⑦ 특허청장은 특허문서 전자화기관이 제1항에 따른 산업통상자원부령으로 정하는 시설 및 인력기준을 충족하지 못하는 경우 또는 임직원이 직무상 알게 된 특허출원 중인 발명에 관하여 비밀을 누설하거나 도용한 경우에는 시정조치를 요구할 수 있으며, 특허문서 전자화기관이 시정조치 요구에 따르지 아니하는 경우에는 특허문서 전자화업무의 위탁을 취소할 수 있다. 이 경우 미리 의견을 진술할 기회를 주어야 한다.

### 취 지

제217조의2는 **전자문서에 의한 특허에 관한 절차를 수행**할 수 있게 됨에 따라(제28조의3) **특허출원·심사·특허취소신청·심판·재심에 관한 서류 또는 특허원부를 전자화하는 업무 등의 수행방법 및 절차**를 정하고, 기타 특허문서 전자화업무에 **필요한 사항을 하위법령에 위임**한다는 취지이다.

> 해 설

① 특허문서 전자화업무의 위탁수행(제1항)

특허청장은 특허문서 **전자화업무를 일정 기준에 해당하는 자에게 위탁·수행할 수 있음**을 규정하고, 이에 따라 **특허법 시행규칙** 제120조2(특허문서전자화기관의 지정 등) 제1항에서는 「**산업통상자원부령이 정하는 시설 및 인력을 갖춘 법인**」에 대하여 **규정**하고 있다.[214]

② 특허문서전자화기관 임직원의 비밀누설 금지(제3항)

특허문서 전자화업무를 위탁받은 자(특허문서 전자화기관)의 임직원이거나 임직원이었던 사람은 직무상 알게 된 특허출원 중의 발명에 관하여 비밀을 누설하거나 도용하여서는 아니 된다. 이는 특허문서 전자화업무가 **출원발명이 공개되기 전에 이루어지기 때문에 이를 보호하기 위함**이다.[215]

③ 서면제출문서의 전자화 및 파일에 수록(제4항)

특허청장은 **전자문서로 제출되지 아니한 특허출원서나 그 밖에** 산업통상자원부령으로 정하는 **서류**를 전자화하고(제28조의3 제1항), 특허청 또는 특허심판원에서 사용하는 전산정보처리조직의 파일에 수록할 수 있다. 전자화대상 서류는 **특허법 시행규칙 제120조5**에 위임하고 있다.[216]

④ 전자화문서의 효력(제5항)

특허출원서나 그 밖에 심사·심판 관련 서류가 **전자화되어 특허청 또는 특허심판원에서 사용하는 전산정보처리조직의 파일에 수록된 내용은 해당 서류에 적혀 있는 내용과 동일한 것으로 본다.** 따라서 전산정보처리조직의 파일에 수록된 내용을 서류의 정본으로 보고 절차를 수행한다.

---

[214] 특허법 시행규칙 제120조의2 제1항에 따르면 "1. 특허출원중인 발명에 관한 비밀유지에 적합할 것, 2. 데이터 입력장치, 데이터 저장장치 등 특허문서전자화업무의 효율적인 수행에 적합한 장비와 5년 이상 전산정보처리 분야에서 업무를 수행한 경험이 있는 사람 1명 이상을 보유할 것, 3. 임·직원중 변리사법 제5조의 규정에 의한 업무를 행하는 다른 기관의 임·직원을 겸하는 자 또는 동법 제5조의 규정에 의하여 등록한 변리사가 없을 것"이다.
[215] 이를 위반한 경우는 특허법 제226조의2에 따라 공무원과 마찬가지로 특허문서전자화업무 수행기관 임직원도 비밀누설죄(제226조)로 처벌을 받게 된다.
[216] 특허청장 또는 특허심판원장이 서면으로 제출된 서류를 전자화할 수 있는 서류는 ⓐ 국방상 필요한 발명(제41조)과 같이 비밀취급 명령을 받은 경우의 관련 서류, ⓑ 전자문서 첨부서류 등 물건제출서(전자적기록매체를 제출하는 경우에 한한다), ⓒ 결정에 의하여 특허출원으로 되는 국제출원의 결정신청서 등을 **제외한 서류**인데 이를 제외한 **거의 모든 서류에 대하여 전자화**를 수행하고 있다.

⑤ 특허문서 전자화업무의 수행방법 등(제6항)

특허문서 **전자화업무의 수행방법**, 그 밖에 특허문서 전자화업무 **수행에 필요한 사항**을 **하위법령에 위임**하고 있다. 이에 따라 특허법 시행규칙 제120조의3에서는 특허문서 전자화업무기관의 업무규정을 두고 있는데 이러한 **전자화업무의 업무규정을 특허청장에게 승인**을 받도록 되어있다.

⑥ 특허문서 전자화업무의 위탁 취소(제7항)

특허청장은 특허문서 전자화기관이 법령에서 정한 **시설 및 인력기준을 충족하지 못하거나** 임직원이 직무상 알게 된 **비밀을 누설·도용한 경우**는 시정조치를 **요구할 수 있고**, **시정조치 요구에 따르지 않으면** 특허문서 전자화업무의 **위탁을 취소할 수 있다.** 다만, **미리 의견진술의 기회**를 주어야 한다.

## 제11장 보 칙

### 제218조 서류의 송달

이 법에 규정된 서류의 송달절차 등에 관하여 필요한 사항은 대통령령으로 정한다.

### 취 지

제218조는 법에 규정된 서류의 송달절차 등에 관해 필요한 사항을 대통령령인 특허법 시행령에 규정할 수 있도록 한 위임규정이다. 서류의 송달은 **권리의 득실관계에 영향을 미치는 중요한 사항**이므로 **법률에 규정하는 것이 원칙**이고, 그 절차 등에 관하여 필요한 사항을 **하위법령에 위임**토록 하였다.

「서류의 송달」은 특허에 관한 절차상의 처분을 비롯해 관계인에 대하여 영향을 미칠 수 있는 행위에 관한 **서류를 일정 방식**에 의하여 관계인에게 알리는 것을 목적으로 하는 **행정권의 작용**이며 **적법하게 송달이 된 이상** 피송달자의 서류내용 인식 여부와는 상관없이 **법에 정해진 대로 효과가 발생**한다.[217]

### 해 설

① 송달할 서류

특허법에서 규정한 송달될 서류로는 **절차의 무효처분** 또는 무효처분의 취소처분

---

217) 정상조·박성수 공편, 앞의 특허법 주해Ⅱ, 1113면. 「송달」은 국가기관의 공권적 행위로서 법률관계에 영향을 미치는 기간 계산의 효력이 생기는 기준이 된다는 면에서 단순히 내용을 알리는 고지(告知)나 통지(通知) 등과는 구별된다.

통지서(제16조 제3항), **특허여부결정의 등본**(제67조 제2항), 재정청구서 부본(제108조), 특허무효심판절차에서 정정청구에 따른 그 청구서의 부분(제133조의2 제3항), 재정서 등본(제111조), **심판청구서 및 답변서 부본**(제147조 제1항·제2항), 심판의 참가신청서 부본(제156조 제2항), **심결 또는 결정의 등본**(제162조 제6항), 국제출원의 인정 여부에 관한 결정등본(제214조 제5항) 등이 있다. 그리고 이러한 서류의 송달방법, 송달절차, 송달자 및 송달장소에 관하여는 **특허법 시행규칙 제18조**에서 **구체적으로 규정**하고 있다.

② 송달의 방법 및 절차 등

법에 따라 송달할 서류는 특허청 또는 특허심판원에 당사자 또는 그 대리인이 이를 **직접 수령**하거나(교부송달), **정보통신망을 이용**하여 수령하는 경우를 제외하고는 **등기우편**(우편송달)으로 발송하여야 한다. 또한, 우편법령에 따른 특별송달의 방법도 있다(특허법 시행규칙 제18조 제1항 및 제3항).

**송달할 장소**는 이를 받을 자의 **주소 또는 영업소**로 하고(특허법 시행규칙 제18조 제9항), **미성년자**에 대한 송달은 **그 법정대리인에게 송달**하여야 하고(특허법 시행규칙 제18조 제5항), **수인이 공동으로 대리권을 행사**하는 경우는 그 중 **1인에게 송달**한다(특허법시행규칙 제18조 제6항).

---

**제11장 보칙**

**제219조 공시송달**

① 서류를 송달받을 자의 주소나 영업소가 분명하지 아니하여 송달할 수 없는 경우에는 공시송달(公示送達)을 하여야 한다.
② 공시송달은 서류를 송달받을 자에게 어느 때라도 발급한다는 뜻을 특허공보에 게재하는 것으로 한다.
③ 최초의 공시송달은 특허공보에 게재한 날부터 2주일이 지나면 그 효력이 발생한다. 다만, 같은 당사자에 대한 이후의 공시송달은 특허공보에 게재한 날의 다음 날부터 효력이 발생한다.

---

취 지

제219조는 송달을 받을 자의 주소나 영업소가 분명하지 않아 그 **송달이 불가능**한 경우에 이에 대한 송달의 방법으로서 「**공시송달**」(公示送達)을 활용한다는 것을 규정하였고, 이러한 공시송달의 **요건**, 공시송달의 **방법** 및 공시송달이 갖는 **효력** 등에 관하여 규정한 것이다.

해 설

① 공시송달의 요건(제1항)

공시송달은 송달에 따른 절차의 진행과 당사자의 권리보호를 위하여 행하는 특수한 송달방법으로서,[218] 공시송달이 되기 위해서는 **송달을 받을 자의 주소나 영업소가 분명하기 않아 통상의 송달방법으로는 송달을 시행할 수 없는 경우**이다.

② 공시송달의 방법(제2항)

공시송달은 특허청장이 지정하는 자가 송달기관으로서 송달할 서류를 보관하고, 동시에 "**송달서류**", "**송달 받을 자**" 및 "**송달사유**" 등을 **특허공보에 게재**함으로써 행하고, 송달받을 자가 출석하면 어느 때라도 그 서류를 교부받을 수 있게 하여야 한다.[219]

③ 공시송달의 효력(제3항)

공시송달의 효력은 최초의 공시송달인 경우는 그 공시송달 사항을 **특허공보에 게재한 날부터 2주일이 지나면 그 효력이 발생**한다. 다만, 같은 당사자에 대한 이후의 공시송달은 특허공보에 게재한 날의 다음 날부터 효력이 발생한다. 이 기간은 단축할 수 없다.

판결요지

▷ 특허법 제219조 제1항에서 공시송달 사유로 들고 있는 '주소 또는 영업소가 불분명하여 송달할 수 없는 때'라 함은 **송달을 할 자가 선량한 관리자의 주의를 다하여 송달을 받아야 할 자의 주소 또는 영업소를 조사하였으나 그 주소 또는 영업소를 알 수 없는 경우**를 말하는 것이고, 한편 특허법 제11조 제1항에 의하면, 2인 이상이 특허에 관한 절차를 밟는 때에는 같은 항 각 호의 1에 해당하는 사유를 제외하고는 각자가 전원을 대표한다고 되어 있으므로, 거절결정등본의 송달도 공동출원인 중 1인에 대하여만 하면 전원에 대하여도 동일한 효과가 발생한다고 할 것이지만, 이러한 법리는 공동출원인 중 1인에 대하여 이루어진 송달은 다른 공동출원인에게도 송달의 효력이 발생한다는 의미이지, 공동출원인 중 1인에게 실시한 송달이 불능된 경우에 송달을 실시해 보지 아니한 다른 공동출원인에 대한 송달도 불능으로 보아야 한다는 뜻은 아니라 할 것이다. 따라서 **공동출원인에 대하여 특허법 제219조 제1항에 의한 공시송달을 실시하기 위해서는 '공동출원인 전원의 주소 또는 영업소가 불분명하여 송달받을 수 없는 때'에 해당**하여야 하고, 이러한 공시송달

---

[218] 특허청, 앞의 특허법해설 책, 515면.
[219] 특허청, 앞의 특허법해설 책, 515면.

요건이 구비되지 않은 상태에서 공동출원인 중 1인에 대하여 이루어진 공시송달은 부적법하고 그 효력이 발생하지 않는다(대법원 2005. 5. 27. 선고 2003후182 판결).

| 제11장 보 칙 | **제220조 재외자에 대한 송달**<br>① 재외자로서 특허관리인이 있으면 그 재외자에게 송달할 서류는 특허관리인에게 송달하여야 한다.<br>② 재외자로서 특허관리인이 없으면 그 재외자에게 송달할 서류는 항공등기우편으로 발송할 수 있다.<br>③ 제2항에 따른 서류를 항공등기우편으로 발송한 경우에는 그 발송일에 송달한 것으로 본다. |
|---|---|

### 취 지

제220조는 국내에 주소 또는 영업소를 가지지 않은 **재외자에 대한 송달**을 규정하였다. 재외자는 국내에 체류하는 경우를 제외하고는 특허관리인에 의하여 특허에 관한 절차를 밟을 수 있는데, 재외자에 대한 특허청의 송달도 **절차의 번잡·지연을 피하기 위하여 특허관리인을 통한 송달방법**을 규정하였다.

### 해 설

① 특허관리인에의 송달(제1항)

재외자로서 특허관리인이 있으면 그 재외자에게 송달할 서류는 특허관리인에게 송달하여야 한다. 원래 재외자는 국내에 체류하는 경우를 제외하고는 특허관리인에 의하여 특허에 관한 절차를 밟도록 하고 있어(제5조 제1항), **특허관리인이 선임된 경우는 특허관리인에게 서류를 송달**하도록 하여야 한다.

② 특허관리인이 없는 경우 항공등기우편에 의한 송달(제2항)

재외자는 국내에 체류하는 경우를 제외하고는 특허관리인을 선임하여 특허에 관한 절차를 밟아야 하나, 재외자로서 특허관리인이 선임되어 있지 않거나 특허관리인이 없이 절차가 일시적으로 진행된 때에는 **서류송달의 불능을 방지**하기 위하여 그 재외자에게 **항공등기우편으로 송달**할 수 있게 하였다.

③ 항공등기우편의 송달 효과(제3항)

통상 서류의 송달은 도달주의를 채택하고 있으나(제28조 제1항), 재외자에 대한 서류의 송달시 특허관리인이 없는 경우에 항공등기우편으로 서류를 송달하는 경우(제2항)는 **도달주의의 예외**로서 서류를 **항공등기우편으로 발송한 날에 송달된 것으로** 간주한다는 취지를 규정한 것이다.[220]

| 제11장<br>보 칙 | **제221조 특허공보**<br>① 특허청장은 대통령령으로 정하는 바에 따라 특허공보를 발행하여야 한다.<br>② 특허공보는 산업통상자원부령으로 정하는 바에 따라 전자적 매체로 발행할 수 있다.<br>③ 특허청장은 전자적 매체로 특허공보를 발행하는 경우에는 정보통신망을 활용하여 특허공보의 발행사실·주요목록 및 공시송달에 관한 사항을 알려야 한다. |
|---|---|

**취 지**

제221조는 **특허공보의 발행**에 관한 것으로, 출원된 내용을 일반인에게 알리는 **공개특허공보**와 등록된 내용을 알리는 **등록특허공보**로 나뉜다. 특허공보의 발행은 제3자에게 특허관련 **정보제공과 공중심사**의 **기회**를 주고, 출원인(권리자)에게는 **권리행사**(보상금 청구권 및 특허권 행사)의 **기준**을 제공한다.

**해 설**

① 특허공보의 발행(제1항)

특허공보에는 특허출원일로부터 1년 6개월이 지난 후 발행되는 공개특허공보(제64조 제1항)와 특허결정이 이루어져 설정등록 후 발행되는 등록특허공보(제87조 제3항)가 있다(특허법 시행규칙 제19조 제1항). 특허공보의 발행과 관련해서는 **특허법 시행령 제19조**에서 이를 구체적으로 규정하고 있다.

**공개특허공보**에는 **출원번호, 출원연월일**, 출원공개번호 및 **공개연월일, 특허출원서에 최초로 첨부된 명세서** 및 **도면** 등이 게재되고, **등록특허공보**에는 특허권자의 성명, 특허출원번호 및 출원연월일, **특허번호** 및 **등록공고연월일, 특허출원서에 첨부된 명세서 및 도면** 등이 게재된다.

---

[220] 특허법 제5조에 따른 재외자의 특허관리인 선임규정과 본조(제220조) 제3항에 따른 특허관리인이 없는 재외자에 대한 송달의 효과 규정(서류의 송달을 항공등기우편으로 발송한 날에 송달된 것으로 보는 것)은 재외자로 하여금 특허관리인의 선임을 유도한 규정이라 할 수 있다. 특허청, 앞의 특허법해설 책, 517면.

② 특허공보의 전자적 매체로의 발행(제2항)

특허공보를 전자적 매체로 발행할 수 있다. 산업통상자원부령에 따른 특허법 시행규칙 제120조의4는 특허공보의 발행매체에 관하여 "전자적 매체는 **읽기전용광디스크** 또는 **정보통신망**으로 한다."고 규정하고 있다.

③ 정보통신망을 활용한 공지(제3항)

특허청장이 특허공보를 전자적 매체로 발행하는 경우에는 정보통신망을 활용하여 **특허공보의 발행사실·주요목록 및 공시송달**에 관한 사항을 알려야 한다. 특허청은 2001년 7월 1일부터 특허청 인터넷 홈페이지에서 **인터넷공보로 발행**하고 있다 (KIPRIS 서비스를 통해서도 검색가능).[221]

---

**제11장 보 칙**

**제222조 서류의 제출 등**
특허청장 또는 심사관은 당사자에게 특허취소신청, 심판 또는 재심에 관한 절차 외의 절차를 처리하기 위하여 필요한 서류나 그 밖의 물건의 제출을 명할 수 있다

---

**취 지**

제222조는 **심사에 관한 절차를 신속하고 효율적으로 처리하기 위하여** 이에 필요한 서류의 제출 등을 명할 수 있도록 근거 규정을 두었다. 즉, **출원발명의 효과를 입증하기 위한 실험증명서** 또는 동일 발명에 대한 **외국 특허청의 심사결과**가 있는 경우에 이와 관련된 **서류의 제출을 명할 수 있게** 하였다.

**해 설**

심사관은 심사처리의 효율성·적정성을 위하여 명세서에 기재된 출원발명의 작용·효과의 확인할 필요가 있는 경우에 출원인으로 하여금 출원발명의 견본이나 전문기관에서 발행된 **출원발명의 실험성적 데이터·증명서** 등의 제출을 요구할 수 있다. 또한, 동일한 발명에 대한 외국에서의 심사결과 등의 서류의 제출 등을 요구할 수 있는 것이다. 다만, "**특허취소신청, 심판 또는 재심**에 관한 절차"를 제외한 것은 위 **절차의 속성상** 심판장이 심판에 관하여 당사자 신문(제147조 제3항·제184조)을 통하여 관련 서류의 제출 및 심판 대상물 견본 등의 제출을 요구할 수 있기 때문이다.

---

[221] 특허정보를 제공하는 키프리스(KIPRIS, Korea Intellectual Property Rights Information Service) http://www.kipris.or.kr/)을 통해서도 특허공보에 대한 검색이 가능하다.

> ### 제223조 특허표시 및 특허출원표시
>
> ① 특허권자, 전용실시권자 또는 통상실시권자는 다음 각 호의 구분에 따른 방법으로 특허표시를 할 수 있다.
> 1. 물건의 특허발명의 경우: 그 물건에 "특허"라는 문자와 그 특허번호를 표시
> 2. 물건을 생산하는 방법의 특허발명의 경우: 그 방법에 따라 생산된 물건에 "방법특허"라는 문자와 그 특허번호를 표시
> 3. 삭제 〈2017. 3. 21.〉
>
> ② 특허출원인은 다음 각 호의 구분에 따른 방법으로 특허출원의 표시(이하 "특허출원표시"라 한다)를 할 수 있다.
> 1. 물건의 특허출원의 경우: 그 물건에 "특허출원(심사중)"이라는 문자와 그 출원번호를 표시
> 2. 물건을 생산하는 방법의 특허출원의 경우: 그 방법에 따라 생산된 물건에 "방법특허출원(심사중)"이라는 문자와 그 출원번호를 표시
>
> ③ 제1항 또는 제2항에 따른 특허표시 또는 특허출원표시를 할 수 없는 물건의 경우에는 그 물건의 용기 또는 포장에 특허표시 또는 특허출원표시를 할 수 있다.
>
> ④ 그 밖에 특허표시 또는 특허출원표시에 필요한 사항은 산업통상자원부령으로 정한다.

### 취 지

제223조는 특허권자로 하여금 특허 받은 물건 또는 방법에 「특허표시」를 할 수 있게 함으로써 **시장에서의 유리한 지위**를 누리고 실시에 따른 **침해경고**를 할 수 있도록 특허표시 제도를 둔 것이다. 또한, **특허표시에 관한 일반 국민의 혼동을 방지**하고자 **등록특허**와 **특허출원**으로 **나누어 표시**토록 하였다.

### 해 설

① 등록된 특허의 특허표시(제1항)

**특허권자** 등은 특허발명이 물건인 경우는 그 물건에 「**특허**」라는 문자와 그 「**특허번호**」를 표시하고, 물건을 생산하는 방법인 경우는 그 방법에 따라 생산된 물건에 「**방법특허**」라는 문자와 그 「**특허번호**」를 표시할 수 있다.

② 특허출원(심사중) 이라는 특허출원표시(제2항)

**특허출원인**은 특허출원발명이 물건인 경우는 그 물건에 「**특허출원(심사중)**」이라는 문자와 그 「**출원번호**」를 표시하고, 물건을 생산하는 방법의 특허출원인 경우는 그 방법에 따라 생산된 물건에 「방법특허출원(심사중)」이라는 문자와 그 「출원번호」를 표시할 수 있다.

③ 특허표시 등을 할 수 없는 물건인 경우의 특허표시 및 그 밖의 필요한 사항 (제3항 및 제4항)

특허표시 또는 특허출원표시를 할 수 없는 물건의 경우에는 그 물건의 **용기 또는 포장에 특허표시 또는 특허출원표시**를 할 수 있다(제3항). 그 밖에 특허표시 또는 특허출원표시에 필요한 사항은 산업통상자원부령(특허법 시행규칙 제121조(특허표시))으로 정한다.

---

**제11장 보 칙**

### 제224조 허위표시의 금지

누구든지 다음 각 호의 어느 하나에 해당하는 행위를 하여서는 아니된다.

1. 특허된 것이 아닌 물건, 특허출원 중이 아닌 물건, 특허된 것이 아닌 방법이나 특허출원 중이 아닌 방법에 의하여 생산한 물건 또는 그 물건의 용기나 포장에 특허표시 또는 특허출원표시를 하거나 이와 혼동하기 쉬운 표시를 하는 행위
2. 제1호의 표시를 한 것을 양도·대여 또는 전시하는 행위
3. 제1호의 물건을 생산·사용·양도 또는 대여하기 위하여 광고·간판 또는 표찰에 그 물건이 특허나 특허출원된 것 또는 특허된 방법이나 특허출원 중인 방법에 따라 생산한 것으로 표시하거나 이와 혼동하기 쉬운 표시를 하는 행위
4. 특허된 것이 아닌 방법이나 특허출원 중이 아닌 방법을 사용·양도 또는 대여하기 위하여 광고·간판 또는 표찰에 그 방법이 특허 또는 특허출원된 것으로 표시하거나 이와 혼동하기 쉬운 표시를 하는 행위

---

**취 지**

제224조는 특허표시된 제품이나 방법이 시장에서 유리하게 거래된다는 점을 악용하여 특허표시를 할 수 없음에도 불구하고 특허표시를 하거나 이와 혼동하기 쉬

운 표시를 함으로써 **특허표시에 대한 공중의 신뢰와 일반 대중을 오인·혼동시키는 특허의 허위표시에 대한 행위**를 구체적으로 규정하였다.

### 해 설

본조는 특허표시 제도(제223조)의 신뢰성과 그 표시제도에 따른 거래의 안전성을 보호하기 위한 것으로 특허에 관한 허위표시의 금지행위를 구체적으로 열거한 것이다. 예컨대, 어떤 **물건이 특허 받은 물건과 관련성이 없음에도 불구하고** ⓐ **그 물건 또는 그 물건의 용기 등에 특허표시 또는 특허출원표시를 하거나 이와 혼동하기 쉬운 표시를 하는 행위**, ⓑ 이렇게 표시된 것을 양도·대여 또는 전시하는 행위, ⓒ 그 물건을 생산이나 사용 등을 위하여 광고나 간판에 그 물건이 특허나 특허출원된 것에 따라 생산한 것으로 표시하거나 이와 혼동하기 쉬운 표시를 하는 등의 행위를 말한다.222)

### 판결요지

▷ 특허법 제224조 제3호는 같은 조 제1호의 특허된 것이 아닌 물건, 특허출원 중이 아닌 물건, 특허된 것이 아닌 방법이나 특허출원 중이 아닌 방법에 의하여 생산한 물건을 생산·사용·양도하기 위하여 광고 등에 그 물건이 특허나 특허출원된 것 또는 특허된 방법이나 특허출원 중인 방법에 따라 생산한 것으로 표시하거나 이와 혼동하기 쉬운 표시(**특허된 것 등으로 표시**)를 하는 행위를 금지하고 있다. 위 규정의 취지는 **특허로 인한 거래상의 유리함과 특허에 관한 공중의 신뢰를 악용하여 공중을 오인시키는 행위를 처벌함으로써** 거래의 안전을 보호하는 데에 있다고 할 것이다. 이러한 취지에 비추어 볼 때, 특허된 것 등으로 표시한 물건의 기술적 구성이 청구범위에 기재된 발명의 구성을 일부 변경한 것이라고 하더라도, 그러한 변경이 해당 기술분야에서 통상의 지식을 가진 사람(이하 '통상의 기술자'라고 한다)이 보통 채용하는 정도로 기술적 구성을 부가·삭제·변경한 것에 지나지 아니하고 그로 인하여 발명의 효과에 특별한 차이가 생기지도 아니하는 등 공중을 오인시킬 정도에 이르지 아니한 경우에는, 위 물건에 특허된 것 등으로 표시를 하는 행위가 위 규정에서 금지하는 표시행위에 해당한다고 볼 수 없다(대법원 2015. 8. 13. 선고 2013도10265 판결).

---

222) 제228조(허위표시의 죄)는 제224조(허위표시의 금지)를 위반한 자에 대하여 3년 이하의 징역 또는 3천만원 이하의 벌금에 처한다고 규정하고 있다.

> **제11장 보 칙**
>
> **제224조의2 불복의 제한**
>
> ① 보정각하결정, 특허여부결정, 특허취소결정, 심결이나 특허취소신청서·심판청구서·재심청구서의 각하결정에 대해서는 다른 법률에 따른 불복을 할 수 없으며, 이 법에 따라 불복할 수 없도록 규정되어 있는 처분에 대해서는 다른 법률에 따라 불복을 할 수 없다.
> ② 제1항에 따른 처분 외의 처분의 불복에 대해서는 「행정심판법」 또는 「행정소송법」에 따른다.

### 취 지

제224조의2는 **보정각하결정, 특허여부결정, 심결·심판청구서의 각하결정** 등의 처분은 다른 법률에 따라 불복을 할 수 없고, **특허법이 정한 절차에 의해서만 불복을 할 수 있음**을 규정한 것이다. 다만, 위 처분 외의 **그 밖의 처분의 불복은 행정심판법 또는 행정소송법**에 따를 것을 규정하였다.

### 해 설

① 다른 법률에 따른 불복의 제한(제1항)

**특허취소결정, 심결, 특허취소신청서·심판청구서·재심청구서의 각하결정에 대한 불복**은 특허법 제186조의 규정에 따라 특허법원에 소를 제기하여야 되고, **특허거절결정**은 제132조의17에 따라 특허심판원에 그 거절결정에 대한 **불복심판을 청구**해야지 다른 법률에 따라 불복절차를 밟을 수 없다.

**보정각하결정은 불복할 수 없으나** 특허거절결정에 대한 불복심판을 청구하는 경우에 그 심판절차에서 보정각하에 대한 적합 여부를 다툴 수 있도록 규정하고 있다(특허법 제51조 제3항 본문). 그리고 **특허결정은 불복의 절차가 없고**(제66조) 다만, 무효심판(제133조)을 통해서 특허결정에 대한 불복의 효과를 누릴 수 있을 뿐이다. 또한, **특허법에 따라 불복할 수 없도록 규정되어 있는 처분** 즉, **보정할 수 없는 특허취소신청의 각하결정**(제132조의6의 제2항)과 특허취소이유의 결여에 따른 특허취소신청의 기각결정(제132조의13 제5항) 등은 **다른 법률에 따라 불복할 수 없음**을 밝히고 있다.[223]

이는 **특허심판절차가 행정심판절차보다는 신속·공정·독립된 절차의 요청에 한층**

---

[223] 이외에도 필요한 경우에 심사 또는 소송절차의 중지(제78조 제3항), 심판관의 제척 또는 기피신청의 결정(제152조 제4항), 심판참가 신청에 대한 결정(제156조 제5항) 등이 있다.

적합한 구제수단이고, **특허에 관한 절차를 신속히 처리하기 위해선** 특허법에서 각 처분의 불복을 인정하지 않는 것에 대하여 다른 법률에 따른 불복을 인정하지 않는 것이 **소송경제에 비추어 합리적이기** 때문이다.224)

### ② 그 밖의 처분(제1항에 따른 처분 외의 처분)에 대한 불복(제2항)

보정각하결정, 특허여부결정, 특허취소결정, 심결이나 특허취소신청서·심판청구서·재심청구서의 각하결정 및 특허법의 규정에 의하여 불복할 수 없도록 한 처분 외의 처분에 대해서는 「**행정심판법**」 또는 「**행정소송법**」 에 따라 불복의 절차를 밟을 수 있다. 예컨대, **특허청장** 또는 특허심판원장의 **특허에 관한 절차의 무효처분**(제16조), 특허권의 수용(제106조), 특허청장의 통상실시권 설정에 관한 재정(제107조) 등의 처분은 그 **성질상 일반 행정처분과 별다른 차이가 없으므로** 일반 행정처분과 마찬가지로 행정심판법 또는 행정소송법의 절차에 따라 불복할 수 있도록 하였다.225)

**행정소송법 제18조 제1항**은 "취소소송은 법령의 규정에 의하여 당해 처분에 대한 행정심판을 제기할 수 있는 경우에도 이를 거치지 아니하고 제기할 수 있다."고 규정해 원칙적으로 **임의적 전치주의**를 취하고 있어 **위 처분들은 행정심판을 거치지 않고 바로 행정소송을 제기할 수 있다.**

| 판결요지 |

▷ "사정(査定) 등에 대하여는 행정심판법에 의한 불복을 할 수 없다."고 규정하고 있는 구 특허법(2001.2.3. 법률 제6411호로 개정되기 전의 것) **제224조의2는** 특허요건 등에 관한 판단에 고도의 전문지식이 필요하다는 점에서 그 불복을 행정심판법이 아닌 특허법이 정하는 바에 따라 전문기관인 특허심판원 및 특허법원에서 처리하도록 하기 위하여 마련된 규정이고, 한편 구 특허법은 제132조의3에서 "거절결정을 받은 자가 불복이 있는 때에는 심판을 청구할 수 있다."고 규정하고 있으나, **특허사정을 받은 자에게는 별도의 불복절차를 두지 않고 있는데, 이는 특허사정이 그 출원인에게 불이익이 없다는 이유에 기인하는 것인바**, 이러한 구 특허법의 태도에 비추어 보면, 특허청에 제출된 특허출원과 같은 내용으로 **특허사정을 받은 특허출원인은 특별한 사정이 없는 한 그 특허사정의 취소를 구할 법률상 이익이 없다**고 봄이 상당하다(대법원 2006.10.26. 선고 2004두14274 판결).

---

224) 특허청, 앞의 특허법해설 책, 523면.
225) 정상조·박성수 공편, 앞의 특허법 주해Ⅱ, 1136면.

### 제224조의3 비밀유지명령

① 법원은 특허권 또는 전용실시권의 침해에 관한 소송에서 그 당사자가 보유한 영업비밀에 대하여 다음 각 호의 사유를 모두 소명한 경우에는 그 당사자의 신청에 따라 결정으로 다른 당사자(법인인 경우에는 그 대표자), 당사자를 위하여 소송을 대리하는 자, 그 밖에 그 소송으로 인하여 영업비밀을 알게 된 자에게 그 영업비밀을 그 소송의 계속적인 수행 외의 목적으로 사용하거나 그 영업비밀에 관계된 이 항에 따른 명령을 받은 자 외의 자에게 공개하지 아니할 것을 명할 수 있다. 다만, 그 신청 시점까지 다른 당사자(법인인 경우에는 그 대표자), 당사자를 위하여 소송을 대리하는 자, 그 밖에 그 소송으로 인하여 영업비밀을 알게 된 자가 제1호에 규정된 준비서면의 열람이나 증거조사 외의 방법으로 그 영업비밀을 이미 취득하고 있는 경우에는 그러하지 아니하다.
1. 이미 제출하였거나 제출하여야 할 준비서면, 이미 조사하였거나 조사하여야 할 증거 또는 제132조 제3항에 따라 제출하였거나 제출하여야 할 자료에 영업비밀이 포함되어 있다는 것
2. 제1호의 영업비밀이 해당 소송 수행 외의 목적으로 사용되거나 공개되면 당사자의 영업에 지장을 줄 우려가 있어 이를 방지하기 위하여 영업비밀의 사용 또는 공개를 제한할 필요가 있다는 것

② 제1항에 따른 명령(이하 "비밀유지명령"이라 한다)의 신청은 다음 각 호의 사항을 적은 서면으로 하여야 한다.
1. 비밀유지명령을 받을 자
2. 비밀유지명령의 대상이 될 영업비밀을 특정하기에 충분한 사실
3. 제1항 각 호의 사유에 해당하는 사실

③ 법원은 비밀유지명령이 결정된 경우에는 그 결정서를 비밀유지명령을 받은 자에게 송달하여야 한다.
④ 비밀유지명령은 제3항의 결정서가 비밀유지명령을 받은 자에게 송달된 때부터 효력이 발생한다.
⑤ 비밀유지명령의 신청을 기각하거나 각하한 재판에 대해서는 즉시항고를 할 수 있다.

### 취지

제224조의3은 **한·미 간의 자유무역협정**(FTA)에 따라 **특허법에 반영**된 「비밀유지명령」에 관한 것으로, **법원이** 특허침해에 관한 소송에서 **비밀유지명령**을 내릴

수 있도록 하고 이를 위반하면 형사벌(제229조의2(비밀유지명령 위반죄))을 부과할 수 있도록 2011년 12월(법률 제11117호)에 신설한 조문이다.

즉, **소송절차에서 알려지게 된 영업비밀(營業秘密)을 보호**함으로써 이를 통하여 기업의 경영활동의 위축을 방지하고, 소송관련 자료제출 거부의 남용사례를 감소시켜 손해 입증의 용이함을 증가시킴으로써 침해사건에 있어 소송관련 **실체심리(實體審理)**의 충실성을 도모하기 위하여 마련되었다.

### 해 설

#### ① 비밀유지명령의 요건(제1항)

법원은 특허침해 소송에서 **당사자가 보유한 영업비밀**[226]에 대하여 ⓐ 이미 제출했거나 제출할 **준비서면, 증거** 또는 자료제출 명령(제132조 제3항)에 따라 제출했거나 제출할 **자료에 영업비밀이 포함되어 있다는 것**과, ⓑ 이러한 영업비밀이 해당 **소송 수행 외의 목적으로 사용**되거나 **공개되면**[227] 당사자의 **영업에 지장을 줄 우려**가 있어 이를 방지하기 위하여 **영업비밀의 사용 또는 공개를 제한할 필요가 있다는 것**을 모두 소명한 경우는 당사자의 신청에 따라 결정으로 다른 당사자 등에게 그 **영업비밀을 소송의 수행 외의 목적으로 사용하거나 공개하지 아니할 것을 명할 수 있다.** 다만, 그 신청 시점까지 다른 당사자(법인인 경우에는 그 대표자), 당사자를 위하여 소송을 대리하는 자, 그 밖에 그 소송으로 인하여 영업비밀을 알게 된 자가 소송절차에 따른 준비서면의 열람이나 증거조사 외의 방법으로 그 **영업비밀을 이미 취득하고 있는 경우에는 비밀유지명령을 내릴 수 없다.**

#### ② 비밀유지명령의 절차 및 그 불복(제2항 내지 제5항)

**비밀유지명령의 신청**은 ⓐ 비밀유지명령을 받을 자, ⓑ 비밀유지명령의 대상이 될 영업비밀을 특정하기에 충분한 사실, ⓒ 자료나 증거 등에 영업비밀이 포함되어 있고, 영업비밀의 사용 또는 공개를 제한할 필요가 있다는 사실(제1항 각 호의 사유)을 적은 **서면**으로 하여야 한다(제2항).

---

[226] 부정경쟁방지 및 영업비밀보호에 관한 법률 제2조 제2호에 따른 「**영업비밀**」이란 공공연히 알려져 있지 아니하고 독립된 경제적 가치를 가지는 것으로서, 합리적인 노력에 의하여 비밀로 유지된 생산방법, 판매방법, 그 밖에 영업활동에 유용한 기술상 또는 경영상의 정보를 말한다.
[227] 소송의 수행 목적으로 해당 영업비밀의 사용을 비밀유지명령의 대상에서 제외하는 것은 소송 당사자의 방어권을 확보하기 위하여 이에 대한 사용을 인정할 필요가 있는 것이고, 소송의 수행 목적으로 해당 영업비밀의 공개는 금지되며 비밀유지명령의 대상이다(다만, 비밀유지명령을 받은 자에게는 공개 가능함). 이는 소송의 수행 목적이라도 해당 영업비밀이 공개되었다면 영업비밀의 요건 중 하나인 비공지성이 결여되어 그 가치가 현저히 손상되기 때문이다.

법원은 비밀유지명령을 결정한 경우 그 결정서를 **비밀유지명령을 받은 자에게 송달**하여야 하고(제3항), 비밀유지명령은 그 결정서가 **비밀유지명령을 받은 자에게 송달된 때부터 효력이 발생**하며(제4항), 비밀유지명령의 신청을 기각하거나 각하한 재판에 대해서는 즉시항고[228]를 할 수 있다(제5항).

---

**제11장 보 칙**

**제224조의4 비밀유지명령의 취소**

① 비밀유지명령을 신청한 자 또는 비밀유지명령을 받은 자는 제224조의3 제1항에 따른 요건을 갖추지 못하였거나 갖추지 못하게 된 경우 소송기록을 보관하고 있는 법원(소송기록을 보관하고 있는 법원이 없는 경우에는 비밀유지명령을 내린 법원)에 비밀유지명령의 취소를 신청할 수 있다.
② 법원은 비밀유지명령의 취소신청에 대한 재판이 있는 경우에는 그 결정서를 그 신청을 한 자 및 상대방에게 송달하여야 한다.
③ 비밀유지명령의 취소신청에 대한 재판에 대해서는 즉시항고를 할 수 있다.
④ 비밀유지명령을 취소하는 재판은 확정되어야 효력이 발생한다.
⑤ 비밀유지명령을 취소하는 재판을 한 법원은 비밀유지명령의 취소신청을 한 자 또는 상대방 외에 해당 영업비밀에 관한 비밀유지명령을 받은 자가 있는 경우에는 그 자에게 즉시 비밀유지명령의 취소 재판을 한 사실을 알려야 한다.

---

**취 지**

제224조의4는 비밀유지명령을 신청한 자 또는 비밀유지명령을 받은 자가 법원이 **비밀유지명령을 내리기 위한 요건**(제224조의3 제1항)을 **충족하지 못하거나 사후적으로 그 충족요건을 결여한 경우**에 그 **비밀유지명령의 취소에 관한 절차**, 그 취소신청의 송달 및 불복 관련 사항을 규정한 것이다.

**해 설**

① 취소신청의 요건 및 절차(제1항 내지 제3항)

비밀유지명령을 신청한 자(받은 자)는 비밀유지명령을 내리기 위한 요건(제224조

---

[228] 재판의 성질상 신속히 확정지어야 할 결정에 대하여 개별적으로 인정되는 불복신청의 방법이다.

의3 제1항)을 갖추지 못하였거나 갖추지 못하게 된 경우 **소송기록을 보관하고 있는 법원**(소송기록을 보관하고 있는 법원이 없는 경우에는 비밀유지명령을 내린 법원)에 **비밀유지명령의 취소를 신청**할 수 있다(제1항).

법원은 비밀유지명령의 취소신청에 대한 재판이 있는 경우에는 그 **결정서**를 그 신청을 한 자 및 상대방에게 **송달**하여야 한다(제2항). 그리고 비밀유지명령의 취소 신청에 대한 재판에 대해서는 즉시항고를 할 수 있다(제3항).

② **취소의 결정 및 그 재판 사실의 통지(제4항 및 제5항)**

비밀유지명령을 취소하는 재판은 **확정되어야 효력이 발생**하고(제4항), 비밀유지명령을 취소하는 재판을 한 **법원**은 비밀유지명령의 취소신청을 한 자 또는 상대방 외에 해당 영업비밀에 관한 비밀유지명령을 받은 자가 있는 경우에는 그 자에게 **즉시 비밀유지명령의 취소 재판을 한 사실을 알려야 한다**(제5항).

이는 비밀유지명령을 취소 받지 않은 다른 수신인으로서는 비밀유지명령을 받은 자에 대한 공개 행위는 적법한 반면, 취소 받은 자에 대한 공개 행위는 위법이 되는 동시에 비밀유지명령을 취소 받은 자에 대한 공개에 의하여 그 자로부터 **영업비밀이 누설될 우려가 발생하기 때문이다**.[229]

---

[229] 국회 지식경제위원회, 특허법 일부개정법률안 검토보고서(2011.10.), 30면.

> **제224조의5 소송기록 열람 등의 청구 통지 등**
>
> ① 비밀유지명령이 내려진 소송(모든 비밀유지명령이 취소된 소송은 제외한다)에 관한 소송기록에 대하여 「민사소송법」 제163조 제1항의 결정이 있었던 경우, 당사자가 같은 항에서 규정하는 비밀 기재부분의 열람 등의 청구를 하였으나 그 청구 절차를 해당 소송에서 비밀유지명령을 받지 아니한 자가 밟은 경우에는 법원서기관, 법원사무관, 법원주사 또는 법원주사보(이하 이 조에서 "법원사무관등"이라 한다)는 「민사소송법」 제163조 제1항의 신청을 한 당사자(그 열람 등의 청구를 한 자는 제외한다. 이하 제3항에서 같다)에게 그 청구 직후에 그 열람 등의 청구가 있었다는 사실을 알려야 한다.
> ② 제1항의 경우에 법원사무관 등은 제1항의 청구가 있었던 날부터 2주일이 지날 때까지(그 청구 절차를 밟은 자에 대한 비밀유지명령 신청이 그 기간 내에 이루어진 경우에는 그 신청에 대한 재판이 확정되는 시점까지) 그 청구 절차를 밟은 자에게 제1항의 비밀 기재부분의 열람 등을 하게 하여서는 아니 된다.
> ③ 제2항은 제1항의 열람 등의 청구를 한 자에게 제1항의 비밀 기재부분의 열람 등을 하게 하는 것에 대하여 「민사소송법」 제163조 제1항의 신청을 한 당사자 모두가 동의하는 경우에는 적용되지 아니한다.

**제11장 보칙**

### 취 지

제224조의5는 **비밀유지명령이 내려진 소송에 관한 소송기록에 대하여** 민사소송법에 따른 열람신청자를 당사자로 한정하는 결정이 있었던 경우(민사소송법 제163조[230]제1항), **당사자가 소송기록 중 비밀 기재부분(영업비밀)의 열람 등을 청구했으**

---

[230] 민사소송법 제163조(비밀보호를 위한 열람 등의 제한) ① 다음 각호 가운데 어느 하나에 해당한다는 소명이 있는 경우에는 법원은 당사자의 신청에 따라 결정으로 소송기록중 비밀이 적혀 있는 부분의 열람·복사, 재판서·조서중 비밀이 적혀 있는 부분의 정본·등본·초본의 교부(이하 "비밀 기재부분의 열람 등"이라 한다)를 신청할 수 있는 자를 당사자로 한정할 수 있다.
  1. 소송기록 중에 당사자의 사생활에 관한 중대한 비밀이 적혀 있고, 제3자에게 비밀 기재부분의 열람 등을 허용하면 당사자의 사회생활에 지장이 클 우려가 있는 때
  2. 소송기록 중에 당사자가 가지는 영업비밀(부정경쟁방지 및 영업비밀보호에 관한 법률 제2조 제2호에 규정된 영업비밀을 말한다)이 적혀 있는 때
② 제1항의 신청이 있는 경우에는 그 신청에 관한 재판이 확정될 때까지 제3자는 비밀 기재부분의 열람 등을 신청할 수 없다.
③ 소송기록을 보관하고 있는 법원은 이해관계를 소명한 제3자의 신청에 따라 제1항 각호의 사유가 존재하지 아니하거나 소멸되었음을 이유로 제1항의 결정을 취소할 수 있다.

나 그 청구 절차를 비밀유지명령을 받지 않은 자가 밟는 경우에 법원의 담당공무원(법원사무관 등)은 비밀보호를 위한 열람 등의 제한을 신청한 당사자에게 소송기록의 열람청구가 있었음을 통지하도록 함으로써 **비밀유지명령을 밟지 않은 자에 의한 영업비밀의 누설을 방지하기 위하여 마련한 규정**이다.[231]

> 해 설

① 소송기록 열람 등의 청구사실 통지(제1항)

비밀유지명령이 내려진 소송의 소송기록에 대해서 **비밀 기재부분의 열람 등을 당사자로 한정**하는 **결정**(민사소송법 제163조 제1항)이 있었던 경우, **당사자가 비밀 기재부분의 열람을 청구**하였으나 그 **청구 절차를** 해당 소송에서 **비밀유지명령을 받지 않은 자가 밟은 경우는 법원사무관 등**이 그 열람제한을 **신청한 당사자에게 그 청구 직후에 그 열람 등의 청구가 있었다는 사실을 알려야 한다.**[232] 이는 당사자가 법인이어서 비밀유지명령을 받지 않은 종업원이 법인으로부터 위임을 받아 소송기록의 열람 등의 청구 절차를 통하여 영업비밀을 사실상 자유롭게 알 수 있게 될 우려가 있기 때문에 규정한 것이다.

② 열람(제2항 및 제3항)

법원사무관 등은 **열람청구가 있었던 날부터 2주일이 지날 때까지**(그 청구 절차를 밟은 자에 대한 비밀유지명령 신청이 그 기간 내에 이루어진 경우에는 그 신청에 대한 재판이 확정되는 시점까지) 그 청구 절차를 밟은 자에게 소송기록 중 **비밀 기재부분의 열람 등을 하게 하여서는 아니 된다**(제2항).

즉, 비밀유지명령을 받지 않은 자의 열람 등의 청구가 있었다는 사실을 통지받은 당사자는 그 청구 절차를 수행한 자에 대한 비밀유지명령의 신청을 할 수 있게 되며, **비밀유지명령을 얻는데 필요한 기간 동안**은 그 절차를 수행한 자의 **열람 등은 제한**되는 것이다.

다만, 열람 등의 청구를 한 자에게 소송기록 중 비밀 기재부분의 열람 등을 하게 하는 것에 대하여 열람신청자를 당사자로 한정하는 신청(민사소송법 제163조제1항)을 한 **당사자 모두가 동의하는 경우**에는 제2항의 적용을 받지 않고 **열람을 할 수 있다**(제3항).

---

231) 국회 지식경제위원회, 앞의 법률안 검토보고서, 30면.
232) 소송기록으로부터의 영업비밀의 누설 방지에 관해서는 민사소송법 제163조에 규정에 의한 제3자의 열람 등의 제한이 있지만 당사자에 의한 열람은 가능하기 때문에 이에 대한 보완적 수단이다.

최신 개정법률을 반영한 조문별 취지·해설·판례
**특허법해설**
Easy & Consice

# 제12장 벌 칙

**제12장 벌 칙**

### 제225조 침해죄

① 특허권 또는 전용실시권을 침해한 자는 7년 이하의 징역 또는 1억원 이하의 벌금에 처한다.
② 제1항의 죄는 고소가 없으면 공소(公訴)를 제기할 수 없다.

### 취 지

제225조는 특허권의 보호와 실시가 **사회정의적 측면에서 보다 적정하게 실현될 수 있도록** 특허권의 권리제도에 반하는 행위를 「침해」로 규정하고, **침해자에 대한** 민사상 책임 외에 **형사적 처벌규정**으로서 침해죄를 두어 침해에 대한 형사법적 제재와 경고를 통하여 **침해를 사전에 예방**하기 위함이다.

### 해 설

① **특허권 침해의 처벌: 7년 이하의 징역 또는 1억원 이하의 벌금(제1항)**

통상적으로 특허권의 침해는 유효한 특허권을 정당한 권한 없는 제3자가 특허권자의 허락 없이 실시한 경우를 의미한다. 이에 따른 특허권 침해죄가 성립하기 위해서는 ⓐ 침해대상이 **특허권의 보호범위에 속하고**, 침해자가 특허권을 침해하는 것에 대한 인식 즉, **고의**(故意)가 있어야 하며(범죄의 구성요건 해당성), ⓑ 그 실시 **행위에 위법성**이 있어야 하고(범죄행위의 위법성), ⓒ 실시자(행위자)의 범죄행위에 대한 **책임능력**이 있어야 한다(범죄행위의 책임능력). 즉, 특허권이 무효 또는 침해의 고의가 없는 경우, 실시행위가 정당한 경우 또는 형사미성년자는 침해죄가 성립하지 않는다.[233]

② **침해죄의 고소(告訴)가 소제기의 요건(제2항)**

침해죄는 고소[234]를 소송요건으로, 범죄 피해자 기타 법률이 정한 자의 고소가 있어야 공소를 제기할 수 있는 **친고죄**(親告罪)이다. 침해죄는 특허권자의 **개인적**

---

[233] 형사적으로 범죄가 성립하기 위해서는 범죄의 구성요건해당성(構成要件該當性), 위법성(違法性), 책임성(責任性)을 살펴보는 것이 일반적이다. 정당한 권원에 따른 특허발명의 실시인 발명진흥법 제10조에 따른 사용자의 직무발명에 대한 통상실시, 특허법 제103조 선사용자의 선사용에 의한 통상실시, 또는 제102조에 특허권자의 허락에 따른 통상실시 등은 특허권 침해죄를 구성하지 않는다(전용실시권의 침해죄도 특허권 침해죄와 동일한 취지로 적용할 수 있다).
[234] 「고소」는 범죄의 피해자 등이 **수사기관에 대해 범죄사실을 신고함**으로써 그 소추(訴追)를 구하는 의사표시를 말하는 것이므로, 고소는 친고죄에 대하여 소송요건이므로 고소가 없는 데도 불구하고 검사가 공소를 제기할 경우에는 공소기각의 판결을 받게 된다. 특허청, 앞의 특허법해설 책, 527면.

이익 보호를 목적으로 하기 때문에 형사 소추(訴追)를 할 것인지 여부를 **권리자의 의사에 맡기겠다는** 취지에서 비롯된 것이다.[235]

> **제12장 벌칙**
>
> **제226조 비밀누설죄 등**
>
> 특허청 또는 특허심판원 소속 직원이거나 직원이었던 사람이 특허출원 중인 발명(국제출원 중인 발명을 포함한다)에 관하여 직무상 알게 된 비밀을 누설하거나 도용한 경우에는 5년 이하의 징역 또는 5천만원 이하의 벌금에 처한다.

### 취지

제226조는 특허청 공무원으로서 직무상 알게 된 비밀을 누설한 경우에 그 처벌 규정을 둔 것이다. **공무원은 국가공무원법** 제60조 및 제78조에 따라 **직무상 알게 된 비밀을 엄수해야할 의무**가 있고 이를 위반한 경우 징계를 받는데 본조는 **특허제도의 특성상 이를 강화하고자 구체적으로 규정**한 것이다.

### 해설

「**직무상**」이란 특허청 직원 등이 그 지위에 기초하여 수행하는 일체의 공무집행을 의미하며 작위(作爲)·부작위(不作爲) 뿐만 아니라 직무와 밀접한 관계에 있는 모든 행위를 포함한다. 「비밀」은 일반인에게 알려지지 않은 사실로써 출원 중의 발명이며, 「누설」은 특정 또는 불특정의 제3자에게 **비밀을 알리는** 것으로 그 **방법에는 제한이 없다**. 또한, 「도용」은 직무상 알게 된 출원 중의 발명을 업으로서 실시하거나 그 발명에 관련된 이용발명을 하여 이를 출원하는 것을 말한다.[236] 본조는 출원 중인 발명의 출원공개 또는 등록공고 전 비밀유지 의무를 더욱 강화·보장하기 위하여 마련된 것이다.

---

235) 임병웅, 앞의 책, 885면.
236) 특허청, 앞의 특허법해설 책, 535면.

| 제12장 벌 칙 | **제226조의2 전문기관 등의 임직원에 대한 공무원 의제**<br>　　제58조 제2항에 따른 전문기관, 제58조 제3항에 따른 전담기관 또는 특허문서 전자화기관의 임직원이거나 임직원이었던 사람은 제226조를 적용하는 경우에는 특허청 소속 직원 또는 직원이었던 사람으로 본다. |
|---|---|

### 취 지

　제226조의2는 특허출원에 대한 **선행기술조사**나 **특허문서전자화** 등을 수행하는 **전문기관** 또는 **특허문서전화기관의** 임직원 등은 비록 국가공무원법상의 공무원은 아니지만 특허법상 제226조의 **비밀누설죄를** 적용함에 있어서는 **특허청 소속 직원 또는 직원이었던 사람으로 본다**는 취지의 규정이다.

### 해 설

　본조는 **특허출원 또는 심사를 위한 서류**가 선행기술조사나 특허문서전자화를 위하여 **특허청 외부로 반출**될 때 그 업무의 성격상 이를 수행하는 **해당 전문기관 또는 특허문서 전자화기관**(제58조 제2항 및 제3항)의 임직원 등에게 **특허청 직원과 동일하게 비밀누설죄**(제226조)를 **적용**한다는 취지이다.

　여기서 「**전문기관**」은 특허청장이 특허출원의 심사를 촉진하기 위하여 필요하다고 인정해 선행기술조사에 **필요한 인력과 장비 등을 보유한 특허청에 등록된 전문기관**을 말하고(제58조 제3항), 「**특허문서전자화기관**」은 특허청장이 **특허문서전자화업무의 효율적 수행을 위하여 그 업무를 위탁한 기관**을 말한다.


| 제12장 벌 칙 | **제227조 위증죄**<br>① 이 법에 따라 선서한 증인, 감정인 또는 통역인이 특허심판원에 대하여 거짓으로 진술·감정 또는 통역을 한 경우에는 5년 이하의 징역 또는 5천만원 이하의 벌금에 처한다.<br>② 제1항에 따른 죄를 범한 자가 그 사건의 특허취소신청에 대한 결정 또는 심결이 확정되기 전에 자수한 경우에는 그 형을 감경 또는 면제할 수 있다. |
|---|---|

### 취 지

　제227조는 특허권에 대한 중요성 인식에 따라 특허분쟁 해결수단인 **준사법적 행**

위인 특허심판권의 적정한 행사를 보장하기 위하여 증인·감정인 또는 통역인이 **거짓으로 진술·감정** 또는 통역을 한 때에 이를 **제재하는 규정**을 둔 것이다. 또한, 위증을 미연에 방지하고자 감면할 수 있는 사항도 규정하였다.

해 설

본조의 **범죄주체**는 「선서한 증인·감정인 또는 통역인」이므로 위증죄는 이 행위를 한 자가 이러한 **일정한 신분을 가질 것을 요건**으로 하는 **신분범**(身分犯)이다. 여기서 「선서」는 특허법에 따라 증인 등이 양심에 따라 성실하게 진실을 말하는 것이고, 「증인」은 자기의 경험으로 알게 된 **구체적인 사실에 대하여 심판장 등의 심문에 응하여 진술하도록 명을 받은 자**이며, 「감정인」은 심판관의 판단능력을 보조하기 위하여 특별한 학식과 경험을 가진 자에게 지식 또는 그 지식을 이용한 판단을 보고할 경우에 있어 그 학식과 경험을 가진 자이다. 그리고 「통역인」은 특허심판의 구술심리에 있어 사용언어가 한국어이기 때문에 외국인 등의 진술을 용이하게 하기 위하여 두는 제3자를 말하며, 「**자수**(自首)」는 피고가 **자기에게 불리한 사실의 증거로 될 수 있는 진술을 스스로 하는 것**을 말한다.[237] 한편, 자수는 증언 등을 한 사건의 **심결이 확정되기 전에 하여야** 그 **효력**이 있다.

### 제12장 벌칙

#### 제228조 허위표시의 죄

제224조를 위반한 자는 3년 이하의 징역 또는 3천만원 이하의 벌금에 처한다.

취 지

제228조는 특허제품 또는 특허방법이 아닌 것에 **특허표시**를 하거나 이와 **혼동하기 쉬운 표시**를 함으로써 **특허에 대한 공중의 신뢰를 악용하여 공중을 오인케 하는 행위를 처벌**하기 위한 규정으로서 그 보호법익은 사회의 거래안전이라 할 수 있고[238] **비친고죄**(非親告罪)이며 양벌규정이 적용된다.

해 설

「허위표시」란 특허표시된 제품 또는 방법이 시장에서 유리하게 거래된다는 점

---

237) 특허청, 앞의 특허법해설 책, 530-531면.
238) 임병웅, 앞의 책, 906면.

을 악용하여 **특허된 것이 아닌 물건**이나 **특허출원 중이 아닌 물건 등**에 **특허표시 또는 특허출원표시**를 하거나 이와 **혼동하기 쉬운 표시**를 하는 것을 말하는 것으로써 제224조에서 허위표시의 유형을 규정하고 있다.

또한, 허위표시의 죄는 그 **보호법익**이 개인의 이익 보호라기보다는 **사회의 거래 안전 보호**에 있다고 볼 수 있기 때문에 그 처벌요건으로서 고소를 요건으로 하는 특허권 침해죄 와는 달리 **고소를 요건으로 하지 않는 비친고죄**이고,[239] **사회적 감독책임**을 강조하여 양벌책임을 적용하고 있다.

---

**제12장 벌칙**

**제229조 거짓행위의 죄**

거짓이나 그 밖의 부정한 행위로 특허, 특허권의 존속기간의 연장등록, 특허취소신청에 대한 결정 또는 심결을 받은 자는 3년 이하의 징역 또는 3천만원 이하의 벌금에 처한다.

---

**취 지**

제229조는 특허심사·심판과정에서 허위의 자료나 위조된 자료를 제출하는 등 **심사관 또는 심판관을 속여 착오에 빠뜨림으로써** 특허요건을 결한 발명에 대하여 **특허를 받게 하거나** 자기에게 **유리한 심결을 받게 하는 행위**에 대하여 심사·심판권이라는 **국가적 법익의 침해를 보호**하려는 규정이다.

**해 설**

특허심사·심판과정에서 심사관 또는 심판관에게 거짓행위나 부정한 행위로 **특허를 받거나 유리한 심결을 받기 위한 모든 사기(詐欺)적 행위**는 특허청의 공정한 심사·심판을 위한 국가의 권위 또는 기능을 저해함으로써 **국가적 법익을 침해**하는 행위이므로[240] 이를 처벌하기 위하여 마련된 규정이다.

거짓행위나 부정행위는 심사·심판과정에서 심사관 또는 심판관을 착오에 빠뜨려 특허를 받거나 유리한 심결을 받기 위한 일체의 사기·부정적 행위를 말하며, 심사관 또는 심판관을 착오에 빠뜨리려는 **적극적인 조작행위 뿐만 아니라 진실한 사실을 은폐한 경우도 포함**한다고 해석하고 있다.[241]

---

239) 특허청, 앞의 특허법해설 책, 532면.
240) 임병웅, 앞의 책, 907면.
241) 특허청, 앞의 특허법해설 책, 533면.

본조를 적용하기 위해선 「거짓이나 부정한 행위」와 「특허, 특허취소신청에 대한 결정 또는 심결을 받은 것」과의 **인과관계**(因果關係)가 있어야 한다. 본조는 국가의 심사·심판권 권위와 기능을 저해하는 국가적 법익을 침해하는 것이므로 피해자의 고소가 없이도 처벌할 수 있는 **비친고죄**이다.242)

**판결요지**

▷ 특허법 제228조에 정한 '사위 기타 부정한 행위로써 특허를 받은 자'라고 함은 **정상적인 절차에 의하여서는 특허를 받을 수 없는 경우임에도 불구하고 위계 기타 사회통념상 부정이라고 인정되는 행위로써 그 특허를 받은 자**를 가리킨다고 할 것이다. 그런데 우선, '특허출원 전에 국내에서 공지되었거나 공연히 실시된 발명'이거나 '특허출원 전에 국내 또는 국외에서 반포된 간행물에 게재된 발명' 등으로서 특허를 받을 수 없는 발명임에도 불구하고 특허출원을 하였다는 사실만으로는 그 '사위기타 부정한 행위'가 있었다고 볼 수 없을 뿐만 아니라, **특허출원인에게 특허출원시 관계 법령상 그러한 사정을 특허관청에 미리 알리도록 강제하는 규정 등도 없는 이상**, 특허출원시 이를 특허관청에 알리거나 나아가 그에 관한 자료를 제출하지 않은 채 특허출원을 하였다고 하여 이를 가리켜 위계 기타 사회통념상 부정이라고 인정되는 행위라고 볼 수도 없다고 할 것이다(대법원 2004.2.27. 선고 2003도6283 판결).

---

**제12장 벌 칙**

**제229조의2 비밀유지명령 위반죄**

① 국내외에서 정당한 사유 없이 제224조의3 제1항에 따른 비밀유지명령을 위반한 자는 5년 이하의 징역 또는 5천만원 이하의 벌금에 처한다.
② 제1항의 죄는 비밀유지명령을 신청한 자의 고소가 없으면 공소를 제기할 수 없다.

**취 지**

제229조의2는 비밀유지명령의 대상이 되어 있는 영업비밀을 해당 소송수행의 목적 이외로 사용하거나 해당 비밀유지명령을 받은 자 이외의 자에게 공개하는 행위를 제재하기 위하여 **비밀유지명령**(제224조의3)을 **위반한 행위를 형사처벌**의 대상으로 규정하였다. 본죄는 고소를 요건으로 하는 **친고죄**이다.

---

242) 특허청, 앞의 특허법해설 책, 533면.

해 설

국내외에서 정당한 사유 없이 비밀유지명령을 위반한 자는 5년 이하의 징역 또는 5천만원 이하의 벌금에 처하며(제1항), 비밀유지명령을 신청한 자의 고소가 있어야 소를 제기할 수 있다(제2항). 본조는 한·미 간의 FTA 협정에 따라 **비밀정보의 보호에 관한 사법명령의 위반을 제재**하기 위한 규정이다.

제12장 벌 칙

### 제230조 양벌규정

법인의 대표자나 법인 또는 개인의 대리인, 사용인, 그 밖의 종업원이 그 법인 또는 개인의 업무에 관하여 제225조 제1항, 제228조 또는 제229조의 어느 하나에 해당하는 위반행위를 하면 그 행위자를 벌하는 외에 그 법인에는 다음 각 호의 구분에 따른 벌금형을, 그 개인에게는 해당 조문의 벌금형을 과(科)한다. 다만, 법인 또는 개인이 그 위반행위를 방지하기 위하여 해당 업무에 관하여 상당한 주의와 감독을 게을리하지 아니한 경우에는 그러하지 아니하다.
1. 제225조 제1항의 경우: 3억원 이하의 벌금
2. 제228조 또는 제229조의 경우: 6천만원 이하의 벌금

취 지

제230조는 특허범죄의 **실효성 있는 범죄의 예방**을 위하여 **특허침해죄**(제225조 제1항), **허위표시의 죄**(제228조) 또는 **거짓행위의 죄**(제229조)에 대해서는 그 **행위자를** 처벌하는 **외에** 범죄행위를 한 대표자·대리인·사용자 및 종업원을 **고용한 법인**에 대해서도 **형벌의 책임을** 과한다는 **양벌규정**을 둔 것이다.

이는 **사용자의 위치**에 있는 법인 또는 개인에 대하여 **사회적 감독의 책임**을 묻는 성격이 짙고, 위 범죄들에 대한 위법행위를 했을 때 현실의 행위자를 벌하는 외에 업무주체인 법인 또는 개인에 대해서도 벌금형을 과한다는 취지이다.[243] 법인은 성격상 신체형(징역)이 아닌 벌금형만이 주어진다.

해 설

양벌규정에 따라 위 범죄에 대한 각 행위자를 벌하는 외에 그 법인에는 특허침해죄의 경우 3억원 이하의 벌금, 허위표시의 죄 또는 거짓행위의 죄는 6천만원 이

---
243) 특허청, 앞의 특허법해설 책, 537면.

하의 벌금형을 과하고, 그 개인에 대해서는 침해죄의 경우 1억원 이하의 벌금, 허위표시의 죄는 3천만원 이하의 벌금, 거짓행위의 죄는 3천만원 이하의 벌금형을 과한다. 다만, 법인 또는 개인이 그 위반행위를 방지하기 위하여 **해당 업무에 관하여 상당한 주의와 감독을 게을리 하지 아니한 경우**에는 그렇지 않다. 여기서 「법인의 대표자」는 주식회사의 대표이사 등과 같이 행위자의 법률행위가 법인의 행위로 간주되는 관계에 있는 자를 말하며, 「대리인」은 업무주체인 법인 또는 개인과 대리관계에 있는 자이다. 그리고 양벌규정은 **범죄행위를 한 자의 행위가 업무주체인 법인 또는 개인의 업무에 관하여 행해진 경우에 적용**되며, 본래의 업무를 수행하기 위한 행위일 필요는 없고 **업무와 관련하여 행해진 행위이면 충분하다**.[244]

---

### 제12장 벌칙

#### 제231조 몰수 등

① 제225조 제1항에 해당하는 침해행위를 조성한 물건 또는 그 침해행위로부터 생긴 물건은 몰수하거나 피해자의 청구에 따라 그 물건을 피해자에게 교부할 것을 선고하여야 한다.
② 피해자는 제1항에 따른 물건을 받은 경우에는 그 물건의 가액을 초과하는 손해액에 대해서만 배상을 청구할 수 있다.

---

**취 지**

제231조는 특허권 **침해행위로 인한 물건을 몰수**하여 침해자의 이득을 방지하고 피해자가 그 **물건의 교부를 청구**할 수 있도록 한 근거규정이다. 다만, **침해관련 물건의 교부를 받는 경우**는 그 물건의 가액을 초과하는 손해액에 한해서 배상을 청구할 수 있게 하여 **피해자와 침해자의 이익을 조정**하였다.

**해 설**

① 침해물건의 몰수 또는 피해자에게 교부(제1항)

법원은 특허권 침해죄(제225조 제1항)에 해당하는 침해행위를 조성한 물건 또는 그 침해행위로부터 생긴 물건을 몰수하거나 피해자의 청구에 따라 그 물건을 피해자에게 교부할 것을 선고하여야 한다. 여기서 「몰수」는 **형법상 형의 일종으로**(형법 제41조 제9호) 범죄행위와 관련된 재산의 박탈을 내용으로 하는 재산형을 말하며, 본조에 따른 몰수는 특허권 **침해자의 침해행위에 의한 이득을 금지함이 목적이**

---

244) 특허청, 앞의 특허법해설 책, 538면.

고, 몰수에 의하여 국가는 그 물건의 권리를 원시적으로 취득하지만 침해자의 물건에 관한 권리는 소멸한다.245)

② 침해관련 물건의 교부에 따른 배상의 청구(제2항)

특허권 침해행위에 따른 피해자는 침해행위를 조성한 물건 또는 침해행위로부터 생긴 물건을 교부받는 경우는 그 **물건의 가액을 초과하는 손해액에 대해서만 배상을 청구**할 수 있도록 하였다. 이는 특허권 침해로 인한 피해자와 침해자의 이익을 **합리적인 범위에서 형량**하기 위한 취지이다.246)

---

**제12장 벌칙**

**제232조 과태료**

① 다음 각 호의 어느 하나에 해당하는 자에게는 50만원 이하의 과태료를 부과한다.
1. 「민사소송법」 제299조 제2항 및 같은 법 제367조에 따라 선서를 한 자로서 특허심판원에 대하여 거짓 진술을 한 자
2. 특허심판원으로부터 증거조사 또는 증거보전에 관하여 서류나 그 밖의 물건제출 또는 제시의 명령을 받은 자로서 정당한 이유 없이 그 명령에 따르지 아니한 자
3. 특허심판원으로부터 증인·감정인 또는 통역인으로 소환된 자로서 정당한 이유 없이 소환에 따르지 아니하거나 선서·진술·증언·감정 또는 통역을 거부한 자

② 제1항에 따른 과태료는 대통령령으로 정하는 바에 따라 특허청장이 부과·징수한다.

---

**취 지**

제232조는 민사소송법 규정에 의한 선서를 한 자가 **특허심판에서 거짓진술**을 하거나 특허심판원의 증거조사에 따른 서류의 제출 등에 관한 명령을 받은 자가 **정당한 이유 없이 그 명령에 따르지 않는 경우**에 **과태료**를 부과함으로써 **진술의 진실성** 및 **정당한 심판권**의 행사를 **보장**하기 위함이다.

「과태료(過怠料)」는 행정상의 질서위반자에 대하여 벌금을 부과하는 행정벌(行政罰)이며 형법상의 형벌은 아니고, **행정상의 질서벌(秩序罰)로서의 금전벌(金錢罰)**에

---

245) 특허청, 앞의 특허법해설 책, 539면.
246) 특허청, 앞의 특허법해설 책, 539면.

해당한다.[247] 따라서 대통령령에 따라 특허청장이 **특허법 시행령 제20조(과태료의 부과기준)**에 따라 부과·징수한다.

> 해 설

① 과태료 처분의 대상(제1항)

특허법상 과태료 처분대상은 ⓐ. **민사소송법상** 증거의 소명에 따른 선서(제299조 제2항) 및 **당사자신문에 따른 선서**(제367조)를 한 자로서 **특허심판원에 대하여 거짓 진술을 한 자**, ⓑ 특허심판원으로부터 증거조사 또는 증거보전에 관하여 서류나 그 밖의 물건 제출 또는 제시의 명령을 받은 자로서 정당한 이유 없이 그 명령에 따르지 아니한 자, 또는 ⓒ 특허심판원으로부터 증인·감정인 또는 통역인으로 소환된 자로서 정당한 이유 없이 소환에 따르지 아니하거나 선서·진술·증언·감정 또는 통역을 거부한 자는 **50만원 이하의 과태료**를 부과한다.

② 과태료의 부과기준(제2항)

특허법 시행령 제20조에 따르면 과태료는 **위반행위의 정도, 위반횟수, 위반행위의 동기와 그 결과** 등을 고려하여 그 **금액의 2분의 1의 범위에서 경감하거나 가중**할 수 있도록 하면서, **가중할 때에는 특허법 제232조에 따른 과태료 금액의 상한을 초과할 수 없다**고 규정하고 있다.[248]

---

247) 임병웅, 앞의 책, 909면.
248) 특허법 시행령 제20조에 따른 과태료 부과기준의 일반기준은 "위반행위가 둘 이상인 경우에는 그 중 가장 무거운 부과기준(무거운 부과기준이 같은 경우에는 그 중 하나의 부과기준)을 따르며, 이 경우 무거운 부과기준의 2분의 1까지 늘릴 수 있다. 다만, 각 부과금액을 합한 금액을 넘을 수 없다." 등의 기준을 제시하고 있고, 개별기준으로서 위 ⓐ, ⓑ, ⓒ 위반행위에 대한 과태료 금액을 정하고 있다.

# 특허법 개정연혁

78. [시행 2019. 6월 예정] 특허법 일부개정안 2018.12월 7일 통과
77. [시행 2018. 10. 18.] [법률 제15582호, 2018. 4. 17., 일부개정]
76. [시행 2018. 7. 18.] [법률 제15582호, 2018. 4. 17., 일부개정]
75. [시행 2018. 5. 29.] [법률 제15093호, 2017. 11. 28., 일부개정]
74. [시행 2017. 9. 22.] [법률 제14691호, 2017. 3. 21., 일부개정]
73. [시행 2017. 6. 3.] [법률 제14371호, 2016. 12. 2., 일부개정]
72. [시행 2017. 3. 1.] [법률 제14035호, 2016. 2. 29., 일부개정]
71. [시행 2016. 6. 30.] [법률 제14112호, 2016. 3. 29., 일부개정]
70. [시행 2015. 7. 29.] [법률 제13096호, 2015. 1. 28., 일부개정]
69. [시행 2015. 5. 18.] [법률 제13317호, 2015. 5. 18., 일부개정]
68. [시행 2015. 1. 1.] [법률 제12753호, 2014. 6. 11., 일부개정]
67. [시행 2014. 7. 1.] [법률 제11848호, 2013. 5. 28., 타법개정]
66. [시행 2014. 6. 11.] [법률 제12753호, 2014. 6. 11., 일부개정]
65. [시행 2014. 1. 31.] [법률 제11962호, 2013. 7. 30., 타법개정]
64. [시행 2014. 1. 21.] [법률 제12313호, 2014. 1. 21., 일부개정]
63. [시행 2013. 7. 1.] [법률 제11654호, 2013. 3. 22., 일부개정]
62. [시행 2013. 3. 23.] [법률 제11690호, 2013. 3. 23., 타법개정]
61. [시행 2013. 3. 22.] [법률 제11654호, 2013. 3. 22., 일부개정]
60. [시행 2012. 3. 15.] [법률 제11117호, 2011. 12. 2., 일부개정]
59. [시행 2011. 7. 1.] [법률 제10716호, 2011. 5. 24., 일부개정]
58. [시행 2010. 7. 28.] [법률 제 9985호, 2010. 1. 27., 일부개정]
57. [시행 2010. 5. 5.] [법률 제10012호, 2010. 2. 4., 타법개정]
56. [시행 2010. 1. 27.] [법률 제 9985호, 2010. 1. 27., 일부개정]
55. [시행 2009. 7. 1.] [법률 제 9381호, 2009. 1. 30., 일부개정]
54. [시행 2009. 1. 30.] [법률 제 9381호, 2009. 1. 30., 일부개정]
53. [시행 2008. 12. 26.] [법률 제 9249호, 2008. 12. 26., 일부개정]
52. [시행 2008. 2. 29.] [법률 제 8852호, 2008. 2. 29., 타법개정]
51. [시행 2008. 1. 1.] [법률 제 8462호, 2007. 5. 17., 일부개정]
50. [시행 2008. 1. 1.] [법률 제 8357호, 2007. 4. 11., 타법개정]
49. [시행 2008. 1. 1.] [법률 제 8197호, 2007. 1. 3., 일부개정]
48. [시행 2008. 1. 1.] [법률 제 8171호, 2007. 1. 3., 타법개정]

47. [시행 2008. 1. 1.] [법률 제 7871호, 2006. 3. 3., 일부개정]
46. [시행 2008. 1. 1.] [법률 제 7869호, 2006. 3. 3., 타법개정]
45. [시행 2008. 1. 1.] [법률 제 7427호, 2005. 3. 31., 타법개정]
44. [시행 2007. 11. 18.] [법률 제 8462호, 2007. 5. 17., 일부개정]
43. [시행 2007. 7. 4.] [법률 제 8462호, 2007. 5. 17., 일부개정]
42. [시행 2007. 7. 4.] [법률 제 8357호, 2007. 4. 11., 타법개정]
41. [시행 2007. 7. 4.] [법률 제 8197호, 2007. 1. 3., 일부개정]
40. [시행 2007. 7. 4.] [법률 제 8171호, 2007. 1. 3., 타법개정]
39. [시행 2007. 7. 1.] [법률 제 8462호, 2007. 5. 17., 일부개정]
38. [시행 2007. 7. 1.] [법률 제 8357호, 2007. 4. 11., 타법개정]
37. [시행 2007. 7. 1.] [법률 제 8197호, 2007. 1. 3., 일부개정]
36. [시행 2007. 7. 1.] [법률 제 8171호, 2007. 1. 3., 타법개정]
35. [시행 2007. 7. 1.] [법률 제 7871호, 2006. 3. 3., 일부개정]
34. [시행 2007. 4. 11.] [법률 제 8357호, 2007. 4. 11., 타법개정]
33. [시행 2006. 10. 1.] [법률 제 7871호, 2006. 3. 3., 일부개정]
32. [시행 2006. 9. 4.] [법률 제 7871호, 2006. 3. 3., 일부개정]
31. [시행 2006. 9. 4.] [법률 제 7869호, 2006. 3. 3., 타법개정]
30. [시행 2006. 3. 3.] [법률 제 7871호, 2006. 3. 3., 일부개정]
29. [시행 2005. 12. 1.] [법률 제 7554호, 2005. 5. 31., 일부개정]
28. [시행 2005. 7. 1.] [법률 제 7289호, 2004. 12. 31., 타법개정]
27. [시행 2003. 5. 12.] [법률 제 6768호, 2002. 12. 11., 일부개정]
26. [시행 2002. 7. 1.] [법률 제 6626호, 2002. 1. 26., 타법개정]
25. [시행 2002. 7. 1.] [법률 제 6582호, 2001. 12. 31., 일부개정]
24. [시행 2001. 7. 1.] [법률 제 6411호, 2001. 2. 3., 일부개정]
23. [시행 2000. 10. 1.] [법률 제 6024호, 1999. 9. 7., 타법개정]
22. [시행 1999. 7. 1.] [법률 제 5576호, 1998. 9. 23., 일부개정]
21. [시행 1999. 1. 1.] [법률 제 5576호, 1998. 9. 23., 일부개정]
20. [시행 1998. 3. 1.] [법률 제 5329호, 1997. 4. 10., 일부개정]
19. [시행 1998. 3. 1.] [법률 제 4892호, 1995. 1. 5., 일부개정]
18. [시행 1997. 7. 1.] [법률 제 5329호, 1997. 4. 10., 일부개정]
17. [시행 1996. 7. 1.] [법률 제 5080호, 1995. 12. 29., 일부개정]
16. [시행 1994. 3. 24.] [법률 제 4757호, 1994. 3. 24., 타법개정]
15. [시행 1994. 1. 1.] [법률 제 4594호, 1993. 12. 10., 일부개정]
14. [시행 1993. 3. 6.] [법률 제 4541호, 1993. 3. 6., 타법개정]
**13. [시행 1990. 9. 1.] [법률 제 4207호, 1990. 1. 13., 전부개정]**

12. [시행 1987. 7. 1.] [법률 제 3891호, 1986. 12. 31., 일부개정]
11. [시행 1982. 11. 29.] [법률 제 3566호, 1982. 11. 29., 일부개정]
10. [시행 1981. 9. 1.] [법률 제 3325호, 1980. 12. 31., 일부개정]
9. [시행 1976. 12. 31.] [법률 제 2957호, 1976. 12. 31., 타법개정]
8. [시행 1974. 1. 1.] [법률 제 2658호, 1973. 12. 31., 일부개정
7. **[시행 1974. 1. 1.] [법률 제 2505호, 1973. 2. 8., 전부개정]**
6. [시행 1963. 4. 5.] [법률 제 1293호, 1963. 3. 5., 일부개정]
5. [시행 1961. 12. 31.] [법률 제 952호, 1961. 12. 31., 타법개정]
4. [시행 1961. 12. 31.] [법률 제 951호, 1961. 12. 31., 타법개정]
3. **[시행 1961. 12. 31.] [법률 제 950호, 1961. 12. 31., 전부개정]**
2. [시행 1952. 4. 13.] [법률 제 238호, 1952. 4. 13., 일부개정]
1. **[시행 1946. 5. 15.] 군정법령 제91호, 1946. 10. 5., 특허법 제정**

# 참고문헌

김민희, 특허민법개론, 특허청, 2012.
김민희, 실무와 사례로 살펴본 특허심판, 피엔씨미디어, 2016.
김원준, 특허법, 박영사, 2004.
김준호, 민법강의, 법문사, 2006.
이상철·곽준영 편저, 조문별·쟁점별 특허판례, 특허청, 2018.
송상현·박익환, 민사소송법, 박영사, 2008.
임병웅, 이지 특허법, 한빛지적소유권센터, 2017.
윤선희, 특허법, 법문사, 2007.
조영선, 특허법, 박영사, 2009.
정상조·박성수 공편, 특허법 주해Ⅰ, 박영사, 2010.
정상조·박성수 공편, 특허법 주해Ⅱ, 박영사, 2010.
특허심판원, 심판편람, 2017.
특허청, 산업재산권법령, 2018.
특허청, 지식재산권의 손쉬운 이용, 2017.
특허청, 조문별 특허법해설, 2007.
특허청, 특허·실용신안 심사기준, 2017.
김민희, "특허침해분쟁에 관한 연구", 박사학위논문, 건국대 대학원, 1999. 2.
국회 지식경제위원회, 특허법 일부개정법률안 검토보고서, 2011. 10.
국회 산업통상자원중소벤처기업위원회, 특허법 일부개정법률안 산업통상자원
　　　특허소위원회심사자료, 2018. 11.
한국지식재산연구원, 지식재산제도의 실효성 제고를 위한 법제도 기초연구-특허법
　　　조문별 해설서-, 2014.
http://glaw.scourt.go.kr/wsjo/intesrch/sjo022.do

# 찾아보기

## ㄱ

| | |
|---|---|
| 각하 | 288 |
| 각하심결 | 312 |
| 간접침해 | 224, 225, 226 |
| 감정인 | 295, 426 |
| 거절이유통지 | 128 |
| 고소 | 423 |
| 공모 | 330 |
| 공개특허공보 | 407 |
| 공부(公簿) | 399 |
| 공서양속 | 67, 126, 301 |
| 공연히 실시 | 57 |
| 공유 | 75 |
| 공시송달 | 404, 405 |
| 공지 | 57 |
| 공지예외 | 64, 65 |
| 공탁 | 207 |
| 과실의 추정 | 234 |
| 과태료 | 431 |
| 구술심리 | 300 |
| 국내단계 | 353 |
| 국내서면제출기간 | 365 |
| 국내우선권 | 111 |
| 국어번역문 | 86, 368 |
| 국제단계 | 353 |
| 국제사무국 | 362 |
| 국제예비심사 | 363 |
| 국제조사 | 362 |
| 국제출원 | 353 |
| 국제출원일 | 356 |
| 국제특허출원 | 364 |
| 기각 | 288 |
| 기각심결 | 312 |
| 기간 | 26 |
| 기속력 | 324 |
| 기술심리관 | 345 |
| 기일 | 26 |
| 기준일 | 365 |
| 기판력 | 324 |

## ㄷ

| | |
|---|---|
| 도달주의 | 45 |
| 동일 사실 | 315 |
| 동일 증거 | 315 |
| 대여 | 5 |
| 등본 | 397 |
| 등록특허공보 | 407 |

## ㅁ

| | |
|---|---|
| 명세서 | 81 |
| 몰수 | 430 |
| 무권대리인 | 17 |
| 무효처분 | 31 |
| 물상대위 | 214 |
| 민사집행법 | 218 |

## ㅂ

| | |
|---|---|
| 반포된 간행물 | 58 |
| 발명 | 4 |
| 발명의 단일성 | 89, 363 |
| 발명의 동일성 | 57, 63 |
| 발명의 설명 | 82 |
| 발명의 신규성 | 57 |
| 발명의 진보성 | 59 |
| 발신주의 | 45, 46 |
| 방식심리 | 287 |
| 법인의 소멸 | 216 |
| 법인의 합병 | 18, 19 |
| 법정기간 | 29 |
| 법정대리인 | 8 |
| 변경출원 | 103, 104 |
| 보정각하 | 96 |
| 보정명령 | 357 |
| 보조 참가 | 303 |
| 본안심결 | 312, 314 |
| 부가기간 | 340 |
| 분할출원 | 99, 100 |
| 불변기간 | 340 |
| 불요증사실 | 306 |

## ㅅ

| | |
|---|---|
| 사단 | 9 |
| 사용 | 5 |
| 산업상 이용가능성 | 56 |
| 생산 | 5 |
| 생산방법의 추정 | 233 |
| 서면심리 | 300 |
| 선사용 | 191 |
| 선원주의 | 61 |
| 선의 | 333 |
| 선출원주의 | 61, 73 |
| 설정등록료 | 147 |
| 소극적 권리범위확인심판 | 268 |
| 소명 | 297 |
| 속심주의 | 323 |
| 손해액 | 228, 229 |
| 손해액의 산정 | 228 |
| 손해액의 추정 | 229 |
| 승계 | 34 |
| 신규사항 추가금지 | 94 |
| 신용회복 | 235 |
| 신탁 | 36 |
| 신청의 취하 | 14 |
| 실시 | 5, 153 |
| 실질적 확정력 | 313 |
| 심결 | 312, 313 |
| 심결각하 | 289 |
| 심결의 기속력 | 325 |
| 심결의 이유 | 312 |
| 심결의 주문 | 312 |
| 심리방식 | 300 |
| 심사관의 자격 | 119 |
| 심사주의 | 119, 126 |
| 심사청구 | 122 |
| 심판관 | 290 |
| 심판관의 기피 | 296 |
| 심판관의 제척 | 294 |
| 심판관의 회피 | 299 |
| 심판비용 | 318 |
| 심판장 | 291 |
| 심판청구의 취하 | 310 |

## ㅇ

| | |
|---|---|
| 양도 | 5 |
| 업의 준비 | 153 |
| 업으로서의 실시 | 176 |
| 역(曆) | 26 |
| 영업비밀 | 415 |
| 요약서 | 87 |
| 외국어특허출원 | 85, 86 |
| 우선권 제도 | 108 |
| 우선변제권 | 215 |
| 우선심사 | 125 |
| 우선일 | 365 |
| 원고적격 | 340 |
| 원본 | 397 |
| 위증죄 | 425 |
| 유증 | 68 |
| 이용관계 | 181, 279 |
| 이해관계인 | 148, 260 |
| 인용 | 288 |
| 인용심결 | 312 |
| 일 군(群)의 발명 | 89 |
| 일반승계 | 34 |
| 일사부재리 | 313 |
| 일실이익 | 229 |
| 임의대리인 | 13 |

## ㅈ

| | |
|---|---|
| 자수 | 426 |
| 자연법칙 | 4, 6 |
| 자진보정 | 93 |
| 저촉관계 | 182, 280 |
| 적극적 권리범위확인심판 | 268 |
| 전기회선통신 | 58 |
| 전속관할 | 339 |
| 전용실시권 | 186 |
| 정당한 권리자 | 70 |
| 정정심판 | 271 |
| 재단 | 9 |
| 재심 | 329 |
| 재심사 | 94 |
| 재외자 | 11 |
| 재정 | 190 |
| 재판상 자백 | 306 |
| 조서 | 301 |
| 조약우선권 | 108 |
| 주변한정주의 | 180 |
| 중심한정주의 | 180 |
| 즉시항고 | 416 |
| 증거보전 | 305 |
| 증거조사 | 305 |
| 증명 | 297 |
| 증인 | 426 |
| 지정기간 | 29 |
| 직권보정 | 136 |
| 직권 재심사 | 137 |
| 질권 | 213 |
| 집행권원 | 218, 320 |
| 집행력 | 320 |

## ㅊ

| | |
|---|---|
| 참가 | 249 |
| 청구범위 | 82 |
| 청구의 취하 | 14 |
| 청구이유 | 285 |
| 청구취지 | 285 |
| 청약 | 5 |
| 책임질 수 없는 사유 | 31, 32 |

| | |
|---|---|
| 초본 | 397 |
| 최초거절이유통지 | 93 |
| 최후거절이유통지 | 87, 93 |
| 추인 | 17 |
| 추후보완 | 32 |
| 출원공개 | 131 |
| 침해죄 | 423 |

## ㅌ

| | |
|---|---|
| 통상실시권 | 189 |
| 통상실시료 | 230 |
| 통상의 기술자 | 59 |
| 특정승계 | 34, 183 |
| 특허결정 | 135 |
| 특허공보 | 407 |
| 특허권 | 34, 176 |
| 특허권의 수용 | 198 |
| 특허권의 이전 | 183 |
| 특허권의 존속기간 | 165 |
| 특허권의 포기 | 14 |
| 특허권의 효력 | 176 |
| 특허료 | 148 |
| 특허발명 | 5 |
| 특허발명의 보호범위 | 180 |
| 특허법의 목적 | 3 |
| 특허심사 | 119 |
| 특허심판원 | 257 |
| 특허에 관한 권리 | 34 |
| 특허에 관한 절차 | 27 |
| 특허원부 | 158 |
| 특허증 | 159 |
| 특허출원서 | 81 |
| 특허출원일 | 84 |
| 특허출원의 변경 | 14 |
| 특허출원의 포기 | 14 |
| 특허출원의 회복 | 140 |
| 특허취소신청 | 241 |

## ㅍ

| | |
|---|---|
| 피보전권리 | 221 |
| 피성년후견인 | 8 |
| PCT | 353 |
| 피한정후견인 | 7 |

## ㅎ

| | |
|---|---|
| 합유 | 76 |
| 허위표시 | 410, 426 |
| 형식적 확정력 | 313 |
| 행위능력 | 7, 17 |
| 확대된 선원 | 61, 63 |
| 확대된 선출원 | 61 |

최신 개정법률을 반영한
조문별 취지 · 해설 · 판례
# 특 허 법 해 설
Easy & Consice

초판 1쇄 발행 ｜ 2019년 1월

지은이 ｜ 김민희
펴낸곳 ｜ 금강출판

주소 ｜ 대전광역시 서구 갈마로 147번길 5-26
전화 ｜ 042-526-0311
팩스 ｜ 042-525-0311
메일 ｜ kg0311@hanmail.net

ISBN 979-11-87319-02-3  13010
값 18,000원

저자의 허락없이 본서의 무단복제 행위를 금합니다.